西南国际法学术文库

西南
国际法学术文库

张晓君 邓瑞平 总主编

永久和平的冲突法建构
——冲突法的政治哲学功能导论

The Construction of Perpetual Peace through Conflict of Laws:
An Introduction to the Political Philosophy Function of Conflict of Laws

张春良 著

厦门大学出版社
XIAMEN UNIVERSITY PRESS

国家一级出版社
全国百佳图书出版单位

总　序

　　在全球化的国际大背景下,思想创新显得尤为重要。"西南国际法学术文库"是由西南政法大学国际法学院推出的致力于发掘和推介具有学术性、前沿性、创新性和思想性的学术论著系列。西南政法大学国际法学院围绕学校"十二五"期间"双进双突"目标,秉持"错位竞争、特色发展"的整体思路,以培养国际型卓越法律人才为目标。她所依托的国际法学学科筚路蓝缕,将与其他法学学科共同在人才教育和科研领域写下浓墨重彩的篇章。

　　法学教育的本质是精英教育。为适应世界多极化、经济全球化深入发展和国家对外开放的需要,国家已经开始实施卓越法律人才教育培养计划,将培养涉外法律人才作为突破口,创新与实务部门和海外单位联合培养的机制,以培养出具有国际视野、通晓国际规则,能够参与国际法律事务和维护国家利益的法律职业人才。西南政法大学及其国际法学院已为此展开行动,与有关中央部委合作,努力探索高等教育大众化背景下的法学精英教育之路。

　　法学教育的实施要以学科发展为平台。西南政法大学国际法学科是目前中国西部地区唯一的国际法专业博士学位点,具备本科、硕士、博士和留学生等完整的人才培养层次,已成为西部地区高端国际化法律人才的培养基地。学院着力打造中国与东盟法律研究、海洋法律政策研究和WTO案例教学研究三大学术平台,以此作为科研创新、学科建设和人才培养的重要依托。

　　法学教育以高素质、高水平的师资队伍为基础。西南政法大学国际法学院围绕学术建设平台打造团队,并以各类科研项目为载体,支持学科梯队各级人才的科研工作,致力于打造一支规模相当、结构合理、质量优良、可持续发展的教学科研团队,促进学科学术繁荣,提升学术研究质量。

　　"西南国际法学术文库"坚持独立、自主、自律的学术原则,坚持开放、择优的遴选原则,力求推出能够反映国际法学科领域内具有创新性和前瞻性的、符合学术规范的科研精品,不断带动、提升国际法学科整体的科研能力。既推崇具有前瞻性的理论创新之作,也欢迎沉潜精严的专题研究著作,鼓励不同领域、不同学派、不同风格的学术研究工作的同生共存,融会交叉,以推进国际法学科的健康发展。"精品"是我们倡导的方针和努力的目标,是否名实相符,真诚期待学界的检阅和评判。

　　"西南国际法学术文库"的推出,彰显了西南政法大学持之以恒的"心系天下、自强不息、和衷共济、严谨求实"的治学精神,见证了西南政法大学国际法学院不断推动教学科研团队建设的艰苦努力,昭示了西南政法大学国际法学人传承西南政法学术薪火的决心,展现了西南政法大学国际法人才梯队汲汲于学术的最新成果。

永久和平的冲突法建构——冲突法的政治哲学功能导论

The Construction of Perpetual Peace through Conflict of Laws: An Introduction to the Political Philosophy Function of Conflict of Laws ▶▶▶

愿这套文库伴随西南政法大学国际法学院的发展脚步,不断迈向新的高度。
是为序。

西南政法大学国际法学院国际法学科负责人、教授　邓瑞平

2012 年初夏于重庆两江新区

目录 CONTENTS

永久和平的冲突法建构——冲突法的政治哲学功能导论

The Construction of Perpetual Peace through Conflict of Laws: An Introduction to the Political Philosophy Function of Conflict of Laws ▶▶▶

内容提要 >>>

　　对冲突法功能的传统理解长期以来一直局限在国别私法冲突之解决、涉外私法关系之调整。此种立足于法律体系内部视角的功能定位,一方面应予内部补全,另一方面则应予外部延展。所谓内部补全,是指冲突法不只解决国家间的私法冲突,而且也致力于解决国家间的公法冲突,它在法律体系内部的完整功能应是服务于国别法律冲突之解决。所谓外部延展,是指冲突法不仅通过协调国别法律体系之冲突为国家间和平关系奠定基础,而且还以其解决冲突的独有韬略及务实的制度架构促成各民族的和平共处,推动各国走向永久和平。两种功能分别使冲突法成为法律体系内外的"战争与和平"的技艺,并共同为冲突法的功能定位嵌入了公性因素。冲突法内部功能之公化即公法化,并非冲突法当代功能的完全拓新,而只是其传统功能的历史复苏。这可从冲突法的历史发展、运作逻辑及其目标实现三角度得以证实。冲突法外部功能的公化即政治化,也非冲突法政治抱负的横空出世,而应视为其解题理路的时代发掘。历史复苏的公法功能与时代发掘的政治功能,使冲突法在传统功能基础之上彰显出继往开来的勃勃生机,从涉外私法关系之调整方式涅槃而成为万世开太平的全球治理方略。

　　冲突法之所以能成为一种全球治理方略,端赖于其所调整的关系可被还原为类自然状态下的"自我—他我"的问题意识。立足于脱规范下的类自然状态之中,冲突法的问题意识就成为国别法律冲突和国际政治冲突的共同问题结构,针对此问题结构而由众多智识之士殚精竭虑地奉献出的冲突法解题方案也就可直接为国家间的协调、国际问题之解决、国际统一约法的形成,并间接为世界和平之建构提供解题思路。冲突法的问题处境既非国内处境的规范状态,在此种规范状态下各行为主体共享单一正义观念,共知共守统一实体规范,并依赖统一而权威的和平解纷机制;也非国际处境的自然状态,在此种自然状态下各行为主体操持各别正义,欠缺普遍的共同准则,并自决彼此分歧与纷争;而是介于二者之间的类自然状态,即冲突法问题处境中的行为主体一方面分别置身于各自的规范状态之下,但因跨际关系而又共同进入自然状态之中。这对冲突法的超越发展具有决定性的推动意义。类自然状态下主体间的冲突可化约为脱规范的"自我—他我"结构中的冲突,该结构与自我意识具有同质同构性,即它是一种自我的,但又是超越自我的思维或意识。自我意识的超越性结构就包含着自我与他我之间的战争与和平、冲突与和谐的丰富内容。扼要言之,冲突法思维的超越性一方面能够反抑自我,从而养成自律精神,另一方面则能够尊重他者,从而形成合作或协调的态度。此两点是将战争引向和平、将冲突转为和谐的根本保证。"自我—他我"的冲突在究竟至底的意义上乃是交互主体性的难题,只

永久和平的冲突法建构——冲突法的政治哲学功能导论

The Construction of Perpetual Peace through Conflict of Laws: An Introduction to the Political Philosophy Function of Conflict of Laws ▶▶▶

有自我与他我交互承认彼此的主体地位,才能产生冲突法意义上的冲突,从而才能产生冲突法的技艺。关注并区分冲突法得以产生前后的历史实践就可以清晰地见出其内在脉络:从前冲突法时代进展到冲突法的历史中介时代,再到冲突法时代的发展,如果从自我与他我的角度来整理的话,不过就是从自我—非我向自我—他者、再向自我—他我的逐步提升的进程。前两阶段是自我与他我之间的失衡状态,自我与他我的关系是一种认知关系,认知关系使交互主体被下降为交互客体,导致冲突与战争迭起;后一阶段才真正实现了自我与他我之间的守衡关系,自我与他我的关系是一种伦理关系,伦理关系改变交互客体为交互主体,冲突被转化和谐,战争被导向和平。因此,战争与和平,冲突与和谐的关系问题实可追溯至立足实践之上的自我与他我的关系状态,它是冲突法化干戈为玉帛,实现冰火之吻的作功杠杆。

中西方在冲突法方案之前、之外已经有了诸多建构永久和平的古今方案,这主要来源于政治哲学的贡献。中西政治哲学开出了异彩纷呈的多种和平处方,但其哲理端绪无外乎中式天下观与西式单子论。中式天下观以天下为关键词强调冲突之上、之前的整体优先理念,冲突与战争之铲除、和谐与和平之赢得得益于个体对整体的皈依与服从。西式单子论以个体为起点突出整体的后置性,强调作为单子的个体之平等与自由,在此基础之上寻求个体间的整合,据此建构和平。天下观的政治哲学端绪酝酿出政治儒学以修齐治平家天下的和平方案,但因作为该和平方案的骨架规则即“三纲五常”有伤个体的平等与自由,因此而为风行平等与自由之精神的当代文明社会所不欲;单子论所支撑的契约论方案却因契合二精神而成当今中外建构永久和平所共力推尚的不二路径。能够有效回应现时代之和平要求的解题方案应当综合成就一种交往而非隔绝、冲突但非战争、民主但需集中、等序而非差序、持续而非临时的和平,但既有中外方案在实现和平情境的功效上具有叠差性,无一足以单独满足此等和平要求。在此背景下,冲突法方略表现出了建构永久和平的卓越能力。在战略上它首先会通了中西政治哲学端绪,既保全自由与平等之个体主义,又以其国际社会共同体理念接续了祛魅的中式天下观之整体信仰;其次在主体预设、制度安排等战术上,冲突法方案相比于其他政治哲学方案具有更高的实践规范能力和可操作性。

冲突法的和平建设在范式上表现为渐进的主体性、主体间性和社会性,但其主导范式是以萨维尼本座说体系为典范的主体间性范式,其前的主体性范式以单边主义思维为作用逻辑难脱唯我主义即法院地法主义的困境,其后的社会性范式因取向众多而有意乱情迷之迷误,适堪为主体间性范式提供一种良性调剂,但不足以作为建构稳健且持续的和平状态之正宗手法。作为主体间性范式的典范之本座说在关系与规则之间通过本座建立对应的作用关系,该本座因人、关系而别为两大类型,但其实质又合二为一地体现为主体意志之自愿服从,这使冲突之解决、和平之建设既有了规范之保障,又有了道德之底蕴。本座说的和合方略得力于作为其基本规范的冲突规范“有无相间”之独特结构,该独特结构赋予冲突规范以因间接而迂回的太极效应,使冲突规范在无意而无不意、无法而无不法的前提下确定准则,在国别自然状态之中以柔克刚,并促进各国在行为规范上通过比较、冲突与竞争走向万流归宗之境地,由此相应证成冲突法的光学、力学、美学和“化学”功能。冲突法最终在功能抱负上追求并逻辑地实现了法律间关系的众生平等、国家间关系的天下一家、判决间关系的天下大同。

冲突法通过冲突建构和平的理路展示出冲突法的超越性。冲突法的超越性终极地渊源于我意识的矛盾结构。对我意识有三种理解：一是意识之前的、作为意识得以可能的自我，它是无反思的、原始的自我；二是意识之后的、作为意识之对象的实体自我，它是反思和派生的自我；三是意识之中的、作为意识本身的自我，不论是意识之前的我、还是意识之后的我，就其本身不过是意识而言，此种自我就既是作为主体的、意识着的自我，也是作为对象的、被意识的自我。对我意识的第三种理解才是自我的本真模样，这样理解的自我就是一种自因超越的自我。自我的超越展现为内向和外向双重维度的超越，内向维度的超越实现了主体自我与客体自我的统一，外向维度的超越实现了自我与他我的协调。冲突法作为我意识的一种表达和变样也因此形成相对应的双重超越。冲突法的内向超越是指各主权者对自身法律体系的否定和否定之否定，它首先表现为对国内法律体系的持续否定，从体现唯我主义之精神的法院地法主义经否定而至冲突法，冲突法因此应被视为是对法院地法主义进行扬弃而发生的奇迹；但冲突法同样首先作为法院地法之组成部分又会发生国别冲突之危机，并致使法律适用再次被导向法院地法。在冲突法之上无限生殖冲突法的做法并不能有助于突破冲突法的冲突，它只能导致冲突法冲突的无限后退。调整冲突法的适用方式，在国别冲突之中实现一致行动是冲突法从内向超越向外向超越进行过渡的中介。冲突法适用方式的调整在本质上仍然是国别单边努力，但与传统国别单边调整不同的是，它表现出了外向协调的努力，反致和双重反致即是此种努力的成就。反致是在冲突法冲突存在的前提下进行的单边救济，如果说冲突法是在国别实体法冲突前提下为实现内外国的一致行动而作出的单边救济，那么反致则是在为解决国别实体法冲突而发展出来的国别冲突法也发生冲突的前提下为实现内外国一致行动而作出的单边救济。有所进步的是，反致比冲突法多了一重思维层次；无所触动的是，它们都是一种单边救济。为更彻底地在冲突法冲突的前提下实现内外国的行动一致，解决反致的国别冲突，双重反致说应景而生，它因倡导站在外国法院之立场采用外国赞成或反对反致的立场，因此又被称作为外国法院说。双重反致由于不只是单独适用外国的冲突规范，而且同时采用外国的冲突规范之适用方式，因此它以自律的方式实现了内外国行动之绝对一致。但正如冲突法的普遍化导致了冲突法的国别冲突、反致的普遍化导致了法律适用的背反一般，双重反致的普遍化也将瓦解任何法律适用的可能，更不用说法律适用之一致。真正的内外一致有赖于冲突法的外向超越即实现国别实体法的协调，建构出世界公民法。世界公民法是现时代的万民法或现代化了的万民法，它作为冲突法的超越指向不可能被证明而只可能被揭示，中外冲突法的典范即"化外人相犯"条和萨维尼的历史性趋同主张从整体和个体、逻辑和历史的角度对此作了富有意义的提示。

必须承认，也无可回避的是，冲突法方略建构永久和平之功效有其有限性，其有限的有效性既源于适用范围的局限，也源于治理思路的间接，还源于治理方式的诸多不可控制之意外。但相比于其他和平建设方案而言，冲突法方略的有限性是有效的有限性：它首先通过自我规训造就主观美德，克己复礼为仁；其次通过逆向思维维持住冲突的恶性发展，并在陷入僵局从而共识不能的背景之下从反面突围，寻找对不合意的合意，在二级共识的基础之上圈住，然后再力求消解一级分歧；不仅如此，冲突法还始终立足现实，从残缺的现

永久和平的冲突法建构——冲突法的政治哲学功能导论

The Construction of Perpetual Peace through Conflict of Laws: An Introduction to the Political Philosophy Function of Conflict of Laws ▶▶▶

实而非超越现实,因而是在非现实的浪漫假定之上面对问题并解决问题。有限有效性是人生之真理,无限有效性是生人之信仰,强调冲突法的有效有限性并不在于固执其有限性,毋宁是说在明了自身生存境遇之有限性的基础上,更为务实、诚恳,并因而更有决断力地憧憬无限有效性之信仰。实践并未证明、也并未证伪真理与信仰之分合关系,但就人类不断完善着的不完善的理性而言,真理与信仰的分久必合是值得信赖的。

引 言 >>>

　　人类究竟往何处去,是走向死亡的寂灭,还是迈向永久和平? 面对这个问题,历经一战、二战之后的人类处境依然显得扑朔迷离。人类作为万物之灵长、宇宙之中心具有无限的能力来实现自己的追求,但其不受限制的能力却有倒转过来毁灭自身的危险。如何实现人类的和平共处,建构永久和平的生存境界,这是古往今来众多仁人志士所矢志不移,为之赴汤蹈火的永恒理想。一战、二战似乎将这一理想证伪为一幻想,但巴黎和会的召开、非战公约之缔结再次为此一幻想点亮了些微的希望之光。二战后,世界赢得了短暂的和平但仍然潜流汹涌。环顾今日之地球,基于信仰、资源、种族等因素而产生的压制与抗争、控制与反控制的冲突依旧,在某些地区战乱频仍。永久和平沦为痴人之梦魇,现世是马基雅维利思潮主宰的世界,作为永久和平的反面,永久不和平似乎才是铁的事实与真理。

　　面对礼崩乐坏的天下乱象,依然有少数哲人为捍卫高贵人性及其导向的永久和平而殚精竭虑,而奔走呼号。中国的孔夫子、老子,西方的苏格拉底、柏拉图、亚里士多德、康德、黑格尔,直至近日之哈贝马斯等人中翘楚都曾为人类的永久和平开出了自己的独到处方。面对这些对治方案,人类的生存现实表现出桀骜不驯的拒绝与不服从,与人类未来之走势一样,这些方案之功效依然显得悬而未决。

　　既有哲学方案大多限于对永久和平进行理想描述,其所依凭者不外是对人性的形而上学假定及纯逻辑的推导,因而难免蹈空务虚。紧要的问题反倒是,如何务实地实践永久和平这一瑰丽的梦想。这一问题可以具体化为这一情境:当遵守不同行为准则的主体相遇而发生争议时,如何和平并即时地解决彼此的分歧? 康德的回答代表了绝大多数的立场:建构世界公民法这种统一规则。但这与其说是解决问题,还不如说是回避问题,因为建构世界公民法是问题得以解决后的结果,关键的难题在于:如何建构世界公民法,或世界公民法如何可能? 柏拉图和苏格拉底提出了哲学王的理想国方案、孔夫子提出了修身养性的方案、老子提出了不往来的方案,但这些方案过于抽象而缺乏实践力量。黑格尔提出了通过冲突实现统一的思想,此一思想弥足珍贵,但这冲突正当化了人类战争的正当性。在战争被公认为非正当手段而被摒弃的现代,如何通过冲突实现统一,哈贝马斯提出了对话与交往行为理论。但该方案的局限性在于,对话与交往行为通常无法有效、务实和即时地解决冲突。

　　缺乏务实、有效方案的支持,永久和平就成为海市蜃楼般的彼岸图景,它是一种谬论,是对人类和人性的尖锐嘲讽。然而,在法律的世界之中有一门法律科学它所具有的务实

永久和平的冲突法建构——冲突法的政治哲学功能导论

The Construction of Perpetual Peace through Conflict of Laws: An Introduction to the Political Philosophy Function of Conflict of Laws ▶▶▶

而有效的解题思路被世人普遍忽视,或者说它所具有的建构永久和平的功能并不为世人所关注,该法律科学即为冲突法。冲突法直接功能在于,即时、有效且和平地解决不同行为规则之间的抵触,而生成为各方所一致接受的行为结果。它以和平的方式实现了老黑格尔以冲突解决冲突、以冲突实现统一的基本思想;它同时又是一种务实的、能即刻解决分歧和冲突的现实方案。冲突法所具有的此种兼具理想与现实的思维方略使它的功能远不止于解决法律之间的冲突,而能扩展至基于不同行为准则而产生的任何抵触与冲突。把冲突法从解决法律冲突的狭隘定位下解放出来,研究其服务于永久和平建设的可能性和现实性,探究其作用原理和作用路径,此即为本书的出发点与归结点。

第一章 >>>

冲突法的功能定位

言及冲突法的功能,此意味着冲突法有其存在抱负,并且冲突法是作为实现这一抱负而存在的工具。冲突法的抱负是界定其功能的方向标,不同的目标指引会导致不同的功能定位,正如海德格尔所言:"某种上手东西何因何缘,这向来是由因缘整体性先行描绘出来的。例如,因缘整体性构成了在一个工场中上到手头的东西的上手状态。所以,因缘整体性'早于'单个的用具。……但因缘整体性本身归根到底要回溯到一个'何所用'之上。这个'何所用'就不再有因有缘。"①功能与目标之间的此种作用方向决定了冲突法的功能不应、也不可能单独地得到定位,然后再根据这一定位去瞄准其方向。事情本身正相反,冲突法的目标定位其功能。但迄今为止,冲突法的目标并不因为其理论与实践的发展而渐趋明朗,反倒是有意乱神迷之征兆,弗里德里希·K.荣格(Friedrich K. Juenger)指出:"冲突法的突出特征是在该学科的目标和方法上令人震惊地缺乏共识。"②究竟起来,干扰冲突法目标及其方向的基因在于其问题意识即涉外或多边问题解决上的双重欲求,用既有之术语予以表达即是,在公法与私法目标之间,冲突法何为?

第一节 冲突法的私法功能

对于冲突法的功能,一个压倒性的共识便是在与国际公法的二分格局之中找到自己的定位,埃里克斯·米尔斯(Alex Mills)描述了这个现象:"在对国际法的研究中,通常在国际公法——关涉国家与其他国家和个人之间的权利和义务——与国际私法——关涉在一国法院审理国际私法案件中的管辖权、法律适用及承认和执行外国法院判决的问题——之间作出明确的区分。国际私法被视为国内法,它是且应该在国内正义或公平概念的基础之上专注于解决个体私人争议。有人意识到'礼让'这一概念为国际私法的问题赋予了国际性的维度,但其状态是模棱两可的,'一方面它既不是绝对之债,另一方面也不只是谦逊和善意'。相反,国际公法传统上忽略对国际私法交易和争议的分析,被视为外在于'公法'和'国家为中心'的领域。因此,国际公法和国际私法被视为明显不同的学科,

---

① 〔德〕马丁·海德格尔:《存在与时间》,陈嘉映、王庆节译,三联书店2006年版,第98页。
② Friedrich K. Juenger, *Choice of Law and Multistate Justice*, Martinus Nijhoff Publishers, 1993, p. 1.

永久和平的冲突法建构——冲突法的政治哲学功能导论

The Construction of Perpetual Peace through Conflict of Laws: An Introduction to the Political Philosophy Function of Conflict of Laws ▶▶▶

如同两条平行流淌的知识河流。"①在公私分明的传统识见下,冲突法的功能被定位在私务方面,"为与国际私法理论相贴合,我们应强调当事人及当事人的利益。这相应地要求对主权国家利益去重心化"。② 私人个体之间而非国家之间的关系因此成为冲突法的绝对主题,并反向印证了冲突法的私法属性和私法功能,"此处之私法意指调整立足于平等性基础之上的私人个体之间的关系(而非主权或其从属者及其主体之间的关系)的法律"③;冲突法"是在国际社会的各种关系中,只适用于私人的规则的总称"④。将冲突法的功能分流为私法性的,源于其所针对的问题,这既是冲突法得以存在起来的理由,也是理解其功能的私法起源之线索。要探究冲突法的本真问题最好应当追溯到其源头。

冲突法的起源一般认为肇始于意大利城邦时代,最早由巴托鲁斯所提出⑤,但冲突法的问题意识事实上还可提前,据马丁·沃尔夫(Martin Wolff)介绍,纽迈尔(Neumeyer)经考证后认为"第一个提出"真正的国际私法问题的是玛吉斯特·阿尔德里克(Magister Aldricus)⑥。阿氏自问:如果属于几个不同省份的人在审判员面前涉讼,而这几个省份又有不同的习惯法的时候,就发生审判员应该适用哪个省份的习惯法的问题;他接着自答:应该适用他认为是较好且较为有用的法律。这个冲突法第一问的基本结构的确在首要层面是一个私法结构,即从主体角度来看它涉及的是平等的私人个体之间的关系,冲突法的使命与责任在这一起始点上就有被私法化的重要倾向,它被设计出来旨在解决纯属私人主体之间的争议。围绕这个问题的规范化解决,冲突法的范围也开始渐次呈现出一个鼎足而立的三脚结构⑦:管辖权、法律适用及外国法院判决的承认与执行。这些方面除了因应冲突法案件的涉外因素而作必要调整之外,它们与国内私法案件之处理并无实质差异。即便在判决承认与执行这一更具国际公法倾向的环节上,在戴西(Dicey)等人看来它也只是对外国私法之"既得权"的认可而非直接针对外国主权行为的认可。

由此问题意识及围绕该问题意识所组织起来的冲突法之制度框架在目标上即被定位是为个案提供正义裁决,"国际私法中正义的观念通常是与主体为保护'私权'而提出的诉

---

① Alex Mills, *The Confluence of Public and Private International Law: Justice, Pluralism and Subsidiary in the International Constitutional Ordering of Private Law*, Cambridge University Press, 2009, pp. 1~2.

② Michael J. Whincop, Mary Keyes, *Policy and Pragmatism in the Conflict of Laws*, Dartmouth Publishing Company, 2001, p. 4.

③ Arthur Nussbaum, *Principles of Private International Law*, Oxford University Press, 1943, p. 5.

④ [法]巴蒂福尔、拉加德:《国际私法总论》,陈洪武等译,中国对外翻译出版公司1989年版,第3页。

⑤ 有学者指出:"尽管人们已经付出了很多努力试图在罗马法文献之中找到关于不同国家的法律适用的总原则,但仍徒劳成空。"L. v. Bar, *The Theory and Practice of Private International Law*, translated by G. R. Gillespie, Edinburgh William Green & Sons Law Publishers, 1892, p. 8.

⑥ Martin Wolff, *Private International Law*, Oxford University Press, 1945, p. 22.

⑦ Michael J. Whincop, Mary Keyes, *Policy and Pragmatism in the Conflict of Laws*, Dartmouth Publishing Company, 2001, p. 1.

求相联系的"①。沃尔夫在以提问方式探究国际私法存在根据时也从反面论证了国际私法的目的在于产生私法正义的结论:"有人可能会首先发问:英国法院为什么有责任根据某些情势去适用外国法? 为什么不适用英国法而根本不考虑外国法,因此可避免任何国际私法问题? 英国法是英国法官所熟悉的,且如果英国法对纯粹的英国诉讼够好,为什么要关注法院既不熟悉且可能劣于英国法律规则的其他法律制度? 答案是,这种简单的解决方式将导致严重不义。"②戚希尔(Cheshire)等人也说:"事实上,外国法的适用既非谦让,也非对主权进行献祭。它仅仅源于正义之需要。"③格哈德·克格尔(Gerhard Kegel)在对冲突法案件中的利益进行分类的前提下说得最透彻:"追求国际私法中的正义,要求我们对各种利益进行权衡,这和任何其他的法律裁判都是一样的。但是这里我们所关心的不是政府利益,而是私人利益","政府利益不能在冲突法中发挥作用。政府利益是国家(州)的自身利益。而在冲突法中(以及实体私法中),所争议的是私人利益,而且追求的目标是个人之间的正义。"④冲突法至此被完全私化。

撇开国家及其法律体系之间的关系来对待冲突法的问题,呈现出的主体关系就是私人间的关系,案件的处理也就只剩下一个与国内案件之审理相同的目标,即如何更好地裁决案件。在判断如何更好地裁决案件的标准上已经没有了政府利益等公法因素的色彩,世界之风尚似乎转而要求在与案件所涉及的相关法律体系之中去比较衡量质量更优的法律,强调"超越国界之价值观的法律选择方法","在对相冲突的判决规则进行质量评估的基础之上进行法律选择","不会为了达到判决一致性的目标而牺牲公正性,它只能保证冲突法案件的判决至少能够符合法院地的正当性标准。"⑤这一要求陌生而又熟悉,在阿尔德里克的"较好的法律"的概念之中已然昭示着此种冲突法的现代要求。在某种意义上可以如此来概括冲突法寻找较好法的历史发展:首先,从国家法律体系之间的关系来界定较好法,准据法=适当的国家的法;其次,从国家利益之间的关系来界定较好法,准据法=法院国法;最后,从案件所得结果来界定较好法,准据法=较好的法。而这种转变也可视为是冲突法的公法含量逐降而私法含量递增的过程。

第二节 私法功能的辩证分化

不论如何突出冲突法在其存在、功能及目标上的私法性,也无法回避这一事实:贯穿

---

① Alex Mills, *The Confluence of Public and Private International Law: Justice, Pluralism and Subsidiary in the International Constitutional Ordering of Private Law*, Cambridge University Press, 2009, p. 3.

② Martin Wolff, *Private International Law*, Oxford University Press, 1945, p. 1.

③ J. J. Fawcett, J. M. Carruthers, *Cheshire, North & Fawcett Private International Law*, Oxford University Press, 2008, p. 5.

④ Gehard Kegel, The Crisis of Conflict of Laws, *Recueil des Cours*, 1964, Volume II, pp. 186, 207.

⑤ Friedrich K. Juenger, *Choice of Law and Multistate Justice*, Transnational Publisher, Inc., 2005.

永久和平的冲突法建构——冲突法的政治哲学功能导论

The Construction of Perpetual Peace through Conflict of Laws: An Introduction to the Political Philosophy Function of Conflict of Laws ▶▶▶

冲突法的方方面面都总是与公法问题牵连不断,且将冲突法的功能定位在私法层面也是立足于公法框架之上的。如果进一步钩沉冲突法的史实、剖析其逻辑、追问其功能,那么冲突法的私法功能就会不可避免地被还原出公法的底色,在历史的和逻辑的维度就会见出冲突法的国家际性(inter-nationality)。克雷洛夫说得透彻:"在国际交往中,在每一个具体的公司、每一个个人背后……都有它自己的国家,而在这民事法律关系中发生的任何争议,甚至有关离婚的家庭纠纷,最终都可能转变为国家之间的冲突"①。不仅如此,冲突法调整过程中的不当处理还可能直接引发国家之间的公法效果,例如就公共秩序保留之运用而言,按照斯科拉登勋爵的说法就是:"如果已经承认一个国家是独立的主权国家,而它的法律违反正义和道德的基本原则,那似乎是严重地违反国际礼让的;对于一个敏感的外国政府,这种主张很可能成为宣战的理由。"②以下从史实、逻辑与功能三角度扼要解析冲突法的私法功能怎样辩证地开展出公法维度。

一、冲突法的史实钩沉

阿尔德里克对法律适用的回答具有非常开阔的解释空间,从冲突法理论形态的现代发展来看,阿尔德里克的较好法超前地契合了现代冲突法的基本考虑,按照荣格的说法,其建议"若能得到持续不断的适用,就会催生出一套独立的实体法规则体系。只要能在哪些是'较好且较有用'的裁决规则上达成共识,法律宣战的问题就会被彻底消除,因为这些规则可以直接适用于跨国交易"。③从阿氏只言片语的观点上难以清晰辨明其中的公法意蕴,不过被主流观点认为是系统地形成冲突法理论的第一人巴托鲁斯所提出的法则区别说则强烈地、而且是首要地透显出公法特征。巴托鲁斯的法则区别方法首先考虑的不是案件处理的公平合理,尤其不是以当事人的私益为逻辑起点,而是从法律规范的效力范围出发解决法律冲突。从传统属地法的立场看,法律的效力对应于主权者的领土空间并以之为据、以之为限,巴托鲁斯第一个打破此种法律效力的地域分配逻辑,而按照法则的性质重构了其治权范围:人法具有域外效力;物法仅具有域内效力。

此种理论对后世致思冲突法的进路产生极大且深远的两大置换效应:一方面,冲突法的首要理论形态是标准公法性的,它在国家(法律体系)之间的关系角度谋求冲突法问题的解决,冲突法的问题被还原成为国家间法律体系的对话与抉择问题④,冲突法因此也被视为是"万法之法",是有关"国家间法律体系的关系之法(the law of the relations be-

---

① 转引自[前苏联]隆茨等:《国际私法》,吴云琪等译,法律出版社 1986 年版,第 9 页。
② [英]马丁·沃尔夫:《国际私法》上册,李浩培译,北京大学出版社 2010 年版,第 262 页。
③ [美]荣格:《法律选择与涉外司法》,霍政欣、徐妮娜译,北京大学出版社 2007 年版,第 16 页。
④ 奥本海就认为国际公法渊源于国家的共存,国际私法产生于法律制度之间的共存。Robter Jennings, Arthur Watts(eds.), *Oppenheim's International Law*, London and New York, 1992, Vol. 1, pp. 6～7.

tween legal systems)"①,对私法主体间关系之解决被置换成为公法国家间关系之解决。巴尔即将冲突法的功能与使命界定为确定国家法律体系的适用界限之法:"国际私法决定不同国家的法律制度在私法关系中的适用限度;……更清楚地说,国际私法决定着私法关系中不同国家法律制度的可适用性及其机构——法院及治安法院——的管辖权。"②另一方面,阿尔德里克的"较好法"被置换成为"较好的国家"之法,其历史遗绪垂范直至美国冲突法革命的兴起,甚至在后革命时代仍然不绝如缕。对于巴托鲁斯的法则区别说思想,米尔斯总结认为:"国际私法思想的出现是为了解决这些问题,它作为一种解纷机制去最小化通过法律不协调地处理私法争议的可能性,同时也认可了某种程度的多元主义。国际私法规则被认为是统一的自然法之组成部分,即促进和支持多元法律制度之存在的'间接'规范。这一点值得强调。国际私法首先并不被认定为是因国而异的当地法律之组成部分,而是被认定为一个统一(自然)的国际法律制度之组成部分,包括了当代国际公法和国际私法的地域性,其被设计出来是为了解决多元法律的协调问题。"③

巴托鲁斯之后,尤里克·胡伯(Ulrich Huber)提出的礼让说(Comity)更清晰地揭示了冲突法的公法架构,他在重申法律属地主义精神的同时以礼让说为根据成全了巴托鲁斯的人法之说所产生的法律的域外效力。如果说巴托鲁斯的法则区别说在人法与物法二分的基础之上探讨法则性质以确定其空间范围,此种做法还间接化了国家对峙格局的话,那么胡伯的礼让说就完全抖落了间隔在国家间的任何缓冲物,让国家间关系之状态直接主宰冲突法的问题。熟知胡伯三原则的人不难明白,其前两原则是对主权国家的法律空间效力进行了正反两方面的界定,即主权国家的法律效力范围等同于主权国家的领土范围。胡伯第三原则即所谓的国际礼让说,它并不是该时代作为经典引据的罗马法之组成部分而是胡伯的原创,但胡伯为赋予礼让以普世之效力而将其视为是"自明公理(self-evident axiom)"④。该规则虽然"不是冲突法制度赖以建构的原则",但它却是"冲突法制度

---

① Antonio Boggiano, The Law of the Relations Between Legal Systems: A Methodological Analysis, in Jurgen Basedow, Issak Meier, Anton K. Schnyder, etc. , *Private Law in the International Arena: From Naitonal Cconflict Rules towards Harmonization and Unification*, T. M. C Asser Press, 2000, p. 80.

② L. v. Bar, *The Theory and Practice of Private International Law*, translated by G. R. Gillespie, Edinburgh William Green & Sons Law Publishers, 1892, p. 1.

③ Alex Mills, *The Confluence of Public and Private International Law: Justice, Pluralism and Subsidiary in the International Constitutional Ordering of Private Law*, Cambridge University Press, 2009, pp. 31~32.

④ Alan Watson, *Joseph Story and the Comity of Errors: A Case Study in Conflict of Laws*, The University of Georgia Press, 1992, p. 7.

永久和平的冲突法建构——冲突法的政治哲学功能导论

The Construction of Perpetual Peace through Conflict of Laws: An Introduction to the Political Philosophy Function of Conflict of Laws ▶▶▶

赖以立足其上的理论地基"①,它属于典型的"国际法"②。

弗里德里希·卡尔·冯·萨维尼(Friedrich Karl von Savigny)所提出的法律关系本座说在很大程度上淡化了胡伯为冲突法所铭刻下的鲜明的国际公法特征,但他与胡伯之差只在于解决冲突法问题的手法,而在冲突法的前提和目标两方面仍然与胡伯的公法分析框架一脉相承。萨维尼在评价胡伯"仅仅用主权独立原则来解决这一问题"时指出:"我不仅承认这种主张的正确性,而且甚至认为可以把此种主张扩展到可以想象的最高限度;但是,我相信这对于解决这个问题没有多少帮助。"为此他构想了一个国际公法场景,"世界各国和整个人类的共同利益决定了各国在处理案件时最好采取互惠原则,并坚持本国市民和外国人之间的平等原则。这一平等原则的充分发挥不仅会使外国人在每一个特定国家都跟其本国国民一样(这里包括待遇平等),而且对于存在法律冲突的案件,不管它是在这一国家还是在那一国家提起,其判决结果都应该一样"。③ 在这一点上沃尔夫深表认同,认为这就是冲突法上的"公道":"公道要求不论诉讼在什么地方提起,判决总是一致的。这个论据是正确的,虽然还不是详尽无遗的。"④不仅如此,这一状态还是冲突法的终极目标:"国际私法的最终目标似乎是使所有国家的冲突规则都达到一致……如果达到了这个目标,每个诉讼案件,不论在什么法院提起,都可以适用同一的'国内'法来加以判决了。"⑤简言之,冲突法的理想状态即是"同一个世界,同一个案件,同一个法律,同一个梦想"。⑥ 判决结果的一致显然不主要是私法上的要求,而应视为国家间协调的需要;它更多的是考虑国家间司法主权行为在结果上的一致性,而较少虑及当事人在个案中是否得到了公平结果。换言之,冲突法在追求判决一致的形上目标时,很可能是以个案之私法公正为代价的。

萨维尼不是在解决冲突法问题的技法上,而是在冲突法目标上为其加上国际公法的使命,即国家间司法协调之要求的。与之相反,对以萨维尼体系为代表的传统冲突法方案进行激进革命的柯里(Currie)则不仅要求在冲突法的目标上,而且也要在冲突法的解题

① Alan Watson, *Joseph Story and the Comity of Errors*: *A Case Study in Conflict of Laws*, The University of Georgia Press,1992, p. 16.

② 胡伯在《论国家的法》(De jure civitatis)中指出:"不同的人们彼此交互依赖的事务应恰当地归于在他国领域之中遵守另一国家的法律。对此,即便他们没有契约的约束,也不必然地予以服从,但人们之间共同交往之理性要求在这一领域相互投入。"转引自 Alan Watson, *Joseph Story and the Comity of Errors*: *A Case Study in Conflict of Laws*, The University of Georgia Press,1992, p. 7. 在这一意义上,沃尔夫可能误解了胡伯的礼让作为外国法得以适用之根基的坚韧性,他指出:"从来没有一个交战国规定在战争中,它的法院应该拒绝适用敌国的所有法律规则。甚至纳粹德国也没有禁止它的法院在战争中适用英格兰法。如果适用外国法是以国际礼让为基础,那么从开战时起就一定要停止适用外国法了。"(参见[英]马丁·沃尔夫:《国际私法》上册,李浩培译,北京大学出版社2010年版,第17页)

③ [德]萨维尼:《法律冲突与法律规则的地域和时间范围》,李双元等译,法律出版社1999年版,第13~14页。

④ [英]马丁·沃尔夫:《国际私法》上册,李浩培译,北京大学出版社2010年版,第6页。

⑤ [英]马丁·沃尔夫:《国际私法》上册,李浩培译,北京大学出版社2010年版,第18页。

⑥ 张春良:《论萨维尼冲突法思想的情调——萨维尼本座说的抱负、梦幻及其历史宿命》,载肖厚国主编:《民法哲学研究》第1辑,法律出版社2009年版。

思路与方案上再现主权力量。他在批判萨维尼的具体规则及其难以达致的判决一致的基础之上提出了政府利益分析方案置换萨维尼的法律关系本座说。柯里颠覆判决一致这一冲突法的古典追求,并不是要在冲突法的解题方案之中植入当事人私益或个案公正的考虑,而是代之以另一主权概念,即政府利益。与巴托鲁斯类似,柯里也是在两国或多国对峙的格局之下直接探究冲突法问题的解决的,"他们都是在对立的双方主体所隶属的规则身上叩问法律选择的答案,不同的微妙差异仅仅是法则的语法与法则的利益之间的视角更迭"①,这种范式具有直接的国际公法结构,它的全部思路是围绕主权者而非私人予以展开的。柯里自己也明确承认,他的分析"不关注冲突所涉的私人利益"②,用他自己的话来说,他发现"在冲突法的分析之中没有衡量私人利益的位置,因为在州际层面解决了冲突也就达到了相互冲突的私益的解决之目标"。③ 在萨维尼法律关系本座说中可能得以浮现的私人主体再次被作为政府利益之载体的国家主权者所替换,成为解决冲突法问题及冲突法问题得以解决之后所要致达的目标的支点。

柯里之后,真正将冲突法的关注中心聚焦于跨国私人利益之上的代表人物当推克格尔,他把私人这个被国家主权者一直挤压的主体解放出来要求认真对待,并认为私益才是理解冲突法问题和解决冲突法问题的绝对核心。与柯里排他地强调主权者利益、要求遗弃私人利益之做法正相反对,克格尔要求彻底排除政府利益的考量而只专注于私人利益之正义处理。即便如此,克格尔也没有完全回避掉主权力量在冲突法中的存在,在他所构设的利益之中有一种具有公法性质的利益即秩序利益,它包括"对结果的实体一致性的利益"和"结果的国际(州际)一致性的利益"④。这两类利益不可避免地涉及主权者之间的再次协调,而且也再次回转到传统冲突法的判决一致之公法目标。

由上看来,冲突法的历史发展过程不过是在"如何适用外国法"这一问题上的技术表达之别,但它们无一例外地、只是不同程度地立足于主权者的肩膀之上,借助国际公法之框架来追求冲突法案件之裁决。因此,理想的冲突法案件得以解决的结果就不仅具有私法意义上的效应,而且也首先表现为公法意义上的效应:它一方面涉及国家之间在法律、政府利益上的互认,另一方面也涉及国家之间在判决上的协调。国家之间的公法协调担保了案件得以解决的私法效果,而不是私法的解决反过来担保了国家之间的公法协调。据此,冲突法协调主权者之间关系的公法功能在传统的私法功能之中被辩证地开展出来。

二、冲突法的逻辑剖析

冲突法解决多边问题在逻辑理路上包括相互关联的三层次:一是为什么要适用外国法;二是如何确定外国法;三是如何适用外国法。为什么要适用外国法,这个问题被认为

---

① 张春良:《冲突法的范式进化论》,载《法律科学》2010 年第 4 期。

② Symeon C. Symeonides, *The American Choice-of-Law Revolution*:*Past*,*Present and Future*, Martinus Nijhoff Publishers,2006,p. 17.

③ Brainerd Currie, *Selected Essays on the Conflict of Laws*, Duke University Press, 1963, p. 610.

④ [德]格哈德·克格尔:《冲突法的危机》,萧凯、邹国勇译,武汉大学出版社 2008 年版,第103 页。

永久和平的冲突法建构——冲突法的政治哲学功能导论

The Construction of Perpetual Peace through Conflict of Laws: An Introduction to the Political Philosophy Function of Conflict of Laws ▶▶▶

是真正的、也是唯一的"冲突法理论",它是关于整个冲突法体系的元理论,代表着冲突法体系参与其他知识体系间的互动,而这种互动的出发点和归宿就在于解释关于冲突法体系的根本问题,并对整个冲突法体系的存在负责。[①] 尽管当代冲突法的理论与实践不再对这个冲突法问题予以正面回应,而将其视为是不言而喻的逻辑前提,但荣格依然点出了该问题的意义:"一国法院既然宣誓效忠本国法律与宪法,为什么还会去适用外国法?这是一个极度缺乏共识,但又意义重大的根本性问题。"[②] 为什么要适用外国法的问题直指国际协调的意识,它意味着国家之间相互承认的需要,承认与被承认是协调得以成立的决定性前提。对该问题的各种既有的和可能的回应都脱离不开国家间性的底色。不管怎样极端的回答,哪怕是对该问题的完全否定的回答都可能是认可和接受了国家之间的互认状态。对该问题进行回应的冲突法学者胡伯、斯托里、戴西、库克分别以国际礼让、国内立法同意、既得权和本地法说理论来延伸一国法律的域外效力。对一国法律域外效力的承认事实上也就是对该国法律得以从出的主权者的承认。

(一)法律之合法性

为什么要适用外国法,这一问题或许会引起世人迷思并由此导致分歧,但若换个发问的角度即为什么要适用内国法或许有助于反向理解这个问题。在何种程度上明白内国法得以适用的"合法性",也就在相应意义上理解外国法适用的"违法性";也只有深入地领会了外国法适用的违法性,才能牢牢地紧追问题本质而不以游移的姿态迷失问题的解决方向。简言之,从内国法适用的"合法性"角度出发,只能推演出外国法适用的"违法性";从内国法适用的合法性角度无法逻辑地推导出外国法适用的违法性。此一堪称让人绝望的澄清之途并非没有意义,它的意义在于宣称此一求解之路的无意义,并由此指示外国法适用的合法性答案不在其中,而在其外。其外,意指逻辑之外的另一逻辑序列开端,它将支持外国法的合法性。

为什么要适用内国法?这不可避免地回涉到法之本质。法是公民意志的体现,因此对于每一个公民而言,他们之所以接受法律乃是基于如下假定,即公民都是理性之人,理性之人的一个根本特质即是始终一贯地行动。既然法律是公民自己的意志,因此只有遵守法律才是遵守自己,也就是遵守人之为人的不矛盾性。此种法律得以适用的根据是内在的,以人之为人的本性为理据。这就表明,从外在强制力的角度无法合理地证立法律适用的"合法性",只有"出乎本意"而不是外在强制才构成法律,也就是内国法律得以适用的真正的合法性根据。

"出乎本意"至少需要得到两个方面的严格界定:一是该本意的生成根据是在意志本身之中而非在意志本身之外。如果是在意志本身之中,则出乎本意就成为自足的根据,而这就是所谓的自由。"理性的立法所要求的是,它只需要以自己本身为前提,因为规则只有当它无须那些使有理性的存在者一个与另一个区别开来的偶然的主观条件而起作用

---

① 　周江:《"冲突法理论"论纲》,载《法律科学》2010 年第 2 期。

② 　[美]荣格:《法律选择与涉外司法》,霍政欣、徐妮娜译,北京大学出版社 2007 年版,第 57 页。

时,才会是客观而普遍地有效的。"①②如果是在意志本身之外,则意味着意志发动根据诉诸于外部的经验性条件,将外部的经验性条件视为行动的根据,这是不可能导向恒久的划一秩序的,"在从任何一个对象的现实性都可以感觉到的愉快或不愉快中建立起规定任意的最高根据的那一切质料的原则,就它们全部属于自爱或自身幸福的原则而言,都完全具有同一个类型。"这一根据是"不能充当任何实践法则"的。③ 自爱和幸福会在两个方面瓦解法律建构稳定一贯秩序的目的:一是它会自相矛盾,不同的行动主体有不同的自爱和幸福观,因此会引起冲突与倾轧,二是它实质上瓦解了"出乎本意",将行动的根据建立在外在的经验性对象上,这乃是"出乎它意"。卢梭就此说道:"唯有道德的自由才使人类真正成为自己的主人;因为仅只有嗜欲的冲动便是奴隶状态,而唯有服从人们自己为自己所规定的法律,才是自由。"④

对"出乎本意"的第二方面的界定则是对"本意"的公私性进行界定:这本意是一己之私意,还是天下之公意? 如果这本意是一己之私意私欲,则会导致"法"出多门,每个人都有自己的行动"准则","如果人们想把一条法则的普遍性赋予这个准则,就恰好会导致与一致性的极端对立,导致这个准则本身和它的意图的严重冲突及完全毁灭。因为这时一切人的意志并不具有同一个客体,而是每个人都有自己的客体(他自己的称心事),这个客体即使能与别人的那些同样是针对他们自身的意图偶然相合,但还远不足以成为法则,因为人们有权偶尔所做的那些例外是无穷的,而根本不能被确定地包括进一个普遍的规则中去"。⑤ 法律作为天下之公器,这就意味着它必须是体现在各个体私意之中的公意。这种可以上升成为公意的私意就具有了康德纯粹实践理性的基本法则之结构:要这样行动,使得你的意志的准则任何时候都能被看作一个普遍立法的原则。⑥

康德说得深刻但略显生涩,卢梭说得直白但更具激情。卢梭首先确定了法律的基本意义,这就是"公意":"当全体人民对全体人民作出规定时,他们便只是考虑着他们自己了;如果这时形成了某种对比关系的话,那也只是某种观点之下的整个对象对于另一种观点之下的整个对象之间的关系,而全体却没有任何分裂。这时人们所规定的事情就是公共的,正如作出规定的意志是公意一样。正是这种行为,我就称之为法律。"⑦由于法律的公共意志性,因此遵守并适用自己的法律就具有了正当性,这正是卢梭对法律之合法性的回答:"根据这一观念,我们立刻可以看出,我们无须再问应该由谁来制定法律,因为法律

---

① [德]康德:《实践理性批判》,邓晓芒等译,人民出版社2003年版,第24页。
② 值得特别挑明的是,舍勒更加深入地探讨了双重自律和双重他律:"但在这里必须区分双重的自律:对自身的善和恶的人格明察的自律以及对以某种方式作为善和恶而被给予之物的人格愿欲的自律。与前者相对立的是无明察的或盲目的愿欲的他律(Heteronomie),与后者相对立的是被迫的(erzwungen)愿欲的他律"。(参见[德]马克斯·舍勒:《伦理学中的形式主义与质料的价值伦理学》,倪梁康译,三联书店2004年版,第604页)。
③ [德]康德:《实践理性批判》,邓晓芒等译,人民出版社2003年版,第24~26页。
④ [法]卢梭:《社会契约论》,何兆武译,商务印书馆1997年版,第30页。
⑤ [德]康德:《实践理性批判》,邓晓芒等译,人民出版社2003年版,第35页。
⑥ [德]康德:《实践理性批判》,邓晓芒等译,人民出版社2003年版,第36页。
⑦ [法]卢梭:《社会契约论》,何兆武译,商务印书馆1997年版,第50页。

永久和平的冲突法建构——冲突法的政治哲学功能导论

The Construction of Perpetual Peace through Conflict of Laws: An Introduction to the Political Philosophy Function of Conflict of Laws ▶▶▶

乃是公意的行为；……更无须问何以人们既是自由的而又要服从法律,因为法律只不过是我们自己意志的记录。"①服从法律也就是服从自己,这既是法律得以适用的内在逻辑,也是法律得以适用的合法性根据。

于此处,我们见证了那用以支持内国法得以在内国适用的合法性根据正好就是证明外国法在内国得以适用的违法性的根据。法律,除了渊源于人性本身而内容统一的自然法,乃是一种地方性知识,是地方性的"民族志"。不同的种族或国家都有作为自己意志的法律,"一般地说,法律,在它支配着地球上所有人民的场合,就是人类的理性；每个国家的政治法规和民事法规应该只是把这种人类理性适用于个别的情况"。由此导致的结果便是,"为某一国人民而制定的法律,应该是非常适合于该国的人民的,所以如果一个国家的法律竟能适合于另外一个国家的话,那只是非常凑巧的事"。② 因此,外国法的适用问题也就反向形成了一种合法性危机:既然法律得以适用的内在机理乃是因为法律出于守法者的意志,那么外国法律乃是外国人的公意,该公意相对于内国人、内国法官而言便只是他者的意志,它缘何会对内国人生适用之效? 以此观荣格之问还可见出荣格质疑的不透彻性,因为即便法官没有宣誓效忠内国宪法和法律,也仍然存在适用外国法的逻辑断裂之危机。这一问题在当下甚至有回暖的征兆,因为美国"当下司法和学术界正展开一场激烈辩论,关于是否,或更准确地说在什么情况下,为什么目标,为什么结果,最高法院应当引证国际法院或其他外国法院的决定。"③反对者的论证理路及其力量正好就是渊源于法的合法性逻辑:

"反对引证外国司法决定作为权威的最具决定性的反驳意见是,这种做法不民主。即使其他民主国家的法官,或这些国家任职于国际法院的法官提交的司法决定,也都在美国的民主制范围之外。这一点被遮蔽了,因为我们认为,我们的法院是'不民主的'制度。这种说法其实不准确。不仅美国大多数州法院法官选举产生,而且联邦法官也由选举产生的官员,即总统和参议院成员,任命和确认。因此,即使我们的联邦法官也有一定的民主合法性。外国法官,不论这些国家多么民主,在美国都没有民主的合法性。外国选民的投票不是我们这个民主体制中的事件。"④

从法的合法性本身无法演绎地推导出适用外国法的合法性,或者换言之,为什么要适用外国法这一问题是一个逻辑的无解的问题。相反,从法的合法性角度出发只能否定外国法的适用。这就表明了,外国法适用的合法性论证不能从法律本质的内在角度提供辩护,而必须另构合法性证明的起点和思路。在重构外国法适用理据的新方案之前,纵向检讨先行者们提供的论证方案具有资鉴意义,我们的策略是双重的:一方面如果发现所有论证方案都是有待纠正的,则将这些论证方案视为是各种试错路线,进而避免重蹈覆辙的危险；另一方面如果发现某一或某些论证方案具有方向正确性,则可沿着这些方案的论证方

---

① [法]卢梭:《社会契约论》,何兆武译,商务印书馆1997年版,第51页。

② [法]孟德斯鸠:《论法的精神》上册,张雁深译,商务印书馆1997年版,第6页。

③ Austen L. Parrish, Storm in a Teacup: The U. S. Supreme Court's Use of Foreign Law, *Illinois Law Review*, 2007, p. 637.

④ Richard A. Posner, *How Judge Think*, Harvard University Press, 2008, p. 354.

向进行纵深拓展,将论证思路通透贯彻。以此两种方式,我们将逼问出外国法为何得以适用的合法性何在。

(二)外国法之合法性

1. 胡伯的国际礼让说

阿尔德里克或巴托鲁斯第一个回答了如何适用外国法的问题,萨维尼第一个回答了如何合理地适用外国法的问题,但他们都不是第一个直接回答为何适用外国法问题的人。真正直接回应这一问题的第一个学者是优利克·胡伯,荣格正确地指出:"荷兰法学家最先抓住了这个问题,并自认为在含混的礼让观念中找到了解答。"[①]但对于很多人来说,礼让不仅是最清晰的概念,最有力量的解释根据,而且也是能够解释外国法得以在内国适用的唯一根据。礼让在胡伯的立论基础和理论体系之中只算得上是"例外"而非"原则","主权"及其严格的地域效力才是他的"原则",主权与礼让因此也就构成了胡伯的原则与例外之关系,这鲜明地体现在胡伯三原则之中。胡伯在其学位论文"De conflictus legume diversarum in diviersis imperiis"[②]之中提出了冲突法历史上著名的三大原则:[③]

Ⅰ.各国的法律在它自己的领土范围内施行,并且拘束所有它的臣民,但在(这些范围)以外则没有拘束力;

Ⅱ.所有在一国领土范围内的人,不论是永久居住还是暂时居住,都是这个国家的臣民;

Ⅲ.各国君主根据礼让而行动,因而每个民族的法律适用于本国境内后,在任何其他地方仍保持效力,但以另一个君主或者他的国民的权力或者权利并不因此受到损害为限。

从三大原则的安排来看,胡伯首先和首要地坚持法律基于主权而具有严格的属地性,他的第一原则就旗帜鲜明地表达了这一立场,第二原则是对第一原则的延伸和强化,强调法律基于主权力量不仅无条件地及于一国领土范围之内的本国公民,而且同时及于永久或临时位于本国领土范围之内的外国公民。第三原则才涉及到冲突法中的礼让说,该原则虽为原则实为例外,以此方式胡伯才"无"中生"有"地赋予了属地的法律以域外效力之根据,从而解释了外国法得以在内国适用的理由。

胡伯的主权与礼让构成一对奇妙的组合,荣格说他"试图从主权与礼让这两个孪生概念中直接演绎出一整套冲突法的制度。"[④]胡伯之所以一方面能够强调主权的不可损抑性,另一方面又能够看似矛盾地通过礼让抑制主权,这必须追溯到胡伯的历史身位和学术

---

① Friedrich K. Juenger, *Choice of Law and Multistate Justice*, Transnational Publisher, Inc., 2005, p.45.

② 该论文题目意为"论各国不同的法律冲突",尽管其篇幅仅有 10 页,但它对英美国际私法影响之巨无出其右者。荣格就指出:事实上,胡伯的冲突法著述对美国与英国冲突法的影响,比其他任何著作都更为深刻。Friedrich K. Juenger, *Choice of Law and Multistate Justice*, Transnational Publisher, Inc., 2005, p.22.

③ [英]马丁·沃尔夫:《国际私法》上册,李浩培译,北京大学出版社 2010 年版,第 30 页。

④ Friedrich K. Juenger, *Choice of Law and Multistate Justice*, Transnational Publisher, Inc., 2005, p.21.

担当。胡伯所处的历史时期正好是荷兰资产阶级革命政权初初取得成功的年代,新兴政权面临国内法制不统一的内忧和国际社会封建势力环伺四周的外患,因此必须要有一种理论支持执政者积极地面对这两大难题,①胡伯立足于主权基础之上的礼让说就有着这样一种责任担当。为确保国内法制的统一和国际关系平等,需要找到一种统一的向心力量,这种力量的实体承担者就是主权,主权包括对内的最高权和对外的平等权。与此同时,这种理论还能够为荷兰执政者开拓坚硬冰冷的外交关系,营造柔和友好的国际氛围,而这就是礼让说的功能。

内国法律得以适用的合法性根据仅在于它是内国公民的意志,因此外国是无义务加以适用的,由此出发将导致外国法适用的逻辑无解。胡伯的前两个原则正好就是在逻辑上重申这一问题,但胡伯提出了冲突法历史上第一次解答,这就是礼让。然而礼让之说尽管能够自圆其说,却不是对为何适用外国法的逻辑解答。礼让是"例外",是逻辑中的例外,也就是非逻辑。因此,胡伯的礼让说是在逻辑之外的例外解答,也只有这种非逻辑才能在逻辑断裂处延展逻辑。它充分说明了,适用外国法的力量不在于逻辑的担保,而只是源于逻辑之外的道德情感。情感不是没有力量,它往往比逻辑更具有实践的力量。

对于礼让是否可堪衔接外国法得以适用的逻辑裂缝,从而实现外国法的效力向内国的摆渡,学者们有不同的见解。在中国语境下,礼让绝不仅仅是一种无力的风度,而是一种最高的美德,因为礼让事实上表达了"克己复礼"的精神,而克己复礼之精神也就是汉文化之最核心的精神操守,即"仁"。它被当作"最高的美德,即被认为是人的精神属性中最高尚的东西",它"发自仁爱和谦逊的动机,凭对他人的温柔感情而律动,因而经常是同情的优美表现";②与妥协或被迫不同,礼让说"带着自豪的归顺,保持着尊严的顺从,在隶服中也是满心怀着高度自由的精神的服从"。③沃尔夫甚至直接将礼让等同于法律的理性:

"初看起来,这种学说似乎是退步的,退步到如阿尔德里克时期以前的法律,那时每个审判员只能适用他本国的国内法。但是,这是一种错误的看法。荷兰法学派意在建立下述的法律冲突规则:每个国家可以按照它自己的自由斟酌,规定它的冲突规则;它可以指示它领土内的审判员完全不适用外国法,或者指示他们按照它所规定的条件,适用某些规则。国际法的规则并不妨碍国家行使选择的自由,这是荷兰著作家从主权观念中推论出来的。但是,没有一个国家行使它的权利到武断地选择法律的程度。到此为止,20世纪中世界各国的法律思想家都无条件地采取荷兰的学说:所有的国际私法都是国家的法律;每个国家的主权者有权决定他的审判员在什么条件下应该适用外国法,而在这方面并没有国际公法的规则拘束他。礼让或者国际礼让的观念现在是指基于互惠的、有礼貌的和亲善的行动,而荷兰的著作家过去则用它来指立法机关不受上级(从元首发出的)命令拘束的行为而言。礼让等于法律的理性,等于公平和实利,是同不适当或者不公平的事情相反的。"④

---

① 刘想树:《国际私法基本问题研究》,法律出版社2001年版,第16页。
② [日]新渡户稻造:《武士道》,张俊彦译,商务印书馆2005年版,第29~39页。
③ 转引自[日]新渡户稻造:《武士道》,张俊彦译,商务印书馆2005年版,第30页。
④ [英]马丁·沃尔夫:《国际私法》上册,李浩培译,北京大学出版社2010年版,第30~31页。

与沃尔夫对礼让的高度赞誉不同,卢峻先生直斥礼让之说"实无可采之处":"此说创自荷兰学派,其后英美学者亦宗之,但目下已无人采用。礼让说之理论,适与主权说相反。其主张略谓,内国法官因国际私法之规定而适用外国法律,而非法官服从内国主权之职责,盖一国法律之效力只限于本国领域,而内国法官绝无适用外国法之义务。适用外国法律系根据国际礼让之结果,全非义务,法官得有自由裁量取舍之权。此说之不妥,一在误认外国法在内国法院之性质为法律,二在误执国际礼让之意义。夫礼让云者,既无定论,又非必要,国际间只有权义关系,而无礼让存在其间,往昔学者凡其所采取之主张无理论上根据时,辄以礼让二字为搪塞,故礼让之说实无可采之处。"①

胡伯的礼让在性质上乃是一种主权者的权利,哈特说它是一种介于法律与道德之间的东西:"在国家关系中,在什么显然是法律和什么显然是道德之间,有一个中间地带,它与私人生活中所公认的礼貌与谦恭的标准颇为相似。这个中间地带也就是国际'礼让'的领域。"②它固然能够在一定程度上解释外国法得以在内国适用的现象,但它的最大局限性在于,将外国法适用的根据建立在脆弱的基础之上。如卢峻所言,适用外国法全系根据国际礼让之结果,全非义务,这使外国法在内国的适用处于一种风雨飘摇的不定状态,外国法是否能够在内国得到适用将取决于内国的"心情"、"脸色"和君子修养。因此,它至多可以解释礼乐升平、君子之交的国际状态,但对更为现实和残酷的国际自然状态却是一种无力的说教。沃尔夫对此见得深邃,并批判得透彻:"礼让这个名词的意义是含糊的。它常常只被用来作为'法律的冲突'这个名词的同义语。更通常的情形是,它的意义被限制于自愿对其他国家让步的概念,认为适用外国法和承认在外国法律下所产生的权利,并且由于依照国际公法有法律上的义务,而是国际礼让所要求的礼貌行为。这个意见起源于17世纪的荷兰著者,而现在仍为美、英两国的若干著者所抱持。人们有时候说一个国家的法院,有时候说立法机关,对于另一个国家的相应的制度给予了这种礼貌。这两个概念都是危险的,也是错误的。它们是危险的,因为它们倾向于使适用外国法和承认外国判决以'互惠'为基础——倾向于认为由于甲国的法院承认了英格兰审判员所作出的一些无价值的判决似乎就可以在英格兰成为无害的东西。这种学说也是错误的,因为它是以任何国家关心于其他国家的法院适用它自己的法律这个观念为基础的。……对于任何一个国家,它的法律体系究竟是否被外国所适用是无关紧要的;这点在战争中很为明显。从来没有一个交战国规定在战争中,它的法院应该拒绝适用敌国的所有法律规则。甚至纳粹德国也没有禁止它的法院在战争中适用英格兰法。如果适用外国法是以国际礼让为基础,那么从开战时起就一定要停止适用外国法了。"③

为提升外国法适用理据的坚实性,改良的方案便是将礼让从一种内国权利转变成为一种道德义务,或者相对于国别实在法来说,转变成为一种普世的自然法义务。

① 卢峻:《国际私法的理论与实际》,中国政法大学出版社1998年版,第28~29页。
② [美]哈特:《法律的概念》,张文显等译,中国大百科全书出版社1996年版,第224页。
③ [英]马丁·沃尔夫:《国际私法》上册,李浩培译,北京大学出版社2010年版,第16~17页。

永久和平的冲突法建构——冲突法的政治哲学功能导论

The Construction of Perpetual Peace through Conflict of Laws: An Introduction to the Political Philosophy Function of Conflict of Laws ▶▶▶

2.斯托里的国内立法同意说

斯托里被认为是"美国冲突法的智识之父",①是一个承上启下、中介欧美冲突法思想的枢纽性人物。斯托里的学术旨趣直接师承优利克·胡伯,并深受胡伯问题意识的影响,其学术思想也仍然围绕着为何适用外国法而展开。为此,斯托里也仿照胡伯提出了自己的三原则。斯托里的问题意识和学术思想直接启发了英美国家的冲突法学者,诸如戴西的既得权说、库克的本地法说等都可以追溯到斯托里的学说体系。

斯托里首先毫不保留地肯定了胡伯的国际礼让说,他指出:"在使用国际礼让这一术语时,不仅不存在用词不当的问题,而且可以说这一术语最恰当地表达了一国法律在他国领域内承担义务的基础和范围。法律的域外效力完全源于他国的自愿同意,而当该法律与他国众所周知的政策相抵触或有损其利益的时候,它就不能被适用。"②斯托里虽然赞成胡伯的国际礼让说,但显然并非是没有改进的,"与胡伯的国际礼让说不同的是,斯托里明确地把'国际礼让'表述为内国法上的规定,从而否定了国际礼让是国际惯例强加给国家的一种义务"。③ 有学者并不赞成此种观点,④不过从斯托里所提出的三原则来看,不论他是否承认,他都有将适用外国法视为是内国法的立法同意之倾向。仿照胡伯三原则,斯托里的三原则是如此表述的:⑤

I.每一个国家在其领土上都享有专属的主权和管辖权,因而每一个国家的法律对于在其领域内的一切人、物和行为都有约束力;

II.一个国家的法律不能直接支配在其领域外的任何人、物和行为,否则,就与所有国家的主权不容;

III. 由于以上两个原则,因而推导出第三个原则,即一个国家的法律要在另一个国家发生效力,必须得到另一个国家法律上的明示或默示的同意。

前面两个原则只是从正反两个方面界定法律的属地效力,即一个主权者的立法在其主权所及的领域范围之内具有域内效力,但不具有域外效力。第三个原则与胡伯的国际礼让原则存在着一些微妙的差异,⑥胡伯是将适用外国法视为是内国的道德裁量范畴,而斯托里则将其改造成为内国的立法同意。特别是,斯托里将外国法的适用视作为以内国立法的默示同意的方式为之,这一表述的意义或许还超过了斯托里所能够意识到的积极

---

① Symeonides, Arthur Taylor von Mehren: A Career of Unassuming Excellence, *IPRax*, 2007, p.263.

② 转引自邓正来:《美国现代国际私法流派》,中国政法大学出版社 2006 年版,第 14 页。

③ 刘想树:《国际私法基本问题研究》,法律出版社 2001 年版,第 21 页。

④ 沃尔夫似乎就不这样认为,他在点评斯托里的学说时说:"适用外国法,不是一国的法律上的义务,而国际私法的一切规则的发生,都是由于各国相互间的利益和效用。"(转引自邓正来:《美国现代国际私法流派》,中国政法大学出版社 2006 年版,第 14 页)。

⑤ 刘想树:《国际私法基本问题研究》,法律出版社 2001 年版,第 21 页。

⑥ 国外有观点认为,斯托里的学说完全是从荷兰学者胡伯的国际礼让说中发展而来的(参见[前苏联]隆茨:《国际私法》,吴云琪等译,法律出版社 1986 年版,第 67 页)。法国学者雷诺则认为:"斯托里的学说完全是抄袭荷兰人胡伯的,实际上只不过是一种译述而已。"(转引自邓正来:《美国现代国际私法流派》,中国政法大学出版社 2006 年版,第 19 页)。此种观点显然没有从为何适用外国法的问题意识出发来解读二者之间的实质性差异。

之处。自此之后,内国法官可以常态性地适用外国法律,哪怕内国立法并未明示地同意其适用,而其理由就是斯托里所提示的:这源于内国立法的默示同意。以此默示方式,外国法在内国的适用就不再是一个让法官纠结的问题,并且由于此一不言而喻的默示同意,就使外国法得以在内国适用的理据可以超越国家间关系的冷暖、喜憎、好坏的无常状态,最终把外国法的域外适用从国际政治、经济和文化关系之中解放出来,并被安置在稳定的立法同意之上。考虑到外国法的适用是基于内国冲突规范的选择效果,内国冲突规范本身作为一种立法,它的选择也就表达了一种立法同意,鉴此,斯托里的立法同意说不无深刻之处。自此之后,外国法之适用方可说是得到了真正现实主义的解决。

此外,尚有一种观点认为外国法之适用根据乃是基于"外国立法之委任(delegation)"。该观点认为,外国法虽然是依据内国冲突规则而被选中,但这并不意味着外国法就变成了本国法,外国法依然保持着自己的"自治性",对外国法的适用"并非将外国法接受而成为本国法,而是以外国法本身被适用,非以内国法之一部分被适用",其得以适用的根据是"法院地法官乃依外国立法者之委任而适用外国法"。① 该观点在于反对基于斯托里立法同意说的基础而发展出来的本地法说,强调外国法在适用过程中、适用之后都维持自身的"外"性不变,就此而言此说具有积极意义。但此说是以回避问题的方式来回答问题,因为我们的问题是:仅适用于特定领域、特定族群的法律为何能够在其他领域、其他族群得以适用? 外国委任不能解决这一问题,因为委任的正当性也依然是严格的地域性,更何况,内国法官基于何种理由而有义务去接受外国立法的委任? 因此,外国立法委任说是纯粹的拟制和想象,不能成为外国法得以适用的根据,而且其本身还需要去寻求解释理据。

3. 戴西的既得权说(vested right)

与间接的方法论预设与直接的正面回应不同,另外一种思路是对为何适用外国法这一问题进行直接的否定回答,明确反对内国法官适用外国法,响亮地宣布外国法的内国适用是逻辑地无解。该种进路不谋求通过预设来回避问题,也不谋求通过生硬地创设另外的根据来支撑外国法的内国适用,而是通过一种"转化"的手法来回答为何适用外国法。隶属于此类进路的学说都有如此这般的逻辑思维:外国法如果是法律,那无论如何都不能得以适用;但如果外国法不是法律,而是某种权利,或本地规则,又或是一种事实,那么该种权利、本地规则或者事实也就不存在为何适用的难题了。如此一转念,为何适用外国法的逻辑死结也就得到顿悟般的解决。相应于上述三种典范性的转化,形成对应的既得权说、本地法说和外国事实说。

不了解戴西也就不了解英国冲突法,不了解胡伯也就不了解戴西,透彻地理解戴西的既得权还需要从头追溯到胡伯。实际上,在胡伯的简短著述中就已经提出了初具雏形的既得权理论,戴西不过是将之作了系统的发挥。胡伯指出:"问题的解决不能只依靠对民法的推演,还要着眼于实际方便与国家间的默契。尽管一国的法律在另一国不能直接产生效力,但是,按某一地法律系为有效的交易,若因另一地法律有不同规定就变为无效,则

---

① 柯泽东:《国际私法》,中国政法大学出版社 2003 年版,第 167 页。

永久和平的冲突法建构——冲突法的政治哲学功能导论

The Construction of Perpetual Peace through Conflict of Laws: An Introduction to the Political Philosophy Function of Conflict of Laws ▶▶▶

会对商业与国际惯例造成极大不便。"①胡伯的举例说明朦胧地表述了既得权的思想,即在一地有效的交易不因其他法律规定如何均应维持其有效性。

戴西得此灵感并作了系统表述:法官不能直接承认或实施外国法,也不能直接执行外国判决,因为法官自己所属法域的法律体系才是适用于其所要裁判的一切案件的法律体系。法官贯彻国际私法并不构成法的属地性原则的例外,因为法官所作的无非就是保护权利主张者依照外国法或外国判决已经取得的权利。通过此种转化,被赋予域外效力的就不是外国法律,而是外国法所创设的权利。② 换言之,法律本身具有严格的国别属地性,法律之果即权利却可超越国别属地性而具有放之四海皆准的普世效果。担当《美国冲突法第一次重述》报告人的比尔全面接受戴西的立论,认为"对于根据适当的法律所创设的权利之存在的承认,应当扩及任何地方。据此,某一行为在行为地若被认为是有效的,那么在任何地方都不能对此种效力提出质疑"。③ 将法律与法律所生之权利进行精巧剥离,如同将果实从树枝之上摘下来,剩下的事情就是睁一只眼、闭一只眼,只承认法律所生之权利,而对作为权利赖以生成的根据的外国法不予承认。以此分而治之的方式,戴西和比尔就不仅回避了那个让人头痛的、逻辑地无解的为何适用外国法的尖锐问题,同时又在实际效果层面维护了涉外交往的有序进行。

但这种解决方式无异于掩耳盗铃。原因有二:其一,法律权利不可能离开法律的支撑,如果权利与法律之关系真是如同果实之于果木,那么只承认果实、不承认果木的做法与过河拆桥之后否认桥之存在的做法差不了多少。其二,法律事实上与权利本身是不可剥离的,法律不是包裹在权利身上的可随意穿戴的外衣,法律除权利之外一无所是,权利除了是法律的权利之外也不可思议。立足于法律与权利之间的此种关系,既得权说的悖谬之处就显示出来了,"该学说一方面坚持内国不承认外国法的域外效力,另一方面又要求内国保护根据外国法创设的权利,这就在逻辑上自相矛盾了。正因如此,从 20 世纪中期开始,既得权说的影响日渐式微"④,甚至可以认为"既得权说已经死了"。⑤

4. 库克的本地法(Local Law)

对美国学者库克来说,既得权说是不可取的,但同时又对国际礼让说心存疑虑,这使库克不可能从既得权说因循守旧地退回到国际礼让说,为此,他沿着戴西的既得权说的基本路线将转化手法推演到了极致,提出了本地法说。本地法说的核心思想是,内国法院既不是基于礼让去适用外国法,也不是弃外国法于不顾而径直去承认外国法所生之既得权,"法院永远只适用本地法,但在适用本地法时,法院也可像适用和实施本地法一样,去适用和实施与其他州或国家法律制度中的实体法规范相同的实体法规范,或尽管不相同但也至少极为相似的实体规范。……这样,该法院所实施的并不是外国的权利,而是由本地法

---

① Alan Watson, *Joseph Story and the Comity of Errors*, The University of Georgia Press, 1992, pp. 6～7.

② Peter North, J. J. Fawcett, *Cheshire and North's Private International Law*, Oxford University Press, 1999, pp. 20～22.

③ 转引自邓正来:《美国现代国际私法流派》,中国政法大学出版社 2006 年版,第 16 页。

④ 刘想树:《国际私法基本问题研究》,法律出版社 2001 年版,第 22 页。

⑤ Morris, *The Conflict of Laws*, McClean and Beevers, 2005, p. 544.

所创设的权利"。① 本地法说的关键环节是对外国法的"并入",即将所要适用的外国法规范转化为在很大程度上与本地法律相同或相似的规范,以此方式"就把这种规范'合并'到本地法之中了,为方便起见,这种规范可以称作为外国的'内国规范',以区别于适用于涉外案件的本地法规范。因此,法院实施的不是根据外国法所产生的权利,而是根据本地法所产生的权利。"② 库克的本地法说严格地维护了法律适用逻辑的严谨性和纯粹性,主张法院永远只适用法院地法。同时针对涉外民商事交往不可避免地适用外国法的现象,库克进一步弥补了戴西的既得权说的瑕疵,更为彻底和决绝地否定了外国法的适用,而将其认定为是适用了本地法及依据本地法所生之本地权利。

就库克对戴西的改进来说,库克的转化是成功的,因为法律与权利本身是不可分离的,库克重新承认这一点并从这一点出发提出了本地法与本地权利说,从而消除了戴西"精神分裂"所产生的逻辑幻象。但就库克的转化来说,库克的外国法"并入"手术却依然摆脱不了常识的质疑:适用一条与外国法完全相同或相似的规范,是否就直接消除了适用外国法的危机? 这一条与外国法相同或相似的规范与外国法本身是何种关系? 库克难道不是在上演一出外国法适用的"皮影戏"吗? 果真如是,那么库克究竟与戴西相差多远,库克只不过是将戴西的果实与果木的隐喻关系转变成为木偶与皮影的关系而已。不仅如此,果实与果木还是"原汁原味",而木偶与皮影就使内国法官在适用外国法时发生了印象主义的错误,内国法官"在适用外国法时会缩手缩脚,感觉如芒刺在背,与其说他们是在发挥建筑师的作用,还不如说他们是在发挥摄影师的作用,他们习惯忠于外国法的字面含义而非外国法的精神行事。即使法官确实对外国法的真义了然于心,也仍不可避免地会出现曲解外国法的现象。一旦将一个规则移除于其天然生长环境之外,与适应相异实体政策需求的法院地程序规则生拉硬拽在一起,就会损及规则在释义上的完整性。因此,出于诸多原因,法院于实践中之所适用,往往只是外国法的低级复制品。"③ 同时,这复制品还不是完全逼真的被动的"复制",法官总是会有积极的能动作用,"在这样的情形下,法官不得不临时即兴发挥他们的聪明才智。这个被称之为'适应'或'调整'的神秘过程实际上授予法院以'全权',为协调矛盾而创造出法院地法和外国法都没有的法律概念"。④ 这种"人造混合法"的适用虽然不再是外国法的适用,但也不是内国法的适用,如此一来,库克的转化手法就反向地形成了双重危机:第一,他没有适用内国法,第二,他依然适用了不同于内国的其他法。而在戴西的既得权说的情况下,只是存在一种危机:戴西虽然没有适用内国法,但也没有(至少从既得权的努力上看)适用外国法。

尽管本地法说存在双重危机,依然有其他一些学者以不同于库克的转化手法来发展出不同形态的本地法学说。包括库克的本地法说在内的各种理论,按照其转化为本地法

---

① 转引自邓正来:《美国现代国际私法流派》,中国政法大学出版社 2006 年版,第 29 页。

② Walter Wheeler Cook, *The Logical and Legal Bases of the Conflict of Laws*, Harvard University Press, 1942, pp. 20~21.

③ Friedrich K. Juenger, *Choice of Law and Multistate Justice*, Transnational Publisher, Inc., 2005, p. 159.

④ Friedrich K. Juenger, *Choice of Law and Multistate Justice*, Transnational Publisher, Inc., 2005, p. 160.

永久和平的冲突法建构——冲突法的政治哲学功能导论

The Construction of Perpetual Peace through Conflict of Laws: An Introduction to the Political Philosophy Function of Conflict of Laws ▶▶▶

的方法差异,实可别为两大类型:一为概括纳入,一为具体转化。

概括纳入为意大利学者卡佩雷蒂(Cappelletti)和扎杰泰(Zajtay)等所主张,其要旨是将冲突规范视为是一个半包围结构,这种半中空的结构具有一种神奇的"吸纳"引力,由于其吸纳力量并未"定向",因此在逻辑上就可能包括所有国家的全部立法。外国国家的法律被并入该冲突规范时就如同完成了格式塔的完形填空,由此构成一条饱满自足的"本地法"。[①] 有学者就此概括道:"所谓法律选择规范自身并不具有内容,它们只不过是一些空的框架而已;它们的内容来源于它们所指向并适用于某个涉外民事案件的法律制度之中。因此,通过法院地的法律选择规范,法院地法就潜在地容括了世界各国的全部法律规范。这样,对于一国的法官来讲,就根本不存在所谓的外国法适用的问题了。"[②]概括纳入模式是一种为本国法不限定地增容的解释路径,其实质是将所有被选中适用的外国法都直接视为是本地法之组成部分。

严格地说,此种纳入模式除了作出本地法说的解释之外,还可以解释成为斯托里式的内国立法同意说,即所有外国法的适用都是基于内国冲突规范的概括指定,而冲突规范首先作为一种法院地的内国规范,它的概括指定也就是一种立法的明示同意。两种解释可能导致的最大的不同解释效果是,立法同意说仍然将外国法视为是外国法,并没有否定外国法的属性;而本地法说则将同化外国法的"异域风情",而将其消化吸收成为本地法。客观而论,概括纳入模式并不能因为其适用方式就赋予外国法以"本地法"的性质,就实现了外国法向本地法的魔术般的改造。它与戴西的既得权说一样,将外国法直接视为是内国法的做法都只是一种主观唯心主义的解释路径。如此客观还原之后,被变形为本地法的外国法就依然呈现出外国法的模样,为何适用外国法的问题就如同阴魂不散的幽灵一样重又浮现出来纠缠着要求得到不回避的解决。

另外一种将外国法"本地化"的方式则是库克等所操持的具体转化路线。具体转化不同于概括纳入那般整体地、不加变动地吸收外国法入本地法体系之中,而是就个案之中具体被选定的特定外国的特定规则等同或近似地转化为本地法。按照柯泽东的分类,此种具体转化从功能上可区分为实质接受和形式接受两种方法:实质接受是指本国法院接受外国法之实质部分,如外国法之精神、目的、意义等,即其价值性;形式接受是指本国法院只接受外国法之形式部分,如外国法之文义,而不探讨其价值。[③] 从具体手法的微妙差别上进行区分,则可将具体转化一分为三:一是主张法院在处理法律适用问题时,应当在其自身的法律制度中重新创立一条规范,这条规范类似于由冲突规范所指向的那条外国法规范;二是主张法院在审理涉外案件时,应当实施其本地法中所规定的义务,而这种义务应尽可能地与有关外国法中所规定的那种义务相类似;三是库克所主张的,法院应当去适用和实施与冲突规范所指向的外国规范相同或相似的实体规范。[④]

---

① 值得类比的是,在国际条约的国内适用之上,就存在概括纳入的适用方式。我国《民法通则》将我国缔结或者参加的国际条约放在优先于国内民商法之前要求得到适用的做法,也就是这样一种概括纳入方式。但这并不意味着这些被纳入适用的国际条约就转变成为了我国的"本地法"。

② 邓正来:《美国现代国际私法流派》,中国政法大学出版社 2006 年版,第 28 页。

③ 柯泽东:《国际私法》,中国政法大学出版社 2003 年版,第 166 页。

④ 邓正来:《美国现代国际私法流派》,中国政法大学出版社 2006 年版,第 28~29 页。

不管是何种形态的本地法说,挥之不去的一个不变的问题依然摆在那里:外国法依然是外国法,不会因为内国冲突规范的指引,不会因为内国法官的拟制、生造,不会因为外国法的内国映射,就会发生性质的变化,这只是一种障眼的魔术而已。于是,本地法说从一开始就试图回避或解决的问题依然毫发未损、亦步亦趋、不离不弃地跟在本地法说的逻辑解释之后,操持本地法立场的学者们最终发现,他们只不过是因为转过身没有看见该问题的存在就误认为解决了问题,但只要他们以面向事情本身的态度去转身时,为何适用外国法的问题将会提示他们尊重问题本身存在的真实性。一言以蔽之,本地法说在回答为何适用外国法问题上是失败的诡辩,还远不如国际礼让说的动之以情和国内立法同意说的晓之以理。

(三)承认外国法与承认外国之关系

从国际礼让的优雅姿态到法律的本地身位,所有这一切都被冲突法的智者们或拟制、或引申来用以直接或间接、正面或反面地回应为何适用外国法的问题。这些回答虽然直接针对的是外国法的承认问题,但外国法作为国家意志的表达,如哈贝马斯所说:"每一种法律制度都是……特定生活方式的表达","法律治理表达了一国公民的集体性认同"[①],承认了外国法的合法性,也就承认了外国国家的合法性。

柯泽东先生也敏察到了这一点:"外交承认本为建立国与国间最正式关系之方式。故法官于面临无外交关系国家之法律时,是否应该承认该法律亦具有适用之效力?依国际公法之理论,国家在国际关系上,应仅承认经其所承认国家之法律,因为二国共同为国际社会之成员,国际公法之主体。而法院依此准则适用外国法,始不与本国政府相抵触。"柯先生对此也承认:"此一推理似甚具吸引力,盖国际私法与国际公法有同一接触关系——承认。"[②]不过,僵硬地持守此一信条则会给冲突法问题的解决带来麻烦,因为"此一理论,并不实际。倘若一政治实体有效统治一特定之领土,而此政治实体不但与他国人民有通商及其他民事活动之事实,则法院以该国家未被承认或无邦交为由,而拒绝适用其民商法,此诚背乎现实主义,对法院而言,亦多困扰。……一国政府之未承认外国政治实体,有时固由于后者之尚未确立统治之权威,但亦常纯基于政治之动机。法官于涉外案件适用外国法律时,将陷于二种选择:一为基于不抵触政府之对外政治考虑,以不适用未被承认之国家之法律为当。二为基于现实主义,应分开政治与法律,法院以法律考虑超越政治考虑。基于现实主义,乃在国际私法之运用上,将本来为国际公法之因素加以过滤,即将承认之问题,视为政治,不全部适用于国际私法上,而另审视外国法在该未被承认或无外交关系国家中及其国民间之实效性如何,以决定该法律具备适用之妥当性。"[③]

此一论述说明了两点:其一,从严格的逻辑上看,外国法与外国国家是一而二,二而一

---

① Harbermas, Struggles for Recognition in the Democratic Constitutional State, in Gutmann, A. (ed), *Multiculturalism: Examining the Politics of Recognition*, Princeton University Press, 1994, pp. 124~125.

② 柯泽东:《国际私法》,中国政法大学出版社 2003 年版,第 11~12 页。

③ 柯泽东:《国际私法》,中国政法大学出版社 2003 年版,第 12 页。

永久和平的冲突法建构——冲突法的政治哲学功能导论

The Construction of Perpetual Peace through Conflict of Laws: An Introduction to the Political Philosophy Function of Conflict of Laws ▶▶▶

的关系,正如黑格尔所谓:"整个立法和它的各种特别规定不应孤立地、抽象地看,而应把它们看作在一个整体中依赖的环节,这个环节是与构成一个民族和一个时代特性的其他一切特点相联系的。只有在这一联系中,整个立法和它的各种特别规定才获得它们的真正意义和它们的正当理由。"①一个国家的法律制度作为该国公民意志的集体结晶,实为该国之精神层面,对外国法之承认就逻辑地等同于对外国之承认。这就如同对一个自然人的承认首要的不是对他的自然躯体的承认,而是对他的精神个体的认可。其二,由于国际社会中国家间在政治上并不存在普遍承认之状态,为解决冲突法的问题可以务实之态度,以分割之方法,回避政治承认对法律承认的影响。此种做法业已得到有关司法实践之支持②。对于现实主义的态度而言,它在操作上回避掉了政治承认对法律承认的消极干扰,但它并没有回避掉国家之间的承认问题,即便暂时认可法律与政治二分的观点,法律承认也是国家间承认的一种表现方式。不仅如此,法律上的承认一方面可影响政治上的承认,另一方面也构成国家间从不承认到完全承认的过渡状态,体现出了国家之间得以和平共处所必须的最低限度的认同与协调。

就此而言,为何适用外国法的问题乃是具有纯正国际公法意义的。对为什么适用外国法这个典型冲突法问题的更具说服力和实践明证性的回答乃是合作互利说。合作互利说正确地立足于冲突法的实现结构,更敏锐地诉诸于人性中的利益激励之条件反射,因此,它比现实威胁更具有实践解释力量。按照英美法系的主流观点,冲突法作为一种实用机制在构成上包括三个环节,即管辖权、法律选择和司法协助③。前面两个环节都掌控在内国法院的股掌之间,并因此赋予内国法官以"长袖善舞"④的决定性权力,但不管如何,法官最终必须对案件结果作出自己的法律评价并形成裁决书,此裁决书之实现则在大多数时候往往得依靠外国之司法协助,需要予以承认与执行,这完全不同于在管辖权与法律选择阶段上内国法官的独白。正是在判决的域外承认与执行这一环节上,涉外案件之处理呈现出二级审判结构:如果将内国法官作出判决的行为视为是第一级审判结构,那么内国法官请求外国法院进行司法协助时,外国法院进行的审查便是对第一级审判活动的二次审判。有了代表外国国家的外国法院之审查,或者说有了外国法院将会进行审查的意识,内国法官在处理涉外案件、进行法律适用时便不得不改变传统的唯法院地法主义的行为模式,而在确保案件之审理结果能够获得外国的承认和执行之激励下重归冲突法的伟大指导。简单地说,内国法官既可以按照冲突法的方式确定法律,裁决案件,也可以如同

① ［德］黑格尔:《法哲学原理》,范扬、张企泰译,商务印书馆2007年版,第5页。

② 法国1973年最高法院S在 cherbatoff/Stroganoff 一案中即通过判决表明:"外国政府虽未经承认,法国法官仍不得忽视该政府在其有效统治领土上所制定之私法法规。"但英国仍然采取逻辑主义的做法,在1967年的 Carl Zeiss Stiftung v. Rayner and Keeler 一案中仍然坚持逻辑与实践一致的做法,采取政法不分的承认方式(转引自柯泽东:《国际私法》,中国政法大学出版社2003年版,第12页)。

③ Morris, *The Conflict of Laws*, Stenvens and Sons, 1984, p. 3.

④ Friedrich K. Juenger, *Choice of Law and Multistate Justice*, Boston Nijhoff, 1993, p. 165.

柯里等人一般完全抛弃冲突规范,通过利益分析①、通过多点考虑②、通过结果选择③等方式实现涉外案件之处理,但千百种方式所产生的结果为了求得外国国家之司法协助,便必须提交给外国法院进行评阅和审查,而只有合乎冲突法的结果方可能得到外国的认可并付诸实践。内国法官当然可以一意孤行、我行我素,丝毫不考虑冲突法的教诲,丝毫不顾及外国国家的态度,但直接后果将是案件处理得不到外国的承认与执行,这是一种严酷的评价,这是一种挑剔得如同上帝一般的审判,它不再只是如同诉诸于所谓的良心的审判那般缺乏现实力量,它就潜伏在切近的将来。脱离冲突法的规范,前期审理、当事人的参与就只是一场毫无意义的劳命伤财的闹剧。因此,为了增进彼此的合作,并通过合作成全彼此的利益、保全彼此司法尊严,也就端仰赖于冲突法的担保,冲突法也就据此获得了自身存在起来的充足理由。

换言之,蔑视并践踏冲突法,在法律选择之上为所欲为,这顶多会引起外国国家的反感,但并不会引起外国国家对本国的现实威胁。因此,现实威胁不会为冲突法之存在提供合法性根据,但合作互利说点明了国家之间在法律选择上仍然是一个"相互"的关系,是一种"利益互锁"的相互依赖、相互制约之关系。此种利益互锁结构为冲突法之存在奠定了基础,或者说,冲突法是利益互锁结构下各国互利共赢的最佳选择和通行证。如果援引萨特的"注视"理论,倒是很能贴切地说明这一作用机理。

从判决的承认与执行这一环节来看,内国法院的所作所为暴露于外国法院的"注视"之中,而这种注视活动不仅会导向一种为他人的存在,而且其终极结构便是导向为上帝的存在。萨特的分析道理是如此这般的:自我是一种绝对自由的超越性,这种超越性在通常情况下会通过注视世界而使世界和处于世界之中的他者作为对象产生出来,然而,在自我注视他人的时候,我感受到了来自他人的注视,"有人注视我。这意味着什么?这就是我在我的存在中突然被触及了,一些本质的变化在我的结构中显现"④。这种本质的变化便是自我的超越性通过被注视而被捕捉,成为一种僵死的超越性,自我被对象化了,成为被审视和批判的对象,这是一种让人"羞耻"的"奴役"状态:"被看见使我成了对一个不是我的自由的自由不设防的存在。正是在这个意义下,我们才能认为自己是'奴隶',因为我们对他人显现出来。但是,这种奴隶并不是意识的抽象形式下的一种生活的结果——历史的结果和可能被超出的结果。我是奴隶,这就是说,我在我的存在中,在一个不是我的自由而是我的存在的条件本身的自由内部是奴隶。既然我是要规定我而我又不能作用于这种规定,甚至不能认识它的各种价值的对象,我就是在奴役中。同时,既然我是不是我的可能性的诸可能性的工具,我只是瞥见了这些可能性在我的存在之外的纯粹在场,并且他们否认我的超越性以便把我构成用以达到一些我不知道的目的的手段,我就是在危险中。

① Brainerd Currie, Notes on Methods and Objectives in the Conflict of Laws, *Duke L. J.* 1959, Vol. 54, p. 171.

② Robert A. Leflar, Choice-Influencing Considerations in Conflicts Law, *N. Y. U. L. Rev.* 1966, Vol. 41, p. 267.

③ David F. Cavers, A Critique of the Choice of Law Problem, *Harv. L. Rev.* 1933, Vol. 47, p. 173.

④ [法]萨特:《存在与虚无》,陈宣良等译,三联书店 1987 年版,第 327 页。

永久和平的冲突法建构——冲突法的政治哲学功能导论

The Construction of Perpetual Peace through Conflict of Laws: An Introduction to the Political Philosophy Function of Conflict of Laws ▶▶▶

而且这种危险不是偶然事故,而是我的为他的存在的恒常结构。"①

这种被支配的"奴役"地位,这种等待被"宰割"的危险状态正好入木三分地雕刻了内国法院在处理涉外案件时面对一个确然存在的外国法院之注视的心理感受。"通过他人的注视,我体验到自己是没于世界而被凝固的,是在危险中,是无法挽回的。但是我既不知道我是什么人,也不知道我在世界上的位置是什么,也不知道我所处的世界把那一面转向他人。"②如果这种注视自我的他人"是完全不能变成对象的主体的绝对统一体,我就设定了我的对象—存在的永久性,并且我的羞耻总是持续着。这就是在上帝面前的羞耻。"③要解脱在上帝注视面前的羞耻,获得上帝末日审判的认可,或许便需要遵循善的伦理规范;而要解脱在外国法院注视下的危险,要获得外国法院的认可,内国法院则必须仰赖冲突规范的教导,践行"依法断案"的行动。因此,如果说上帝的存在担保了道德存在之正当性,那么外国法院的存在也就以类似的道理为冲突法之存在提供了最佳的依据。而法院作为国家之组成部分,并且在涉外司法之中作为国家之象征,此种来自于外国法院的制约也就是来自于外国国家的制约,因此,外国法的适用问题,就不只是纯粹的外国法的适用而已,它在更深刻意义上现象着内国法院与外国法院之间的关系,也就是内国国家与外国国家之间的关系。一言以蔽之,在外国法律之适用上表征着内国与外国之间的自律与他律结构,以外国法适用为契机,内外国之间就达成了某种默契,这是冲突法的公法功能之体现和实现。

三、冲突法的功能追问

为什么适用外国法的问题作为冲突法的第一逻辑层次终极性地为冲突法在结构上还原出了国际公法框架,无论从何种角度去审视冲突法都不可避免地会现象出这一结构,即便将冲突法的功能定位在纯粹私法意义上也是如此。将冲突法功能予以纯粹私化,撇清其与国际公法之界限的立场无外乎是认为,冲突法之存在及其责任是实现个案的正义解决,如同国内私法案件之解决一样。此一定位将冲突法置于国内私法相类似的地步,要求冲突法专注于且唯一服务于私人之间的私益纠纷之裁决。但如果进一步追问冲突法的"正义"功能,就会发现它只是一种语言上的私法化可能,因为在冲突法所处身的多元正义之情境下,寻求私法案件中个体之间的解决之"正义"标准乃是一个"实质可争议的概念(essentially contestable concept)",即"不仅清楚地表达并指明了一种规范性标准或价值,其具体内容决定着概念的正确适用,而且也因不同使用者而具有争议性"的概念④。这种概念的实质可争议性质使得冲突法的公法责任仍然在最后不可回避地展现出来。

---

① [法]萨特:《存在与虚无》,陈宣良等译,三联书店 1987 年版,第 336 页。
② [法]萨特:《存在与虚无》,陈宣良等译,三联书店 1987 年版,第 337 页。
③ [法]萨特:《存在与虚无》,陈宣良等译,三联书店 1987 年版,第 362 页。
④ Samantha Besson, *The Morality of Conflict: Reasonable Disagreement and the Law*, Hart Publishing, 2005, p. 72.

（一）万法平等的多元正义

冲突法诞生于万法丛生的世界,这不应视为是冲突法的灾难,就像瓦尔特·威勒·库克(Walter Wheeler Cooke)曾经指出的那样:"在冲突法领域中,不幸的事实是,过去的司法现象是如此的混乱以至于解决问题的工具的制度化要远比绝大多数法律领域困难得多。"①因为如果缺乏这种灾难,冲突法也就没有诞生于世的必要,这应视为是冲突法的荣耀,就像雅各布·多林格(Jacob Dolinger)所说:"它能增进组成国际共同体的各民族的相互理解","导致各民族的趋同,并为他们的和平共处做出贡献。"②万法丛生的世界需要整理出一种秩序,且这种秩序的整理又不能在短期内通过正义标准的统一化而得到解决,这是冲突法的生存境地,也是为冲突法设定的存在使命。

冲突法在完成这个使命之前必须先行确认,这个万法并存的世界具有其合法性,即这些并存着的万法具有众生平等的性质,每一种法律制度都有其对正义标准的独特领悟和制度表达,谁也不能独断地宣称自己的合法性并据此反向断定其他法律体系的非法性。克格尔曾经说过:各个国家的法律都对"公正"问题提供了一种可能的答案,但任何国家都不可能垄断对公正问题的答案。③ 冲突法的逻辑起点正是先行肯认各国法律制度的合法性和平等性,尽管不同的法律制度存在着不同的价值取向因而可能发生法律冲突,这种价值立场或操守要求各国法律制度之间应持衡对待,不能以内国法之尺度去衡量和非难外国法,反之亦然。萨维尼曾经如此类比:"所有法律共同的职责可以简单地归结为对人类本性的道德确定,如同在基督徒生命观中所表现的那样。因为基督教精神不只是被承认为是生活的规则,而且实际上,它改变了世界,因此我们所有的思想,不论看起来与之有多么不同甚至敌对,仍然受它支配和影响。"④作为对正义的不同理解和表达,各国法律制度即便是采取了完全相反的规定,在冲突法的视野下也具有完全的正当性,它们之间既不是相对的也不是绝对的⑤,而是平等的。

（二）多元正义的正义方案

多元正义的冲突法预设排除了任何实体性比较,因为不同法律制度的实体性比较将反向摧毁冲突法的正义预设。但美国冲突法革命所涌现出的众多理论学说和跟进着的司法实践却正是要求法官不能对案件所适用之法律效果无动于衷,而应当打破传统地,甚至激进地比较内外国法在实体质量上的水准,通过价值评估适用制定得更优的法律。如荣

---

① Walter Wheeler Cook, *The Logical and Legal Bases of the Conflict of Laws*, Harvard University Press, 1942, p. 45.

② ［美］雅各布·多林格:《弗里德里希·荣格著作中的世界观》,载［美］荣格:《法律选择与涉外司法》,霍政欣、徐妮娜译,北京大学出版社 2007 年版,第 348~349 页。

③ 转引自杜涛:《德国国际私法:理论、方法和立法的变迁》,法律出版社 2006 年版,第 413 页。

④ 转引自［德］威廉·格恩里:《弗里德里希·卡尔·冯·萨维尼传略》,载［德］萨维尼:《法律冲突与法律规则的地域和时间范围》附录 I,李双元等译,法律出版社 1999 年版,第 315 页。

⑤ 价值多元主义不等同于价值相对主义与绝对主义。Alex Mills, *The Confluence of Public and Private International Law*, Cambridge University Press, 2009, p. 5.

格就大胆地主张:"应在对相冲突的判决规则进行质量评估的基础之上进行法律选择。……通过将注意力集中于这样的实体标准之上,审理跨国争议的法院不仅是在为本国法律体系服务,而且是在为整个世界法律体系服务。为追求判决可预见性和实现公正的双重目标,在研究、适用外国法上花费时间、金钱是值得的。"①这种做法是对冲突法多元正义预设的危险冲击,甚至可以说得上是毫不掩饰的直接否定,如马赛厄斯·雷曼(Mathias Reiman)就尖锐地指出:荣格"反复谈及'正义的判决'、'低标准的外国法'或'标准规则',尤其强调'优等侵权法规则'不能受制于'劣等抗辩规定'。但是,荣格从未真正解释:我们如何知道哪些判决是'正义的',哪些规则是'低标准的',或哪些抗辩规定是'劣等的'","换言之,在冲突法中,实体'正义'是一个必要的考虑因素,但并非一个可资信赖的独立方法"②。奥托·富伦德一语中的:追求实体正义是"人性的弱点"③。更准确地说,在冲突法公认正义多元的基础之上,通过比较各法律本身的实体质量来追求正义,这不仅是一种幻觉,而且更是一种自相矛盾的精神错乱。

在多元正义的背景之中如果真要贯彻一种实体衡量的正义实现方式,就不得不发出麦金太尔式的质问:"谁之正义? 何种合理性?"④答案将是法官的感性情绪。米尔斯说:"如果英国合同法包含了英国的'正义'观念,对英国法官来说适用外国合同法怎样才算是'正义'的? 当一个英国法官适用外国法时,他们真的认为外国法比英国法更'正义'吗? 英国法院真的认为英国法律所产生的结果将会'违背正义'吗? 如果一个法官因为外国法在实体效果上更'正义'而决定适用它,那么他们将是以自己关于判决的正义观点来代替他们本国法律中的集体价值。"⑤雷曼也以同样的方式批判荣格的做法:"荣格的'正义'最终就沦为个人的偏好——既可能是荣格自己(支持赔偿)的偏好,也可能是法官的偏好;换言之,法官可以在不受任何标准束缚的情况下凭自己的喜好创制超越国界的法律规则。"⑥进一步的问题则是,在多元正义的方案之间,冲突法案件之解决如果要称得上是"正义"的,那么此种正义应当作何理解? 因为冲突法已经事先肯认了所有法律制度都是正义的,如此一来,是否就意味着,适用任何一种法律制度来解决案件都称得上是正义的? 或者说,不能认为适用了其中一种法律而没有适用另外一种法律,就不能算作为不正义? 而这正反两方面的问题综合起来也就是,在多元正义的格局之下如何才算得上是正义方案? 冲突法的回答是冲突正义,即在维护冲突双方有效性的前提下的选择正义。

不论设定何种实体标准在多元正义的特殊背景之下进行抉择,都将是反冲突法的逻辑预设,唯有冲突正义才真正是不伤多元正义此一前提的,对冲突法作用机理的合逻辑维

---

① [美]荣格:《法律选择与涉外司法》,霍政欣、徐妮娜译,北京大学出版社2007年版,第300页。

② [美]荣格:《法律选择与涉外司法》,霍政欣、徐妮娜译,北京大学出版社2007年版,第361、365页。

③ [美]荣格:《法律选择与涉外司法》,霍政欣、徐妮娜译,北京大学出版社2007年版,第365页。

④ [美]阿拉斯戴尔·麦金太尔:《谁之正义? 何种合理性?》,万俊人等译,当代中国出版社1996年版。

⑤ Alex Mills, *The Confluence of Public and Private International Law*, Cambridge University Press, 2009, p. 4.

⑥ [美]荣格:《法律选择与涉外司法》,霍政欣、徐妮娜译,北京大学出版社2007年版,第362页。

持。对冲突正义的检讨与对冲突法的思考一样存在足够多、足够开放的争论,其问题之所在恰是其功效之所在。冲突正义之所以能够在有所决断、有所取舍的行动中还能顾全各相互冲突的正义,全赖于其"缺乏肉身"的规范结构,对于案件之实体结果抱持"无动于衷"的态度①,因为无"情"而能兼容万"情"。反之,为法律选择过程输入任何一种带有实体性价值立场的做法,不论是为选法过程输入柯里的政府利益、卡弗斯的特定结果,还是莱弗拉尔的更好法标准,都在预设多元正义的基础之上及在展开法律选择之前就业已打破了其所立足的多元正义平衡的格局,自食其言地进行了自我否定和自我取消。

但冲突正义不可能是完全如同抛一枚硬币以其正反两面来分别定夺结论的神明裁判,那就无所谓正义;也不可能是完全如同计算机程序计算一样输入僵死的一串信息然后等候着机械化的结果,那就无所谓人性。毋宁说,冲突正义乃是如此这般地在正义的冲突之中赢得冲突的正义的:"纠纷的正义结论不只是取决于争议本身的事实,而且决定于其所发生的语境(context)——存在这样一个预设,法律文化的多样性表征着重要且独特的、具有独立价值的规范体系。……对某一类型的纠纷而言不存在统一的'正义'解决,而是存在不可胜数的,被表达在不同国内私法之中的价值冲突。适用外国法的潜在正当性因此必须是一个语境的问题——即决定适用内国或者外国正义标准的适当情境,在争议与法院地或法律制度之间的适当的'联系'。此种决定不能建立在国内法的一般原则之中,因为问题的关键是决定哪一个国内法应予适用。法律选择的中心问题……因此就是决定适用何种标准来识别正义地适用外国法的时机。"②要言之,案件的正义问题乃是后冲突法的问题,它是冲突法决断出准据法之后、立足准据法之上才谈得上正义与否、如何正义的问题;而冲突法的问题乃是在案件正义处理之前,解决的是如何正义地选择何种案件正义标准的问题。冲突正义与案件实体正义处于不相交的两个层次,如同立体空间中虽不平行但也不相交的两条线。

(三)正义方案的公法预设

多元正义中的正义方案宣告了那些要为私化且实体化冲突法功能的主张之破产,因为在冲突法案件的实体正义之标准尚未被揭示和确定之前,在冲突正义还未实现之前,此类主张就草率地在内外国法之间的实体质量标准上进行了评估和权衡,自以为是地发现了正义中的正义,所谓的真正的正义。但这种正义之中的正义乃是违背多元正义的预设前提的,因为如果每一种法律体系都是正义的,在冲突法案件中根据实体标准来指认其中一种为正义而非难其他正义为不正义,这就是根本的逻辑谬误。这种先行的实体标准是未经检讨的,因而是诉诸感性经验和个体情绪的价值偏见。简言之,在未按冲突法拣选评判标准之前,任何实体标准都是非法的;反之,依据任何实体标准在冲突法拣选之前先行给予案件一种所谓正义的结果,也就是非法而且危险的。

在冲突法的适用过程中有着很多这样的例子,其一便是识别的依据问题。关于识别

---

① 张春良:《冲突法的历史逻辑》,法律出版社 2010 年版,第 86 页。

② Alex Mills, *The Confluence of Public and Private International Law*, Cambridge University Press, 2009, pp. 5~6.

的依据有一种观点是准据法说,即依照准据法对案件之性质进行定性,再据之确定冲突规范及准据法。这里存在的一个循环即是:准据法乃识别之后的结果,在未经识别之前是无法确定准据法的。但由于思维的惯性诱导了人们在进行识别或定性的时候希望按照准据法进行,因为在人们习以为常的纯粹国内案件中,案件的识别或定性都是由裁决案件所依据的法律来实施的,准据法与识别所依据的法律体系是绝对同一的关系,不会产生识别之误差,但在冲突法案件中此种识别误差就会因二者的不同而形成。

关于冲突法上的法律规避的构成也是如此,现有主流观点一般将规避对象必须具有强行性作为法律规避的必要构成条件。但这里同样存在一个先入为主的反逻辑问题,即是否构成冲突法上的法律规避是在法律选择这个层次而言的,其判断标准当依是否干扰了冲突规范在 A 法与 B 法之间的选择适用秩序而定。① 至于被规避的对象究竟是 A 法或 B 法中的强行法抑或任意法,这已经是另外一个层次上的问题了,不能将两个不同层次的问题混淆在一起人为地拟制一种"虚假穿越",在此基础之上寻求解决一个并不真实的问题。

多元正义的正义方案包含着多重正义的结构,如果混淆了不同层面的正义就会出现逻辑混乱,将冲突法的功能定位在实现案件的实体正义的要求就是此种逻辑混乱的表现。在正式切入对冲突法私法功能定位的批判之前,借助贝森(Besson)关于复调的"协调(coordination)"模型可以对透视该正义结构具有参鉴意义。贝森认为,处于自然状态的主体为实现行为准则的一致需要完成三层次的协调:第一层次的协调是建构法律秩序,第二层次的协调是建构立法程序,第三层次的协调是建构具体法律规则。② 第一层次的协调要解决的问题是,要不要秩序的问题。如果没有秩序,就根本谈不上任何有意义的事情,因此,作为第一层次的协调便是主体在自然状态之中于有序与无序之间达成了迈向秩序之途的合意。接下来的问题则是,如何形成秩序?形成秩序需要一致的行为准则包括但不限于法律,但在具体建构行为准则之前还有一个如何制定行为准则的问题,因此,第二层次的协调要解决的问题是行为准则的制定程序,即立法程序的建构问题。最后需要协调的才是,通过立法程序制定出何种内容的法律,建构出何种具体秩序。

冲突法所蕴含的正义结构也具有类似的三层次:第一层次是,要不要在多元法律制度之间承认彼此平等的问题,或者说是否承认正义多元且平等?不承认这一点不仅会引发主权者之间的对抗,而且它本身也还是有一个不正义的问题,因为在不同法律制度之间,凭借何种标准可以认为甲国之法律体系在正义含金量上要高于乙国?"每一个法律制度都声称它致力于正义。"③黑格尔也指出:"现在还没有任何权力来对国家作出裁判,决定什么是自在的法,并执行这种裁判,所以就国与国之间的关系说,我们必须一直停留在应然上。"④要承认甲国之法律制度具有超出乙国之法律制度所体现的正义含量,必须满足

---

① 张春良:《国际私法中反法律规避制度的功能评析》,载《法制与社会发展》2010 年第 6 期。

② Samantha Besson, *The Morality of Conflict: Reasonable Disagreement and the Law*, Hart Publishing, 2005, pp.186~197.

③ J. N. Singh, *International Justice: Jurisprudence of the World Courts (PCIJ & ICJ)*, Harnam Publications, 1991, p.5.

④ [德]黑格尔:《法哲学原理》,范扬、张企泰译,商务印书馆 2007 年版,第 346 页。

两个条件:其一,有更高、更统一的评价标准,在这个标准之上可以为甲乙两国法律制度的正义标准提供具有可比性的基础;其二,还应有中立第三者掌握并执行这个标准。没有这两个条件,唯一正义的做法乃是对各法律制度予以平等对待,完成第一次协调即"对不一致的一致认同(agree to disagree)"。

第二层次的正义乃是在各法律制度并存即多元正义并存的基础之上按照平等对待原则进行平等的选择,此即为冲突正义。在设定标准进行平等选择的同时不能提前输入为各法律制度单方承认的实体价值考虑,除非这种实体性的价值考虑业已得到相关法律制度的一致认同。这里可以简单比较两种冲突法方案来理解冲突正义的问题,一是萨维尼的本座说,二是柯里的政府利益。萨维尼的本座具有多边性,不具有实体的价值考虑,因此据之选择法律制度就符合冲突正义的要求;柯里的政府利益具有单边性,它考虑得更多的是法院地政府的利益,因此违背了冲突正义的平等对待原则,打破了多元正义的平等格局。就此而言,冲突正义更具有法律的"象征力量(symbolic force)",即"其能力在于使法律解决表现得中立、公平和公正"[1]。

第三层次的正义才是特定的实体正义,它有赖于准据法的确定,并负责实现和完成准据法所确定的正义标准。由于准据法是冲突正义所导致的结果,因此案件的实体正义在逻辑秩序上乃是后冲突正义的问题。实体正义与冲突正义处于不同的逻辑层次,一般不会发生冲突的现象,只有当世人不满冲突正义的形式中立而要求为案件之处理注入某种倾向性结果时,才会引起处于逻辑低位的实体正义向处于逻辑高位的冲突正义发生反转和逆向干扰,甚至直接以实体正义来放逐并取代冲突正义。这也正是对冲突法功能进行私化,要求冲突法纯粹考虑案件处理正义与否,而置国家间关系于不顾的流俗要求。

这一要求在双重意义上是不可能实现的:其一,由于冲突法正义结构的三层次已经确认了,唯有认可多元正义、进而实施冲突正义、最终落实实体正义这一进程才能确保冲突法案件之处理结果具有正义性,这就意味着案件最终的实体正义应当通过冲突正义来落实和保证,那种直接"短路"冲突正义或者要为冲突正义进行实体增容的做法,乃是错置了这一正义序列,彻底否定了正义多元及其平等对待之基本预设,以一己之偏私价值取向来定夺案件之实体结论,其后果是案件并不能得到正义处理。其二,案件如果要真正得到正义之处理,也就必须遵循冲突正义之道,而冲突正义对各国法律制度平等对待和平等选择的态度,其实现在事实层面也就同步完成了国家间的平等对待与选择,而这正好就是国家间和平共处的首要前提。

第三节 冲突法的公法功能

按照米尔斯的见解,冲突法的历史发展呈现出相对清晰的三个发展阶段:一是自然法(natural law)性的、作为国际法律制度之组成部分的冲突法,二是在自然法之基础上分化

---

[1] Samantha Besson, *The Morality of Conflict: Reasonable Disagreement and the Law*, Hart Publishing, 2005, p. 4.

永久和平的冲突法建构——冲突法的政治哲学功能导论

The Construction of Perpetual Peace through Conflict of Laws: An Introduction to the Political Philosophy Function of Conflict of Laws ▶▶▶

出实证法（positive law）性的、作为与国内法律制度相平行的国际法，冲突法开始作为国内法的组成部分发挥作用，表现为冲突法功能的私化；三是在实证国际法的格局之上出现了超越实证主义的、作为国际宪政法律规范之组成部分的冲突法，表现为冲突法公法功能之现代复兴。① 从功能角度来度量之，其三个阶段的历史发展也依次表现为：功能未分化的自然法阶段、公私分化阶段、公法功能复兴阶段。以下据此线索从公法功能角度重构冲突法的历史发展，观其公私功能的分合流变之道。

一、功能统合时期

自然法被认为是渊源于自然理性而为普世共守的法律规范，在晚期罗马帝国时代出现的万民法就被当作为自然法而在不同公民之间予以适用。万民法在冲突法的历史之上是作为其萌芽而被定位的，它在解决涉及多个法律渊源的纠纷时并不是以成熟时期的冲突法之选择方法而是以"融合（blending）"方法来实现的，这种方法在当地也是广为流行的做法②。万民法逐步发展成为复杂的法律体系，并最终为国际法的建立奠定了基础③。适时之万民法并不是作为罗马帝国的内国私法之组成部分，而是一种特别受立足于自然法思想和技术的国际法之早期发展影响的统一法律制度的观念。在它的初始意识之中就包含着协调不同法律体系之间的关系的功效，并非直接服务于私人间的个案解决。

巴托鲁斯提出法则区别说的意大利城邦时代，法律渊源的多元性及相互尊重的需要，使法则区别说兼具公法与私法的双重功能：一方面实现对城邦国及其法律制度的相互尊重，另一方面在城邦法律制度的多元夹逼之间解决多边法律问题。冲突法因此"首先不被认为是因城邦不同而有别的当地法律规范之组成部分，而是作为统一的（自然）的国际法律秩序之组成部分，它包括了现代国际公法与国际私法的地域观念，并被设计出来解决法律多元性的协调问题"。④ 巴托鲁斯之后，冲突法理论发展就进入了自然法与实证法即国内法并存的时代，作为国内实证法之组成部分的冲突法虽然也体现国家间协调的关系，但此种协调不再是从自然法的或国际法的角度进行协调，而是以国内法的身份进行调整，米

---

① Alex Mills, *The Confluence of Public and Private International Law: Justice, Pluralism and Subsidiary in the International Constitutional Ordering of Private Law*, Cambridge University Press, 2009, pp. 72~76.

② Alex Mills, *The Confluence of Public and Private International Law: Justice, Pluralism and Subsidiary in the International Constitutional Ordering of Private Law*, Cambridge University Press, 2009.

③ Alex Mills, *The Confluence of Public and Private International Law: Justice, Pluralism and Subsidiary in the International Constitutional Ordering of Private Law*, Cambridge University Press, 2009.

④ Alex Mills, *The Confluence of Public and Private International Law: Justice, Pluralism and Subsidiary in the International Constitutional Ordering of Private Law*, Cambridge University Press, 2009, pp. 31~32.

尔斯称之为国际法中的"实证主义革命"①。

二、功能分化时期

(一)实证法与冲突法的私法功能

冲突法作为超越于各城邦法律之上的高阶自然法性质的法律规范发挥着国家间法律体系的协调功能,此种超越地位伴随着国际法的实证改造而降落成为内国法律规范,因应国家间的法(inter-national law)转折向国家内的法(internal domestic law)之身位变动,冲突法所针对的法律关系中的私人主体结构开始显现,而国家主体结构则相应开始退隐,其功能的私法维度逐渐透现。将国际法从自然法之中离析出去进行实证化的人即为国际法之父格劳秀斯。

实证主义首先是一种态度,其次才是一种方法,它将自然科学与社会科学等量齐观,并以自然科学之方法应用于研究社会科学的问题②。在此种方法论的指导下,真正的任务不再是去解释而是去预测③,不再是去假定而是去描述,实证主义的国际法因此就是去研究国家的行为或实践并从这些实践中提取规则。格劳秀斯被认为是区分实证的国际法与自然法二者的首要人物④,他认为法律可以分为两类:一类是源自于正当理性(right reason)的演绎而得到的法律,另一类是源自于对观察的归纳而得到的法律。何谓"right",格劳秀斯在《战争与和平法》之中对它进行了严格的分析,指出该词至少表示了正义、道德品性、权利和法律等含义。⑤ 在法律的意义上,格劳秀斯追随亚里士多德的做法,把法律分为自然的和意志的,并认为"自然法是正当理性的命令,它指示任何与合乎本性的理性相一致的行为就是道义上公正的行为,反之,就是道义上罪恶的行为";自然法的神圣不变性在格劳秀斯那里达到了最高程度,他认为即便是全能如上帝者也不能改变自然法:"自然法是如此不可改变,甚至连上帝自己也不能对它加以任何改变。尽管上帝的权力是无限广泛的,然而有些事物也是其权力延伸不到的。因为这些事物所表达的意思

---

① Alex Mills, *The Confluence of Public and Private International Law*: *Justice*, *Pluralism and Subsidiary in the International Constitutional Ordering of Private Law*, Cambridge University Press, 2009, p. 37.

② Alex Mills, *The Confluence of Public and Private International Law*: *Justice*, *Pluralism and Subsidiary in the International Constitutional Ordering of Private Law*, Cambridge University Press, 2009.

③ Alex Mills, *The Confluence of Public and Private International Law*: *Justice*, *Pluralism and Subsidiary in the International Constitutional Ordering of Private Law*, Cambridge University Press, 2009, p. 38.

④ Alex Mills, *The Confluence of Public and Private International Law*: *Justice*, *Pluralism and Subsidiary in the International Constitutional Ordering of Private Law*, Cambridge University Press, 2009, p. 40.

⑤ [荷]格劳秀斯:《战争与和平法》,何勤华等译,上海人民出版社 2005 年版,第29~32 页。

永久和平的冲突法建构——冲突法的政治哲学功能导论

The Construction of Perpetual Peace through Conflict of Laws: An Introduction to the Political Philosophy Function of Conflict of Laws ▶▶▶

是如此的明白,以至于不可能有任何其他的理解,否则就会发生矛盾。"①与之相对的则是另外一种法律即"意志法",不过格劳秀斯并不只认为人定法才是意志法,该概念同时包括人定法和神定法,即意志法"是由意志而生的,要么是人类的意志,要么是神的意志"。②国际法则是作为"并非自然秩序之组成部分而作为一种人类社会的拟制"③的国家之意志而出现的法律。格劳秀斯这样来界定国家的性质,他说:"国家是一群自由的人为享受权利和谋求他们共同的利益而结合起来的一个完美的联合体"④,国家作为主权者因此就有自己的自主意志,国际法即是作为国家自主意志之表达而构成他所谓的"自主法(voluntary law)"的组成部分,从而与自然法的范围脱离开来。⑤

格劳秀斯对法律进行的自然法与自主法的二分相应引发了国家的内部本国法与外部国际法的区分,外部的国际法出于主权者意志而仅仅适用于国家之间,从而不再关涉国际私法争议的解决。解决国际私法争议的法律不再广义地隶属于国际法的范畴,不再服务于国家间关系的协调而开始转变成为国内法中反映人类共同原则的法律。萨维尼就认为各国法律之中有一些法律是共同的,有一些法律则是因人为而可能是不同的:"实在法在世界范围内并非一致,各民族与国家之间有所不同,其原因在于,在任何社会中,实在法部分源于人类共同的原则,而部分源于专门机构的运作。"⑥如果从格劳秀斯及萨维尼对法律区分的双重角度看,冲突法理应属于国内法律之中的自然法。按照米尔斯看来,国家间的法律被重构成为"国际法"概念之后引发了作为私人争议治理方式的冲突法之双重变革:一是被国内化(nationalised),一是被私法化(privatised),它不再构成适用于"主权国家之间的国际法之组成部分"。⑦ 从冲突法不再是超越于国家之上,而是在一国内部发挥作用的角度看,胡伯、斯托里、韦斯特雷克(Westlake)、戴西均被米尔斯归入了实证主义国际法背景之下的冲突法立论者⑧。库克则也应算作是对戴西实证主义态度的认同者而被归入这个群体,他在其著作《冲突法的逻辑与法律基础》之中引述了戴西关于理论的研究

---

① 〔荷〕格劳秀斯:《战争与和平法》,何勤华等译,上海人民出版社2005年版,第32~33页。

② 〔荷〕格劳秀斯:《战争与和平法》,何勤华等译,上海人民出版社2005年版,第37页。

③ Alex Mills, *The Confluence of Public and Private International Law: Justice, Pluralism and Subsidiary in the International Constitutional Ordering of Private Law*, Cambridge University Press, 2009, p. 40.

④ 〔荷〕格劳秀斯:《战争与和平法》,何勤华等译,上海人民出版社2005年版,第38页。

⑤ Alex Mills, *The Confluence of Public and Private International Law: Justice, Pluralism and Subsidiary in the International Constitutional Ordering of Private Law*, Cambridge University Press, 2009, p. 41.

⑥ 〔德〕萨维尼:《法律冲突与法律规则的地域和时间范围》,李双元等译,法律出版社1999年版,第1页。

⑦ Alex Mills, *The Confluence of Public and Private International Law: Justice, Pluralism and Subsidiary in the International Constitutional Ordering of Private Law*, Cambridge University Press, 2009, p. 45.

⑧ Alex Mills, *The Confluence of Public and Private International Law: Justice, Pluralism and Subsidiary in the International Constitutional Ordering of Private Law*, Cambridge University Press, 2009, pp. 44~53.

方法与实证的研究方法之区分①。基于相同的态度和逻辑,库克的本地法说只是进一步对戴西的既得权学说进行了扬弃,而在对待冲突法运作的实证主义的态度和立场上并没有质的改变。

(二)自然法与冲突法的公法功能

尽管格劳秀斯的国际法概念将冲突法排除出国际法的领域从而使其因身位的改变在功能效应上引发了内国化和私化的转变,但这种影响并不彻底,它只是为冲突法的历史功能嵌入了私法复调,并没有导致其完全的私化。支持冲突法公法功能的自然法思想仍然存在且对同样多、乃至更重要的学者产生了吸引力。

沃尔夫作为自然法学派的代表拒绝接受格劳秀斯将国际法界定为自主性法律的立论,他针锋相对地主张:"国家间的法律最初不过是应用于国家之间的自然法而已。"②沃尔夫的思想直接渊源于莱布尼兹,被认为是对莱布尼茨哲学的系统化。他将哲学分为理论哲学和实践哲学,并进一步将实践哲学区分为自然法、道德学、国际法或政治学,以及经济学等四大门类。③ 由于他的哲学思想深受莱布尼茨单子论的影响,单子论强调世界是由个体的、不可分割的单子构成,并且单子之间已经由神设定了神圣的和谐④,因此,沃尔夫也就认为国家之间的关系也不过是这种神圣的理性在发挥着规范与调整作用。他指出:正如人类需要社会来自我实现一样,国家自我实现的"本性本身就将国家组合成了一个社会",这个国际社会的规则源自于理性的应用。⑤ 在这种观念影响下,许多学者将国际法视为是既调整国家间、也调整私人间的关系。

受自然法思想影响,因此强调和突出冲突法公法功能的典型学者当推萨维尼。⑥ 萨维尼在建构自己的冲突法体系时提出了这样一种考虑,即"在存在国际交往的国家中存在一个跨国性的普通法"。这个考虑从两方面流露出了萨维尼的自然法倾向:一方面是由主权国家所组成的国际社会之存在,另一方面是存在于这个国际社会之中的跨国性的法律。从第一方面看,尽管不很明显但仍然可以依稀感受到来自莱布尼茨和沃尔夫的世界观预设,提法虽然不同但他们都共享着相同的国际社会理念,而且还甚至带有着某些乌托邦的理想化气息。他在《现代罗马法体系》第1卷和第8卷的前言中强调了人类共同体这一理

---

① Walter Wheeler Cook, *The Logical and Legal Bases of the Conflict of Laws*, Harvard University Press, 1942, pp. 5~6.

② Alex Mills, *The Confluence of Public and Private International Law: Justice, Pluralism and Subsidiary in the International Constitutional Ordering of Private Law*, Cambridge University Press, 2009, p. 54.

③ 〔德〕黑格尔:《哲学史讲演录》第4卷,贺麟、王太庆译,商务印书馆1997年版,第187~190页。

④ 〔德〕莱布尼茨:《神义论》,朱雁冰译,三联书店2007年版。

⑤ Alex Mills, *The Confluence of Public and Private International Law: Justice, Pluralism and Subsidiary in the International Constitutional Ordering of Private Law*, Cambridge University Press, 2009, p. 54.

⑥ Alex Mills, *The Confluence of Public and Private International Law: Justice, Pluralism and Subsidiary in the International Constitutional Ordering of Private Law*, Cambridge University Press, 2009, pp. 56~61.

念。在第 1 卷前言中萨维尼写道："具体的著作与个人的现实存在一样,都是短暂的,但思想是永恒的,它通过个体的生命而不断增长——思想将我们所有人连接成一体,我们以热情和爱而劳作,使人类变成为一个更大的更为持久的社会共同体,个人最平庸的贡献也能在其中找到它永久的地位。"①在第 8 卷前言中,萨维尼又再次提到"国家组成的国际社会"概念:"如果采用突出的民族主义原则是当今的时尚之一,那么,在一个根本目标在于消除公认的相互往来的国家组成的国际社会内民族差别的科学内,这种时尚是没有立足之地的。"②

作用于且活跃于这个国际社会的冲突法不仅因此具有国家间的法律之功效,而且也就表现出了国际社会共同体法的属性。萨维尼所提出的冲突规范体系首先并不是国内立法意义的,其"核心关键"乃是提出一套"更高一级的、统一的间接规范,它们渊源于国家所组成的社会这一事实且作为国际法律社会的组成部分",并不是如同实证法所认为的那样将冲突法列作为"国内法律组成部分"并被置于主权国家可自由裁量之范畴。③同样地,这一观念体现在他《现代罗马法体系》第 8 卷的前言之中:"德国人、法国人、英国人以及美国人,经常彼此处于对立面,但是,他们都对这一领域显示出极大的兴趣,并努力寻求接近或一致,这在其他法学部门是极为罕见的。可以说,这一法学部门早已成为文明国家的共同财富,这并不是因为这些国家拥有确定的并获得一致承认的原则,而是因它们在试图确立此类原则的科学研究中,共同受益。……本书并非只是对颇为引人注意和刺激的司法理论形成和发展的观察,它更多的是对法律信念与法律生活共同体的透视,找到一种普遍一致的实践。"④从这些自我申言来看,萨维尼认为自己的冲突法规范体系既非基于对实践的实证归纳得出的规则,也不是自己的凭空想象,而更接近于一种自然法状态,荣格就将其直接称作为"绝对冲突法律令(categorical conflicts imperative)"⑤以类比于康德的"绝对律令"。康德的绝对律令也并不是经归纳得来的行为准则,而是出于人类的纯粹"实践理性",是人类理性之法。

三、公法功能复兴

冲突法的当代发展趋势,就如同世人对这门学科一直以来所持的态度,以及这门学科本身的名称所意味的那样,充满着晦涩的冲突和辩证精神:一方面以克格尔为代表的学者

---

① [德]萨维尼:《法律冲突与法律规则的地域和时间范围》,李双元等译,法律出版社 1999 年版,第 329 页。
② [德]萨维尼:《法律冲突与法律规则的地域和时间范围》,李双元等译,法律出版社 1999 年版,第 2 页。
③ Alex Mills, *The Confluence of Public and Private International Law: Justice, Pluralism and Subsidiary in the International Constitutional Ordering of Private Law*, Cambridge University Press, 2009, p.58.
④ [德]萨维尼:《法律冲突与法律规则的地域和时间范围》,李双元等译,法律出版社 1999 年版,第 1~2 页。
⑤ [美]荣格:《法律选择与涉外司法》,霍政欣、徐妮娜译,北京大学出版社 2007 年版,第 51 页。

主张冲突法的彻底私化,强调冲突法与公法利益无涉而仅关切私人利益;另一方面以维特尔特(Wietholter)为代表的学者则强调冲突法"正在进入第三个新的发展时期",这个时期不同于第一时期的法则区别说,也不同于第二时期的萨维尼冲突法理论,它"要对传统的'市民'社会进行'政治和宪法渗透'"以解决变化着的冲突法问题①。冲突法的第三时期在某些学者看来也就是其公法功能复兴即"国际私法的政治化"时期,所谓政治化即"在现代私法中,不(仅仅)考虑到对私人的保护,而且要考虑到国家的社会特征,与此相应,国际私法就面临着这样一个任务,即解决两个或多个国家在涉外案件中为实现其社会制度上的利益而发生的冲突"②。概括起来,冲突法公法功能的复兴得益于两个方面的现代发展:一方面是冲突法调整对象的社会化或公法化,相应要求冲突法在发挥调整作用时需兼及考虑其公法效果;另一方面则是国际宪政主义思潮的兴起使国际社会展露出准联邦化的情势,此种处境的出现使传统的国际公法问题表现出某种软化或私化特征,在联邦制国家中有效发挥作用的冲突法的解题思路得以可能被借鉴来解决国际公法的问题。

首先,冲突法调整对象的社会化或公法化发展促使冲突法发生相应的功能转换。雷宾德指出,随着国家与社会关系的转换和私法的社会化和国家化,国际私法也必然要发生功能转换。这种功能转换尤其发生在劳动合同、劳动保护、消费者保护、社会保险、环境保护、产品责任、企业竞争等法律领域。基于此种认识,现代国际私法与传统国际私法在解决冲突法问题时就应当有功能重心的转移和调整,冲突法应该有更多的社会责任,至少要考虑到私法的社会、经济和政治任务与功能,此种发展要求甚至同样适用于被认为最具有私法性的"意思自治规则",在冲突法的政治化影响下,"即使是冲突法中的'当事人意思自治原则'也不能盲目地忽视私法的这种秩序功能和保护功能"。③私法问题的不断社会化和公法化,一个国家的公民所享有的私法权利在现时代已经很难将其影响局限在该国领土范围之内了,甚至于"公民个体在国际法上的直接权利的发展已经引发讨论"④。

导致私权公共化、私法关系国际化发展的根本动力还在于国际社会的相互依存度日益深重,以至于"公私法之分已经出现理论上的问题,并越来越难以维持。"⑤基于此一认识,维特尔特进一步指出:随着现代社会的发展,传统的宪政国家观念被民主—法制国家观念所取代,国家与社会的分立、公法与私法的分立都被打破;其后果是国家的经济、社会

---

① Wietholter, Vorbemerkung zum IPR, in: Vorschlage und Gutachten zur Reform des deutschen internationalen Erbrechts(1969), S. 142-144. 转引自杜涛:《德国国际私法》,法律出版社 2006 年版,第 349 页。

② Rehbinder, Zur Politisierung des Internationalen Privatrechts, in: JZ(1973), S. 151. 转引自杜涛:《德国国际私法》,法律出版社 2006 年版,第 350 页。

③ Rehbinder, Zur Politisierung des Internationalen Privatrechts, in: JZ(1973), S. 154-55. 转引自杜涛:《德国国际私法》,法律出版社 2006 年版,第 350~351 页。

④ Alex Mills, *The Confluence of Public and Private International Law: Justice, Pluralism and Subsidiary in the International Constitutional Ordering of Private Law*, Cambridge University Press, 2009, p. 93.

⑤ Alex Mills, *The Confluence of Public and Private International Law: Justice, Pluralism and Subsidiary in the International Constitutional Ordering of Private Law*, Cambridge University Press, 2009, p. 52.

永久和平的冲突法建构——冲突法的政治哲学功能导论

The Construction of Perpetual Peace through Conflict of Laws: An Introduction to the Political Philosophy Function of Conflict of Laws ▶▶▶

和政治权力发生位移,工业化的国家兼具了经济、金融、社会和行政角色,承担了以前由社会承担的任务,国家越来越多地干预社会和经济领域;经济政治化、公法私法化、私法公共化已是不争之事实。总的说来,现代冲突法应与其他国内法一样,面临个人利益与公共利益的交织,传统的冲突法应当从以前的私人法律领域向商事、劳动、经济、行政和金融等法律领域扩展。① 面对着天下公私混沌、分化离合之变动情势,冲突法"就不能简单地回应冲突双方当事人的利益诉求,甚至也不是精致地回答冲突中的政府利益,而更应当关注到冲突法本该担当然而却失落已久的社会责任。这些社会责任要求法律冲突解决方案的设计、着力点及其产生的效果应当超越冲突者的利益纠缠、超越冲突者之间的儿女私情,进向更宏伟的层面,例如州际或国际秩序的维持、国际民商事新秩序的建构,甚至致力于世界文明秩序的交流、沟通和协调,通过法律层面的冲突的消解来指向更高贵的人类永久和平的目标",而这正是时代对"社会性范式的冲突法"②之召唤。

其次,国际宪政主义思潮在当代国际社会也表现得日益明朗,国际社会准联邦化的趋势尽管还只是初露端倪,但此种倾向软化了国家主权的坚硬性,有松动国际公法问题对冲突法禁锢的可能性。国际社会的联邦化是诸多哲人根据其哲学观点所推导出来的政治乌托邦,例如但丁在《论世界帝国》一书就指出:"在两个彼此不相隶属的政体之间,可能由于本身的或其臣民的过错而发生争执。这是很显然的。因此,在它们之间就需要进行裁判。它们互不隶属(因为大家都处在平等的地位也就不存在权威),互不了解,所以必须有一个第三者,必须有一种更广泛的权力,能在其司法权限内管辖这第三者。这第三种权力要么是世界政权,要么不是。如果是,那我们已经有了结论。如果不是,那必然是在其司法权限之外遇到对等的权力;这时候它又需要第三者进行裁判,如此循环,永无止境,这当然是不可能的。这样,我们就必然需要一个最高的首席法官,他可以直接地或间接地裁判一切争执,这就是我们的世界统治者,即帝王。因此,就有必要在这世界上建立一个世界政体。"③对于究竟是应当建立一个统一的世界帝国,还是应当建立一个松散的联盟,康德主张世界一统的前提下建议采取松散式的"联合大会",因为如果"这种联合与一个民族变成一个国家相似",那么"这样的国家联合体是如此的庞大,包括辽阔地域内所有的政府,国家联合体对它的每一个成员的保护,最后必然变成是不可能的。于是这个庞大的合作关系就会再次导致战争状态",因此,应当建立一个"永久性的民族联合大会","这样一个为了维护和平的若干国家的联合体,可以称之为各民族的永久性的联合大会","各民族公共权利的观念才能实现,它们之间的分歧才能通过文明程序的方式,而不是通过战争这个野蛮手段得到真正的解决"。④

在现代国际社会之中,这样的联合大会当然尚未出现,但"在国际法律理论中提及宪

---

① 转引自杜涛:《德国国际私法》,法律出版社 2006 年版,第 349 页。
② 张春良:《冲突法的范式进化论》,载《法律科学》2010 年第 4 期。
③ [意]但丁:《论世界帝国》,朱虹译,商务印书馆 2001 年版,第 12 页。
④ [德]康德:《法的形而上学原理——权利的科学》,沈叔平译,林荣远校,商务印书馆 2005 年版,第 186～187 页。

政主义已经成为一种时尚,尽管还非常不清晰"①。全面的宪政主义虽然尚未进入实践,但据有的观点来看,WTO 法制或海洋法就在一定程度上实践了国际法的体制化②,而高度政治经济一体化的欧盟法则闪现着国际宪政主义(international federalism)的精神③。在当代社会格局之下,很多国际公法问题也涉及到选择,且冲突法的解题思路还可以提供一些参考。米尔斯就指出:对于某些公法法律问题涉及纵向(vertical dimension)与横向(horizontal dimension)两个层次的冲突,"纵向维度,关注的是该争议是国家间的还是国内层面的;并且(如果是国内层面的),横向维度,则决定由哪一国进行治理"。这里就存在治权的分配和选择问题,米尔斯进一步指出:"间接原则认为,治权的分配,纵向和横向的,应根据这个观念来分配,即治权应按照与受影响的人存在最密切联系的制度来实施。"④这一思考明显地带着冲突法的精神,而且它体现了一种公法冲突法的理念。传统冲突法一般认为其仅限于私法冲突法,但不仅米尔斯表达且揭示了公法冲突法的理念,且事实上在上世纪 70 年代诺伊豪斯(Neuhaus)就阐明了这一立场,并且认为萨维尼的冲突法体系同样可用以调整公法冲突问题:萨维尼所主张的法律的等价性和可互换性并非局限于私法,并非不能适用于公法或公私法混合领域(社会法);萨维尼所主张的多边冲突规范在一些公法领域的多边公约中已经得到应用。⑤ 在国际宪政思潮持续强化,国际社会表现出初步联盟迹象的背景下,冲突法更为积极地突入国家之间的公法乃至政治问题,作为一种全球治理(global governance)方略为其提供解决方案的现象值得关注。

第四节　冲突法的功能抱负

将冲突法的功能定位在私人间关系之上的传统见解并非不具有合理性,甚至于在强调私权、张扬个体的时代思潮之下,冲突法功能的私化还将被视为是真正的进步。协调私人之间的关系固然不能不说会对世界和平产生影响,但对世界和平具有直接而且决定意义的主宰力量还是作为个体之集合的国家或类国家的实体。将冲突法纯粹定位在私法及私益协调方面,一方面会失真冲突法的本质功效,另一方面也将冲突法的功能进行了保守

---

① Alex Mills, *The Confluence of Public and Private International Law: Justice, Pluralism and Subsidiary in the International Constitutional Ordering of Private Law*, Cambridge University Press, 2009, p. 100.

② Alex Mills, *The Confluence of Public and Private International Law: Justice, Pluralism and Subsidiary in the International Constitutional Ordering of Private Law*, Cambridge University Press, 2009, p. 100.

③ Alex Mills, *The Confluence of Public and Private International Law: Justice, Pluralism and Subsidiary in the International Constitutional Ordering of Private Law*, Cambridge University Press, 2009, p. 107.

④ Alex Mills, *The Confluence of Public and Private International Law: Justice, Pluralism and Subsidiary in the International Constitutional Ordering of Private Law*, Cambridge University Press, 2009, p. 106.

⑤ 转引自杜涛:《德国国际私法》,法律出版社 2006 年版,第 352 页。

永久和平的冲突法建构——冲突法的政治哲学功能导论

The Construction of Perpetual Peace through Conflict of Laws: An Introduction to the Political Philosophy Function of Conflict of Laws ▶▶▶

抑制,看不到冲突法直接服务于世界和平之目标。揭示并复苏冲突法中的公法维度,是还原其公法功能,将之从仅仅作为选法规则的狭隘定位下解放出来,释放其政治哲学功能的努力。

冲突法功能的私法定位因其内在品性的综合性而难掩其公法效应,其在冲突法的私化运作之方方面面得以显示,对冲突法的史实、逻辑及对私法功能的追问都直接或间接地揭示了冲突法所担负着的公法功能。同样地,无论是公法功能还是私法功能并不是冲突法的独占品质,毋宁说冲突法辩证地包含着两者。它同时在国家主体之间、私人之间建构着双重秩序,并且这双重秩序的建构并非立体不相关的两种功能进向,而是在交融之中同步完成的。因此把冲突法的功能定位在私法性抑或公法性的两种做法都有其合理性,也有其偏颇性,它们各自单独但不能穷尽地彰显冲突法的完整功效。冲突法的历史发展从功能的角度看也就既可以被描述为公法功能,相对而言也可以被描述为私法功能的历史变迁过程,二者的彼此消长使当代冲突法的发展在强调私益维度的同时表现出公法功能复兴的趋势。

通过公私二维度的冲突之务实解决,冲突法在实践中表现出,而且在应然层面也该当有建构永久和平的终极指向。在实践中,冲突法个案之解决尽管很难如意,对冲突法的反叛高歌猛进无出其右如柯里者甚至还极力主张离弃冲突法,另辟正道,但无人否认如下两点事实:一方面相比于没有冲突法的时代,不管是前冲突法的蒙昧时期还是后冲突法的现代时期,冲突法解决问题的方案虽然中庸、保守甚至谈得上消极,然而相比于冲突法外的解决方案,冲突法的方案是相对最不坏的方案,因此反言之也就是相对较好的方案。其实现和平的基本策略是:在没有办法达成任何合意的情况下,对此种不合意达成合意。对不合意的合意,胜于无任何合意。

另一方面,它的确为破碎的、多元的世界,无论是个体世界还是国家间世界,带来了局部安宁。此种安宁可以从两个角度进行验证:一是冲突双方达到了和平解决冲突的目的,而不论该争端解决结果是否为冲突双方满意;二是冲突双方不论是否认同或接受该解决结果,该解决结果将在可接受或可控的冲突幅度也就是底限和平之内予以执行。此种有分歧的和解并不奢求和解的绝对完满,但它将分歧或冲突控制在了规则治理的框架之内,维持一种动态的、看似危险实则必要、甚至有益的"对于正义和法律的持续而宽泛的合理分歧(persistent and widespread reasonable disagreement about justice and the law)",具有"核心的伦理功能和创造力量"[1]。

冲突法并无意于,也不可能绝对地排除冲突,它是以冲突滋生冲突的方式维持自己的生生不息性。这当然不是说冲突法醉心于冲突而无超越之动力,毋宁说作为生命的法则之冲突本身是不可穷尽的,只要生命尚存,则冲突不休。冲突法经历了数百年的发展,现在该当是重审并重构冲突法存在使命的时刻了,即冲突法不在于消灭冲突,而在于将冲突限制在最大可接受的限度之内,实现冲突之上的和平,建构冲突着的和平。没有冲突的和

---

① Alex Mills, *The Confluence of Public and Private International Law: Justice, Pluralism and Subsidiary in the International Constitutional Ordering of Private Law*, Cambridge University Press, 2009, p.1.

平,只是死寂,正如康德不无嘲讽地所言:"在荷兰一座旅馆的招牌上画有一片坟场,上面写着'走向永久和平'这样几个讽刺的字样。"①冲突法因此就不只是关于私人之间、国家之间的和谐与和平的技艺,同时也就是关于它们之间的冲突与战争的技艺。当然,需要再次强调的是,冲突法所关注的冲突与和谐、战争与和平,已经不再是纯然私法意义上的个体之间的关系状态,它在和而不同的理念之中将主权国家的彼此共在格致开来但又维持安全距离。如同格恩里对萨维尼的礼赞(如果将萨维尼视为是冲突法的象征或化身的话),它同样可视为是献给冲突法反对包括主权在内的各种孤立主义的斗争的礼赞:"他家族的座右铭已特别预示这一点,即'Non Mihi Sed Allis',他的著作也是贯彻了这个信念。它不仅意味着对个人情感和愿望的克制,而且是对政治、宗教或科学中一切孤立主义的胜利,是对将一个阶级或种族从一个国家中隔离出来的'及将作为更高级的政治、道德、历史与科学的整体的一个附属部分的区域、职业或年龄段的人从中区分出来'的排他主义或宗派主义的胜利。"②冲突法对于永久和平的建设作用,多林格说得更直接:"接受趋同原则,将'最密切联系'有效实质化,并创制现代普通法,充实商事法。如此一来,两种方法——和谐化与统一化——都可以导致各民族的趋同,并为他们的和平共处做出贡献。"③

不过,冲突法解题思路之所以对主权者之间的和平建设有所助益还得追溯到冲突法的独特的问题结构,它构成了冲突法公法功能得以发挥的支点。概言之,冲突法之所以能复合公私双重功效端赖于其所调整的"自我—他者"关系立足于脱规范下的准自然状态之中,而这一关系结构既是国际公法也是国际私法共同立足其上的问题处境。立足此处境且为解决这一元问题而由众多智识之士殚精竭虑地奉献出的冲突法方案也就可直接为国家间的协调、国际问题之解决、国际统一规则的形成,并间接为世界和平之建构提供解题思路。对这一问题处境的剖析及其展开,则是下一章将具体解决的主题。

---

① [德]康德:《永久和平论》,何兆武译,上海世纪出版集团2005年版,第3页。
② [德]萨维尼:《法律冲突与法律规则的地域和时间范围》,李双元等译,法律出版社1999年版,第329页。
③ [美]雅各布·多林格:《弗里德里希·荣格著作中的世界观》,载[美]荣格:《法律选择与涉外司法》,霍政欣、徐妮娜译,北京大学出版社2007年版,第352页。

永久和平的冲突法建构——冲突法的政治哲学功能导论

The Construction of Perpetual Peace through Conflict of Laws: An Introduction to the Political Philosophy Function of Conflict of Laws ▶▶▶

第二章 >>>

冲突法的问题结构

自然状态被置于人类和平进程的始端,这是失真的实践还原,但却是真实的逻辑起点。相比于任何其他国内法律部门所针对的问题处境,冲突法裸露于"自然状态",在这一点上与国际法的问题处境如出一辙。"自然状态"是野性且缺乏教养的"普遍分歧"[①]的状态,被认为是文明之外的文明的起点,而冲突法的任务就是要为这个前文明的脱法状态进行规训,为其厘定文明的行为准则,在无序之中人为出秩序。规训自然状态一方面使冲突法任重道远,另一方面也再次贯通了冲突法与国际公法在建构和平方面的合作隔阂,冲突法的解题思路能为自然状态,也就能为国际公法问题提供智识支持。自然状态下主体间的冲突可化约为脱规范状态下的"自我—他者"之间的冲突,而这一问题结构也就是冲突法与国际公法共同针对的问题结构。该结构与自我意识具有同质同构性,即它是一种自我的,但又是超越自我的思维或意识。自我意识的超越性结构就包含着自我与他者之间的战争与和平、冲突与和谐的丰富内容。扼要言之,冲突法思维的超越性一方面能够反抑自我,从而养成自律精神,另一方面则能够尊重他者,从而形成合作或协调的态度。此两点是将战争引向和平、将冲突转为和谐的根本保证。

第一节 冲突法的自然处境:类自然状态

横向比较国内法、国际法与冲突法的问题处境,就能够见出三者针对的问题及其处理方式存在差异。国内法尽管也针对纠纷并通过纠纷的解决实现和谐,但它的问题处境乃是规范状态而非自然状态,即冲突双方有共知共守的行为规范。国际法的问题处境则是典型的自然状态,纠纷的解决掌控在各主权者之间。冲突法有自己的独特问题处境,它虽然更接近于,但并不全然等同于国际法的自然状态,因为冲突双方在业已习惯了各自的国内规范状态之后又进入了脱规范的自然状态,这种独特的情境为冲突法解题方案的建构将带来积极和消极的双重影响。"世界的意义必定在世界之外"[②],规范状态或文明状态的意义及其程度也就还得追溯到之外的自然状态。

---

① Samantha Besson, *The Morality of Conflict*: *Reasonable Disagreement and the Law*, Hart Publishing, 2005, p. 124.

② [奥]维特根斯坦:《逻辑哲学论》,贺绍甲译,商务印书馆 2005 年版,第 102 页。

一、国内法的问题处境：规范状态

国内法的问题处境虽然也可能经历过无规范的自然状态，但它毕竟已经属于后自然状态下的文明状态，因为在产生问题的此种处境之中业已有了超越于冲突中的行为双方的统一行为准则。在这种后自然状态下，冲突将得到和平的表达和解决。对比自然状态中的冲突，规范状态下的问题及其解决有这样几个特征：

（一）单一正义观念

法律以正义为目标，每一种法律都以不同的方式致力于追求和实现正义。尽管对于何谓正义、如何正义等具体问题存在不同的，乃至完全颠倒的理解，但对于法律以正义为目标的立场，却得到了普世公认。正义乃法律之精神，法律乃正义之表达。正义可能有许多维度，但这些维度以一种有条不紊的秩序予以安排，因此，不论一国法律要追求和实践多少种正义的内涵，但就总体而言它们只能有一个单一的正义观念，正是这一观念上的单一性担保了不同正义维度之间不致于产生不可解决之冲突，亚里士多德不无精辟地指出："事情最怕的是乱，而权威多了就会乱，因此，权威应是独一无二的。"①正义是提挈整个法律制度的精神纲领，也是一个族群或国家的精神信仰，如伯尔曼所谈："真正的整合不是抹杀对血与土地的忠诚，更绝不是将不同地方、地区和民族的人同质化，而是建立一种对神圣的精神实体的共同信仰。"②这是法律能够排解分歧、建构秩序的终极力量；也是规范状态不再自然，为自身赢得秩序的决定性条件。

（二）统一实体规范

马克思说："立法权是组织普遍东西的权力。"③法律因此是普遍东西得以被组织的纽带，单独的个体行为将被法律组织在同一个集体行为之中。在规范状态之下，所有既有和可能的冲突应受制于统一的行为规范，行为规范以国家立法形式出现，它具有神圣的凝聚、整合与感召力量："法律不只是一整套规则，它是人们进行立法、裁判、执法和谈判的活动。它是分配权利与义务，并据以解决纷争、创造合作关系的活生生的秩序。……法律有助于为社会提供维系其内部团结所需的结构和完型。"④规范状态之所以别于自然状态而被谓为规范状态，就在于它通过共知共守的实体规范将离散的自然状态置于规范框架之下，建构出秩序，这一点既是自然状态所根本缺失的，也是它所希望致达的和平处境。柏拉图在谈及法律时借他人之口指出："每个立法者制定每项法律的目的是获得最大的善"，"最大的善既不是对外战争也不是内战（但愿我们永远不要诉诸两种战争中的任何一

---

① 转引自〔意〕但丁：《论世界帝国》，朱虹译，商务印书馆 2001 年版，第 12 页。
② 〔美〕伯尔曼：《法律与宗教》，梁治平译，中国政法大学出版社 2003 年版，第 197 页。
③ 马克思：《黑格尔法哲学批判》，载《马克思恩格斯全集》第 3 卷，中共中央马恩列斯著作编译局编译，人民出版社 2002 年版，第 70 页。
④ 〔美〕伯尔曼：《法律与宗教》，梁治平译，中国政法大学出版社 2003 年版，第 11 页。

永久和平的冲突法建构——冲突法的政治哲学功能导论

The Construction of Perpetual Peace through Conflict of Laws: An Introduction to the Political Philosophy Function of Conflict of Laws ▶▶▶

种），而是人们之间的和平与善意",因此真正值得尊敬的立法者是"当他把他所制定的有关战争的法律当作和平的工具,而不是他的关于和平的立法成为战争的工具之时"①。作为统一行为准则的,为行为主体所共知共守的实体规范是否存在,乃是区别自然状态与规范状态的标准。国内法的问题处境据此被置于有秩序的规范之中,并在发生现实的行为冲突之时,为裁判冲突双方的权利义务提供准据法。

(三)和平解纷机制

规范状态下统一实体规范的存在并不意味着必然的祥和,一方面基于对正义观念及作为其表达载体的统一实体规范之理解上的个体差异,另一方面则出于残留在行为主体身上仍然"自然"的利益驱使。为此,还需要发展出和平解纷机制,以担保统一实体规范的实现。

马克思曾经从社会学的角度界定犯罪,即犯罪是个人反抗整个社会的行为。社会冲突作为包括犯罪在内的具有反社会性的行为,其反社会性就在于对作为社会意志之代表的法律的公然违背。文明社会与自然社会不同,首要的方面除了存在统一实体规范之外,还在于它具有和平的解纷程序,使社会冲突能够以缓和而非暴烈的形式表达出来,并在和平组织的秩序规范之中得到可控和可接受的解决。学者指出:"当私力救济作为一种普遍性社会现象从人类文明史中消失后,诉讼便成为遏制和解决社会冲突的主要手段。这一事实表征着一个极有意义的社会进步:人类不再依靠冲突主体自身的报复性冲突来矫正冲突的后果,尤其不再用私人暴力杀戮式的冲突来平息先前的冲突。……由各种不同诉讼类别所构成的诉讼体系,成为调节和消除各种社会冲突,实现社会控制的常规机制。"②当代社会纠纷的解纷方式呈现出多元化发展态势,但它们作为社会的解纷规范都担负着相同的观念和功能,即实现对冲突的非冲突式治理,化冲突为和谐。

由上可见,在规范状态下,尽管现实地存在着各种冲突或纷争,但这些冲突或纷争都是在既有框架之下的,并能通过和平组织的解决程序予以消除的社会非常现象。在规范已经预设、可接受并可化解的意义上,这些非常现象也只是社会的正常现象。单一的正义观念更巩固了规范状态下的社会秩序,并决定了在这个规范社会之中何谓正义,何谓非义,二者之间善恶分明,只存在非此即彼,而不可能或此或彼。这一点尤其有别于冲突法下的自然状态。

二、国际法的问题处境:自然状态

国家之间的关系有两种定位:一是自然法主义的定位,此种立场排除了国家间的自然状态,认为国家之间并未脱离规范之约束,而是置身于超越的自然法框架之下。此种思想经沃尔夫直接渊源于莱布尼茨的神定和谐论。二是实证法主义的定位,它将国家之间的

---

① [古希腊]柏拉图:《法律篇》,张智仁、何勤华译,上海人民出版社 2001 年版,第 6~7 页。
② 顾培东:《社会冲突与诉讼机制》,法律出版社 2004 年版,第 18 页。

关系脱离开自然法之约束[①],认国家为绝对的主权者,国家意志在国内法制之外、之上并成为国内法制的起点;在平等的主权者之间除了合意达成的公约之外,并无自然之法。主权的平等性导出两个特征:一是主权者之上无共同的正义观念,也无普遍的共知共守的统一行为规范,即曾经被称之为万国法的东西;二是主权者之间冲突的解决或者依赖于他们之间可能存在的零星协议,或者诉诸单方意志的行动,前者虽然是和平的但通常是很难达成的,后者尽管是冲突的但恰恰是最常见的。这两个特征从法律角度来看,也可概括为正义多元与纠纷自决:

(一)正义多元

尼采曾经讽言:道德不过是温暖而甜蜜的谎言,人们利用它来哄骗自身的兽性。道德的存在的确为人类行为的节制带来了积极的方面,脱离了自然法、脱离了国际道德约束的国家间实践充满了血腥与杀伐。康德对此深有感触:"人性表现得最不值得受尊敬的地方,莫过于在整个民族的彼此之间的关系这方面了。任何时刻都没有一个国家在自己的独立或自己的财产方面,是有安全保障的。彼此互相征服的意志或者说侵犯对方的意志,是任何时候都存在的;用于防务的军备——那往往使得和平甚至于比战争还更加压迫人、更能摧残内部的福祉——是永远也不会放松的。"[②]黑格尔也指出:"国家在它们的相互关系中都是特殊物,因此,在这种关系中激情、利益、目的、才德、暴力、不法和罪恶等内在特殊性和外在偶然性就以最大规模和极度动荡的嬉戏而出现。"[③]造成此现象之原因,乃在于国家之间的关系"以主权为原则,所以在相互关系中它们是处于自然状态中的。它们的权利不是由被组成为超国家权力的普遍意志来实现,而是由它们特殊意志来实现的。"[④]国家之间此种自然状态的定位在马基雅维里那里得到了详尽的阐述,他将政治学与伦理学分开来,让被压抑的主权兽性释放出来,国际社会从此步入丛林状态。

马克思这样评价马基雅维里:"从近代马基雅维里……以及近代的其他许多思想家谈起,权力都是作为法的基础的,由此,政治的理论观念摆脱了道德,所剩下的是独立地研究政治的主张,其他没有别的了。"[⑤]他因此被认为是"第一个使政治学独立,同伦理家彻底分家的人"[⑥]。缺乏统一伦理规范的凝聚作用,国际社会就如同散沙一样分离开来,各自为政。正义至此开始被瓦解而"碎片化"[⑦],作为饱满的"天下"开始堕入礼崩乐坏的"世

---

① Alex Mills, *The Confluence of Public and Private International Law: Justice, Pluralism and Subsidiary in the International Constitutional Ordering of Private Law*, Cambridge University Press, 2009, p. 40.

② [德]康德:《历史理性批判文集》,何兆武译,商务印书馆1990年版,第221~222页。

③ [德]黑格尔:《法哲学原理》,范扬、张企泰译,商务印书馆2007年版,第351页。

④ [德]黑格尔:《法哲学原理》,范扬、张企泰译,商务印书馆2007年版,第348页。

⑤ 转引自[意]尼科洛·马基雅维里:《君主论》,潘汉典译,商务印书馆2005年版,序言,第1页。

⑥ 转引自[意]尼科洛·马基雅维里:《君主论》,潘汉典译,商务印书馆2005年版,序言,第2页。

⑦ 张春良:《冲突法的历史逻辑》,法律出版社2010年版,第46页。

永久和平的冲突法建构——冲突法的政治哲学功能导论

The Construction of Perpetual Peace through Conflict of Laws: An Introduction to the Political Philosophy Function of Conflict of Laws ▶▶▶

界"①。在这个破碎正义的世界之中,由于缺乏统一规范的约束,更缺乏超越的司法机构,因此施行的是纠纷自决。

(二)纠纷自决

在马基雅维里广为人知的君主定位中,他认为适格的君主应当懂得:"世界上有两种斗争方法,一种方法是运用法律,另一种方法是运用武力。第一种方法是属于人类特有的,而第二种方法则是属于野兽的。但是,因为前者常常有所不足,所以必须诉诸后者。因此,君主必须懂得怎样善于使用野兽和人类所特有的斗争方法。"②国家之间处于自然状态的情境下,既没有所谓的自然法之约束,也不再有温情但虚伪的道德羁绊,主权者之间就只剩下赤裸裸的兽性武力了。霍布斯这位认其前的政治哲学或科学"是梦幻而非科学"③的政治哲学家对自然状态的阐述最为经典,他认为"在没有一个共同权力使大家摄服的时候,人们便处在所谓的战争状态之下。这种战争是每一个人对每个人的战争。"霍布斯承认,在私人之间人人相互为战的状态在任何时代都从来没有存在过,但在"所有的时代中,国王和最高主权者由于其具有独立地位,始终是互相猜忌的,并保持着斗剑的状态和姿势。他们的武器指向对方,他们的目光互相注视……,而这就是战争的状态"。这种状态在伦理学上的结果便是"不可能有任何事情是不公道的。是和非以及公正与不公正的观念在这儿都不能存在。没有共同权力的地方就没有法律,而没有法律的地方就无所谓不公正"。④

于是在此种无所谓正义与否的自然状态下,纠纷之解决就是战争。黑格尔如是说:"国家之间没有裁判官,充其量,只有仲裁员和调停人,而且也只是偶然性的,即以争议双方的特殊意志为依据的……,从而仍然带有偶然性的。由此可见,如果特殊意志之间不能达成协议,国际争端只有通过战争来解决。"⑤暴力和欺诈被认为是战争的两种美德⑥,所以,代表主权者的国家君主应该具有狮子和狐狸的两种品性:"君主既然必须懂得善于运用野兽的方法,他就应当同时效法狐狸与狮子。由于狮子不能够防止自己落入陷阱,而狐狸则不能够抵御豺狼。因此,君主必须是一头狐狸以便认识陷阱,同时又必须是一头狮子,以便使豺狼惊骇。"⑦

要彻底摆脱自然状态中的失范,并在纠纷或冲突现实发生的情况下仍然维持一种秩序,从逻辑上看就只有三种方式:一方服从另一方;双方达成妥协;形成一致的行为准则。前两种方式由于缺乏规范的保证而不具有可持续的稳固性,最后一种方法则是康德名之

---

① 天下与世界被认为是不同的政治概念,并分别为中国与西方的政治哲学所代表。在二者的对比之中,天下的整体性思维被认为是更富生机与希望的人类出路(参见赵汀阳:《坏世界研究:作为第一哲学的政治哲学》,中国人民大学出版社 2009 年版)。

② [意]马基雅维里:《君主论》,潘汉典译,商务印书馆 2005 年版,第 83 页。

③ [美]施特劳斯:《自然权利与历史》,彭刚译,三联书店 2006 年版,第 173 页。

④ [英]霍布斯:《利维坦》,黎思复、黎廷弼译,商务印书馆 1997 年版,第 94～96 页。

⑤ [德]黑格尔:《法哲学原理》,范扬、张企泰译,商务印书馆 2007 年版,第 348 页。

⑥ [英]霍布斯:《利维坦》,黎思复、黎廷弼译,商务印书馆 1997 年版,第 96 页。

⑦ [意]马基雅维里:《君主论》,潘汉典译,商务印书馆 2005 年版,第 83～84 页。

曰"国际权利"、黑格尔谓之以"绝对精神"的东西①。然而,在人类智慧所创造的若干种解题思路之中,极富想象力和创造性的冲突法方案却为世人所忽视。相比于国内规范状态与国际自然状态而言,冲突法介于二者之间而又兼有二者,它对冲突与纠纷的独特处理也因此具有介质特征,成为从自然状态向和平状态过渡中的中介环节;冲突法的方案也是实践着的,尽管有瑕疵但却具有高度可操作性的永久和平的建构方案。

三、冲突法的独特处境:二者之间

冲突法所针对的问题处境既不属于纯粹的自然状态,也不属于完全的规范状态,而是介于二者之间的类自然状态。具体而言,冲突法问题处境的独特性具有两个方面:

(一)二元性

费希特指出过:"各个国家之间的所有关系都是以它们的公民的法律关系为基础的。"②沃尔夫在评论克雷洛夫的观点时也认为:"克雷洛夫得出结论说,在国际私法中谈的是这样一些关系,这些关系同国家间的关系一起,均属于一个法的部门——广义的国际法。关于这一至今仍有人支持的观点,应当说,不能排除发生下述情况的可能性,如果一个外国拒绝给予另一个国家的公民的权利和利益以司法保护,这一国家为了保护本国公民的权利和利益而进行外交干预。当苏联的组织和公民的财产权在资本主义国家受到歧视时,苏联就有理由采取这样的外交行动。在这种场合,在发生民事法律关系的同时,也会发生国家之间的关系。但是,认为这里的民事法律关系终止了,它已'转化为'国家之间的关系的说法是错误的。国家的外交干预,要以民事权利主体的要求仍然有效为前提,只不过该民事权利主体的利益要用外交行动来加以保护。"③这些论述再次揭示出,冲突法所调整的社会关系含有两个层面:私人与国家。国家及其法律制度彼此之间的关系处于自然状态之中;在私人个体分属不同国家的情形下,私人个体之间也处于自然状态之间,但此种自然状态既不同国家之间的自然状态,因为与完全缺乏规范相比较,不同国家或者法域的个体已经处于文明社会的规范约束之下;但它也不同于规范状态,因为尽管他们都受过,而且正在承受着文明规范的约束,但这些约束来自于不同的法律体系。因此,冲突法所针对的问题处境延伸出第二个特征:类自然性。

(二)类自然性

类自然性是冲突法问题的最大特征,也正是这一特征赋予了冲突法独一无二的功效。类自然性说明了冲突法问题处境中的主体已经有了别于自然的规范意识,但类自然性同时也意味着,这种规范意识难脱自然状态的基本框架。规范意识与自然状态的叠加产生一种幻觉般的整合欲求,即冲突着的双方主体一方面因源自规范意识的惯性思维而有统

---

① [德]黑格尔:《法哲学原理》,范扬、张企泰译,商务印书馆 2007 年版,第 351 页。
② [德]费希特:《自然法权基础》,谢地坤、程志民译,商务印书馆 2006 年版,第 370 页。
③ [前苏联]隆茨等:《国际私法》,吴云琪等译,法律出版社 1986 年版,第 9～10 页。

永久和平的冲突法建构——冲突法的政治哲学功能导论

The Construction of Perpetual Peace through Conflict of Laws: An Introduction to the Political Philosophy Function of Conflict of Laws ▶▶▶

一行动及其准则的意愿,但另一方面却因分属不同法律体系之自然格局而使该统一欲求只是一种因惯性思维而产生的正义幻觉。

1. 冲突法的类自然状态

首先,冲突法问题中的双方主体受不同国内法调整,此时冲突法所针对的问题处境具有最自然的特征,其脱自然的方面在于双方主体分别处于各自的规范状态之中。国内法所调整社会关系中的主体不是纯粹自然状态下的,而是纯粹为个人之生存欲求而活着的自然人,他们各自已经脱离自然状态而进入了不同文明程度的单一法律制度之中,从自然人转变成为一国之公民。自然人向公民的转变表明,他们已经进入了特定法律制度框架之中的规范状态,彼此之间有了共享的正义观念,并依照该正义观念及其延伸出的法律制度规范自己的行为,实现自己的追求。在该法律制度之下,公民彼此之间产生的纠纷有了共同的解纷机构,双方当事人预期可依照共同信赖的正义观念得出一致之结论。纠纷的处理特别地不会因为在该法律制度下的任何管辖区域而有因地而异的结果。简言之,双方当事人因同属一国、一法之下而完全可以合理预期:同一个正义,同一个法律,同一个案件,同一个判决。法律、判决及其正义对地域不具有敏感性,地域之改变不会,也不应当干扰、改变一个案件的正义判决。但冲突法面临的问题是,双方当事人通常来自不同单质法律体系,这种单质规范状态仅限于冲突法中的双方当事人各自与本国国民之关系,而在冲突的双方当事人之间仍然滞留于自然状态。与霍布斯笔下的自然状态相比较,冲突法问题处境中的自然状态有一个重大不同即双方当事人处于规范状态之中,只是在超越各自规范状态的处境之下重陷自然状态。

其次,冲突法问题处境中的行为主体还可能共享一种较低程度的共同规范意识,即尽管行为主体分属不同国家,但这些国家之间因历史或地缘关系而共享一些价值规范,冲突法的问题处境因此居于既自然又规范之间。用超国家的某一认同观念来区分世界并重构世界秩序的人之中最为世知晓之一当推塞缪尔·亨廷顿,他用超国家的"文明"观念审视世界,并为世界设定了所谓的"文明秩序"。在他看来,文明秩序是由核心国家加上围绕其周的文明从属国所构成的同心圆:"国家都倾向于追随文化相似的国家,抵制与它们没有文化共同性的国家","在这些情况下,文明的集团正在形成,它包括核心国家、成员国、毗邻国家中文化上相似的少数民族人口,以及较有争议的核心国因安全考虑而希望控制的邻国中其他文化的民族。这些文明集团中的国家往往围绕着一个核心国家或几个核心国家分散在同心圆中,反映了与那种文明的认同程度以及融入那种文明集团的程度。"①亨廷顿可能过分强调了文明纽带的政治作用,但他的确揭示了超国家之间存在着某些彼此认同的价值观念,这些价值观念在最低限度的意义上让本处于纯自然状态下的国家进入了一种稀薄的规范状态。

萨维尼也曾经把基督教文明视为是对冲突法的问题处境"扫除差异"、建立"共同约束"的文明纽带,他首先指出:"我们应当弄清个人是由何种纽带聚集在一起而共同为相同的实在法所支配。如果我们打算从历史的角度解决上述问题,我们将发现此类实在法共

---

① [美]塞缪尔·亨廷顿:《文明的冲突与世界秩序的重建》,周琪等译,新华出版社 2002 年版,第167页。

同体据以确立和界定的两种因素：民族性和属地性(nationality and territoriality)。"二者依次构成是一个法律共同体的第一种和第二种根源，但在作为超国家的文明观念也就是文明纽带的规范下将产生一种认同的秩序："随着时间的推移，文明的进步，法律共同体的第二种根源已逐渐取代第一种根源(民族性)。不同民主之间更加多变、更加主动的交往，是导致这一结果的主要原因，因为通过此类交往，民族性之间的悬殊差异必然为之消除。但是，基督教的影响一定不能忽视，它作为大多数民族精神生活的共同约束，已更多地将各民族的特性差异扫入历史陈迹。"①萨维尼看到的是共同文明纽带对民族性和地域性差异之泯灭，而伯尔曼则强调其对二者的尊重："各国会越来越意识到对种族和领土(即血与土地)的忠诚塑造文化差异的力量，即在某些情况下，这些差异必须被消除，但它们还是必须被尊重。"②简言之，共同但并非一致的文明规范意识有整合而趋同的趋势，同时也反向巩固了趋同中的互异方面。这就使发生其中的法律冲突及冲突法具有既自然又规范的类自然状态特征，有利于冲突法解决法律冲突问题。

此外，冲突法问题处境中的行为主体还可能处于更强的共同规范状态即联邦规范状态之下，此时之处境自然性最弱而规范性最强，典型如美国。美国是联邦制的国家，每一邦皆有自己不同的法律制度，但这些法律制度的差异是立足于单质规范状态即联邦宪法的基础之上的，联邦宪法中的"充分诚信"等条款就被认为是解决各邦法律冲突的宪法条款，并且依靠联邦层面的推动，此种多元法律制度之间的单质化倾向也越来越明显。在这种框架下，法律冲突及冲突法受到了更有力的约束。

2. 类自然状态的冲突法效果

冲突法介于纯规范状态与纯自然状态之间，这种身位对冲突法问题的解决影响甚巨，借用康德的理论及概念来说，它将让冲突主体在正义问题上产生先验幻相。这种先验幻相是关于案件处理何谓正义的幻觉，其产生之根源在于冲突主体在规范状态下已经习得的惯性思维。

康德曾经提出过先验幻相的概念，他认为人的认知能力涉及三方面，即感性、知性和理性。感性摄取对象信息，知性处理这些信息并在时空之中构成对象，而理性则具有超越知性构成对象的局限性而有将其扩展至无条件者的倾向："只有知性才会是有可能从中产生出纯粹的和先验的诸概念的东西，理性真正说来根本不会产生任何概念，而顶多只使知性概念摆脱某个可能经验的那些不可避免的限制，因而会试图使之扩展到超出经验性的东西的边界之外，但又还处于与经验性的东西的连接之中。"③理性在知性把握有限对象的时候超出对象的经验有限性而为该有限对象提供出一个绝对的无条件总体即无限的世界，这里就产生了一个先验幻相的问题，因为无法在经验中证实：这世界究竟是有限的还

---

① ［德］萨维尼：《法律规则与法律冲突的地域和时间范围》，李双元等译，法律出版社1999年版，第7~9页。摩尔根对人类历史上政治形态的整理也是用人身性和地域性进行概括的，并由此认为包括两个阶段："一切政治形态都可归纳为两种基本方式，……按时间顺序说，先出现的第一种方式以人身、纯人身关系为基础，我们可以名之为社会。……第二种方式以地域和财产为基础，我们名之为国家。"(参见［美］摩尔根：《古代社会》上册，杨东莼等译，商务印书馆1997年版，第6页)。

② ［美］伯尔曼：《法律与宗教》，梁治平译，中国政法大学出版社2003年版，第201页。

③ ［德］康德：《纯粹理性批判》，邓晓芒译，人民出版社2004年版，第349页。

是无限的? 于是出现了二律背反①,二者相互不能证伪。之所以发生此种幻相,按照康德的说法是:"由于理性对一个被给予的有条件者要求在诸条件(知性在这些条件下使一切现象都服从于综合的统一性)方面的绝对的总体性,并由此而使诸范畴成为先验的理念,以便通过把经验性的综合一直延续到无条件者(这是永远不会在经验中,而只会在理念中遇到的)而给予这种经验性的综合提供绝对的完备性。理性作为这种要求所依据的是这条原理:如果有条件者被给予了,那么它惟一曾由以成为可能的那整个条件总和,因而绝对的无条件者也就被给予了。"②在某种意义上,黑格尔的绝对精神也就是超越经验的特殊意志而成的先验幻相。

对于冲突法问题处境中的主体而言,也正经历着这样的正义幻相。来自于不同规范状态下的行为主体,由于业已习惯了在各自规范状态下的单质正义观念,即案件之处理不因地域之不同而有正义品质的差别,这已经成为他们习惯了的正义思维。背负着这一正义思维,他们将它投射到自然状态中的冲突法问题之上,要求涉外案件必须得到如同国内案件一样的一致的正义处理。这种一致的正义要求在实践中被转化为一致的判决需要,但在现实中判决的一致性最需要解决的问题便是地域性对管辖权的干扰,于是萨维尼、沃尔夫式的"管辖权不敏感"方案就出现在案件处理的结果追求上。萨维尼如是说:"对于存在法律冲突的案件,不管它是在这一国家还是那一国家提起,其判决结果都应该一样。"③沃尔夫也认为:"每个诉讼案件,不论在什么法院提起,都可以适用同一的'国内'法来加以判决了。"④同样地,有学者还提出:冲突法案件的处理与国内案件之处理一样,无外乎是为了正义。但是正如梅恩(Arthur T. von Mehren)所言:"那些期望在多国案件中获得如同国内案件才能得以实现的正义品质和双方可接受性将注定是让人失望的。"⑤萨特曾经提出过对黑格尔的斩首行动:黑格尔首先预设了一个完成的圆环即绝对精神的真实性,反过来则将那些未完成的圆环视为是在自我实现中的绝对精神。这就相当于是将一个先验幻相视为是绝对真实的,反过来却要求经验中的有限者去追求无限性以完成其真实性。萨特认为对这种无限者应进行"斩首":"人们知道,例如,对斯宾诺莎和黑格尔来说,一个合题如果在把各项固定在相对依存同时又相对独立中时止步于完全的综合化面前,那就一定发生错误。例如,对斯宾诺莎来说,一个半圆绕着它的直径旋转,就正是在球形的概念中找到它的理由和意义,但是如果我们想象球体的概念原则上是达不到的,半圆旋转的现象就变成虚假的了;人们把它斩首了;旋转的观念和圆的观念互相对峙而不能统一在超越了它们并给它们理由的合题中:其中一个仍然不能还原为另一个。这就是已发生的一切。因此我们说,上述'大全'像被斩首的概念一样,是在永恒的解体中。它正是作为一个

① [德]康德:《纯粹理性批判》,邓晓芒译,人民出版社2004年版,第361页。
② [德]康德:《纯粹理性批判》,邓晓芒译,人民出版社2004年版,第349~350页。
③ [德]萨维尼:《法律冲突与法律规则的地域和时间范围》,李双元等译,法律出版社1999年版,第14页。
④ [英]马丁·沃尔夫:《国际私法》上册,北京大学出版社2010年版,第18页。
⑤ Arthur T. von Mehren, Choice of Law and the Problem of Justice, *law & Contemp. Probs.*, 1977, Vol. 41, p. 27, 42.

被解体的总体模棱两可地呈现给我们的。这里有一个并未进行的过渡,一种电流短路。"①

冲突法问题处境的类自然效果使行为主体将其在规范状态下习得的正义经验向外投射,并进而要求在单质法律体系之下才能得到的正义结果同样地在异质法律体系的冲突之下得以实现,从自然状态与规范状态的结构上言,也就是要求规范状态下的正义运行与实现在自然状态之下也能得到运行与实现。这种惯性思维一方面为冲突法的解题方案带来了精神分裂的危机,因为通过冲突正义,冲突着的正义只能延续正义冲突的结果,而不能实现正义的统一;②另一方面,冲突双方这一看似"非分"的要求表达了一种超越经验的诉求,如同康德的纯粹理性之先验幻相将产生至善的实践效果一般③,凭借这超越性,冲突法方能在危机之中涅槃出真希望。冲突法的超越指向将在下文中得到充分展开,在此以伯尔曼的话暂作小结:"……建立一种对神圣的精神实体的共同信仰,以作为这些人群的超越性。这一精神实体可以为逐渐把世界所有文化融合会通的各种过程(包括法律过程)作指引。"④

第二节　自然处境的问题结构:交互主体性

一、自然处境中的交互主体性

(一)冲突法与交互主体性

冲突法所置身的类自然处境在根源上产生了一个交互主体性的问题,处于自然状态之中的双方主体在进入冲突法的规制之前还有一个奠基性的前提,即自我如何对待他者,自我是否承认他者的主体资格。根据冲突法产生的历史经验,在他者尚未成为内国法律上的行为主体,在内国尚未承认他国的主权地位之前,根本不发生所谓的冲突问题,因为冲突意味着平等者之间的关系,冲突法针对法律冲突,法律冲突得以产生的条件就涉及对他者法律地位(主体资格)和外国法律的域外效力的双重承认。在此意义上,自我与他者之间交互主体性的建立即平等关系的建立才是一切国与国之间、人与人之间,或者统合而言两个或多个主体之间得以进行真正交往的决定性前提。只有立足于此一前提,才谈得上有关主体间的所有问题,包括但远非限制于冲突法之内的问题。然而,相比其他法律部门,冲突法对交互主体性问题有更天然的敏感和要求,因为冲突法直接面对和关切的是自然处境中的冲突状态,冲突状态不过是对被承认、被认可的主体理念之强烈渴求。所以,

---

① [法]萨特:《存在与虚无》,陈宣良等译,三联书店1987年版,第752页。
② 张春良:《冲突法的历史逻辑》,法律出版社2010年版,第151页。
③ [德]康德:《纯粹理性批判》,邓晓芒,人民出版社2004年版,第611页。
④ [美]伯尔曼:《法律与宗教》,梁治平译,中国政法大学出版社2003年版,第197页。

永久和平的冲突法建构——冲突法的政治哲学功能导论

The Construction of Perpetual Peace through Conflict of Laws: An Introduction to the Political Philosophy Function of Conflict of Laws ▶▶▶

冲突法立足其上的自然处境在结构上就必须被还原为自我与他者之间的交互主体性问题，没有这个主体的交互性或交互主体如果不能够被建构，那么法律冲突、作为法律冲突背景支持的其他如政府利益冲突、国家冲突就难以发生，冲突法就没有被发展出来的必要。

与此同时，交互主体性的建构还是冲突法最终能够化解冲突，实现和平的解题思路。从冲突与和谐、战争与和平的角度看，冲突与战争发生的根源在于其唯我论的立场即除了认可自我之外不承认任何主体；反之，在当唯我论走出自我，在自我之外承认和接纳他者的时候也就是迈向和谐与和平的时候。因此，冲突与和谐、战争与和平可以转化为承认的问题，从不承认到承认的过渡就是冲突向和谐、战争向和平的过渡。作为一切承认之前的承认，就是对他者主体资格的承认。这就要求自我在对世界作"自我—非我"的二分之后进一步地在"非我"之中区分出作为纯粹对象的被动的物与作为真正主体的主动的他者。只有当他者从非我的物化之中被认可出来的时候，才可能将他者当作主体来承认而不是当作物来认知。

如何穿越看似牢不可破的唯我论堡垒，建构出主体化的他者，这个问题不是由也不可能由冲突法来解决，要求冲突法解决这个问题就类似冲突法中的许多循环论①，因为冲突法是立足于交互主体之上的，逻辑在后的问题，其本身的成立与否还依赖于交互主体的建构。对这个问题进行全面发掘和深刻探讨突围之策是现代哲学的任务，这可以算得上是西方哲学对自身"宿债"的偿还，这个宿债是由西方文明主客二分的特质所造就的，这个文明在其起源处就采取了此种划分方法，它为西方带来了深刻、敏锐的观察视角并产生了迄今为止所得见的积极成就，但它在当代的深度发展使深刻转化为割裂，使敏锐变成尖锐，西方文明开始显示其辉煌所掩盖的内在致命之处，这就是包括使他者在内的整个世界的对象化，人文科学被服从于自然科学的实证主义之分析，这是"欧洲科学的危机"，更是人自身的危机。现代西方哲学的任务之一便是恢复人之为人的意义，使自我理解"人的存在是目的论的存在，是应当—存在，这种目的论在自我的所有一切行为与意图中都起支配作用"②。

（二）交互主体性的问题层次

交互主体性是西方文明现代发展所释放出来的深层问题，它的本质是关于自我与他

---

① 比如上文提到的准据法识别即是一例。此外，最根本的一个循环还是"外国法事实说"，即将外国法视为是一种事实，而在适用外国法之时基于证明事实的原则则当事人承担证明责任。这里存在着一个令人难堪的自我矛盾：一方面我们承认外国法是法律，在此基础之上才可能产生所谓的冲突法的问题即法律冲突，如果外国法是事实，就勾销掉了冲突法存在的问题基础，因为此时之法律冲突被置换成为了法律与事实的冲突。法律与事实性质不同，不具有可比性，当然也就无冲突之理。但外国法查明是冲突法中的问题，在查明外国法的时候就已经预设了法律冲突的真实性，也就预设了外国法的法律本性，而在此基础之上为查明外国法之便利重提外国法的性质问题，既是一种矛盾，预设与推论相背；也是一种循环，外国法的性质问题是前冲突法的问题，但却被后置在后冲突法的问题之中。

② ［德］胡塞尔：《欧洲科学的危机与超越论的现象学》，王炳文译，商务印书馆 2001 年版，第 324 页。

者的关系问题。由于自我的主体化在相对意义上就产生了包括他者在内的对象化,因此,当自我区分出非我的同时,自我就是孤寂的主体,而他者就被注销人格而成为没入世界之列的非我之对象。简言之,自我的唯一主体性葬送了所有他者的主体性,在主体眼中他者与自然物等同,主体的意向性"是对象化的一个过程,它使我们仅通过将他人还原为他所不是的东西,即一个对象来与他人相遇",①从而走向唯我论的结局。当代西方哲学作出了种种尝试力图走出唯我论的困境,回归康德的教导即在任何时候都应把他人当作目的而不是手段,但总在不同程度上回归了唯我论的思维窠臼。自我的独宰与他者主体性的坍塌使交互主体难以建构,他者主体地位的脆弱性使所有立足于平等主体间的人为技艺包括冲突法成为风雨飘摇的空中楼阁。因之,在冲突法的意义上言,拯救他者的主体性,建构出坚实的交互主体框架,也就是造就和成全冲突,为冲突法奠基。

交互主体既然涉及主体的交互性,因此其建构在逻辑层次上关涉相互牵连和递进的三个问题:其一,自我的主体性建构问题,它要探讨的是自我的主体化过程,这一过程可以等同于自我意识的生成过程。在这个过程中,自我在自我之外区分出了非我,非我掩盖了他者与一般自然物之区分,世界因此成为"我—对象"的格局。

其二,非我的他者化,它涉及的是自我主体对他者抱持一种认知关系,认知作为一种对象化活动,将本来作为主体的他者俘获而成为自我的对象。在非我他者化的认知过程之中,应当区别于自我主体性建构阶段,因为后者并不以觉察出他者与一般非我之物之间的区别为条件,他者并不多于,也不少于而恰好就等于非我之物。在非我他者化的认知过程中,自我已经开始意识到他者与非我之物之间的区分,他者开始以他者而非以非我的姿态出现。只是在这个区分过程之中,由于自我主体对他者采取的是对象化的认知姿态,他者依然是对象意义上的他者,既缺乏与自我主体平起平坐之地位,也保持与自然之物的区别。

其三,他者的主体化,他者开始摆脱认知结构中的从属对象性地位,转变成为与自我相对等的主体即他我。当他我被建构出来之时,也就是自我对他我的承认完成之时,建构与承认的同步性意味着,如果自我不同时赋予他我以主体资格,那么他我的主体性就始终难以完成;反之,在他我作为真正的主体被建立出来之时也就提示了,他我的主体地位已经得到了自我的承认。自我—他我之间的交互主体关系不再是一种认知关系,认知是对主体地位的褫夺,正如萨特用注视所表达的那样:"因为知觉就是注视","他人的注视赋予我空间性。把自己当作被注视者就是把自己当作被空间化的空间化者"即对象②;相反,交互主体关系是一种伦理关系,"本真的与他人相遇并不是感知性的或认知性的,它本质上是伦理性的。正是在伦理情境中他人才询问我并对我具有伦理的要求"③,即将他人当作真正的主体而予以承认的要求。承认他人为主体,使自我—他我的主体结构得以平衡和健全,在此基础之上才可能有法律冲突及冲突法。

---

① 〔丹〕扎哈维:《主体性和自身性:对第一人称视角的探究》,蔡文菁译,上海译文出版社 2008 年版,第 220 页。
② 〔法〕萨特:《存在与虚无》,陈宣良等译,三联书店 1987 年版,第 325,335 页。
③ 转引自〔丹〕扎哈维:《主体性与自身性》,蔡文菁译,上海译文出版社 2008 年版,第 220 页。

永久和平的冲突法建构——冲突法的政治哲学功能导论

The Construction of Perpetual Peace through Conflict of Laws: An Introduction to the Political Philosophy Function of Conflict of Laws ▶▶▶

二、自我的主体性：自我与非我

主体地位的建立是个体对自己能动性和支配性地位的意识，因此自我主体的意识生成必然地与对自我和非我的认识相关联。有学者断言，主客体对立的形成乃是康德以后的事情①，但是历史上第一个清晰地意识到自我的人却早在古希腊时期即告出现。认识自我并不一定能够产生自我的主体感，它还需要经历一段漫长的时期，直到笛卡儿认识到自我作为建构世界秩序的缔造者时，才真正摆脱对神的从属的客体地位，一跃而成世界之主体。

笛卡儿哲学形成的主客体分离被认为是近代哲学的两大特产之一，这一哲学思潮在此前的古希腊哲学、古印度哲学和中国哲学之中都未曾出现过。② 笛卡儿开创的这一传统一方面铸就了当代自然科学的辉煌成果，另一方面也促成了主客体思维模式极端发展所导致的灾难。与此同时，经验主义的哲学思考进路在巴克莱、休谟等人手中也逐步发展到了新的怀疑主义时代，自我意识的过度膨胀产生的主体感导致了唯我主义情绪的滥觞，巴克莱就明确宣称："存在就是被感知或感知"，③休谟也攻击因果关系的确定性。由此可见，自我意识通过自由感、能动性而赋予意识者以主体的立场，并在此基础上建构了主客二分的结构，但是过于强盛的自我意识则可能导致唯我的世界观、彻底的主观唯心主义。

事实上，主体性的建立并不是自我意识另行艰辛建构的结果，自我意识本身便是意识者的主体感觉，当意识者意识到"我"时便已经在我与非我之间建立了主客体关系。有学者在分析笛卡儿"我思故我在"这一命题时便认为这里的"我思"原则上可以划分出三种"思维"类型："1.对思维的'直接的认识'或'直接的意识到'，2.思维本身，3.关于思维的'反思的认识'"，这与对意识的三重划分"亦即自身意识、对象意识和反思意识的三重划分，基本上是一致的。"直接认识只是对思维本身的意识，即自身意识，"与此相反，通过反思而意识到（认识到）的则可以是作为思维活动主体的自我"，在这一意义上，自身意识应严格区别于自我意识。④ 也就是说，笛卡儿的"我思"所包含的三重含义中只有反思的意识才能产生思维活动的主体的自我，只有反思的意识才能产生自我意识，而自我意识是对作为思维活动的主体的意识。

因此，自我意识总是带给我们主体意识，并由此直接自然地形成主客二分的关系。同时，这里仍然掩盖但在随后进展中被揭示出来的是，这些孤傲的自我意识是理论的自我意识，他们对其他自我意识采取的是理论认知的态度，将他我也纳入到客体化的世界之中进入非我，简言之，有"我"无"他"，或者说有"我"而无"我们"。梅洛—庞蒂如是反问："既然人的行为或思想原则上是一种第一人称的，与一个我（Je）分不开的活动，那么人的行为和

---

① 倪梁康：《自识与反思》，商务印书馆 2006 年版，第 68 页。

② 倪梁康：《自识与反思》，商务印书馆 2006 年版，第 40 页。

③ 有学者认为，巴克莱的这句格言是被学界误解为主观唯心主义了，存在就是被感知这一格言不过是说"可感事物的实在性在于被感知"（参见傅有德：《巴克莱哲学研究》，人民出版社 1999 年版，第 129 页）。

④ 倪梁康：《自识与反思》，商务印书馆 2006 年版，第 55～60 页。

思想如何能以'人们'的方式被理解?""我(Je)这个词如何能用于复数?人们如何能形成我(Je)的一般概念?人们如何能谈论我的我之外的另一个我(Je)?我如何能知道还有其他的诸我(Je)?原则上和作为自我认识处在我(Je)的方式中的意识,如何能以你(Toi)的方式,因而能以'人们'(On)的方式被理解?"因之,"在客观思维中,没有他人和诸意识的位置","诸意识之间的竞争始于我思,正如黑格尔所说的,每一个意识都希望另一个意识死亡"。① 但除非是处于真正的病态,否则即便最激进的笛卡尔主义者在赞成如下观点即"所有被给予的东西只是生理特性和它们的变化。看见一种灿烂的表情意味着看见了脸部肌肉的某种独特扭曲"时,也不得不承认一个他者并不是一个仅仅"在地面上移动着的皮囊",而是一个"有思想的生物"②,他者虽然不高于自我,但也不完全等同于非我的事物。因此,真正的危机和问题在自我意识主体化得以完成的时刻开始迸发出来了:我们如何能够"意识到他人的身体与无生命的事物彻底不同,而且我们对于这些具有心灵的身体的感知也与我们通常对客体的感知相异?"③这个问题提示自我主体必须首先对他我进行别于非我的解释,即非我是如何他者化的。

三、非我的他者化:认知关系

在哲人看来,任何有意识的个体都是两种存在,即作为自然物的存在和作为有意识的存在,萨特将前者谓之"自在存在",后者谓之"自为存在"。以国家为例,国家作为一个有意识、有精神表达的拟制的人,它首先有自己的物理存在,如一定量的公民、确定的领土、特定的政治架构等,此即为自在的存在;而它作为能动的、独立自主的精神存在,即为自为存在。人更是如此,人作为物理的自然人是自为存在,作为精神人则是自在存在。那么无论是人还是国家,它呈现给自我的只能是一个自在存在,自我如何能够将这个自在存在视作他我的存在,这就是萨特要考虑的"他人的存在"的问题,即将一个非我之东西看作是与我同质的他人。对这个问题的回答现在还处于持续深化的动态发展中,归纳起来,从认知而非伦理角度进行证明的思路主要有如下几类:

(一)胡塞尔的"结对—共现—移情"

胡塞尔根据其学说的立场首先指出了自我的孤独状态:"在我的悬搁中,所有其他的人连同他们的整个活动——生活也都包含到世界—现象之中,而这种世界—现象在我的悬搁中只是我的世界—现象。悬搁创造了一种独特的哲学上的孤独状态,这种孤独状态是真正彻底的哲学在方法上的根本要求,在这种孤独状态中,这个我,超越于所有对我有意义的自然的此在之上,并且是每一种超越论的生活的自我极,在这种超越论的生活中,世界首先纯粹作为我的世界而有意义",那么,这个超越的我如何能够发生"对别人的知

---

① [法]莫里斯·梅洛—庞蒂:《知觉现象学》,姜志辉译,商务印书馆2005年版,第438~440,447页。
② [丹]扎哈维:《主体性与自身性》,蔡文菁译,上海译文出版社2008年版,第191~192页。
③ [丹]扎哈维:《主体性与自身性》,蔡文菁译,上海译文出版社2008年版,第197页。

永久和平的冲突法建构——冲突法的政治哲学功能导论

The Construction of Perpetual Peace through Conflict of Laws: An Introduction to the Political Philosophy Function of Conflict of Laws ▶▶▶

觉,对其他人的知觉,对另一个我的知觉——这另一个我对于他自己是'我',正如我对于我自己是'我'一样——的存在的有效性?"①胡塞尔在构造他我之前有这么两个基本分割:身心分割与人我分割。两种分割导致自我意识在通达他我心灵之间存在这样三道需要跨越的障碍:我心—我身—他身—他心。对他我的建构的第一步便是在"我身—他身"之间完成"结对"的被动综合:"结对就是那种我们称之为不同于'认同'的被动综合的'联想'的被动综合的一种原始形式。在一种结对的联想中,其特征在于:在最原初的情况下,两个材料都是在某个意识统一体中突出地、直观地给予出来的,并且,在这种意识的基础上,它们在本质上就都已经处于纯粹的被动性之中了,因而不管它们是否被注意到,这都是一样的,即作为不同的显现者,它们在现象学上都建立起了一个相似的统一体,因此也恰好总是作为一对而得以构造出来的。"②触发自我进行结对联想的机缘是自我与他者共享的身体的吻合性,"当在我的知觉领域中出现了一个陌生的身体,而这个身体又具有了我的身体所拥有的一切特性时,在我的意识中马上就会开始一种'结对'活动,我就会在同一个意识体验中将它与我自己的身体结成一对"。③

结对只是在两个身体之间建立了联系,简单地说还只是自我立足于自己的身体觉察到了应该将他者与非我在物理自然方面区分出来,但还有两个问题没有得到解决:其一,这种结对只是一种相似性比对,因此缺乏确定性;其二,这个从非我之中被区分出来的他者还只是物性意义的他者,还缺少内在的意识。为此,需要通过一个称作为"共现"的步骤赋予这个物性他者以"心灵",将物性他者转变成为灵性他者,再通过"移情"建构出他者的主体性。

意识具有构造对象并超越对象的意向,这意味着在意识中呈现出来的东西要比直接看到的东西要多,此种现象被称作为"共现":"在这样一种呈现地共现着的感知的并以本身在那里的样式而呈现着的对象中,我们必须从意向对象那里区分出被本真地感知到的东西和在感知中并未被本真地感知到而又恰好共此在着的其余部分。所以,这一类型的每一个感知都是超越性的,它所设定出的东西比自身在那里的东西,比它每一次'实际地'呈现出来的东西要多得多。"④这种"多得多"的东西之所以能够被感知就在于它自身的呈现,这种呈现是通过胡塞尔的移情和结对来完成的:由于记忆能力,"这个当前的'我'……在自身中将他人作为他人构成。自身的时间化,可以说通过离开当前的作用(即通过回忆),在我的消除疏异的作用(移情作用作为更高阶段的离开当前的作用——即将我的原初在场移入到纯粹当前化了的原初在场)中有类似物。这样一来,'他人的''我'在我心中就获得了作为共在场的存在的有效性,连同它的自明的证明方式(这些方式显然完全不同于'感性的'知觉方式)也在我心中获得了作为在场的存在的有效性。"⑤

---

① [德]胡塞尔:《欧洲科学的危机与超越论的现象学》,王炳文译,商务印书馆2001年版,第223~225页。

② [德]胡塞尔:《笛卡尔式的沉思》,张廷国译,中国城市出版社2002年版,第154页。

③ 张廷国:《重建经验世界——胡塞尔晚期思想研究》,华中科技大学出版社2003年版,第89页。

④ [德]胡塞尔:《笛卡尔式的沉思》,张廷国译,中国城市出版社2002年版,第167页。

⑤ [德]胡塞尔:《欧洲科学的危机与超越论的现象学》,王炳文译,商务印书馆2001年版,第225页。

胡塞尔此话说得晦涩,有观点直白地指出:"如果我要把他作为一个精神主体来看待,惟一的方式是我'移情'于他,把'他'作为'我'来理解,'他'首先成了我的一种预期和前瞻,然后成为我的当下化,'我'便成了'他'的一种记忆,当我回到'我'时,'他'又成为我的回忆,'结对'就是将一个个在自我的知觉领域中呈现出来的他人的身体转换成自己的身体来理解,因此他人是自我的变体,是一种统觉假定。他人意识和自我意识被统合到同一个先验自我的内在时间意识中,自我意识通过移情而进入他人的躯体,他人意识便成为自我意识在不同时段上的变体。胡塞尔在论及自我意识和他人意识的关系时,明确认为'体现'的只是自我意识,而他我意识乃是一种'共现'。"①

胡塞尔的论证方式的确具有典型的德国风格,过度的精致和细腻,他首先悬搁了经验的自在存在,然后从自我的自为存在出发,根据自我的体验和记忆,将自我通过移情而贯入他我之中,在自我与他我的不断转换和变易之中得出一个先验自我作为统合所有自我极的保证,再通过自为存在与自在存在结对还原为一个人。通过如此精致得过于琐碎的环节,胡塞尔自问自答:"诸如我怎么能够在我之中构造出另一个我,或更彻底地说,我怎么能够在我的单子中构造出另一个单子,以及我怎么能够把在我之中构造出来的东西恰好经验为他人的东西;同时,确实与此不可分的还有,我怎么能够对在我之中构造出来的自然与由他人构造出来的自然作出认同(或者必须确切地说:我怎么能够把在我之中构造出来的自然同时又构造为由他人构造出来的自然?)。所有这些问题就不再是个谜了。"②

然而,胡塞尔似乎过分乐观,因为"他的建构他人的意识分析,事实上只是在进行自我意识的分析,他人的建构,只是自我意识不同层面的分析,只是对自我意识之流不同时段的分析,只是把自我意识作为他人意识来意识和分析。"③胡塞尔的精美论证仍然不过是一场瑰丽的梦幻,是胡塞尔的意识着的自我的自娱自乐,这种自娱自乐并不能因为移情的不断互换而脱去主观唯我的色彩,先验自我也无法担保自我间的认同。萨特敏锐地指出,胡塞尔将存在归结为意义,所以在胡塞尔的心目中,我的存在和他人的存在之间的关系仍然是一种知识性的关系,而这种知识性的主体间的沟通就成为更为严重的问题④。当萨特看到"胡塞尔能在我的存在和他人的存在之间建立的唯一联系,就是认识的联系"时,就自然而然地得出胡塞尔"象康德一样不能逃避唯我论"的结论了⑤。

(二)海德格尔的"此在—共在"

将他人的存在问题直接视作认识问题或者混淆为认识问题并不能根本地解决对他人的承认,并不能树立起他人的主体地位,也还原不了他人的人格。在萨特看来,此前的最佳方案应当是海德格尔的"此在"而"共在"的概念。海德格尔若有所指地批判胡塞尔式的人格加法行为,他首先指出:"人格不是物,不是实体,不是对象。……人格的本质就在于

---

① 高秉江:《胡塞尔与西方主体主义哲学》,武汉大学出版社 2005 年版,第 174 页。
② 〔德〕胡塞尔:《笛卡尔式的沉思》,张廷国译,中国城市出版社 2002 年版,第 173 页。
③ 高秉江:《胡塞尔与西方主体主义哲学》,武汉大学出版社 2005 年版,第 172 页。
④ 叶秀山:《思·史·诗——现象学和存在哲学研究》,人民出版社 1999 年版,第 285 页。
⑤ 〔法〕萨特:《存在与虚无》,陈宣良等译,三联书店 1987 年版,第 314 页。

永久和平的冲突法建构——冲突法的政治哲学功能导论

The Construction of Perpetual Peace through Conflict of Laws: An Introduction to the Political Philosophy Function of Conflict of Laws ▶▶▶

它只生存于意向性行为的实行过程之中,所以人格在本质上不是对象",因此,"但若我们问的是人的存在,那么却不可能靠把肉体、灵魂、精神的存在方式加在一起就算出这种存在来,何况上述各种存在方式本身还有待规定。而且即使以相加的方式来进行存在论尝试,也一定把整体存在的某种现象设为前提了"。① 这个整体存在作为海德格尔思想的出发点和归结点就是在世存在着的此在。

此在与共在有牵一发而动全身的关联性,这并不是通俗所谓的相对论即有此就有彼,彼此为共。我们的问题正好就是,有此(我)并不一定有彼(他),而是此(我)与非此(非我)的关系,是什么将彼(他)从非此(非我)之中划分出去的? 海德格尔首先指出:"'我'只可领会为某种东西的不具约束力的形式标记:这种东西在当下现象的存在联络中也许会绽露自身为它的'对立面'。但这绝不等于把'非我'说成是本质上缺乏'我性'的存在者;非我意指着'我'本身的某种确定的存在方式,例如失落自我。"② 至此,海德格尔还只是未证明的断言,他拒绝将之作为托词来回避艰难的探索:"在世的澄清曾显示出:首先'存在'的或一直给定的从不是无世界的单纯主体。同样,无他人的绝缘的自我归根到底也并不首先'给定'。但虽说于在世之际'他人'向已共同在此,这一现象上的断言却也不可误使我们认为如此这般'给定的东西'的存在论结构是不言而喻而无须探索的。"③ 作为探索的,但最后必须予以抛弃的起点便是此在。

此在一词的独特提法寄托了海德格尔的这样几点想法:其一,它并不是一个具体的、特定的主体,而是泛指所有主体之中任何一个主体;其二,此在并不相对地意味着廉价的彼在,从而不劳而获地只是从概念之中赢得抽象的他者;其三,此在更深刻地意指着一种与它牵连不断的整体的世界。正是世界这一概念将此在之在与他者之在捆绑成为一个命运共同体的共在。维特根斯坦说得好,"世界是一切发生的事情。世界是事实的总体,而不是事物的总体"。④ 此在已经在世界之中,而不是先有一个现成的世界和现成的此在,然后将后者放入前者之中。他人正是在这世界之中通过用具或工具的提示与此在来"照面"的,"这类物体的一个基本特征在于它们都包含了对他人的指涉。这是由于它们是被他人所创造出来的,或者因为我们试图借助于它们所完成的工作涉及到了他人"。⑤ 这种照面方式有别于胡塞尔的从自我到他我的生硬过渡,它昭示着此在与他者照面之前就已经共同在世了,共享同一个世界。"但对他人来照面的情况的描述却又总是以自己的此在为准。这种描述岂不也是从把'我'高标特立加以绝缘的作法出发,所以才不得不寻找从这个绝缘的主体过渡到他人的道路吗? 为了避免这种误解,必须注意,这里是在什么意义下来谈'他人'的。……世界向来已经总是我和他人共同分有的世界。此在的世界是共同世界。'在之中'就是与他人共同存在。他人的世界之内的自在存在就是共同此在。"⑥

---

① [德]马丁·海德格尔:《存在与时间》,陈嘉映、王庆节译,三联书店 2006 年版,第 56~57 页。

② [德]马丁·海德格尔:《存在与时间》,陈嘉映、王庆节译,三联书店 2006 年版,第 134~135 页。

③ [德]马丁·海德格尔:《存在与时间》,陈嘉映、王庆节译,三联书店 2006 年版,第 135 页。

④ [奥]维特根斯坦:《逻辑哲学论》,蔡文菁译,上海译文出版社 2008 年版,贺绍甲译,商务印书馆 2005 年版,第 25 页。

⑤ [丹]扎哈维:《主体性与自身性》,蔡文菁译,上海译文出版社 2008 年版,第 208 页。

⑥ [德]马丁·海德格尔:《存在与时间》,陈嘉映、王庆节译,三联书店 2006 年版,第 137~138 页。

共在的优先性排除了作为自我主体的此在的绝缘困境,他人如何可能的问题因此不证自伪,但萨特指明了海德格尔理路中的两个结构性缺陷以此证伪他的共在说:第一,除非此在已经具有一个对他者的在先体验,否则此在永远不会想到对一个人造器具和一个自然物体加以区分;相反,正是此在在同他人的互动之中并且借此才学会把一个对象当作一个人造器具。第二,海德格尔试图将共在理解成为一种本质的、内在且先天的此在规定性,而非一种仅在具体与他人相遇中并借此而显露出的偶然和实际的特征,这忽略了在交互主体性中最为重要的东西,即与彻底的他者性的关联;相反,"声称与另一个人的具体相遇并未添加任何新的东西,而只是呈现或表达出已经先天的在那儿的东西,这完全是一种误解。"①此外,海德格尔的破题思路也是消极的,他不能给出他人存在的主体性,"因为海德格尔的基本思想就是要追求一种主体客体不分的本源性的状态"②,在主客不分的原始关系中"他人的问题只不过是个虚假的问题"③。的确,海德格尔的共在并不具有实践规范的力量,在主奴之间并不能因为奴隶告诉主人他们之间业已共在于世,因此主人应当将奴隶当作一个主体、当作一个目的来对待。萨特在这一点上就要深刻得多,他把来自他者的注视体验为他者的主体性。

(三)萨特的注视

萨特首先认为"不应该提供他人的存在的新证明",我肯定他人存在,因此"一种关于他人的存在的理论只应该在我的存在中向我考问、阐明和确定这一肯定的意义,尤其是说明这种可靠性的基础本身,而不是发明一种证明。"萨特言下之意似乎在说,他人存在的问题是一个存在论问题,这一问题不是认识论上的证明,而是存在论上的意义阐释问题。我总是知道我存在,我也总是知道他人存在,"我对他的存在总有一种尽管模糊但还是整体的领会,这种'本体论前的'领会包含一种对他人的本性和他与我的存在的存在关系的理解,这种理解比人们能在它之外建立的一切理论都更可靠而且更深刻。他人的存在之所以不是一个空幻的臆测、纯粹的虚构,是因为存在有与他人的存在相关的我思"。④ 萨特事实上是将存在问题优先于认识问题,认为"我思"总是在先存在的基础上进行的认识,因此"我思"这一活动已然先在地关涉他人的存在问题,自我在践行我思时,已经在自我意识之中涌现出他人的存在问题,此时他人的存在便不是证明而仅仅是说明、描述和阐释。现实生活中的某些自我感受能够间接证明他人的存在的显现:"就是我们承认有'他人'存在,并不是我看到了'他人',而是我被'他人'看到,'我被他人看到'这种'不安'和'羞愧'感,正是'他人'存在的一个明证"⑤,他人不是作为客体被我看到,而是我作为一个客体被他人看到并因而使我意识到他人的主体地位。

展言之,在自我被注视之前,他人与我的关系被理解成为原始的"对象—他人"与"主

---

① [丹]扎哈维:《主体性与自身性》,蔡文菁译,上海译文出版社 2008 年版,第 216~218 页。
② 叶秀山:《思·史·诗——现象学和存在哲学研究》,人民出版社 1999 年版,第 285 页。
③ [法]萨特:《存在与虚无》,陈宣良等译,三联书店 1987 年版,第 326 页。
④ [法]萨特:《存在与虚无》,陈宣良等译,三联书店 1987 年版,第 333~334 页。
⑤ 叶秀山:《思·史·诗——现象学和存在哲学研究》,人民出版社 1999 年版,第 284 页。

体—自我"之间的关系,"人们一般认为他人的问题好像是他人由之展现出来的原始关系就是对象性,就是说好像他人首先是直接或间接地向我们的知觉揭示出来的"。① 他人是为我的存在。然而,当主体—自我被对象—他人注视时,整个结构发生了倒转:我成为他人的对象,为他人而存在。萨特为此指出:"有人注视我。这意味着什么? 这就是我在我的存在中突然被触及了,一些本质的变化在我的结构中显现——我能通过反思的我思从观念上把握和确定的变化。"②这个变化就是主体—对象结构的变化,自我的主体性开始流出而下降为为他人的对象。

如果被注视只意味着对象化,那么在自我与他者之间只是一种交互的主体—对象关系,但不能重叠成为主体—主体关系。因此,萨特还必须在注视与被注视的结构之中,把自我的对象化进行必要保留,使注视中的对象化的自我在被对象化的流逝之中还能维持主体性。如何在对象化中拯救自我的主体性,萨特说,在注视中"我一下子意识到我,是由于我脱离了我,……尽管如此,这里不应该认为对象是他人,也不应认为面对我的意识在场的自我是次级的结构或是作为他人—对象的意义;……正是羞耻和骄傲向我揭示了他人的注视和这注视终端的我本身,使我有了生命,而不是认识被注视者的处境。……这样,我的未反思的意识一开始和我的被注视的自我的关系就不是一种认识的关系而是存在的关系"。他人的主体化使"我的世界流向作为对象的别人"而"内出血",这"放血仅仅由于我把这世界的血流向的那个他人凝固为我的世界的对象,就被挽回和被圈住了;这样,一滴血也没有失去,一切都被收回、被围住、被圈住了,尽管是被圈在一个渗入的存在中"③。

萨特尽管通过在相互关系中以内在否定的方式规定了他人的存在问题,但是他选择的以"我思"作为出发点,这就必然将"本体论、存在论包容在认识论之中,将世界存在消融在认知主体的意识观念之中,其本质上就内在地含藏着唯我主义的因素"④,无论唯我的主体怎样移情,建构的他者是一个苍白的他者,他"永远不会使我感到惊奇和意外,也永远不会改变我"⑤。即便萨特强行在"我思"中先在地嵌入了他人的概念,并随后在我思的行动中分析地引出他人的主体地位,但是萨特的这种我意味着他、他意味着我的相对主义的抽象思辨仍然有失败的危险。根源性的矛盾在于,关于他人存在的问题本不是一个抽象思辨和静观的课题,只有在感性的实践中这种交互主体的存在论上的本源性才可能真实地得到显现和自明,所以当萨特、胡塞尔等人"在纯粹意识领域之中进行分析和意向性构造时,而马克思则用社会实践和物质生产劳动"取代了纯粹意识分析,"反对把主体看做是某种离群索居的先验物,认为主体是一种现实社会交往的产物,这事实上已经进入了一种主体间性的思想维度"⑥。

因此,真正能够为他人主体地位奠基的应当是立足生活实践之中的交往,交往实践确

---

① [法]萨特:《存在与虚无》,陈宣良等译,三联书店1987年版,第320页。
② [法]萨特:《存在与虚无》,陈宣良等译,三联书店1987年版,第327页。
③ [法]萨特:《存在与虚无》,陈宣良等译,三联书店1987年版,第329页。
④ 高秉江:《胡塞尔与西方主体主义哲学》,武汉大学出版社2005年版,第209页。
⑤ [美]多尔迈:《主体性的黄昏》,上海人民出版社1992年版,第72页。
⑥ 高秉江:《胡塞尔与西方主体主义哲学》,武汉大学出版社2005年版,第242~243页。

证了自我和他我的划分,在此基础上产生了我思的可能性,我思反向强化了自我和他我的主体分化并意识到此种分化的自发性。抛弃实践的论证思路都不得不在毫无依凭的虚空中寻求一个"我思"作为立足之地,并试图从这一极点静观出他人存在的主体意义。这是一条不归路,列维纳斯认为:"交互主体性的问题首要的是一个彻底他者性的问题,而且他明确否认任何形式的意向性(包括共情在内)会使我们以一种本真的方式与他人相遇。意向性是对象化的一个过程,它使我们仅通过将他人还原为他所不是的东西,即一个对象来与他人相遇。"①至此,这些思想巨匠们的努力只是在非我之中区分出了他者与物理自然,并希望从我思的意向性之中赋予他者以主体性而还原为他我。这种努力不能够从自我与他者之间的认识关系获得,因此他者依然是非我,只是在或然而非确定性的意义上有别于一般非我。真正能够赋予他者以主体地位的力量不能来自自我主体的反思,而应来自他者通过实践的奋争,交互主体性或主体间性只可能是一种实践着的伦理关系。在这方面,典型代表应推黑格尔的主奴斗争说。

四、他者的主体化:伦理关系

黑格尔对他我的分析进入了实践中的伦理层次,但他同样是从意识哲学启动对他者主体地位的承认的。黑格尔整部《精神现象学》可谓是对自我意识不断对异己承认、否定并自我实现的描述,其中包含了自我对他我地位的承认问题。黑格尔将自我意识的承认问题视作自我意识发展过程的一个重要环节,同时也是一个必然的环节,这一过程是由自我意识自身的本性所决定的,自我对他我的承认问题必须从分析自我意识的本性出发。

按照黑格尔的理论,自我意识具有类意识的观念,这是因为自我意识将一个完整的自我区分为两个我,从而便产生了两个我的协调问题,这就是类意识的初始表现。然而,自我意识的自我训练仅仅是意识中的抽象训练,或者更确切地说是单纯自我的幻想性互搏,而在现实中却能真实地遭遇其他的自我意识,当两个自我意识相邂逅时便产生所谓的"双重自我意识",此时自我意识有另一个自我意识和它对立,它走到它自身之外:"这里有双重的意义,第一,它丧失了它自身,因为它发现它自身是另外一个东西;第二,它因而扬弃了那另外的东西,因为它也看见对方没有真实的存在,反而在对方中看见它自己本身。"②这就涉及到自我对他我的承认问题,即自我意识发现有另一个自我意识和它外在地对立,此时自我意识首先必须把自己抛出去,使自己成为另外一个东西,其次必须把自己收回来,从另一个东西中找到自己,因此这个自己就同时扬弃了自身的个别性,成了一个普遍的自己,成了自我与对象所共同具有的本质,即普遍的自我意识,我们一我。③ 对于这一承认过程,黑格尔说得很玄:"自我意识是中项,它自己分化成两个极端;每一极端都和对方交换它的规定性,并且完全过渡到它的对方。……每一方都是对方的中项,每一方都通过对方作为中项的这种中介作用自己同它自己相结合、相联系;并且每一方对它自己和对

---

① 转引自[丹]扎哈维:《主体性与自身性》,蔡文菁译,上海译文出版社 2008 年版,第 220 页。
② [德]黑格尔:《精神现象学》上卷,贺麟、王玖兴译,商务印书馆 1997 年版,第 123 页。
③ 邓晓芒:《思辨的张力——黑格尔辩证法新探》,商务印书馆 2008 年版,第 194 页。

永久和平的冲突法建构——冲突法的政治哲学功能导论

The Construction of Perpetual Peace through Conflict of Laws: An Introduction to the Political Philosophy Function of Conflict of Laws ▶▶▶

它的对方都是直接地自为存在着的东西,同时只由于这种中介过程,它才这样自为地存在着。它们承认它们自己,因为它们彼此相互地承认着它们自己。"①也就是说,在意识的层面,自我和他我彼此外在,而由于自我意识的反身性,彼此外在的他我和自我在对方之中发现了自己,"你必须在你的行动中,在你跟他人打交道的过程中,才能真正了解自己","所以人要认识自己得有个过程,必须在现实的生活中与他人打交道,发生冲突矛盾,才一步步了解自己、深入自己,发现自己以前没有自觉到的一些品质,你在别人身上,在别人对你的反应和看法上,开始认识自己"②。

在单纯的意识层面,自我仅仅把自己放在主体的立场来静观作为对象的对方,而自我意识则不仅要求如此,而且还要求进一步换位思考,即把自己当作认识客体,对方当作主体,通过对方对自己的认识和评价来修正自己对自己的评价。这也就是自我意识作为中项,把自己分化为两个极端,两个极端的主客体地位不断交换其规定性。这样一来,你我的主客体易位并交换了各自的规定性。而黑格尔说,每一方都是对方的中项,言下之意就是说每一方都是我认识自己的中介,我通过你而认识我,你通过我而认识你。通过如此复杂微妙的认识过程,自我和他我的自我意识在两端通畅流动,获得和解,从而双方完成了对彼此地位的承认和肯定。

但这一过程并不是一帆风顺的,而是通过残酷的血与火的考验而得来,这是因为自我意识的健全是建立在艰苦卓绝的奋争之上的博弈结果。这一点是黑格尔高出意识哲学家们的地方,即主体资格获得的实践因素。他首先挑明了自我意识相互对抗的因由:"自我意识最初是单纯的自为存在,通过排斥一切对方于自身之外而自己与自己相等同;它的本质和绝对的对象对它来说是自我,并且在这种直接性里或在它的这种自为的存在里,它是一个个别的存在。对方在它看来是非本质的,带有否定的性格作为标志的对象。"由于自我意识仅仅将自己作为对象进行意识,在这种纯粹自为之中,任何非我之物对我都是一种排斥和否定,因此我要维持自己的自我意识,维持自己作为纯粹自为的存在,任何异己都必须服务于这一目的,然而他人也怀着同样的立场和追求与我遭遇,由于彼此都在自我坚持中无法按照健全的自我意识情况下立足对方立场对待自我,对方不过是为我之物,因此出现了彼此否定的对抗局面。对于纯粹自为的任何一方,"对于它没有什么不是行将消逝的环节",因此,"它们必定要参加这一场生死的斗争,因为它们必定要把它们自身的确信,它们是自为存在的确信,不论对对方或对它们自己,都要提高到客观真理的地位"③。

此种斗争的结果可分为从野蛮到文明的三个阶段:最初阶段可称作敌视关系,自我意识是纯粹的"欲望",这个阶段的自我看不见人与自己是相互依存的,他为了自己的存在而抹煞别人的存在权④。第二阶段便是主奴关系,自我意识逐渐领会到要实现自己必须存在对象,如果完全消灭其他的自为存在,自我意识便无法持存,因为"自我意识只有在另一

---

① [德]黑格尔:《精神现象学》上卷,贺麟、王玖兴译,商务印书馆 1997 年版,第 124 页。
② 邓晓芒:《黑格尔辩证法讲演录》,北京大学出版社 2005 年版,第 116 页。
③ [德]黑格尔:《精神现象学》上卷,贺麟、王玖兴译,商务印书馆 1997 年版,第 125～126 页。
④ 张世英:《自我实现的历程》,山东人民出版社 2001 年版,第 108 页。

个别的自我意识里才获得它的满足。"①于是,经过惨烈战争的双方达成妥协,"在它死亡之前,一方表示投降,承认自己对生命的留恋,并且臣服于另一方"。作为对价,"胜利者恕宥了被打败一方,以便把他贬为一个奴隶。于是双方都活了下来,但是以不同的方式活了下来"。② 这算得上双赢的局面,胜利者获得了尊荣和自我意识,失败者获得了自己的生命。第三阶段则是平等关系,自我意识之间的对抗与斗争最终导致主奴关系的崩溃和平等关系的建立,也就是真正的"我"的生成:"……内心世界的极端主观性和自我中心性显得极为矛盾。'我'字的出现是对这一矛盾的辉煌的解决,它意味着自我中心的被打破(而不是通常以为的,意味着自私自利的开端)。因为它作为第一个具有最大普遍性(我几乎要说具有哲学性)的概念,是以承认一切人,甚至一切物都有一个'我'为前提的,否则人无法使用这个字。"③

在上述学说中,只有黑格尔将他人的存在的认识和承认问题进行了区分,并是唯一的一个将对地位的承认问题建立在斗争和对抗的现实基础之上的人。其他哲人并没有意识到存在和承认的区别,因此在论证或描述了他人的存在问题后便将自我与他我的平等问题当作不言而喻的结论。就此而言,黑格尔的确要比其他哲人高明得多,这可能与他巨大的历史感和对历史事实的详细考证有关,他关于自我意识的斗争与主奴关系的描述有纯正的历史唯物主义的品味,与历史发展的进程相互印证。不管黑格尔理论框架中实践占据何种地位,也不管黑格尔的实践是狭义的斗争还是包括劳动、语言等在内的广义概念,他者向他我的转变在实践的基础之上成为了与自我平起平坐的主体。没有这个奠基性的前提,法律冲突不可能发生,冲突法自然也就无从生成。在冲突法生成前后的实践最有力地证明了此点,从自我与他我的关系角度梳理,冲突法实践可表述为如下三阶段:"自我—非我"阶段(自我法时期),"自我—他者"阶段(罗马万民法时期),"自我—他我"阶段(以巴托鲁斯为开端的冲突法时期)。

第三节　问题结构的认知表达:前冲突法时代

在前冲突法时代,内(人、国家、法律)与外(人、国家、法律)之间的关系从自我与他者的关系角度看,就处于典型的认知关系即内国将外国人、国家及其法律对象化,不是在伦理上承认其与内国人、国家及法律的平等地位,从而抑制了法律冲突的产生,并间接延迟了冲突法的诞生。前冲突法时代在对他者意识的程度不同的标准上可以划分为两个时期,一是绝对的自我,对应的是无他者的非我时期,各主体单元均一概适用自己的法律,包括种族法与属地法两种人类实践;二是他者从非我之中区分出来,得到了自我的一定程度的意识,但在法律适用上仍然是采取自我的做法,与"自我—非我"思维决定性地不同的一点在于,自我法开始分化为二,分别适用于内国公民与外国公民,这实际上是指罗马帝国

---

① [德]黑格尔:《精神现象学》上卷,贺麟、王玖兴译,商务印书馆1997年版,第121页。
② [加]查尔斯·泰勒:《黑格尔》,张国清、朱进东译,译林出版社2006年版,第236页。
③ 邓晓芒:《文学与文化三论》,湖北人民出版社2005年版,第25页。

的万民法实践。

一、初期自我法实践

摩尔根曾经对人类社会的进步进行过划分,将一切政治形态归纳为两种方式:一是以人身关系为基础的社会,包括氏族、胞族、部落及部落联盟、民族;二是以地域和财产为基础的国家。① 人类社会的进步因此可以概括为是社会治理从人身关系向地域关系转向的进步。相应地作为人类社会治理规则的法在作用点上也就是从人身到地域的转变,萨维尼也是在如此意义上将实在法的共同体概括为以种族或民族性、国家或属地性为基础和范围的两类法律共同体②。法律效力因此历史地表现为人身化与空间化的接力,而现代意义上的法律冲突和冲突法的产生是法律效力空间化之后的事情③,在法律选择的冲突法观念介入法律适用之前的人身化与空间化阶段,具有涉外因素的案件之处理归于蒙昧和朴素的自我法实践。

(一)初期氏族法实践

属人法在人类历史上的最初形态是氏族法。将氏族或家族作为政治哲学的起点对于法律生成及其初始属性而言便具有了决定性的意义,鉴于氏族或家族是一种人合性质的基本单元,其通行的规则便具有了纯正的属人法性质,为此梅因说得很形象:"由此可以看出这个由'家父权'结合起来的'家族'是全部'人法'从其中孕育而产生出来的卵巢。"④这种以血缘或婚姻为纽带形成的人法便是属人法的最初表达形态,这种形态即便在政治组织从人身联合转入地域联合以后仍然残存着浓厚的痕迹,以地域为基础的国家仍然可视作为以身份为基础的扩大的氏族,康德就持有这种观点:"组成一国人民的许多个人,可以被看作是从一个共同祖先那儿自然地流传并发展起来的该国的本土居民,虽然这种看法不见得在细节上都完全真实。此外,也可以从心理状态和法律的关系上去考虑,他们好像都是由一个共同的政治母亲(共和国)所生。因此,他们所组成的国家也可以说是一个公共的大家庭或者民族,它的全部成员,作为该国的公民,彼此发生关系。"⑤梅因也赞同:"共和政治是因为来自一个原始家族祖先的共同血统而结合在一起的许多人的一个集合体。……事实上,政治思想的历史是从这样一个假设开始的,即血缘是共同体政治作用的唯一可能的根据;……我们可以肯定认为在早期共和政治中,所有公民都认为,凡是他们作为其成员之一的集团,都是建筑于共同血统上的。凡对于'家族'是显然正确的,当时便

---

① [美]摩尔根:《古代社会》上册,杨东莼等译,商务印书馆1997年版,第6页。
② [德]萨维尼:《法律冲突与法律规则的地域和时间范围》,李双元等译,法律出版社1999年版,第7页。
③ 《永徽律》中的"化外人"条是否算作冲突法,是人身化的冲突法还是空间化的冲突法,这些问题相互牵连而复杂。本书的基本观点是,该条应视为原则化了的冲突法,兼有人身化和空间化的双重倾向。
④ [英]梅因:《古代法》,沈景一译,商务印书馆1997年版,第87页。
⑤ [德]康德:《法的形而上学原理》,沈叔平译,林荣远校,商务印书馆2005年版,第177页。

认为首先对于'氏族',而后对于'部落',最后对于'国家'也都是正确的。"①从这一意义上讲,即便国家法律以地域为基础但仍然可还原到属人法的胚胎形象,法律的效力范围在历史和逻辑上都总可追溯到人的身份。

此一时期并不产生任何规则冲突的意识,外族人的法律地位及其法律规则在内族不会有被承认,甚至不会有被了解的需要。产生了涉及外族的事务之后,如何解决外族人的地位和权利义务问题,很少得到关注。梅因曾提出"法律拟制"的方式间接回答了这个问题的某些方面,他首先指出法律拟制的重要意义:"正是'法律拟制'在社会幼年时期所发挥的效能。最早最广泛应用的法律拟制,是允许以人为的方法来发生家庭关系,我以为,人类所深受其惠的,实没有比这个更多的了。如果过去从来没有过这种拟制,任何一个原始集团不论其性质如何,决不可能吸收另一个集团,除了一方面是绝对的优势,另一方面是绝对的从属之外。"②依赖这种拟制,外族人被接纳入本族从"外人"被转化为"内人","在每个地方,我们都能在他们的历史中发现有把外国出生的人接纳或同化于原来的同族人中的事。如果单独以罗马而论,我们也可看到,这个原始集团即'家族'是不断地由于收养的习俗而掺杂进来其他血族的人的"。不仅如此,这种做法是受到欢迎的普遍做法:"在那时代,受到欢迎的办法是,外国人应该把他们自己冒充为来自他们所要加入的人民的同一祖先",以此方式,涉外事务转变成为内族事务,外族人以相当于"新生"的方式得到了法律地位并受制于内族法律,"被同化于同胞中的异乡人无疑地也会被允许参加这些祭祀;我们可以相信当这些异乡人一度这样做了以后,似乎就很容易或没有什么困难被视为参加了共同血统"。③

此种一直延续到人类城邦出现之前的法律适用实践,其本质实可还原为自我法原则。不过,这种自我法原则不同于现代冲突法规则中的法院地法,因为它不是从法律冲突与法律选择的意义上而言的。从内族立场上看,根本不发生对外族(人、组织和法律)的承认问题,外族人在内族的待遇只有两种情况:要么重生为内族人,从而适用内族法;要么被驱逐出本族,不被赋予主体地位。

(二)初期城邦法实践

氏族身份法作为属人法所经历的第一次转变是在氏族向城邦的转化过程中完成的,法律的效力范围从氏族身份转向到了城邦这一国家雏形的领域。以古希腊城邦为例,古希腊城邦世界之间本应产生广泛的法律冲突,然而遗憾的是历史并非如此,"古希腊各城邦的法律,对于外国人的婚姻、财产遭到损害时,都不给予保护,甚至在外国人遭到海盗劫掠时,也不保护"。④ 究其本因仍可诉诸"自我—非我"的框架,本应作为主体的他我被自我对象为非我,此即表现为"古代国家普遍否认外国人享有法律关系的主体地位"⑤。其

---

① [英]梅因:《古代法》,沈景一译,商务印书馆1997年版,第74页。
② [英]梅因:《古代法》,沈景一译,商务印书馆1997年版,第75页。
③ [英]梅因:《古代法》,沈景一译,商务印书馆1997年版,第74~75页。
④ 韩德培:《国际私法》,高等教育出版社2007年版。
⑤ 韩德培:《国际私法》,高等教育出版社2007年版。

永久和平的冲突法建构——冲突法的政治哲学功能导论

The Construction of Perpetual Peace through Conflict of Laws: An Introduction to the Political Philosophy Function of Conflict of Laws ▶▶▶

法律适用效果因此是,古希腊各城邦在调整具有涉及外邦因素的法律关系时便径以内国法处理之。一位雅典演讲者曾提出了这样的反问:"对我们所有希腊人来说,难道涉及商事案件的法律与正义会有区别吗?"①无区别的法律与正义限制了对法律选择的需要,不过,这里暗含着一个前提,即此类涉外法律关系仅仅局限在希腊城邦或希腊化城邦之间,因此才有"对我们所有希腊人来说"这一指涉。然而,如果放宽这一局限,思考一个涉及非希腊城邦的真正跨"国"的法律关系,希腊人还可以这样反问并继续坚持他们的法院地法观点吗? 史实对此的回答是:没有考虑此类问题的必要。这主要基于两方面的因素:

其一,由于经济与技术的历史局限,涉及古希腊城邦之外的法律关系非常罕见,因此,主要的涉外法律关系便只是希腊各城邦之间的事情。用现代术语来说,此时的涉外法律关系还只是局限于区际法律冲突的问题。区际法律冲突只是一种内部的浅层次冲突,因此,古希腊城邦时代尽管出现了多法域林立的格局,但是"由于希腊法律基本同一,跨城邦的法律纠纷因适用法院地法而导致的不公大为减轻"②。共同的精神纽带和共享的宗教信仰显然凝聚了希腊各城邦的法律内容,避免其趋于过度的分裂,此种作用一如萨维尼在评价后世的基督教对相关国家立法冲突所起到的约束效果。③

其二,即便是产生了超出希腊城邦之外的,与真正的外国相关联的涉外法律关系,希腊人或者以身份拟制、或者以身份剥夺的方式抑制对法律选择的需要。萨维尼将民族与地域提升作为特定实在法支配人的基础:"为了发现某人据以依附实在法并受其支配的连接因素,我们必须记住,该实在法的本座(seat)位于作为一个庞大自然整体的民族之中,或位于这一整体的某一种族分支之中。当我们说法律的本座位于国家或国家的特定组成部分时,这只是对同一真理的另一种表述。……如果我们打算从历史的角度解决上述问题,我们将发现此类实在法共同体据以确立和界定的两种因素:民族性和属地性(Nationality and Territoriality)。"④在两类基础之中,更原始和更深层的基础是以身份为标准的民族⑤,如果法律关系衍射到希腊人之外,希腊人将会赋予外国人以希腊人身份,其方式是身份的拟制。梅因考察古代法时关注到了这一现象:"许多人如果仅仅因为他们恰巧居住于同一地域以内就应该行使共同政治权利,这个观念对于原始的古代社会来讲,是完全

---

① [美]荣格:《法律选择与涉外司法》,霍政欣、徐妮娜译,北京大学出版社 2007 年版,第 9 页。
② [美]荣格:《法律选择与涉外司法》,霍政欣、徐妮娜译,北京大学出版社 2007 年版,第 9 页。
③ [德]萨维尼:《法律冲突与法律规则的地域和时间范围》,李双元等译,法律出版社 1999 年版,第 9 页。
④ [德]萨维尼:《法律冲突与法律规则的地域和时间范围》,李双元等译,法律出版社 1999 年版,第 7 页。
⑤ 甚至民族本身还不是一个最基本的单位,据[英]梅因考察:"在大多数的希腊国家中,以及在罗马,长期存在着一系列上升集团的遗迹,而'国家'最初就是从这些集团中产生的。罗马人的'家族'、'大氏族'和'部落'都是它们的类型,根据它们被描述的情况,使我们不得不把它们想象为从同一起点逐渐扩大而形成的一整套同心圆,其基本的集团是因共同从属于最高的男性尊亲属而结合在一起的'家族'。许多'家族'的集合形成'氏族'或'大氏族'。许多'氏族'集合形成'部落'。而许多'部落'的集合则构成了'共和政治'。……凡对于'家族'是显然正确的,当时便认为首先对于'氏族',而后对于'部落',最后对于'国家'也都是正确的。"(参见[英]梅因:《古代法》,沈景一译,商务印书馆 1997 年版,第 73~74 页)。

陌生和奇怪的。在那时代,受到欢迎的办法是,外国人应该把他们自己冒充为来自他们所要加入的人民的同一祖先;我们今天所不易理解的,正就是这个拟制的善意,以及它能被做得接近真实。……被同化于同胞中的异乡人无疑地也会被允许参加这些祭祀;我们可以相信当这些异乡人一度这样做了以后,似乎就很容易或没有什么困难被视为参加了共同血统。因此,从证据得出的结论,所有早期社会并不都是由同一祖先的后裔组成,但所有永久和团结巩固的早期社会或者来自同一祖先,或者则自己假定为来自同一祖先。有无数的原因可能会把原始集团加以粉碎,但无论如何,当它们的成分重新结合时,都是以一种亲族联合的形式或原则为根据的。不论在事实上是怎样的,所有的思想、言语和法律都被调整,以适合于这个假定。"①通过身份的拟制,外国人的身份被同化到希腊人之中,他与希腊城邦内的公民之间的纯内邦法律关系自然也就按照该城邦的法律即法院地法予以裁决了。

在另一种情形下,希腊人或者将直接剥夺外国人的人格而不承认外国法的效力。对此,在柏拉图的著作中也不时地流露出对外国人的敌视和对外国法的鄙视。这似乎是古代时期更为流行的做法,因为按照维柯的说法,人在无知之时都习惯于将自身的立场投射在所处环境之中。在这种情形下,外邦人取得希腊人的人格认可成为更加优先的决定性问题,荣格的考察强化了这一点,他指出:"在那时的政治体制下,一个人只有具有其成员资格,方能得到法律保护。因此,对于一个外国人来说,能否获得当地法院的司法救济,以及是否有资格获得程序保障这些问题,要比其他纠纷受何法支配的问题更为紧迫。"②

但无论是赋予外国人以希腊人的身份,还是拒绝给予外国人以同化计划,其结果都只能导致内国法之适用,而根本没有进行法律选择之可能。③ 真正认真对待外族、邦、国的人、组织和法律的实践是冲突法时代,但在自我法向健全的冲突法发展过渡中间,还有一个中介性的衔接实践,即罗马帝国的万民法。万民法具有介质状态,作为罗马帝国的内国法,它在涉外事务中的适用就不是外国法的适用,而是内国法的适用;但万民法同时作为有别于罗马法的国内法,它的适用也就不是一般国内法的适用,而是内国法的"区分"适用。也是因为这一特别的"区分适用",使罗马帝国在对待外族、人及法律的时候发生了某种质的变化,即他者从非我之中凸现出来,成为一个问题而被意识。

二、罗马万民法实践

冲突是平等者之间的对抗状态,法律冲突之为冲突也必然要求彼此对抗的法律体系之间存在平等的角力关系。罗马帝国内部之所以不存在真实的法律冲突就在于它的帝国性格强调尊卑有序的层次,它天下一统的霸气不容忍异己法律体系的独立存在,甚至要求与罗马法体系相抗衡和竞争。罗马帝国是自我的,但在对待它所征服的外族及其法律时

---

① 〔英〕梅因:《古代法》,沈景一译,商务印书馆1997年版,第75页。
② 〔美〕荣格:《法律选择与涉外司法》,霍政欣、徐妮娜译,北京大学出版社2007年版,第9页。
③ 张春良:《冲突法的笛卡尔式沉思:第一沉思——冲突法的本体论》,载肖厚国主编:《民法哲学研究》第2辑,法律出版社2010年版。

永久和平的冲突法建构——冲突法的政治哲学功能导论

The Construction of Perpetual Peace through Conflict of Laws: An Introduction to the Political Philosophy Function of Conflict of Laws ▶▶▶

却表现出最低限度的抑制,从此前的绝对否定态度转变成为有所区分的态度。换言之,罗马帝国在对待涉外事务的问题时依然沿袭内国法的思维与实践,但时过境迁,它不可能再简单地以身份同化或者拒绝给予身份的方式去践行内国法,至少在外国人之间的法律关系之调整问题上得表现出某些历史增量。如果说属人法或属地法时代以身份拟制的方式完全泯灭了法律关系的涉外因素,而径直将涉外法律关系合并入国内法律关系之中,并按照调整国内法律关系的方式予以处理,那么罗马帝国的做法则是始终区分纯罗马人之间的法律关系与含有涉外因素的法律关系,通过不同的国内法分而治之。这种并行不悖的两种立法便是罗马帝国的"市民法"与"万民法",它表现出了对他者的主体地位的一定程度的尊重,但尚未对他者的法律予以承认。

查士丁尼首先在《法学总论》的序言中指出:"各族人民现在都受治于我们已经颁行的或编撰的法律了。"法律被一分为三,即自然法,万民法与市民法。自然法是自然界教给一切动物的法律;而"市民法与万民法有别,任何受治于法律和习惯的民族都部分适用自己特有的法律,部分则适用于全人类共同的法律。每一民族专为自身治理制定的法律,是这个国家所特有的,叫作市民法,即该国本身特有的法。至于出于自然理性而为全人类制定的法,则受到所有民族的同样尊重,叫作万民法,因为一切民族都适用它。因此,罗马人民所适用的,一部分是自己特有的法律,另一部分是全人类共同的法律。"[1]从现代的观点来看,万民法既然是全部民族共有之法,理当获得比作为特别法的市民法更可珍贵的待遇,由此似乎可以认定,罗马帝国赋予万民法并相应地给予受其调整的外国人至少以尊重的地位。然而,梅因否证了这一事实,他指出:"万民法的产生,一部分是由于他们轻视所有的外国法律,一部分是由于他们不愿以其本土的'市民法'的利益给予外国人。……万民法只是由于政治需要而强使他注意的一种制度。他不爱'万民法'正像他不爱外国人一样,因为'万民法'是从这些外国人的制度中来的,并且是为了外国人的利益而制定的。"万民法仅仅是市民法的一个"卑贱附属物"。[2] 也就是说,万民法是罗马帝国早期在既不愿意用罗马市民自身适用的法律调整涉外法律关系,也不能够不赋予外国人以特定的权利与义务,同时更不愿意考虑选择适用外国人自身的法律的三重逼迫下被迫发展出来的方法,是在罗马市民法与外国法之间的第三条道路,即内国的另一类实体法。梅因对此说得透彻:

"早期罗马共和国在'宪令'中规定有绝对排斥外国人的原则,在'市民法'中也有同样规定。……但是,不论是为了罗马的利益或是为了罗马的安全,都不允许把外国人完全剥夺法律的保护。所有古代社会往往为了轻微的骚动就有被颠覆的危险,所以单单出于自卫的本能,就足以迫使罗马人要想出某种方法来安排外国人的权利和义务,否则他们也许会——而这是古代世界中一种真正重要的危险——用武力斗争来解决争执。况且,在罗马史中从来没有一个时期完全忽略对外贸易。因此,对于当事人双方都是外国人或者一方是本国人一方是外国人的争议,在最初所以有审判权,也许一半是作为一种警察手段,

---

① [古罗马]查士丁尼:《法学总论——法学阶梯》,张企泰译,商务印书馆 1997 年版,第 1,6~7 页。

② [英]梅因:《古代法》,沈景一译,商务印书馆 1997 年版,第 29~30 页。

一半是为了要促进商业。由于这类审判权的存在,就有必要立即发见某种原则,以便据以解决提交审判的问题,而罗马法律家为了达到这目的而采用的原则是卓越地反映着当时的特点的。像我在前面已经说过的,他们拒绝用纯粹的罗马'市民法'来判决新的案件。他们拒绝采用外国诉讼人'本国'的特定法律,显然这是因为,如果这样做了,也许要造成法律的退化。他们最后采用的方法,是选择罗马同外来移民所出生的意大利各个不同社会中共有的法律规定。换言之,他们开始形成一种符合于'万民法'的原始的和字面的意义的制度。"①

可以说,这作为第三条道路的万民法保存了冲突法无中生有的全部秘密,它不仅是中介市民法与外国法之间的缓冲规则,而且以此身位与方式成为中介冲突法之存在与虚无的间性模态。易言之,万民法身上散发着冲突法的气息,它至少表明了,含有涉外因素的法律关系必须得采取不同于纯粹国内法律关系之调整方式的做法,这便隐秘地表达着选法的倾向,而选法正好是冲突法的特质。当然,这里还是存在一个质的差异即外国人与外国法,万民法的实践只是对外国人作为外国人的资格的承认,其不同于自我法时代的特征性差异就在于,外国人不再被要求转化为内国人,而是以外国的,但又还是主体资格的方式被接纳。但这种对他者的承认又不是完全的,因为对他者的承认除了是对其法律地位的承认之外,还应当同时承认调整他者的法律规范,在这一点上罗马帝国作出了保留。也正是这一点保留掩盖了法律冲突问题。

从万民法的产生来看,它既夹杂着对外国法的蔑视,就像西塞罗仰天长叹所说的:"除了我们的市民法外,所有其他的市民法是怎样的粗制滥造和几乎达到可笑的程度,是难以想象的。"②同时又在现实需要的逼迫下不得不低下罗马民族的高贵头颅,对非罗马人的法律地位予以附条件的肯认。这是一种略带感伤的末日情怀般的心绪,一方面不愿意将罗马市民法与万民法等量观之平等选择,另一方面又不能够不通过特定的方式赋予外国人以特定的权利与义务。因此,在罗马帝国还能勉力维持的时限内,坚决排斥对外国法的承认与适用之力度也就封杀了冲突法的生长,然而,在现实力量的消长趋势影响下,外国人及其外国法最终仍然将以不可遏制的生命力攀升到要求与内国人和内国法平等对话的地步。内外实力的对比从此起彼伏的跷跷板状态不可避免地在历经多次起落跌宕之后回落向天平的持衡状态,内外法律体系的平等奠定了冲突法生成起来的根本基础。只不过,当冲突法真正地蓬勃生发的时候,时代的巨轮已经碾碎了曾经辉煌得无与伦比的罗马帝国而进入了即将开启文艺复兴灿烂旅程的意大利城邦时代。沃尔夫一语中的地点明了其中机缘:"只有在尊重外国法的情形之下,只有在具有像12世纪以后意大利城邦中的法律思想充满平等的气氛下,国际私法才能建立起来。罗马的法学家还远未有这种观念。他们对于本国法律的赞赏是合理的,但是由于他们赞赏本国的法律,可能使他们中间很多人轻视所有外国法律,包括希腊法律在内。"③

① [英]梅因:《古代法》,沈景一译,商务印书馆1997年版,第28~29页。
② 转引自[英]马丁·沃尔夫:《国际私法》上册,李浩培译,北京大学出版社2010年版,第22页。
③ [英]马丁·沃尔夫:《国际私法》上册,李浩培译,北京大学出版社2010年版,第21~22页。

三、后罗马混合实践

西罗马帝国灭亡后的蛮族入侵时代被视作黑暗的时代,而"冲突法体系的第一次努力是在黑暗的时代促成的。日耳曼民族摧毁了罗马帝国带来了自己的法律规则,但是并没有铲除他们所征服的法律规则。其结果是,一旦入侵者在先前的罗马辖区内居住下来,他们就与受完全不同法律规则调整的人们生活在一起。正如里昂主教圣 Agobar 在 817 年写信给虔诚的路易斯所言:'经常发生的情形是,走或坐在一起的五个人,每一个可能受不同的法律约束。'"①。孟德斯鸠在考察这段历史后也指出:"这些野蛮人的法律具有一个特殊的性格,就是不受地域的限制。法兰克人按照《法兰克法》裁判;阿尔曼人按照《阿尔曼法》裁判;勃艮第人按照《勃艮第法》裁判;罗马人按照罗马法裁判。当时的征服者们完全没有想到要使自己的法律趋于统一,甚至也没有想到要给被征服的民族制定法律。"②这些不同的种族适用各自不同的法律,"已知最早的盛行于北欧和西欧诸民族之中的法律秩序主要是部落性质的。每个部落或'血亲部落'(Stamm)都有它自己的法律。……在 6世纪到 10 世纪这个阶段,所有这些民族的法律秩序虽然在很大程度上互相独立,但仍然非常相似。一方面,部落内基本的法律单位是家庭,它是一种同伙关系和信赖关系的共同体,这种共同体部分是基于亲属关系,部分则是基于相互保护和服务的誓言。……另一方面,存在着地域上的法律实体"③。昔日神圣的罗马帝国的故土上充斥着杂多的民族,这些民族采用的法律模式并不是一致的,"西哥特人、勃艮第人和伦巴底人建立了各自的王国,就把自己的法律用文字写下来,目的并不是要让被征服的民族遵守他们的习惯,而是为着给自己遵守"④。

不过,在实践之中据说还存在一些变通的法律选择,法兰克族和西哥特族似乎就是这样的两个例子:"在法兰克人统辖的地区,人们制定《撒利克法》给法兰克人遵守,制定《提奥多西乌斯法典》给罗马人遵守。在西哥特统辖的地区,阿拉立克下令编纂《提奥多西乌斯法典》,以解决罗马人之间的争讼;欧里克下令编纂习惯,以解决西哥特人之间的争讼。但是在法兰克人地区,为什么《撒利克法》取得了一种几乎是普遍的权威?在那里,为什么罗马法逐渐消亡,而在西哥特人的领地里,罗马法却扩张势力,并取得了一种普遍的权威呢?"孟德斯鸠提供的答案是利益:"当野蛮人或是当一个生活在《撒利克法》之下的人享有巨大利益,这就使每一个人都愿意舍弃罗马法而去生活在《撒利克法》之下了。……另一方面,在西哥特人的领地里,西哥特人的法律并不给西哥特人比罗马人更多的民事上的利

---

① Friedrich K. Juenger, *Choice of Law and Multistate Justice*, Nijhoff, 1993, pp. 10～27, 32～42.

② [法]孟德斯鸠:《论法的精神》下卷,张雁深译,商务印书馆 1997 年版,第 214 页。

③ [美]伯尔曼:《法律与革命——西方法律传统的形成》,贺卫方等译,中国大百科全书出版社 1993 年版,第 61～62 页。

④ [法]孟德斯鸠:《论法的精神》下卷,张雁深译,商务印书馆 1997 年版,第 212 页。

益,所以罗马人没有理由舍弃自己的法律,而去生活在另一种法律之下。"①这种"生活在别处"的做法如何可能? 有学者给出了局部的解释,与梅因的法律拟制具有高度神似性,即争议当事人可以通过拟制的身份来达到法律选择的目的,而且作为裁决者的法官通常对此予以默认:"非常复杂的规则被发展出来解决人际法律冲突问题。然而,富有想象力的学者们最后找到了一个更有生气的解决方法。权利自认(Professio juris),最初是一个确证当事人民族身份的宣示,可作为一种拟制方式加以采用:即通过声明自己隶属于某一特定的种族团体,当事人事实上能选择一个调整争议的法律。法院对实践采取宽容的态度,默示承认了当事人的自治原则。"②

在那个混合多元的时代,依族籍决定法律适用并不是唯一的做法,某些地区已经出现了划地而治的立法。秃头查理在864年曾经颁布一道敕令,他命令将依据罗马法裁判的地区和不依据罗马法裁判的地区区分开来,这也就意味着居民可以选择居住区域来选择是否适用罗马法:"非罗马法的地区里一定有极多的人选择了某一种野蛮民族的法律,以至在这些地区,几乎没有人选择罗马法,而在罗马法的地区,很少人选择野蛮民族的法律。"③

法兰克帝国于9世纪中叶崩溃之后,进入封建割据时代,从法兰克治下的蛮族帝国崩裂开始,一直到巴托鲁斯时代意大利诸城邦的林立局面,西欧的政治治理模式尽管在具体形态上不断变迁和改革,可能局部、零星地存在着通过拟制方式选择法律的少数实践,但这种选择基本上都是通过归化的方式完成的,这并不意味着赋予了外邦或外族人以平等的主体地位,而是将其吸纳入内族或内邦,这仍然是在"自我—非我"的框架下思考并解决问题的。与初期时代的拟制相比,它只不过成为了一种普遍的实践而已。因此,就严格意义上看,这一阶段在法律适用的基本风格上始终没有脱离自我法的立场,法律适用的标准或者直接依据种族人身,或者直接依据统辖地域,对外族、外邦、外国的人、组织及法律虽有所意识,但并没有在伦理角度赋予其平等的资格和地位,各法律体系的效力发生在各自的人身共同体和地域共同体之内,不产生法律效力的横向位移。法律的族外效力或域外效力不被承认、不发生,法律冲突就不可能形成。没有外族、外邦或外国法律的制衡,内法成为在可能的涉外事务中得以适用的唯一准则,而且由于归化或自认,涉外事务也就转变成了内部事务。

归纳起来,法律效力的产生及其范围起源于"氏族"或"群自我",由此产生的以身份为

---

① 需要指出的是,《提奥多西乌斯法典》就是罗马法(参见[法]孟德斯鸠:《论法的精神》下卷,张雁深译,商务印书馆1997年版,第217~218页)。但是这些罗马法并不是完整意义上的罗马法,而是某些残篇,因为随着西罗马帝国在5世纪的最终解体,本能在日尔曼王国便残存无几的属于宏大的罗马法架构的东西愈发减少了,在许多地方丧失殆尽;然而在北意大利一些民族中,在西班牙和法国南部,有关罗马法的记忆以及罗马法的一些术语和规则残留了下来,这种简单化、通俗化和错漏百出的罗马法被称作"粗俗罗马法",它是一种"厌恶严格概念、无法也不愿意达到古典法学关于阐述详尽精细、结构合乎逻辑的标准的一种法律"(参见[美]伯尔曼:《法律与革命》,贺卫方等译,中国大百科全书出版社1993年版,第62页)。

② [法]孟德斯鸠:《论法的精神》下卷,张雁深译,商务印书馆1997年版,第214~215页。

③ [法]孟德斯鸠:《论法的精神》下卷,张雁深译,商务印书馆1997年版,第220页。

永久和平的冲突法建构——冲突法的政治哲学功能导论

The Construction of Perpetual Peace through Conflict of Laws: An Introduction to the Political Philosophy Function of Conflict of Laws ▶▶▶

根据的法律便是人类历史上第一种法律形态即本初意义上的人法或属人法,而当法律效力的空间维度瓦解了人法赖以作为基础的人身连带关系时,法则效力便从游动的人的身上跌落到地球表面并以主权者为力量向四周蔓延。经由此一过程,法律效力便完成了历史上首次转向,即从依附人身的属人法转向到了依附地域的属地法,这一过程伴随着两个伟大的转变:在法律权利义务的分配范式上是从人身到契约的进步①,在政治的组织建构上则是从氏族到国家的转化②。法律效力的转向直接与后一转向相关,只有在法律效力空间化或地域化之后,才真正谈得上法律的域内效力和域外效力的分化及建基其上的法律冲突问题,并由此开启了扑朔迷离又让人沉醉痴迷的冲突法的潘多拉魔盒。

第四节　认知结构的伦理转向：冲突法时代

一、冲突法的中西开端

冲突法的"创世纪"真正肇始于何时,这是一桩学术公案。其身世之迷离倒不是史无记载,毋宁说是有太多的记载。至少,对于冲突法的纪元之界定伴随世人对冲突法的不同理解而大别为两种立场:一种立场与时下方兴未艾的西方中心主义情绪若合符节,它只确证产生于西欧的冲突法的合法性,并相应将冲突法的纪元勘定在西欧中世纪末期的意大利城邦时代,即公元12到13世纪之间,以注释法学者阿尔德里克与巴托鲁斯为代表。另一种立场与此正相反对,尤其属于冲突法的汉学者的操守,他们要在冲突法的额头上烙上"中国制造"的印记。此种观点申言,早在唐高宗君临天下次年即公元651年,在长孙无忌等辈奉召撰写的《永徽律》之"名例篇"中便业已出现了冲突法的实证立法:"诸化外人,同类自相犯者,各依本俗法;异类相犯,以法律论。"③史称"化外人相犯条"。

后一立场值得肯定,将"化外人相犯条"不识别为冲突法的做法,是一种冲突法定位上

---

① ［英］梅因:《古代法》,沈景一译,商务印书馆1997年版,第97页。
② ［美］摩尔根:《古代社会》上册,杨东莼等译,商务印书馆1997年版,第6页。
③ ［清］薛允生:《唐明律合编》,怀效锋、李鸣校点,法律出版社1999年版,第77页。

的西方中心主义,但这种对冲突法的西式定位乃是反冲突法精神的①,因为"化外人相犯"条与"法则区别说"在时空上虽不存在相互借鉴和交流的可能,但是它们之间的可比性却是建立在这样一个共同关怀的基础之上的,即共同的生活世界。无论是国人抑或外国人都在或迟或早地遭遇共同的人生问题,异质文明的存在为法律冲突的产生提供了可能条件,而涉外交往的生活事件必然激起不同法律之间的竞争适用关系,从而使法律冲突从潜在可能的状态成为事实。"迷惑、困扰我们的问题也一样迷惑、困扰过一切有智慧的人,每个人都用自己的话语和生活,按照自己的能力对这些问题做出解答。"②这种个人生存反应同时也是国家反应的类比,正是对法律冲突这一共同人生遭遇的理性反应,炎黄文明奉献出了"化外人相犯"条的实践智慧,而在西方则促成了法则区别说的诞生。尽管在时间上,在两类文明对此反应的方式上存在极大的差异,但正基于此种差异才可能有法律冲突和冲突法的产生。在某种意义上,冲突法最终要解决的最重要的冲突不是法律冲突本身,而是我们对法律冲突的态度的冲突。就此而言,巴托鲁斯的法则区别与唐帝国的化外人相犯应分别视为中西冲突法文明的端始形态,它们表达了对共同的人类生活实践问题的不同回应。在这种不同回应之中有一点相同的地方在于:对他我即外邦或外族的人、组织和法律的三重承认。法律冲突由此得以产生,历史进入了冲突法纪元时代。立足于自我—他我的交互主体结构,通过横比中西冲突法得以产生的主客观条件将具有两大积极意义:一是经由鉴别可以深化对中西冲突法的各别理解,并交互把握彼此差异;二是可对冲突法在中西历史境遇中的不同状况进行评析,并对未来冲突法之发展进行预判。

　　冲突法在中土选择了盛世唐朝作为自己的华丽开端。据史记载,唐高宗登基后第二年即永徽二年将长孙无忌等辈撰写的律令"诏颁四方",是为《永徽律》。该律典"名例六"专设"化外人相犯"条,用以规制化外人之间"相犯"时之关系。该条规定:"诸化外人,同类自相犯者,各依本俗法;异类相犯者,以法律论。"③为明确其法意,《唐律疏议》对其进行了"司法解释",即"化外人,谓蕃夷之国别立君长者,各有风俗,制法不同。其有同类自相犯

---

　　① 笔者曾经指出过:冲突法本身作为法律适用的竞争问题,在逻辑意义上并不局限于私法领域,西方世界既有的人类历史经验将法律冲突和冲突法界定为私法层面的事情,这对于冲突法而言乃是一种意义降解,它只是表达了西方世界对冲突法的一种地域化理解,而这非但不能确证冲突法的本色,不能倒果为因地反对公法领域的冲突法,反之,它必须时刻对这一概念保持节制,并对冲突法在遥远的,不为西方世界所知悉的异国他乡以别样的风情表达出来的另一种样态之可能性心存宽容和敬意。因此,那种视西方世界的地域化了的冲突法模样为典范而据之非难其他冲突法思想样态的观点就只是西方中心主义泛滥的表现。今天,在西方发现了私法意义上的冲突法,在神州大地发现了公法意义上的冲突法,但这并没有穷尽冲突法在其他文明中生成出来的别种可能性,无论是巴托鲁斯先生的法则区别说还是吾辈提出的"化外人相犯"思想都只能堪堪视作是冲突法在不同文明、文化之中酝酿成形的地域化成就,而它们都无权单独地或者共同地宣言它们才是所谓的真正的冲突法。如此理解冲突法就是现象学意义上的冲突法,它要求将我们附加在冲突法身上的"意义"、"色彩"通过悬隔或"加括号"全部过滤掉,而只是独独地剩余下冲突法本身,这种"朝向事情本身"的态度就是现象学的态度,也是一种朴素的、返朴归真的态度(参见张春良:《帝国的气功与城邦的血性——中西冲突法端始文明之比较》,载《中国国际私法学会 2008 年会论文集》,2008 年 9 月,北京香山)。

　　② 〔美〕亨利·梭罗:《瓦尔登湖》,张知遥译,天津教育出版社 2005 年版,第 101~102 页。

　　③ 〔清〕薛允升:《唐明律合编》,怀效锋、李鸣点校,法律出版社 1999 年版,第 77 页。

永久和平的冲突法建构——冲突法的政治哲学功能导论

The Construction of Perpetual Peace through Conflict of Laws: An Introduction to the Political Philosophy Function of Conflict of Laws ▶▶▶

者,须问本国之制,依其俗法断之。异类相犯者,若高丽之与百济相犯之类,皆以国家法律,论定刑名。"①永徽二年兑换成西元也就是公元 651 年,即公元 7 世纪,距冲突法的西域开端即公元 14 世纪整整提前了七、八个世纪,而距今则更为久远。该条是刑民不分、诸法合体的立法例,不仅调整涉外私法关系,而且更大程度上是调整涉外刑事关系。用现代术语重述的话,该条既是私法冲突规范,也是公法冲突规范。相比于现代冲突法仅被局限于私法冲突法而言,该条所彰显的唐皇之雍容大度仍不免让今人在重温昔日立法精神时穿越一千多年的时光感受那扑面而来震古烁今的气势。冲突法的中土开端不能不被渲染上贵族气息,它是自上而下地予以施行的帝王之法。

与冲突法中土开端所具有的那种气吞山河的气势不同,冲突法的西域开端乃是平民立法,更严格地说,乃是学者之说即学者法。永徽二年后,历经七百年左右风风雨雨的沧桑变幻,在与东土遥相对应的另一片世界中,西方文明也终究孵化出自身的独特的冲突法学说,生于 1314 年的意大利巴托鲁斯凭借对罗马法的开创性注释对城邦间的法律适用问题进行了极有个性的回答②,史称法则区别说。中西冲突法的切入和立意在一开始就表现出完全相左的旨趣,中土冲突法以身份切入,以属人法和属地法立意;西域冲突法以法则切入,以人法和物法立意。具体地说,法则区别说通过对城邦法则语法结构的分析,判断出法则的属性,"人法"适用于本邦居住的居民,并可伴随其游走天涯而适用于外邦,以此方式人法具有了延伸的域外效力;"物法"则只适用于位于本邦之内的不动产,仍维持其严格的域内效力。通过将法律适用的竞争和选择问题转化为法则属性的判断问题,法律冲突便得到了解决。

冲突法的两种开端可谓是在完全隔绝的历史条件下完成的,彼此之间完全绝缘和互不干涉,因此,它们的写意与造型完全可以称得上是两类异质文明的纯粹呈现。我们今天在惊异于两类开端针对同一个问题所存在的如此巨大的差异的同时,更应该深思二者何以如此的根由。但是,两者作为两类传统绽放出来的冲突法文明之花,要找出造成它们之间如此巨大的差异之缘由更需要关注它们的生成背景和生成机理,对冲突法史实的两种开端进行对比。

二、中西开端的史实比较

按照对他我进行承认所经历的逻辑层次,我们可以把冲突法生成的逻辑结构依次表述为如下秩序:国家人格的形成(自我意识的形成及其导致的自我—非我关系结构)、国家人格的互认(自我—他我关系结构),以及现实的涉外民事关系的大量涌现。其中,国家人格的相互承认问题包括如下几个方面:即主权国家的互认、对作为彼此意志体现的法律体系的承认、对彼此国民资格和地位的承认。由此可将冲突法生成的逻辑条件宏观上列示为两大方面:即客观条件和主观条件。客观条件是指涉外民事关系产生的质量问题;主观

---

① 刘俊文校点:《唐律疏议》,法律出版社 1999 年版,第 144 页。

② 笔者曾经对巴托鲁斯的生平、学养、法则区别的技法、引申及其历史评价作过研究(参见张春良:《法则区别说之光与历史之镜——我与巴托鲁斯七百年》,载《北航法律评论》第 1 辑)。

条件则是指国家人格的形成及其导致的一系列相互承认问题。以下对比分析冲突法中西开端的两种史实背景,以期在自我与他我的交互关系之中重审导致中西冲突法端始文明大异其趣的偏转性因素。

(一)客观条件:涉外民事关系的质量因素

翻阅史书,永徽二年的盛世唐朝和公元 14 世纪的意大利都是自己所属时代的世界政治、经济和文化中心,涉外交往的发展与发达为跨国交易和法律关系的形成提供了丰富的土壤。

1.盛世唐朝的涉外交往

唐朝凭借雄厚的国力和强大的经济贸易能力在涉外关系方面开创了中国的新纪元。首先在涉外公法交往方面,由于唐帝国周围存在着众多大大小小的"国家"①,出于对唐帝国的仰慕之情,他们经常派遣使节前往唐帝国,形成错综复杂的涉外公法关系。唐太宗贞观 21 年,即公元 647 年,"有 19 个国家的使节同时到达长安"②;据司马光记载,在《永徽律》颁布前 3 年即公元 648 年唐太宗在位时外国外交使节络绎入朝不绝的盛况:"是时四夷大小君长争遣使入献见,道路不绝,每元正朝贺,常数百千人。"③不仅如此,在次年即公元 649 年唐太宗驾崩时,外国使节前来吊唁的人数也多达数百人,"四夷之人入仕于朝及来朝贡者数百人,闻丧皆恸哭,剪发、劙面、割耳,流血洒地"④。由此可见,唐帝国在当时之威望可谓无以复加。即便在高宗皇帝即位后即永徽纪年间涉外交往高频率地持续着,单就大食国与高宗之间的外交关系而言,从《永徽律》颁布当年即公元 651 年开始,直到 798 年期间,进入长安的大食使节共有 41 次之多⑤。毫无疑问,公法层面的高强度交流必然扯动、促进、刺激和提升私法层面的交流。

在涉外交易层面,唐朝涉外交往关系涉及国际海上运输、货物买卖、涉外消费、涉外雇佣、涉外服务,乃至"公务员考录"类似的行政法律关系等。八世纪的唐朝,涉外贸易发达到了停靠在广州港内的外商船舶甚至超过中国船舶的事情,这些外商船舶包括马来亚半岛诸国、阿拉伯帝国、非洲东岸诸国、锡兰岛、印度次大陆诸国等国家的船舶。定期班轮运输竟然高达从广州开往波斯、美索不达米亚、亚丁、师子国、南海、爪哇等国的六条路线。而在广州一地西洋侨民估计在二十万人以上,以至于他们彼此之间适用自己的属人法;扬州更是被羡慕的天堂和诗人赞美的主题,商船、酒店、旅邸,乃至美艳闻名的妓女云集;古敦煌成了文化交流的中心,用各种文字,如西藏文、梵文、于阗文、龟兹文、粟特文、突厥文

① 有学者考究了环绕在中国周围的这些古代国家的数目,从炎黄时代直至清朝时期,这些国家和部落主要包括南蛮、北狄、东夷、西戎、三苗、鬼方、羌、犬戎、淮夷、吴越、扬粤、濮方、匈奴、吐蕃、朝鲜、交趾、月氏、西域、哀牢、大夏、康居、鲜卑、夷州、盘越国、高句丽、天竺、大月氏、柔然、高车、契骨、靺鞨、突厥、新罗、波斯、日本、琉球、大理、婆罗门、高丽、回鹘、西夏、辽、金、西辽、蒙古、蒲甘等百多个(参见沈涓:《冲突法及其价值导向》,中国政法大学出版社 2002 年版,第 119 页)。
② 沈福伟:《中西文化交流史》,上海人民出版社 2006 年版,第 123 页。
③ [宋]司马光:《资治通鉴》卷三,中华书局 2009 年版,第 2412 页。
④ [宋]司马光:《资治通鉴》卷三,中华书局 2009 年版,第 2419 页。
⑤ 沈福伟:《中西文化交流史》,上海人民出版社 2006 年版,第 123 页。

等写成的经卷和文学作品流行市面,供过往的各国商旅行人购买。长安更是聚集了四十余国侨民,包括非洲黑人等,他们开酒店,用西洋女子作招待,以与中国酒保竞争,而且他们往往与中国人通婚,大多数人都能说中国语,有些甚至还参加科考,如阿拉伯人李彦生一样走科及弟。① 另学者考究后指出:"唐代中外经济、文化交流有很大的发展,中外使节交往频繁、经济联系的繁荣、文化艺术吸收的增强和移民、侨民的增多,都使长安这个唐朝的政治、经济和文化中心,成为中外文化交流最重要的都市。各国使臣、权贵、留学生、商人、僧侣、乐工、画师和舞蹈家聚居长安,彼此交往,为亚洲各国的文化交流做出了贡献。长安城是座空前伟大的都城,周长 36.7 千米,面积达 84 平方公里。长安在 8 世纪下半叶巴格达兴起以前,是亚洲最繁荣的国际都市。"② 这些史料所反映的显然更多的是一些涉外私法层面的史实。不仅如此,唐朝时期中西交易的标的极其广泛,包括但不限于丝绸、瓷器、香料、医药、房地产、田宅、艺术品、食物、衣物、珊瑚、翡翠、象牙、安息香、鸡舌香、茶叶……③,等等;至于侨居、置房、买田土、结婚生子的现象更是流行的通常景观,此处不胜罗举。

2. 意大利城邦世界的涉外交往

巴托鲁斯诞生的时代是罗马帝国崩溃,诸多城邦林立的时代。城邦是由城市演变而来具有独立立法司法权力的准国家性质的实体,一般称作为"城邦"。按照布罗代尔的研究,中世纪末期欧洲的城邦具有自由性和现代性特征。在自由性方面,布罗代尔指出:"什么是欧洲与众不同的特点:欧洲城市享有无与伦比的自由;它们自成天地,自由发展。"④ 不仅如此,这些城市还具有当时最先锋的现代性,这就是资本主义的精神,甚至许多意大利城市国家的执政者就是新兴的资产阶级,"事实上,一二九三年主要行会——羊毛业和染色业——在佛罗伦萨取得政权,已经意味着旧富人和新富人的胜利,创业精神的胜利。……一种新的精神面貌由此形成,这大致上正是仍在彷徨中的西方早期资本主义的精神面貌,包括一整套规则,一系列可能性和计算,同时又代表一种生活和致富的艺术。……在西方,资本主义和城市实际上是合二而一的"。⑤ 也就是说,包括中世纪末期意大利城邦在内的西欧城市是按照资本主义精神组织起来的,资本主义也就是商业精神,"在意大利,封建法律制度没有真正牢固地建立起来,因为封建制度从来没有在那里扎下深根"。⑥

---

① 柏杨:《中国人史纲》(下册),中国友谊出版公司 1998 年版,第 49～55 页。

② 沈福伟:《中西文化交流史》,上海人民出版社 2006 年版,第 144 页。

③ 以广州为例,广州作为当时唐帝国对外开放的经济特区,其进出货物具有代表性。据考究,外国船运到广州的都是南海和印度洋各地盛产的香药(乳香、苏木、龙脑、胡椒、沉香等)、犀牙、玳瑁、珍珠、珊瑚、琥珀、棉布以及各种玻璃制品。运出的货物以丝绸、陶瓷、铜、铁、麝香、大黄为主,甚至还有纸张、葛布和玻璃球。这些货物除了由云集广州的各国商船装载以外,相当一部分是由中国海外贸易船运过去的(参见沈福伟:《中西文化交流史》,上海人民出版社 2006 年版,第 128 页)。

④ [法]布罗代尔:《15 至 18 世纪的物质文明、经济和资本主义》第 1 卷,顾良、施康强译,三联书店 2002 年版,第 605 页。

⑤ [法]布罗代尔:《15 至 18 世纪的物质文明、经济和资本主义》第 1 卷,顾良、施康强译,三联书店 2002 年版,第 609～610 页。

⑥ [法]巴蒂福尔、拉加德:《国际私法总论》,陈洪武等译,中国对外翻译出版公司 1989 年版,第 17 页。

巴托鲁斯在提出法则区别说前夕,意大利城邦体制和城邦经济得到极大发展,整个亚平宁半岛沉浸在极其浓厚的商业经济氛围中,有学者指出:"在 1050 年到 1150 年这 100 年里,没有哪个地方的城市像意大利的城市那样繁荣兴旺。在这一时期,数百个意大利城市中心建成为独立的自治的共同体。"①这些独立自治的城邦共同体之间进行着频繁的涉外民商事交易,"中世纪的整个欧洲比较早地出现了有关商品交易会的国际制度"。② 因此,当巴托鲁斯于 14 世纪提出法则区别说时便已经经历了相当长时期涉外民商事交往的铺垫,城邦之间也产生尖锐和日益频繁的法律适用的现实问题,亟待理论和立法上的明确指示。巴托鲁斯的法则区别说尽管被学者认为过于"极端"因而不足以代表其"成就"③,但它的确为巴氏赢得了冲突法鼻祖之美誉,超过了巴氏其他成就的总和。与古希腊城邦时代、罗马帝国时代相比,巴托鲁斯所立足的意大利诸城邦抹去了前者的野蛮性格但保留了它地位的独立特征,同时也瓦解了后者的中央集权但保留了它的某种共同纽带,从而发展出第三种性质的即妥协性格的城邦类型,从而为法律冲突获得了张驰适度的距离空间④。

---

① [美]伯尔曼:《法律与革命》,贺卫方等译,中国大百科全书出版社 1993 年版,第 467 页。

② [法]巴蒂福尔、拉加德:《国际私法总论》,陈洪武等译,中国对外翻译出版公司 1989 年版,第 17 页。

③ Arthur Nussbaum, *Principles of Private International Law*, Oxford University Press, 1943, p. 12.

④ 需要指出的是,在前巴托鲁斯时代波伦亚的僧侣格拉提安曾经对平位法律规范之冲突提出过"辩证法"的解决方案,他所著作的《歧异教规之协调》便在大约 1140 年开始了协调法律冲突的征程,在吸收同城公民伊尔内留斯的注释成果的基础之上,他提出了极具系统性的两种协调方法,即协调纵向法律冲突的等级秩序规则和解决横向法律冲突的"辩证"法。在横向冲突方面,这一问题在逻辑上本不应该在一个同质法律体系之中存在,之所以格氏遭遇此种类似的问题在于教会法渊源的杂多,出现法出多门的现象;同时作为教会法渊源的圣徒言录不仅数量杂多、作者不一,而且又多带有传记故事性,因此具有同等效力的教会法渊源之间的横向冲突势所难免。例如,摩西十诫禁止杀人,但是《圣经》中的其他一些段落却暗示出于自卫,杀人是正当的,若意外杀人,则是可以宽恕的。"这种在 12 世纪第一个十年早期最初在法律和神学两个领域得到成熟发展的方法是预先假定某些书籍的绝对权威性,它们被认为包含着一种综合性的和完整的体系,但是,自相矛盾的是,它也假定文本里可能存在着疏漏和矛盾:因而它便将文本的概述、疏漏的填补以及矛盾的解决作为主要的任务。在 12 世纪之中方法被称为'辩证的',当时这个词的含义是寻求对立事物的和谐。"(参见[美]伯尔曼:《法律与革命》,贺卫方等译,中国大百科全书出版社 1993 年版,第 157 页)。应当指出,此种辩证法所解决的冲突尽管隶属于法律的横向冲突,但是它的解决思路始终在于建构一种非此即彼的唯一正确方法,也就是说它始终在于建构一个一以贯之的完整体系,并不承认冲突双方同时有效,而这与国际私法中的平等法律冲突是根本不同的。冲突法的法律冲突是建立在冲突双方的法律均为有效的前提下,解决法律冲突的思路也不是将两个相互歧异的法律规范整合为一个统一的立法条款,而是在不伤及冲突各方法律的有效性情况下使争议得到合理处理,使冲突双方的法律得到平等对待。因此,格氏的方法对于国际私法横向法律冲突的解决并不十分对题。然而,值得提出的是,格氏毕竟面对了一个真实的横向法律冲突问题,这在其以前或许是不可思议的,而且格氏采取的辩证法颇似柯里的政府利益分析说,将冲突分为两类,一类是虚假冲突,如教会法中的"不可杀人"和"允许杀人"的两类规范便是虚假冲突,因为二者在不同条件下成立,因此可并行不悖;一类是真实冲突,如上述"教士可否阅读异教书籍"命题,则只能有一个正确命题,格氏的任务便在于提出这一正确命题以超越、克服、弥补争议命题的缺陷和不足。格氏毕竟提出的是学术方案,带有浓厚的神学色彩,而且主要地涉及一个单一城邦在若干类法律等级之中应当遵守的法律秩序,至于不同城邦之间的法律冲突及其消解更是只字不提,这主要是他并未考虑到这一问题。

永久和平的冲突法建构——冲突法的政治哲学功能导论

The Construction of Perpetual Peace through Conflict of Laws: An Introduction to the Political Philosophy Function of Conflict of Laws ▶▶▶

(二)主观条件

无论是公元 14 世纪前后还是永徽二年前后的时代生活中,涉外交往与流动已经成为国家或者城市重要的政治经济生活,无论是在规模的量上还是对国家和公民生活影响程度的质上,涉外经济贸易关系业已发达到足以呼应冲突法出世的状态,这也引起了唐帝国统治者和意大利诸学者对现实生活的关注,并最终通过长孙无忌和巴托鲁斯之手提出了各自的解决之道。然而,我们在此必须再次回到文章的主题,这就是为什么针对相同问题提出的解决方法之间存在如此之大的精神差异,以至于在巴托鲁斯提出的法则区别说被公认为标准的冲突法理论,而长孙无忌辈设计并最终为天子所采纳的"化外人相犯"条却存在冲突法的"合法性"危机?既然客观条件无法对二者之间的这一差异做出圆满的解释,那么也就只有寄希望于主观立场的不同了。冲突法生成的逻辑条件在主观方面事实上只有两个相互关联的方面,这就是国家或者城市人格及其承认问题,即他者的主体性问题。因为当一个国家对另一个国家的人格进行承认时,如果不意味着在逻辑上等同于承认它的法律意志、公民人格,那么这种对国家人格的承认便是无任何内容的空洞、抽象的承认。换言之,对国家人格的承认也就是对它的法律意志的合法性、有效性,以及公民法律地位的承认。通过对比唐帝国和意大利诸城邦的世界观,的确能够发现二者在这方面存在着根深蒂固的分歧。

1. 天下观中的"自我—他我"结构

概括而言,唐帝国的世界观不是平等者之间的国际秩序,毋宁说是一个以自我为中心的纵向等级体系,这一纵向等级世界观如同罗马帝国的世界观一样具有从精神、文化、心理上摧毁冲突法真正生成的消极性,它使冲突法得以立足的平等者之间的结构被瓦解,因为这一世界观最为彻底地剥夺了唐帝国之外的其他国家的人格问题,其他国家的人格被唐帝国过于强盛的人格所吸收,成为环绕在唐帝国周围的等级不同、秩序森严的附属国,一个稳定的朝贡体系建立起来了。唐帝国与诸多附属国之间的关系从自我意识结构分析,实质上也就是自我与非我的关系,下以史实佐证之。

从唐帝国对外国人法律地位给予上看,唐帝国基本上赋予了外国人以完全国民待遇原则,外国人不仅可以在唐帝国经商、买卖不动产、就业,甚至还可以入朝做官。但是这种看似温情脉脉的国民待遇制却并不是建立在内外国人区分基础之上的,毋宁说是唐帝国从根本上就已经将外国人"化"入了自己的臣民系列,外国人此种待遇的获得也就是通过对自己外国人资格的扬弃而加入唐帝国国籍的结果。这在事实上也就是当代归化入籍制度的古代雏形,类似梅因笔下的拟制。具体而言,入居唐帝国的侨民大致有五种类型[①]:一种是贵族子弟,他们或以使者身份流寓河西、关东,或者入充侍卫,久居长安;另一种为成批南移的突厥部族和粟特地区的职业军人;更多的是由于经商往返于甘、凉和长安、洛阳的商胡;最后是少数来华传教的僧侣,包括佛教、祆教和摩尼教徒,以及画师、乐工和舞伎。侨民不仅类型多,而且在数量上也相当惊人,据统计"在长安城 100 万总人口中,各国

---

① 沈福伟:《中西文化交流史》,上海人民出版社 2006 年版,第 117 页。

侨民和外籍居民大约占到总数的 2％左右,加上突厥后裔,其数当在 5％左右。"①这些侨民的法律地位从他们所从事的职业和经营的商业贸易看,可以看到他们基本上就是一个唐朝臣民。在民事法律地位上,侨民们可以娶"妻子,买田宅,举质取利,安居不归",这些侨民也"深受中国文物、典章制度的感染,因而多数成了华化'蕃胡'的一部分。他们采用汉姓汉名,熟悉汉字汉文,习用唐式衣冠,沿袭唐朝礼仪,与汉族女子通婚,死后改变早先实行天葬和火葬的习俗,高层人士也采用汉式墓葬",等等。从这些可以看出,唐帝国的侨民们不仅要"活",而且还要"死"得如同唐人,他们从内到外基本上自我认同,而且唐帝国也愿意如此认同他们的身份立场。更为甚者,侨民甚至可以入朝当官、参军,官可拜至将相。② 这些公私权利的享有足以说明,外国人在唐帝国的身份地位已经具有内国人的资格,事实上在唐帝国的至大无外的胸怀之中可能从未曾有过内外之分,因为四海之内、率土之滨皆为王有。

对外国国家人格的承认方面,唐帝国也如同罗马帝国一样从未曾将其他国家视同与自己平起平坐的主权国家,而是将它们纳入以自己为中心的圈层结构,建立了稳定的朝贡体系,不仅否定他国国家人格,而且还经常以霸主口吻干涉、攻伐这些国家。从司马光记载的《资治通鉴》中,我们业已注意到唐帝国周围的诸多国家纷纷派遣使节朝拜这个高级国家,在《永徽律》颁布当年的岁末,百济遣使入贡时还遭到了高宗皇帝的威胁和谴责,史书记载,"是岁,百济遣使入贡,上戒之,使勿与新罗、高丽相攻,'不然,吾将发兵讨汝矣'"。③ 其唯我独尊的霸道气息跃然纸上。这些国家也主动请求唐帝国干预或者帮助自己解决难题,兹举一例以明示之:"勃律、护密以及稍后陀拔王子来华,似都因阿拉伯势力东侵,亲唐势力失利,而请求唐朝支持,卒至久居长安。"④

照理,唐帝国随意否定乃至踩踏周边国家的人,也就没有理由尊重外国国家公民的法律地位和作为外国国家意志的法律。然而,《永徽律》却奉献出了一条具有冲突法属性的法律规范,这一法律规范本身却又带着尊重化外人及其所隶属的法律体系的痕迹,这一悖论该当如何解释? 事实上,这一悖论并不难以回答,这首先是由于唐帝国与罗马帝国的桀骜不驯不同,唐帝国及其帝王表现出一定程度的自我意识,对自我有了一些认识和节制,从而在相对层面对他者有了主体资格的认知及其导致的承认。更主要的原因可能是由于中华文明盛行身份立法的逻辑惯性使然,不仅同类化外人相犯适用同类法,即便是同类的唐帝国臣民,也应依其阶级和阶层身份确定其法律适用。因此,在严密的朝贡体系结构中,在其他国家臣服而对自身不具有威胁性的前提下,尽管进贡国的国家人格未被提升到与唐帝国平起平坐的地步,但是由于唐帝国的节制和身份立法的历史传统,终究在中土大唐时期启动了一次浸润着东方文明气息的冲突法努力。由于它的根基和底蕴是一种与滋生法律冲突和冲突法的氛围格格不入的世界观,这种世界观要求的是整全性和大一统,因此此种先天不足成为冲突法进一步发展的桎梏,而史实也的确证明了,冲突法在唐帝国躯

---

① 沈福伟:《中西文化交流史》,上海人民出版社 2006 年版,第 146 页。
② 沈福伟:《中西文化交流史》,上海人民出版社 2006 年版,第 145 页。
③ [宋]司马光:《资治通鉴》(卷三),中华书局 2009 年版,第 2422 页。
④ 沈福伟:《中西文化交流史》,上海人民出版社 2006 年版,第 145 页。

体之上的绽放实在是一种历史的歧出,更多的是依赖于唐帝国的王道而非霸道精神。他我的主体性最终免不了被"化"或被否定的命运,致使立足其上的冲突法成为中国帝制时代昙花一现之绝唱。

2. 世界观中的"自我—他我"

意大利城邦一开始就以追求独立和自由为宗旨,德意志的谚语"城市的空气使人自由",这条真理适合于当时意大利的所有地方①,文艺复兴与资本主义精神强化了个人与城市的这一内在需求。因此,在相当长的一段时期内,意大利诸城邦的伟大使命就在于捍卫城邦独立自治的地位。这是天然的城邦人格意识苏醒的体现,而城邦的独立地位的获得也满浸着城邦人的奋争,米兰城邦地位的取得与维持是一个透视 13、14 世纪意大利诸城邦个体意识和个体人格得以建立的典型样本。依据伯尔曼的研究:"米兰近代城市的有机发展始于 1057 年,当时,由教皇改革的好战的拥护者们所领导的一场民众运动向由一位拥护皇帝的大主教所领导的一些贵族气派的高级教士发动进攻,最终将他们驱逐出去。此后,米兰的政体发生了根本变化,一个誓约公社得以建立。最迟到 1094 年,称作执政(consuls)的、有固定任期的公社行政司法长官(communal magistrates)由一个全体市民的定期集会选举出来。"②

誓约公社在功能和性质上表征米兰城市开始具有个体意识和个体人格,事实上也就是米兰城市的精神力量即灵魂,它作为米兰城市的自我意识之象征使米兰城市有了坚强和独立起来的理据。米兰城邦的人格组织模式即誓约公社并不为米兰所独有,而是从 11 世纪开始的诸城邦所主要采取的普遍治理模式,它产生的辉煌成就便是促使越来越多的城市开始城邦化,到 1180 年共 14 个城市即维罗纳、威尼斯、维琴察、贝加莫、特雷维索、费拉拉、布雷西亚、克雷莫纳、米兰、洛迪、皮亚琴察、柏尔马、摩德纳和波伦亚向教皇写信,宣示独立自治。③ 独立、自由的城邦人格产生独立自由的城邦法,这些城邦法是由"契约、参与和阶级"④三个方面构成的,洋溢着强烈的资本主义商业精神。因此,从城邦人格形成和发展的角度来归纳意大利城邦时代,可作如下概括:"中世纪的城市从 12 世纪起是一个公社,受到筑有防御工事的城墙的保护,靠工商业维持生存,享有特别的法律、行政和司法,这使它成为一个享有特权的集体法人。"⑤

共同的命运和不相上下的政治经济实力,或许还得算上一点共同的精神渊源,这些要素对于意大利诸城邦之间建立一种互信互认的平等关系产生了决定性的影响。这使意大利诸城邦之间对彼此人格及其意志产物即城邦法则的交互承认并不成其为一个问题,盛行于意大利诸城邦,乃至于欧洲大陆各城邦、国家之间的诸如香巴尼国际商品交易会,及其培养和催生的资本主义商业精神几乎是出于本能和天然地承认外邦人的平等法律地位,不过这种准"邦民待遇"原则与唐帝国的国民待遇做法不同,它的前提是承认内外有

① [比]亨利·皮雷纳:《中世纪城市》,陈国樑译,商务印书馆 2006 年版,第 122 页。
② [美]伯尔曼:《法律与革命》,贺卫方等译,中国大百科全书出版社 1993 年版,第 469 页。
③ [美]伯尔曼:《法律与革命》,贺卫方等译,中国大百科全书出版社 1993 年版,第 469 页。
④ [美]伯尔曼:《法律与革命》,贺卫方等译,中国大百科全书出版社 1993 年版,第 477 页。
⑤ [比]亨利·皮雷纳:《中世纪的城市》,陈国樑译,商务印书馆 2006 年版,第 133 页。

别,后者则是有意或无意地消除这种内外之别,并力图通过种种方式潜移默化地"化外为内"。唐帝国在给予化外人以"国民待遇"的法律地位时暗藏"杀机",而意大利城邦却是首先维持生硬的内外有别,在这一前提结构下承认和赋予外邦人以与内邦人同等的民事法律地位。

三、史实比较的基本主旨

穷究至此,中西冲突法两种开端貌似而神不似的决定性因素就被揭示呈现出来了,这就是个人人格、城邦人格或国家人格的建构与承认问题,即自我与他我的健全、对称、平衡的交互主体关系的问题。尽管中西各自数千年的文明不乏营造冲突法极其有利的客观外部条件,即繁荣昌盛的涉外经贸交往,甚至于中国历史上这样灿烂的"改革开放"并不鲜见,但是中外文明内部微妙但根本性的差异决定了中外冲突法开端具有不同的精神气质和脉理血性。

唐帝国冲突法文明是过于后"现代"了,因为"化外人相犯"条在立意构架上乃是直接跨越冲突得以可能的历史阶段而先行到冲突弥合后的后冲突法时代,再掉过头来设计法律冲突的解决问题,这种从后现代的天下一统立场出发审视和解决法律冲突、设计法律冲突规则,便必然具有一种现代的冲突与后现代的解决方法之间的张力,这种张力使唐朝永徽律中的化外人相犯条充满了前瞻的动态感,并使整个解决方案呈现出一种强烈的临时性和过渡性,是一种"权宜"之策。然而这并不能反而言之来称道唐帝国的高瞻远瞩,因为通过跨越而不是经由冲突的现代阶段直接进入后现代的无冲突阶段,这种未经冲突阶段的磨砺炼狱、酝酿发酵的跨越很可能只是一种神往、一种空想和一个乌托邦。黑格尔曾说:"……理念如果内中缺乏否定物的严肃、痛苦、容忍和劳作,它就沦为一种虔诚,甚至于沦为一种无味的举动。"[①]而在意大利诸城邦之间建立起来的丰满人格使冲突得以可能的平等结构稳固起来了,这种人格的独立并没有产生唐帝国所以为必然导致的礼崩乐坏状态,反倒是在独立人格的基础之上产生了彼此之间的真正理性也因而坚韧持久的互信互认关系。通过这些个体间的冲突辩证地开展出了和平的花朵。"人能够具有'自我'观念,这使人无限地提升到地球上一切其他有生命的存在物之上","就像是升起了一道光明",它展示了自己的自我和他人的自我,这样健全的人格结构避免了自我意识的异化蜕变。

史实的对比向我们揭示出了中西冲突法开端的内在精神差异,东方人格意识的缺失使貌似冲突法的立法在东方文明的思想上恰恰形成致命的倒转,成为非冲突法。这理应是权衡和判断冲突法历史开端花落谁家的真正尺度。如果将中西冲突法成就看作中西源远流长的文明传统绽放出的两朵奇花,那么我们不能不说中西冲突法史实和逻辑乃是花之恶与恶之花的对比:西方文明缘起于个体人格相互冲突的干戈暴戾之恶,最终却浇灌出足以成为建构和谐世界依凭的冲突法之花,这是恶果善因,可称之为恶之花;而中土冲突法所可能具有的通过泯灭人格而实现的和谐之花,却蕴含着吃人、化人、毒人并最终反倒是激起更惨烈的无形冲突的恶,这是善果恶因,可称之为花之恶。

---

① ［德］黑格尔:《精神现象学》上卷,贺麟、王玖兴译,商务印书馆 1997 年版,第 11 页。

冲突法的真正开端需要多元平等的世界观,多元平等的世界观需要国家人格的健全,国家人格的健全需要构成国家的国民人格的挺立。中华文明的个体之间缺乏对称平衡的人格导致个体之间没有冲突,国家人格是个体人格的逻辑延伸,国家人格之间缺乏对称平衡的人格导致国家之间没有冲突,这就是为什么说"西方思想可以思考冲突,但只有中国思想才能够思考和谐"①的缘由。《永徽律》中"化外人相犯"条好不容易凝聚起来的稀微的冲突法思想大有被"化"掉的风险,"中国的基本精神在于'化',并且关键是要以己化他而达到化他为己"。② 只有在人格普遍建立的时候,冲突才能得到产生,并在此基础之上得到健全解决,正如意大利城邦时代的邦际秩序。

第五节 伦理转向与永久和平

关注并区分冲突法得以产生前后的历史实践就可以清晰地见出其内在脉络:从前冲突法时代进展到冲突法的历史中介时代,再到冲突法时代的发展,如果从自我与他我的角度来整理的话,不过就是从自我—非我向自我—他者,再向自我—他我的逐步提升的进程。前两阶段是自我与他我之间的失衡状态,后一阶段才真正实现了自我与他我之间的守衡关系。这一守衡关系之赢得虽然在自我与他我的意识之上不过是转念之间的事情,但推动自我意识得以转念的基础却是人类历史的漫长实践,其间更多的不是和平与和谐,而是战争与冲突。格劳秀斯说:"战争本身会把我们带向和平,这是战争的真正目的。"③冲突法既是对这一人类浴血成果的规则总结,也是对人类重开冲突与战争的倾向的规则制约。因此,战争与和平、冲突与和谐的关系问题实可追溯至立足实践之上的自我与他我的关系状态,二者的失衡导致冲突与战争,二者的守衡才能建构和谐与冲突。

人类和平程度的每一次提升都得益于对自我意识的抑制及对他我意识的尊重。冲突法时代作为人类永久和平的中介状态,不过是自我意识从否定他我、怀疑自我到肯定他我的持续进化结果;相对而言,从他我的角度看,这也就是他我从非我、他者到主体化的过程。约言之,自我—他我的关系结构是冲突法的问题结构,也是冲突法的关切所在,它同时作为冲突与和谐、战争与和平的作用机理,冲突法对该结构关系所作的规范努力也就是将冲突转化为和谐、将战争引向和平的努力。自我—他我的关系结构是冲突法化干戈为玉帛,实现冰火之吻的杠杆。

此外,对国人具有启示意义的是,尽管"化外人相犯"可视为是中华文明孕育而成的冲突法成就,但由于中华文明与冲突法的精神异质使中华文明在此后的帝制时代难以支撑,反倒是扼杀冲突法文明的进一步发展。其内在根源是自我与他者之间的不等式,但终极意义上言还是中华文明缺乏个体意识的主体性建构问题,这是一个比自我—他我关系更为尖锐和前提性的问题,因为自我—他我的关系需立足于我意识的主体性,这个问题正好

---

① 赵汀阳:《天下体系——世界制度哲学导论》,江苏教育出版社 2005 年版,第 15 页。
② 赵汀阳:《天下体系——世界制度哲学导论》,江苏教育出版社 2005 年版,第 13 页。
③ [荷]格劳秀斯:《战争与和平法》,何勤华等译,上海人民出版社 2005 年版,第 27 页。

是中华文明之久远传统所缺失的。缺乏主体性产生了看似和平的社会秩序状态,但其实质是康德所描述的立足于坟墓之上的死寂而非和平,它是和平之死而不是活的和平,和平必须建立在人格独立和互认基础之上,即交互主体关系之上。

永久和平的冲突法建构——冲突法的政治哲学功能导论

The Construction of Perpetual Peace through Conflict of Laws: An Introduction to the Political Philosophy Function of Conflict of Laws ▶▶▶

第三章 >>>

永久和平的古今方案

    人类历史满载着治乱交替的循环,但凡目睹过乱世之血腥与残酷者都不免有向往和平之渴念。对和平的渴念的理论推演与系统表达遂成为古今中外种种政治方案。尽管怀有相同的抱负,但因处境与历史因缘之变数,中外今古之和平方案表现出风格迥异的套路。要全面检讨中外古今追求永久和平的政治方案既不可能也无必要,从政治哲学角度出发把捉中西方案的哲理端绪,再据之要览历史上之典型方案,以辨析各政治方案的得失利弊,在此基础上将冲突法视为永久和平的一种践行方案,就可以验证出冲突法方案相比于其他政治方案在实现和平目标上的务实性与有效性。

第一节 中西方案的哲理端绪

    永久和平的政治方案是政治哲学的系统表达,而政治哲学在本质上不过是一种世界观,世界观奠基于人类的思维意识,中西思维之别遂构成政治哲学及其和平方案之根基。在中西思维诸多之"别"中,首要之"别"当为整体性与个体性之别,即中式思维以整体性或系统性作为思考问题的起点,所有问题被置于一个宏观背景之中进行系统斟酌与考察;西式思维则以个体性为起点,具有更直接的问题针对性,并从个体性出发考察他人与世界。

一、中式天下观

    中式思维的整体性是以政治儒学为代表的中式主流政治哲学的端绪,这已经得到中外哲人无冲突的共识。黑格尔在比较研究中西哲学差异时指出过:"'普遍'的这个固定性格,是东方特性中的基本特性。……在东方宗教中主要的情形就是,只有那唯一自在的本体才是真实的,个体若与自在自为者对立,则本身既不能有任何价值,也无法获得任何价值。只有与这个本体合而为一,它才有真正的价值。但与本体合而为一时,个体就停止其为主体,(主体就停止其为意识),而消逝于无意识之中了。"黑格尔是从西式个体思维角度来审度中式思维的,并将中式思维的整体性视为是对个体意识,也就是对个体性的否定,从而断言中式思维是"僵死、干枯的"理论[1]。黑格尔的点评核心有二:一是中式思维的整

---

[1] 〔德〕黑格尔:《哲学史讲演录》第 1 卷,贺麟、王太庆译,商务印书馆 1997 年版,第 117 页。

体性,二是整体性导致个体之死。前者得到了国人的认同,后者引起了广泛的争议。这两点也是永久和平中式方案的关键之处。

(一)整体思维与天下观

中式思维的整体性源于其切身的人生实践即家庭或家族的生活方式之影响,家庭将个体整合在统一单元之中,但并不是没有就此与其他家庭单元区分开来,诸家而族,家单元再被整合入上一级概念即族之中,家族思维的整体性扩展至世界观之中而成"家天下"或"天下一家"的理念。有学者考察中国法律与中国社会之后指出:"在社会和法律都承认家长或族长这种权力的时代,家族实被认为政治、法律之基本单位,以家长或族长为每一单位之主权,而对国家负责。……反过来看,法律既承认家长、族长为家族的主权,而予以法律上的种种权力,自亦希望每一单位的主权能为其单位团体的每一个分子对法律负责,对国家负责。"在家—族—国的一体关联之中,"家族实为政治、法律的单位,政治、法律组织只是这些单位的组合而已。这是家族本位政治法律的理论的基础,也是齐家治国一套理论的基础,每一家族能维持其单位内之秩序而对国家负责,整个社会的秩序自可维持"。[1] 作为这个等级化的一体世界秩序之形象表达的便是"圈层"结构,"中国这个'大圈',在处理外面世界时,总是以自己为中心,按亲疏远近的关系来将它划分'层次'的,而这种'层次'又常常变成一种'等级'序列。同时,这也是一种'类型化'过程"。《国语·周语》中的"五服"制度[2]就被认为是"以自我为中心按亲疏远近关系而编成的五个同心圆,固然只是古代的理想化制度,但是却可以视为中国人处理外事的理想模型"。[3]

这种整体思维远可追溯至被黑格尔认为真正"包含着中国人的智慧"的《易经》之中[4]。中国整体或系统性思想之演进被认为是借助于对《易经》的历史性持续注解,因为它"首次以明确的文字形式并结合卦象将这种观念自觉地表述出来"了。[5]《易经》实际上表达了一种天人合一的循环观,"这与西方古代传统迥然相异。依照西方传统观念,人与天、主体与客体好似立在一条向两个方向伸展开去的直线上,二者是相互站开的,分离的;而中国,由于把天与人放在一个作循环运动的圆圈之上,所以二者的关系始终被理解为认同与融合。"[6]中国现代儒生也是以此种宣言来敬告世界人士的。

作为国学传统的当代代表人物,牟宗三、徐复观、张君劢及唐君毅等人曾联合发布《为中国文化敬告世界人士宣言——我们对中国学术研究及中国文化与世界文化前途之共同

---

① 瞿同祖:《中国法律与中国社会》,中华书局2003年版,第27～28页。

② "五服制"是指如下五个服从关系:"夫先王之制:邦内甸服,邦外侯服,侯卫宾服,蛮夷要服,戎狄荒服。"

③ 〔美〕孙隆基:《中国文化的深层结构》,广西师范大学出版社2004年版,第367页。

④ 黑格尔并不欣赏孔子及其学说,认为控制"只是一个实际的世间智者,在他那里思辨的哲学是一点也没有的——只有一些善良的、老练的、道德的教训,从里面我们不能获得什么特殊的东西。"但他对于《易经》则赋予较高的礼赞,认为后者有了"抽象的思想和纯粹的范畴"(参见〔德〕黑格尔:《哲学史讲演录》第1卷,贺麟、王太庆译,商务印书馆1997年版,第119～120页)。

⑤ 刘长林:《中国系统思维——文化基因探视》,社会科学文献出版社2008年版,第12～13页。

⑥ 刘长林:《中国系统思维——文化基因探视》,社会科学文献出版社2008年版,第38页。

永久和平的冲突法建构——冲突法的政治哲学功能导论

The Construction of Perpetual Peace through Conflict of Laws: An Introduction to the Political Philosophy Function of Conflict of Laws ▶▶▶

认识》,于其中他们带着对国学的满腔赤诚并经比较中西文化之优劣得失之后认为,西方人应向东方文化学习五点,其中第五点就是"天下一家之情怀":"现代人,在其作为以国家之公民之外,必须同时兼备一天下人之情怀,而后世界真有天下一家之一日。"并言,"中国人自来喜言天下与天下一家。为养成此情怀,儒家、道家、墨家、佛家之思想皆有所贡献。墨家要人兼爱,道家要人与人相忘,佛家要人以慈悲心爱一切有情,儒家要人本其仁心之普遍涵盖之量,而以'天下为一家,中国为一人',本仁心以相信'人皆可以为尧舜',本仁心以相信'东西南北海,千百世之上,千百世之下之圣人心同理同'"。①

(二)整体思维与个体性之关系

在对待整体性与个体性的关系这个问题上存有两种态度:一是认二者为互不兼容的否定关系,中式思维由于肯定整体的优先性,因此是以抑制或牺牲个体性为条件的,这将导致个体之死的专制主义;二是认二者为并非绝对不相容,强调整体的优先性并不必然以个体性为代价,整体性只是修正个体性的张扬之处使世界在天下观的牢笼之下走向和平。

立足个体性来思考中式整体思维,就会感受到来自整体性的威胁,这正是业已习惯了个体性思维的西方人对中国式整体思维产生直觉排斥之根源。受此种思潮之影响,瞿同祖通过描述父权在家族中的支配作用来揭示个体人格在整体秩序中的丧失:"法律对于父权在这方面的支持以及对家族团体经济基础的维持,其力量是不可忽视的。再进一步来看,则我们可以发现不但家财是属于父或家长的,便是他的子孙也被认为是财产。严格说来,父亲实是子女之所有者,他可以将他们典质或出卖于人。几千年来许多子女都这样成为人家的奴婢,永远失去独立的人格,子女对自己的人格是无法自主或保护的,法律除少数例外,也从不曾否认父母在这方面的权力。"②孟洛(Munro)对比中西人格的差异后指出:"西方自由主义、个人主义的前提是认为'人'的主要特色正是独立于社会系统之外的那一部分,而社会是无权控制个人的私人状态的;至于中国式的'人'的概念,却赋予社会与国家对他进行无穷尽的教育与塑造的权力。"突出表现之一即是个人无私生活,良知被"国有化"③。中式整体思维在西式个体思维看来,也就是一个失去个体自我、成全整体自我,因而是个体非我的族群观念。

与之相反,对中式整体思维所可能导致的个体之死持积极态度者则认为这正是生之希望,辜鸿铭将此理解为中国男人与女人的精神。他认为:"外国人只有弄懂了这两种'道'或'教',中国人民的'忠诚教'和'无我教'('Religion of Loyalty' and 'Religion of Selflessness'),他们才能理解真正的中国男人或真正的中国妇女。"④对于西方人所理解的整体优先或压制下的无自我状态,辜鸿铭对此作出了完全不同的解释:"今天的中国人仍然过着孩童的生活、心灵的生活。就此而言,中华民族这一古老的民族,在目前仍是一

---

① 张君劢:《新儒家思想史》,中国人民大学出版社 2006 年版,第 591 页。
② 瞿同祖:《中国法律与中国社会》,中华书局 2003 年版,第 17 页。
③ 〔美〕孙隆基:《中国文化的深层结构》,广西师范大学出版社 2004 年版,第 239,302 页。
④ 辜鸿铭:《中国妇女》,载辜鸿铭:《中国人的精神》,黄兴涛、送小庆译,广西师范大学出版社 2002 年版,第 72～73 页。

个带有幼稚之相的民族。但有一点诸位务必牢记,这个幼稚的民族,虽然过着一种心灵的生活,虽然在许多方面尚显幼稚,但他却有着一种思想和理想的力量,而这是一般处于初级阶段的民族所不具备的。这种思想和理想的力量,使得中国人成功地解决了社会生活、政府以及文明中许多复杂而困难的问题。"①不仅如此,辜鸿铭还将他所谓的"良民宗教"作为"实现永久和平"的唯一处方提供给适时处于战争中的欧洲国家和人民,他如此期许道:"我认为就是欧洲人民、现在处于战争中的国家的人民既要摆脱这场战争,又要挽救欧洲文明乃至世界文明的一条并且是惟一的一条道路。也就是说,他们必须彻底撕毁《自由大宪章》,而代之以一个'忠诚大宪章';事实上就是要采纳我们中国人这儿的拥有'忠诚大宪章'的那种'良民宗教'。"②简言之,西式思维在整体之中看到个体之死,而辜鸿铭则置之死地而后生,在个体之死后指出其和平的希望。

　　对中式整体思维的两种见解正相反对,这主要取决于对整体与个体关系的理解姿态。如果在整体优先的情况下将个体对整体的服从视作为是个体对整体的忘我忠诚,则不仅整体无碍,而且个体之服从就不是来自外在威胁。此种解释可能更接近辜鸿铭的理解。相反,如果在整体优先的情况下将个体对整体的服从视作为是整体对个体的外在压制,则不仅导致个体之死,而且这种整体也就转变成为一种缺乏正当性的专制。不论作何解释,整体在先的思维方式作为中国传统政治哲学之起点决定了其和平方案的独有特征。

二、西式单子论

　　西方政治哲学立足于其源远流长的个人主义传统,在自由与平等的基础之上探究和平秩序之建构,这尤其是启蒙时代以降西方主流政治传统的特点。有文章指出:"自启蒙时代以来,西方最重视的价值体现在法国大革命的旗帜上:自由、平等和博爱。其中博爱一般被视为具有个人性质的价值,而自由和平等则是政治价值。也就是说,几百年来,西方政治思想家苦苦追求的基本政治价值有两个,即自由和平等;无数仁人志士立志于推翻旧制度建设新社会,鞠躬尽瘁死而后已,也是为了实现自由和平等。就此而言,现代政治法律制度既是自由和平等的保证,又是自由和平等的体现。"③自由和平等既是西方政治哲学的信仰,也是其理论预设与出发点,在二者之后为其奠定本体论结构的乃是可追溯至西方精神文明源头即古希腊哲学思想之中的单子论世界观。

　　古希腊哲学思想包含着相互矛盾而又要求得到协调的若干对立方面,如一与多、动与静之间的关系,不同学派在世界本原是单一的还是多元的,世界是运动的还是静止的,世界秩序是机械的还是有目的的等问题上穷究不休。其中一与多的关系问题也就是整体性与个体性关系的哲学抽象,古希腊哲人对这个问题的回应奠定了西方在该问题上的基调。最早摆脱单一本原而突出多元特性的哲人是恩培多克勒,他提出四根说来解释世界;此后

---

① 辜鸿铭:《中国人的精神》,黄兴涛、送小庆译,广西师范大学出版社 2002 年版,第 32 页。
② 辜鸿铭:《群氓崇拜教或战争与战争的出路》,载辜鸿铭:《中国人的精神》,黄兴涛、送小庆译,广西师范大学出版社 2002 年版,第 136,142 页。
③ 姚大志:《何谓正义:当代西方政治哲学研究》,人民出版社 2007 年版,第 2 页。

永久和平的冲突法建构——冲突法的政治哲学功能导论

The Construction of Perpetual Peace through Conflict of Laws: An Introduction to the Political Philosophy Function of Conflict of Laws ▶▶▶

的阿那克萨哥拉进一步以种子论进行了补善;最后经德谟克利特之手以原子论完成了一向多之转变;而莱布尼茨的单子论则以更为精致与完善的方式影响了西方自由与平等的世界观。

(一)恩培多克勒的四根说

恩培多克勒面临的时代使命是反对爱尼亚学派"将古代朴素唯物主义自然哲学,即主张具体物质形态的一元始基的伊奥尼亚学派推到了极端,指出'一'与'多'是不能过渡的"这一结论,为此,他将其前辈们的学说观点整理为水、火、气、土四个本原,作为构成世界的"四根",这可看出恩氏解决一与多的矛盾问题是比较简单和粗糙的以多对多的策略①。世界万物便是由四根的聚散分合而成,但是造成四根的聚散分合的原因,恩氏用了两个极富人性和诗意的表达来说明其动力因,即"争"与"爱":"争将重量上各自相等的加以分化,爱则又把它们结合成长、宽都相等的。"②恩氏提出的争与爱在两个方面起着重大的转承作用:一是将在泰勒斯开始萌芽的物质与精神的分化趋势进一步明朗化,通过后继的努斯概念最终过渡到亚里士多德的质料因与形式因的对立;二是将灵魂的单一功能分化为争与爱的对立否定功能,从而使灵魂的动力机制得到清晰的阐明,有别于其前辈们将万物流转的动因简单地归结于本原自身之聚散。不仅如此,爱与争的必要性还在于"这是第一次迹象,它表明'价值'的规定开始引进了自然界的理论。"③

尽管四根说在一定程度上缓解了一与多之间的矛盾,但在根本意义上并没有解决这一矛盾。一与多的紧张关系要求历史进一步倾向于恩氏所开创的多元论观点,将有限的多元本原贯彻到底,由此形成德谟克利特的无限原子论观点,以及作为其前身的阿那克萨哥拉种子论。

(二)阿那克萨哥拉的种子说

一与多之间的矛盾与紧张并没有得到圆满解决,阿那克萨哥拉的种子学说延续了恩培多克勒的未竟事业,也直面这一矛盾④,在解决这一矛盾过程中突出地展现了两个理论成就:心灵作为宇宙中推动的、规整的和支配的力量的观念,以及物质结构的理论,前者对启发后来的哲学、特别是对柏拉图和亚里士多德目的论体系有着特别突出的作用⑤。换言之,阿氏的学说一方面拓展了恩培多克勒的四根说的有限性,将其改造为无限种子论,从而以无限多的种子观点彻底解决一与多之间的紧张,即恩培多克勒仍然是以有限求无限,而阿氏则以无限求无限⑥。由此一来,一与多的关系便似乎以牺牲一的方式来释放了多的张力,但阿那克萨哥拉又通过种子的"万有属性"即一切包含一切的观点来挽救了一的存在,即"种子既然可以无限分割,种子本身又包含着万物的一切成分,因此,种子本身

---

① 叶秀山:《前苏格拉底哲学研究》,人民出版社 1997 年版,第 189 页。
② 转引自叶秀山:《前苏格拉底哲学研究》,人民出版社 1999 年版,第 206 页。
③ [德]文德尔班:《哲学史教程》上卷,罗达仁译,商务印书馆 1997 年版,第 61 页。
④ 汪子嵩等:《希腊哲学史》第 1 卷,人民出版社 1987 年版,第 880 页。
⑤ 叶秀山:《前苏格拉底哲学研究》,人民出版社 1999 年版,第 223 页。
⑥ 叶秀山:《前苏格拉底哲学研究》,人民出版社 1999 年版,第 225 页。

就是间断性和连续性、'一'和'多'的统一体。"①另一方面则明确了物质和精神的分离，并明确提出努斯的概念，以之作为支配物质的能动心灵，解决了种子衍生万物的动力问题。

但是阿氏的种子论与恩培多克勒的四根说存在的差别并不仅仅在于数量上的无限，而且还在于种子本身所具有的两个特征，即无限分割性和包含万物的属性。种子论之于四根说存在重要区别，其中有关秩序建构的方面表现为：关于事物秩序问题，四根说和种子论都谈到了宏观秩序的形成，但四根说将宇宙秩序视作争与爱之间的角力和交替循环，当爱占据主导地位时，争被挤压到宇宙的边缘，此时宇宙秩序便展现出由四根组成的"和谐的混沌"；当争占据主导地位时，爱便被挤压到中心成为一个点，此时整个宇宙中"各种元素相互处于绝对分离状态，每一种元素自己聚集在一起。"②而种子论则将争与爱的精神力量化约为一个单一的"努斯"，努斯的运动是高速旋转，通过旋转产生力量渗透并驾驭万物，不独如此，努斯这一概念之所以被认为是一道开始放射出来的光芒③，还在于努斯作为心灵在万物之中的投射具有的能动性、筹划性、目的性，并实现了宇宙论的初步伦理学转向。"指挥一切的心灵，由于采取了各元素合目的的运动，也就只造就了这一个世界，这一个最完美的世界"，因此，文德尔班赞誉阿那克萨哥拉等哲人尽管"很少企图科学地阐述伦理学问题，但是建立在凭借他们的数学而大大地发展起来的天文学观念之上的宇宙论却同时渗透着美学和伦理学的动机。"④努斯概念宣告了精神与物质的第一次明确断裂，为精神的后续发展和后续哲学的精神转向起着决定性的作用，"在阿那克萨哥拉以后不久，苏格拉底就突出讨论'善'的问题，开辟了目的论哲学的道路；随之而来的，柏拉图理念论中的'善'的理念和亚里士多德哲学中的'第一动者'，都是这个努斯－理性－神的发展"。⑤ 总结起来，在事物秩序的形成上两种学说观点的差异有二，一是单一的精神力量与对立的精神力量，二是善的精神力量与善恶对立的精神力量。

(三)德谟克利特的原子论

种子论在解决一与多的矛盾之中自觉地走向了无限种子的立场，但是为规整宏观秩序终究再次在物质的基础上生成出精神的本原，并将后者置于前者的基础之上。原子论经过留基波的开创与初始过渡之后，发展到德谟克利特之手，经过德氏唯物主义精神的改造，原子论表现出与种子论相映成趣的风格。原子论同样坚持本原在数量上的无限性，同样坚持运动，但与种子论最大的差别在于如下几点。

其一，原子本身是构成万物的最小单元，不能如同种子一样可无限分割。在这一意义上原子论表现出向恩培多克勒的四根说靠拢的趋势，恩氏的四根同样是构成万物的最小单元，也不容许再进一步分割。原子这一概念的语源学上的意义便是不可分割，留基波之所以提出这一概念主要是破解芝诺所代表的古代存在主义逻辑，这一派的观点强硬地坚

---

① 汪子嵩等:《希腊哲学史》第 1 卷，人民出版社 1987 年版，第 889 页。
② 汪子嵩等:《希腊哲学史》第 1 卷，人民出版社 1987 年版，第 834~841 页。
③ ［德］黑格尔:《哲学史讲演录》第 1 卷，贺麟、王太庆译，商务印书馆 1997 年版，第 342~343 页。
④ ［德］文德尔班:《哲学史教程》上卷，罗达仁译，商务印书馆 1997 年版，第 78、45 页。
⑤ 汪子嵩等:《希腊哲学史》第 1 卷，人民出版社 1987 年版，第 921 页。

永久和平的冲突法建构——冲突法的政治哲学功能导论

The Construction of Perpetual Peace through Conflict of Laws: An Introduction to the Political Philosophy Function of Conflict of Laws ▶▶▶

持永恒、不变、不生、不灭的"一"。芝诺提出的一个逻辑论证便是:如果存在不是一,便是可分割的;无限分割的结果等于点、等于零,而零的总和还是零,于是万物为零,只剩下一个可能,即唯有永恒不变的"一"。① 原子概念的提出便阻止了芝诺剪刀的无限分割,从而通过避免被分割为虚无的方法来间接否定至大无外的"一"所带来的绝对静止、没有运动的世界。

其二,明确虚空的存在及其意义。相对于原子本身作为充实的、无坚可摧的最小单元而言则是虚空或空隙,空隙的存在为原子的运动提供了可能和条件。不独如此,虚空更为重大的意义还在于它成为击碎巴门尼德唯一的"一"而成为无限多个单独的"一",即原子的分割力量;除此之外,虚空还作为动力因,是原子和事物运动的"必要而充足的条件"②,原子和虚空的结合便成为无须第三者推动的自足的运动体系。这进一步悬搁了精神性力量存在的必要,也为原子论的唯物主义转向提供了条件。

其三,否定了精神性的力量即努斯的存在。原子论之所以被认作为唯物主义的古典典范便在于它排斥了种子论的核心观点,于是失去了精神力量有序规范的原子便开始出现盲目和无机地运动的现象,这就是原子之间的冲突与碰撞。

其四,原子生化万物的方式是物理性的聚散离合,并据此决定着万物之个性。原子既然不像种子一样涵摄万有,便无法从自身无中生有地释放万物,因此万物便只能通过各种形状、体积、重量都不同的原子或结合或消散地得以生成。

(四)莱布尼茨的单子论

单子、原子、点都被视作是"最小的事物",不同的称谓不过是在不同的意义上成立的:"在形而上学上叫单子,在数学上叫点,在物理学上叫原子——物质世界不可分的球形元素。"③即便如此,单子和原子也存在着极大的区别,莱布尼茨针对原子论批判了它的不彻底性和不完善性,主要包括三个方面:其一,原子论认为原子是物质的,而物质无限可分,因此原子论在这一方面自相矛盾;其二,原子论没有回答运动的本原;其三,原子论将虚空与原子等量齐观均视为实体。单子概念弥补了原子论的上述缺点,它规避了原子概念的物质属性从而回避了被无限分割的可能,但是更为重要的是它赋予原子能动性,并将其改造为唯一合法的实体。④ 由此以来,单子便具有了如下几个特征⑤:其一,单子是没有部分的、组成复合物的单纯实体;其二,单子不能通过自然方式产生和消灭,只能通过创造而创造、毁灭而毁灭;其三,单子完全独立;其四,单子完全自发,其变化来自一个内在的原因,是完全能动的;其五,单子没有广延或量的规定性,各单子具有彼此区别开来的个性。具有统一性的一组单子的组合形成个体实体,而个体实体意味着如下五个特性,即独立性、完善性、能动性、丰富性和独特性⑥。符合此类特征的个体实体呈现为三大基本类型:

---

① 叶秀山:《前苏格拉底哲学研究》,人民出版社 1997 年版,第 264 页。
② 叶秀山:《前苏格拉底哲学研究》,人民出版社 1997 年版,第 273 页。
③ [德]文德尔班:《哲学史教程》下卷,罗达仁译,商务印书馆 1997 年版,第 505 页。
④ 江畅:《自主与和谐——莱布尼茨形而上学研究》,武汉大学出版社 2005 年版,第 44 页。
⑤ [德]莱布尼茨:《神义论》,朱雁冰译,三联书店 2007 年版,第 479 页。
⑥ 江畅:《自主与和谐——莱布尼茨形而上学研究》,武汉大学出版社 2005 年版,第 64~65 页。

无机物和低级生物、动植物、人。当然,在引申意义上除此之外还包括某些拟制的人,如法人和国家。于此处,终于可以明白古哲们看似虚无飘渺的宇宙论观点最终还是落脚到对个人的主体性和能动性的关怀。多元论的西式世界观也关注整体性的问题,但与中式思维对于整体的绝对强调不同,西式思维的逻辑起点是多元个体的独立与自由。

总体观之,中西两种思维在追求永久和平的问题上因预设各异而必然表现出两种方案:中式思维先行预设了整体秩序的和平,其核心任务因此不在于探究如何实现和平,而在于探究如何保持和平;西式思维立足于个体的自由与平等,才会发生个体之间的和平如何获得的问题。易言之,和平的问题在中式思维之下不再是问题,只有在西式思维之中才会成问题。职是之故,有观点指出:中国政治哲学的分析框架"天下—国—家"及其方法论相比于西方政治哲学的"个体—共同体—国家"分析框架及其方法论而言具有优势,"西方思想可以思考冲突,但只有中国思想才能思考和谐"①。但问题也正好由此生发:中式思维预设了和平,和平难道就因此可廉价获得? 西式思维分裂了整体,个体因此就远离了和平? 以和平为目标,两种思维观念将展现出截然不同的和平建设能力。中外古今不同的和平方案不外是此两种政治哲学端绪之历史表达,在中国历史上以儒家政治哲学为主流,少有变数;而在西方历史上则呈群星璀璨之势。

第二节　哲理端绪的古今演绎

一、中国的政治儒学

儒学是中国传统哲学的主干②,究其功能似有两端:一是私的功能即修心性,进行自我修炼;二是公的功能即平天下,即治理天下,实现天下安平。这明确地表现在儒家"修齐治平"的学术思想中:"古之欲明明德于天下者,先治其国;欲治其国者,先齐其家;欲齐其家者,先修其身;欲修其身者,先正其心;欲正其心者,先诚其意;欲诚其意者,先致其知,致知在格物。"③孟子也强调此两点,他认为君子者应当"穷则独善其身,达则兼济天下"④。儒学与西方哲学有两点重大分野:其一,儒学是伦理学,而西方哲学之主流乃是认识论;其二,儒学内在地包含有政治倾向,而西方政治哲学的出现需要实现对传统认识论的批判和转向。对儒学公私功能的分执形成心性儒学与政治儒学两派,因应世事变迁(由穷至达)而使儒学面对不同问题,从而才有从心性儒学向政治儒学的转变。

---

① 赵汀阳:《天下体系》,江苏教育出版社 2005 年版,第 15、17、23 页。
② 周桂钿等:《中国传统政治哲学》,河北人民出版社 2007 年版,第 11 页。
③ 《礼记·大学》
④ 《孟子·尽心上》

(一) 儒学的政治转向

所谓心性儒学,是就儒学的私人功能而言,"重视仁义道德、心性修养"[1]。据蒋庆考察,心性儒学与政治无涉,"政治并不是心性儒学真正关注的对象。在心性儒学看来,政治只不过是心性的载体,并无自给自足的价值,政治的意义及其解决必须归结于心性的意义及其解决,因此,心性儒学在本质上具有非政治的倾向"。表现有三:第一,心性儒学把政治问题的解决完全归结为生命问题的解决,独断地用生命去化解政治问题;第二,心性儒学将政治生命化,作为外在规范的礼不能纳入心性范畴从而被排除;第三,心性儒学对内独尊心性,对外排除客观制度,因此在制度层面对中国政治无贡献。因此,"从心性儒学走向政治儒学是当代新儒学开出新外王与继续发展的必由之路"。[2]

从儒家原典看,儒学并不止于心性,置政治维度于不顾而独论心性,这只有在非常时期即孟子所谓的"穷"时之变通做法。政治关怀始终构成儒学更为重要的使命,这既是"儒学本义"[3],也是"儒学的中心",并贯穿体现在孔子看似属于心性范畴的仁义礼智信等五美德之中,以至于"说天讲命,论道议德,圣贤、礼乐、忠孝。刑政、教化、学思,几乎讨论一切问题,孔子及其弟子都围绕着政治这个中心。可以说,春秋末期,孔子和弟子们所创立的儒学,就是以政治为中心的学说,就是关切社会的政治哲学。"[4]由此来看,从心性儒学向政治儒学的转向并不是一次创新,更不是一场革命,而是儒学本义的再现和功能本位的回归。或者用儒家自己的话来说,时事已经从独善其身的"穷"时变迁成为兼济天下的"达"时,儒学功能自然也就应当从心性之学转向政治之学。更精确地说,儒学从未曾有过心性与政治之别,因为二者始终构成儒学的本用关系:心性儒学为用,政治儒学为本,修心性之目的为治国平天下。即便在士穷因而只能独善其身的时刻,心性之修炼也不构成自足的目的,而属于卧薪尝胆以谋兼济天下之用。

由于儒学的心性与政治直接关联,因此政治儒学在进行制度安排、实现天下升平时,其所仰赖的治理方案便必然具有了心性之学的特征。心性之学的特征在于其强烈的经验主义与心理主义,它所归纳出来的行为准则以类推方式在"身心—他人—家庭—国家—天下"这个逐级展开的结构之中进行规范,从而实现天下之治。

(二) 政治儒学的治理方案

有人将中国文化视为是身体化的倾向,没有超越性,而且蔓延开来成为社会身体:"中国人的'身'是由人伦与社群关系的'心'去组织,而不是由自我去组织的,因此就恒常地处于人情的磁力场的温暖包围中。"[5]对于世界的身体化现象其实并不是中国文化所独有,按照梅洛—庞蒂的身体现象学之纲谛,它实为有肉身之人类所共有的思维模式,"身体本

---

① 周桂钿等:《中国传统政治哲学》,河北人民出版社2007年版,第15页。
② 蒋庆:《政治儒学:当代儒学的转向、特质与发展》,三联书店2003年版,第25～28页。
③ 蒋庆:《政治儒学:当代儒学的转向、特质与发展》,三联书店2003年版,第28页。
④ 有学者分别对仁义礼智信进行了考察,揭示其政治用意(参见周桂钿等:《中国传统政治哲学》,河北人民出版社2007年版,第15～17页)。
⑤ [美]孙隆基:《中国文化的深层结构》,广西师范大学出版社2004年版,第40,42页。

身在世界中,就像心脏在肌体中:身体不断地使可见的景象保持活力,内在地赋予它生命和供给它养料,与之一起形成一个系统"。① 身体现象学特别地为儒学的"由己及人"、"能近取譬"、"己所不欲,勿施于人"等观念所立足其上的类推提供了哲学阐释。儒学的政治治理方案正是通过解决自身问题的方式来解决天下问题的。据考察,儒学作为中国传统政治哲学具有七大维度:天命论作为精神支柱;经学作为指导思想;大一统论作为其格局;纲常论作为其纽带;民本论作为其基石;德治论作为其特色;常变论作为其理论改革的依据。在这些治理方案的构成要素之中,和平秩序得以建构的核心点有二:天命论及纲常论。二者的关系是:第一,天命论为纲常提供了正当性支持;第二,纲常论是经学的具体化,并以客观制度的方式巩固天命。两者的关联作用在心性层面实现了物格、知致、意诚、心正、身修;在政治层面实现了家齐、国治、天下平。对两者的作用机理以下要述之。

1. 儒学治理方案的正当依据

治理方案正当与否,能否为参与者或被治理者所接受,取决于其立足其上的正当依据。政治儒学所建构的大一统的天下观,及作为其支撑骨架的纲常论也需要得到证明,天命论的提出为其提供了正当性辩护。

天命论在历史上依照天人关系之变动大致可别为三阶段:原始天命论—天人感应论—天理良心论。此三阶段的递进既可以看作为是天的主导地位渐消、人的主导地位渐长的消长变化,也可以视为是天之自然因素递减、伦理因素递增的历史。具体而言,夏商周三代处在原始天命论阶段,"原始天命论认为整个世界的主宰者是天命。天命不仅主宰自然界,而且主宰人类社会。人类社会的具体主宰者是天的儿子,称为'天子'。天子是人间的最高统治者,又是天的代表,是天与人沟通的中介"。② 夏朝统治秩序的正当性源于天,《尚书》提及商汤对夏朝进行革命时就以天命为由:"有夏多罪,天命殛之。"③同样地,商朝也以"天命玄鸟,降而生商"④的方式支持自身统治的合法性。周朝取代商朝仍然诉诸于天命"皇天无亲,惟德是辅"⑤。可见,天命论支撑起了夏商周三代政治的正当性,在该天命论的朴素阶段,天命及作为其代表的天子具有至高无上之权限,居于绝对主导的地位;臣民则处于被支配的从属地位。

原始天命论过度强调天命、天子之权威,以三代之败完证其原始含义所具有的致命缺陷。天子必须得到一定的制约才能延续以之为中心的政治秩序之生命,对该问题的敏锐把握和有效回应使董仲舒所提出的"天人感应论"置换了原始天命论,并成为政治治理秩序的支点。天人感应论在天人关系,特别是天子与臣民之间的关系上进行了新的调整,天子得到了一定的抑制,而臣民得到了一定的重视。董仲舒为此指出:"天之生民,非为王也,而天立王以为民也。故其德足以安乐民者,天予之;其恶足以贼害民者,天夺之。"⑥但这并不意味着民本论,更不意味着现代西方政治哲学意义上的民本论,因为天人感应之核

① [法]莫里斯·梅洛—庞蒂:《知觉现象学》,姜志辉译,商务印书馆 2005 年版,第 261 页。
② 周桂钿等:《中国传统政治哲学》,河北人民出版社 2007 年版,第 25 页。
③ 《尚书·汤誓》
④ 《诗经·商颂·玄鸟》
⑤ 《尚书·蔡仲之命》
⑥ 《春秋繁露·尧舜不擅移,汤武不专杀》

心要领乃在于"屈民而伸君,屈君而伸天"①,以此方式赢得和谐秩序。

中国历史上的历代君王皆以天命作为其推翻旧统治、建立新统治的依据,频繁的治乱循环削弱了天命论的证明力量,"经过魏晋南北朝和隋唐时代的三教争立,儒家的天命论受到很大的冲击"。②宋明理学的崛起对天命论进行了祛魅,剔除出其中的自然因素和神化因素,而代之以人间伦常的道德色彩。作为宋明理学之杰出代表的二程子改变天命之提法,采用与人欲相对置的天理,提出了"灭私欲则天理明"的主张。天理成为判断个人行为及社会秩序合理与否的标准,也就成为规范天子、维系秩序的准绳。至于天理何谓,则无定法。由于天理人欲之提法及其判分皆为儒生所提,因之也就暗示着儒家经典乃是天理所在,儒学隐隐然有"宪政"之力量,而其确也成为中国历代政治治理方案之指导思想。

2.儒学治理方案的制度框架

儒家经典众多,与西方政治方案不同的是,儒家经典并不是以严格的概念和预设为前提,然后进行严谨的论证,形成严密的系统。相反,儒家经典以切身的生活实践为基础,从日常伦用之中归纳出几个核心美德,通过心性修炼,形成良好秩序。因此,儒学治理方案与西方的治理方案之重大不同在于:前者依靠美德;后者讲究科学。纲常论是儒学治理方案的制度框架,它对社会秩序的形成起着规范作用。

"纲"是指三纲,即君为臣纲,父为子纲,夫为妻纲。纲既是指主要的社会关系,因为"三纲是中国古代三种最基本的社会关系,其他社会关系或者是从它派生出来的,或者是依附于它的。只要这三种社会关系稳定了,整个社会政治生活也就上了轨道,呈现出有序状态。"③纲又是指不变的支配规律,它建立的是一种命令与服从之差序关系,而非西方之自由与平等的关系。具体而言,在三纲之中,依重要性递减排序可为君臣关系、父子关系、夫妻关系,但依作用机理排序则应倒过来即夫妻关系为首,次之为父子关系,最后才为君臣关系。孔子曾说:"君子之道,造端乎夫妇;及其至也,察乎天地。"④夫妇之间的行为规范所蕴含之理可推及天地秩序,而夫妻之间的行为准则是夫为主导、妻为附随之支配关系。此种支配关系如果得到服从和稳定,则秩序生;否则,则生乱象。要维持此种支配关系,孔子的做法是正名,即夫、妻名分就先在地决定了各自的行为操守,只要恪守名分,依名而行,也就维护了夫妻秩序。

儒家政治治理方案源自个人心性之修养,但其第一次政治应用却不是治国平天下,而是齐家,因此,家庭关系维持是儒家政治治理的元方案。在三纲之中有两纲直接规范的是家庭关系,除了夫为妻纲之外,就是父为子纲。父子关系象征的是家庭的纵向维度;夫妻关系表达的是家庭的横向维度,纵横关系就如同一个十字坐标定位了每一个人的"名"即身份,并据此确定了每一个人在以君主为核心并向外辐射的,以命令与服从之支配关系为构造法则的差序格局中的地位。这种差序格局在形态上类似于一个立体金字塔:塔尖是君主;其次是臣民;再次是以臣民为核心的家庭成员。家庭既是微观的国,也是微观的天

---

① 《春秋繁露·玉杯》
② 周桂钿等:《中国传统政治哲学》,河北人民出版社 2007 年版,第 50 页。
③ 周桂钿等:《中国传统政治哲学》,河北人民出版社 2007 年版,第 234～235 页。
④ 《礼记·中庸》

下,家庭治理之道也就是平天下之理。是故,家庭成为中国历代政治结构中最关键的环节,每一个人在家庭中得到的训练和规范也就直接服务于以君主为核心的有序社会之建构。对于中国家庭的此种功能,辜鸿铭将之誉为人间天堂:"中国的这种家庭简直是人间天堂——作为一个拥有公民秩序的国家,中华帝国——是那真正的天堂。天国降临大地,降福于中国人民。于是为君子者,以其廉耻感、名分心,以其'忠诚教',成为中华帝国公民秩序的坚强卫士;同样,中国的女人,那些淑女或贤妻,以其轻松活泼、殷勤有礼的妩媚和优雅,以其贞洁、腼腆,一句话:以她的'无我教',成为中国之家庭——那人间天堂的守护神。"①

三纲属于规整社会秩序的外在规范,除了法律和行政上的强制实施之外,对它们的自觉接受和遵守则是依靠"五常"的心性之修来实现的。因此"就三纲与五常之间的关系而言,三纲更为根本,五常是以三纲为依托的,所谓的仁、义、礼、智、信不过是君臣、父子、夫妻之间的忠、孝道德的推衍","整个纲常的内容可以概括为伦理关系与政治关系的契合、社会关系与个人道德意识的契合。这样的契合表现在政治上就是伦理、政治、道德的一体化"。②从五常的内容来看,它们具有不同的实践要求,并且来源于不同的人生经验,孟子对此说得较为全面:"恻隐之心,羞恶之心,恭敬之心,是非之心,人皆有之。恻隐之心,仁也;羞恶之心,义也;恭敬之心,礼也;是非之心,智也。仁义礼智,非由外铄我,我固有之也,弗思耳矣。"③但就这些看似关联性较为松散的美德来看,它们都有一个共通的功能,这就是对人进行自我规训与教化,实现对自我的克制,学会服从。以五常之首的"仁"为例可以很好说明这个问题。仁者何谓?今人发现这个贯穿儒学经典始终的首善居然没有得到孔子的定义,"《论语》里'仁'字出现了一百多次,情况各不相同,你找不到哪一条能算是孔子对'仁'的定义"。④对此,褒贬不一。从孔子对仁的一些指示来看,诸如"克己复礼为仁"⑤,"己所不欲,勿施于人"为仁⑥,等等,仁作为二人关系是以对己方之克制,及对他方之服从为要义的。因此,五常看似松散,且与三纲之间并无直接关系,但在共同维护一种命令与服从、支配与被支配的关系方面,它们是暗相呼应的,共同巩固中华帝国的差序结构。从儒家来看,只要做到了三纲五常,有序社会就能够得到保证,而中国历代政治实践也对之提供了最好的阐释和证明。

① 辜鸿铭:《中国妇女》,载辜鸿铭:《中国人的精神》,黄兴涛、送小庆译,广西师范大学出版社2002年版,第86页。
② 周桂钿等:《中国传统政治哲学》,河北人民出版社2007年版,第235页。
③ 《孟子·告子上》
④ 张祥龙:《孔子的现象学阐释九讲——礼乐人生与哲理》,华东师范大学出版社2009年版,第241页。
⑤ 论语记载,颜渊问仁,孔子答曰:"克己复礼为仁。一日克己复礼,天下归仁焉!为仁由己,而由人乎哉?"《论语·颜渊》
⑥ 论语记载,仲弓问仁,孔子答曰:"出门如见大宾,使民如承大祭。己所不欲,勿施于人。在邦无怨,在家无怨。"《论语·颜渊》

二、西方的政治哲学流派

关于和平的建构问题，西方的政治哲学方案众多，及至当代别为三大思想流派：一是自由主义，二是社群主义，三是有学者所谓的"第三势力"，主要是指后现代主义和共和主义。① 在三大思想流派中自由主义是西方政治哲学的主流，这是因为它立足于作为西方哲学底蕴的单子论世界观，其方案的基本思路是：以个体的自由平等为基础，以契约论为路径，建立和平秩序。此种构思理路由霍布斯最明确地加以提出，他认为"整个传统政治学，无论是在探究真理中，还是在引导人们走向和平方面都是失败的"，并把自己视为是"第一个真正的政治哲学家"②。社群主义更多的是对自由主义之反思与批判，在个体的平等与自由之上思考共同体的问题。第三势力中最引人注目的代表人物当推哈贝马斯的程序正义论。限于本书主旨及篇幅，自由主义的政治哲学传统将作为主要论述对象，在对其评述过程之中适当穿插社群主义与第三势力的相关内容。

(一)前契约论的政治哲学方案——以柏拉图为例

柏拉图的《理想国》、《政治家》及《法律篇》皆为政治哲学的杰出著作，但其基本立场是反自由和平等主义的精英政治。据萨拜因的考察，柏拉图关于"理想国"的一般纲要是：善必须经由系统的研究才能获知，然后它围绕着这个善的观念并通过阐明这项原则适用于所有社会的方式来建构社会。劳动的分工和任务的专业化乃是社会合作的条件，而哲人王所直面的问题就是要以最有利的方式对这些事务做出安排。总的目标就是"使不同的人很好地适合于担任国家提供的各种可能的具有意义的工作。"③在理想国中，柏拉图表达了这样一种正义观念，即城邦的正义就是要发挥其最大的善，并分解为每一个人在城邦之中应最大限度地发挥他的善，但每一个人的善又是由其天赋所决定的。这种天赋决定论隐含着一个反自由民主主义的预设，"柏拉图不是一个自由民主主义者"，"建立好城邦的出发点是人生而有别这一事实。这一事实被用来证明人生而具有不平等的地位。……结果好城邦成了与种姓等级社会相似的社会"。④ 柏拉图的理想国被认为是"对城邦政治信念的一种完全否定，而且也是对城邦自由公民身份或公民资格理想的一种完全否定，更是对城邦所具有的这样一个希望的完全否定，即使每一个人在其力所能及的范围之内都有可能成为分担治理之责和分享治理之权的参与者的愿望。"⑤理想国中和平秩序的建构

---

① 姚大志：《何谓正义》，人民出版社2007年版，第1页。
② ［美］列奥·施特劳斯、约瑟夫·克罗波西：《政治哲学史》上，李洪润等译，法律出版社2009年版，第451~452页。
③ ［美］乔治·萨拜因：《政治学说史》上卷，托马斯·索尔森修订，邓正来译，上海人民出版社2008年版，第89页。
④ ［美］列奥·施特劳斯、约瑟夫·克罗波西：《政治哲学史》上，李洪润等译，法律出版社2009年版，第46页。
⑤ ［美］乔治·萨拜因：《政治学说史》上卷，托马斯·索尔森修订，邓正来译，上海人民出版社2008年版，第99页。

是按照天赋来决定的,把握天赋并分配地位和工作依靠的是知识;由于只有哲人王才最完整地具有此种知识,因此理想国之王应是拥有最高知识的哲学家。在中国的儒家政治方案之中尚有纲常等规范在发挥作用,但在柏拉图理想国的秩序建构之中,没有法律的用武之地,因为法律只是约定的"意见",而不是治理理想国所需要的"知识"。

意识到"理想国"过于理想而难以实现,①柏拉图被迫转向了次优国家即法治国的考虑,并因此形成了被认为是"柏拉图唯一地道的政治学著作"②,即《法律篇》。在《法律篇》中,柏拉图将法律提高到城邦的"金色纽带"的地步,并据此作为城邦和谐秩序的保证:"国家的目的是要在国内关系和对外关系这两个方面都求得和谐,而且由于它没有理想国中经由职能专业化而可能产生的那种完美的和谐,所以它达致和谐的最佳保障手段便是服从法律。《法律篇》中所说的国家乃是以自我克制或节制为首要美德而建立起来的一种国家,而且它是经由培养服从法律的精神而努力达致和谐的。"③施特劳斯等人也认为:"其保证就是绝大多数居民服从尽可能不变的、明智的法律,而这种服从主要是美德教育即造就品格的结果。"④

需要指出的是,柏拉图的理想国方案并不是自由主义的进路,他由于对知识的特别强调乃至唯一尊崇使他的政治治理方案严重依赖知识,这直接导致两个方面的结果:一是秩序的建构是知识的结果,只有作为知识王的哲学王才具有统治者的资格,相应地,其所建构出来的秩序也只是由知识决定而非自由平等之主体所合意选择的秩序。二是作为意见而非知识的法律始终被置于知识之下,在早期的《理想国》之中完全受到知识的排挤;而在晚期被柏拉图认为是次优方案的《法律篇》之中虽然得以弥补哲学王缺位后的空白,成为社会秩序建构的金色纽带,但柏拉图仍然表现出可以理解的犹疑。法律在成为治国安邦的凭仗之后,对法律的服从是和平秩序得以成就的关键,有组织的教育则成为此种服从的担保。

(二)契约论方案——霍布斯及其流派

霍布斯被认为是"西方现代政治哲学的开山","他不仅提出了最为系统的古典政治理论,而且为这种理论提供了经典的论证",以至于"霍布斯之后,西方最伟大的哲学家几乎都是契约论的信徒,如斯宾诺莎、洛克、卢梭和康德。"⑤契约论尽管在其后续发展中受到

---

① 有人认为这可能与柏拉图参与叙拉古的政治实践以失败而告终的经历有关,但在其"第七封信"中就已经劝告收信人"不要让西西里或任何其他城市服从人这个主子(虽然这样做是我的学说),而要服从法律。服从人无论是对主子还是对臣民都是不利的,对他们本身,对他们的子孙后代也都是不利的。"(转引自[美]萨拜因:《政治学说史》上卷,托马斯·索尔森修订,邓正来译,上海人民出版社 2008 年版,第 103 页)。

② [美]列奥·施特劳斯、约瑟夫·克罗波西:《政治哲学史》上,李洪润等译,法律出版社 2009 年版,第 76 页。

③ [美]乔治·萨拜因:《政治学说史》上卷,托马斯·索尔森修订,邓正来译,上海人民出版社 2008 年版,第 111~112 页。

④ [美]列奥·施特劳斯、约瑟夫·克罗波西:《政治哲学史》上,李洪润等译,法律出版社 2009 年版,第 84 页。

⑤ 姚大志:《何谓正义》,人民出版社 2007 年版,第 34~35 页。

永久和平的冲突法建构——冲突法的政治哲学功能导论

The Construction of Perpetual Peace through Conflict of Laws: An Introduction to the Political Philosophy Function of Conflict of Laws ▶▶▶

功利主义思潮的影响有所弱化,但罗尔斯《正义论》所倡导的新契约主义在当代再次崛起,重新掌控了西方政治哲学的主流。这并不奇怪,因为契约论与西方的单子论世界观及其所推演出来的平等与自由具有内在契合性。

1. 霍布斯的自然状态及契约

霍布斯的政治哲学以及其政治治理方案是从思考人类之一般本性出发的,在《利维坦》的体系安排之中可得见证。《利维坦》共分四部分,第一部分论人类,第二部分论国家,第三、四两部分阐述了基督教体系中的国家和黑暗国家。① 这种安排表明霍布斯的思路是从个体到整体。为实现整体秩序,霍布斯必须要提出一种具有说服力的个体整合方式。这种整合方式不能够再依循柏拉图式的善、天赋、知识以及哲人王的安排,此类玄思妙想已经被培根批判是"为空想的国家制定了空想的法律"。② 为使自己的方案具有真正的实践解释能力而不重蹈覆辙,霍布斯决定从人之本性出发进行探讨,而这也正是《利维坦》的论述结构。

霍布斯的政治思路可以作如下概括:人性—自然状态—自然律—契约—国家。对于人之天性,霍布斯认为有三类将会导致相互争斗:一类是竞争,使人求利;一类是猜疑,使人求安全;一类是荣誉,使人求名誉而进行侵犯。由于缺乏约束,"在没有一个共同权力使大家慑服的时候,人们便处在所谓的战争状态之下"。在这种状态中,无所谓公道与否,"是和非以及公正与不公正的观念在这儿都不能存在。没有共同权力的地方就没有法律,而没有法律的地方就无所谓不公正。"彼此为战的结果使人生处于无常态,战乱的苦楚使人具有了对死亡的畏惧、对舒适的欲望,以及通过自己的勤劳取得这一切的希望。这些恐惧、欲望与希望驱使战争状态中的人类提出了和平的条件,霍布斯称其为自然律。

这些自然律是层层推进的,严格遵守之就会走向和平,否则就会重归战争状态。第一自然律包括两个部分:"每一个人只要有获得和平的希望时,就应当力求和平;在不能得到和平时,他就可以寻求并利用战争的一切有利条件和助力。"霍布斯在此基础之上推出了共十条自然律。遵守这些自然律就可以保证得到和平,但和平本身并不能够为这些自然律的履行提供担保。这就使自然律及其所指向的和平有被毁败的危险,"虽然有自然法(每一个人都只在有遵守的意愿并在遵守后可保安全时才会遵守),要是没有建立一个权力或权力不足,以保障我们的安全的话,每一个人就会,而且也可以合法地依靠自己的力量和计策来戒备所有其他的人"。各独立、平等的个人又不可能如同"蜜蜂、蚂蚁等,能群处相安地生活",因为"这些动物的协同一致是自然的,而人类的协议则只是根据信约而来,信约是人为的。因之,如果在信约之外还需要某种其他东西来使他们的协议巩固而持久便不足为奇了,这种东西便是使大家畏服,并指导其行动以谋求共同利益的共同权力。"至此,霍布斯的"利维坦"呼之欲出:要建立这样一种共同权力"那就只有一条道路——把大家所有的权力和力量付托给某一个人或一个能通过多数的意见把大家的意志化为一个意志的多人组成的集体。这就等于是说,指定一个人或一个由多人组成的集体来代表他

---

① [英]霍布斯:《利维坦》,黎思复、黎廷弼译,商务印书馆 1997 年版。

② [美]列奥·施特劳斯、约瑟夫·克罗波西:《政治哲学史》上,李洪润等译,法律出版社 2009 年版,第 451 页。

们的人格","统一在一个人格之中的一群人就成为国家","这就是伟大的利维坦(Leviathan)的诞生"。霍布斯赞誉之为"活的上帝的诞生"。①

霍布斯的思路是清晰的,在单子式的个体之间面临着两条道路:一条道路通向死亡,一条道路通向和平。向往和平与逃避死亡是人之本性及其产生的第一条自然律,沿着对和平的追求与向往,从最基本的人性即自然律就可以顺势推导出其他自然律,国家作为对这些自然律的担保及必然推导,也将通过个体的契约而诞生。由于旨趣所限,霍布斯并没有探讨这个模式是否同样适合于建构国际社会的安全,因为国际社会与他所设想的自然状态极其类似,以至于深受其影响的康德、黑格尔等人在关于国际状态的描述中仍然延续着浓重的霍布斯主义的痕迹。事实上,康德也正是沿着类似的理路来阐述国际社会通过国际联盟实现"永久和平"的。

2.康德的道德律令与和平联盟

关于永久和平的观念完全可以从康德的剔除了任何经验性条件,而唯独服从无条件的也就是自由的法则之中推导出来,但康德仍然在《永久和平》、《法的形而上学原理——权利的科学》之中表现出从历史经验中提取永久和平的条件并加以证明的努力。这被认为是一种矛盾,施特劳斯等人认为:"这里也是希望把基于道德要求的纯粹法律学说同欲望的自然过程加以调和,即通过适应道德要求的自然目的论(自然的狡计)来调和理想与现实,这种调和的愿望导致了对基于经验的考虑的广泛让步。"②但与其说康德是对历史经验的让步,不如说康德只是试图在历史经验中以历史经验来揭示其道德律令的必然性。因此,要透彻说明康德的永久和平及实现目标的和平联盟途径,就无法绕过他的绝对律令。

康德的道德律令可以表述为对无条件者的无条件服从。在康德看来,一个行为准则如果要成为道德律令就必须首先有一种普遍必然性而不可能自相矛盾。由于任何经验性对象都因其有限性而会成为一个行为意志的经验性条件,从而不会产生任何普遍有效的实践法则,唯一的道路是,"如果我们把一切质料,即意志的每个对象(作为规定根据)都排除掉,那么在一个法则中,除了一个普遍立法的单纯形式之外,就什么也没有剩下来"。因此,唯有准则的单纯立法形式才是一个意志的充分的规定根据,由单纯立法形式所规定的意志的形状就是自由。现在的问题就是要求取这个确保无条件者即自由得以成立的单纯立法形式,康德称之为纯粹实践理性的基本法则:"要这样行动,使得你的意志的准则任何时候都能同时被看作一个普遍立法的原则。"③作为普遍性的判断标准就是不能自相矛盾。

按照这一基本法则,和平与战争二者之间就只有和平才符合它的要求,从和平出发将延续和平;从战争出发将毁灭战争。对此,康德以其惯有风格指出:"国际权利的概念作为进行战争的一种权利,本来就是完全无法思议的,因为那样一种权利并不是根据普遍有效

① [英]霍布斯:《利维坦》,黎思复、黎廷弼译,商务印书馆1997年版,第92~132页。

② [美]列奥·施特劳斯、约瑟夫·克罗波西:《政治哲学史》上,李洪润等译,法律出版社2009年版,第698页。

③ [德]康德:《实践理性批判》,邓晓芒等译,人民出版社2003年版,第24~39页。

的,限制每一个个体的自由的外部法律,而只是根据单方面的准则通过武力来决定权利是什么了。于是它就必须这样加以理解:即,对于那些存心要使他们自己彼此互相毁灭,因此也就是要在横陈着全部武力行动的恐怖及其发动者的广阔的坟场之上寻求永久和平的人们,它才是完全正确的。"①康德的道德律令是孤独者的内在律令,但它的应用基础即在与外部的他人关系之中必然是以个体自由与平等为在先承诺的。自由是康德道德律令得以可能的条件,也是其本质;平等则是道德律令的必然结论。道德律令本身足以无须经验或历史考虑地单独对永久和平作出承诺,因此康德认为,我们无须考虑其是否真实的问题,应当考虑的是如何据之行动:"问题不再是:永远和平是真实的东西或者不是真实的东西;也不是当我们采纳前一种看法时,我们会不会欺骗自己的问题。问题是,我们必须根据它是真实的这样一种假定来行动。"②尽管如此,康德还是"禁不住去寻求积极的、经验的支持"③,介入历史经验之中去揭示和解释永久和平的条件。

康德在《永久和平论》与《法的形而上学原理》之中虽然都涉及了和平问题,但二者的侧重点是不同的。《法的形而上学原理》是以形而上学的方式逻辑地探讨永久和平的,它首先对权利的普遍法则进行了界定:"外在地要求这样去行动:你的意志的自由行使,根据一条普遍法则,能够和所有其他人的自由并存。"④这一界定体现了康德在界定其道德律令时一致的特征,即不涉及行为的动机,而是就行为本身的资格而定。在将权利区分为私人权利和公共权利之后,康德将公共权利进一步分为国家的权利、民族的权利和人类的普遍权利,分别对应国家宪法、国际法和世界法。永久和平就是在民族权利阶段作为一个目标出现的。在《永久和平论》中,康德直接切入永久和平的先决条款,并随之探讨了其得以实现的正式条款。尽管存在切入角度的不同,但康德实现永久和平的方式是一贯的,它包括两个层面:一是现象层面,通过国家间的松散联合实现永久和平;二是实质层面,理性通过颁布其道德律令阻止战争,促使民族国家在历史发展中进行合目的性的联合。

康德首先指出,在民族权利阶段,永久和平的实现是以国家间的联盟而实现的,但这种联盟并不是实体性的,而是一种松散的联合大会,康德为此指出:"这样一个为了维护和平的若干国家的联合体,可以称之为各民族的永久性的联合大会;……我们在这里所说的联合大会,仅仅指各种不同国家的一种自愿结合,它可以随时解散,它不像建立在一项政治宪法之上的美利坚合作中,因而是不能解散的。只有通过这样一类大会,各民族公共权利的观念才能实现,它们之间的分歧才能通过文明程序的方式,而不是通过战争这个野蛮手段得到真正的解决。"⑤为什么不建立更加致密的世界共同体,康德认为这是不可能的:"这样的国家联合体是如此的庞大,包括辽阔地域内所有的政府,国家联合体对它的每一个成员的保护,最后必然变成是不可能的。于是这个庞大的合作关系就会再次导致战争状态。这样,永久和平,这个全民族全部权利的最终目的便成为一个不可能实现的理想。

---

① 〔德〕康德:《历史理性批判文集》,何兆武译,商务印书馆1990年版,第117页。
② 〔德〕康德:《法的形而上学原理》,沈叔平译,林荣远校,商务印书馆2005年版,第191页。
③ 〔美〕列奥·施特劳斯、约瑟夫·克罗波西:《政治哲学史》下册,李洪润等译,法律出版社2009年版,第690页。
④ 〔德〕康德:《法的形而上学原理》,沈叔平译,林荣远校,商务印书馆2005年版,第41页。
⑤ 〔德〕康德:《法的形而上学原理》,沈叔平译,林荣远校,商务印书馆2005年版,第187页。

无论如何,为了追求这个目的以及促进各国组成这样的联合体(作为可以促进一个不断接近永久和平的联合体)的那些政治原则,就不是不实际可行的了。"①这种实体化的世界联盟事实上是为康德所反对的,因为世界联盟的实体化将会导致专制的出现,从而毁败康德用作为其批判哲学之根基的自由,施特劳斯等敏锐地指出了这一点:"世界国家将是普遍的专制主义,而专制主义下的和平只能是坟墓般的死寂,不会承认自由。"②

本来按照康德的道德律令,就足以在逻辑上为世界的和平联盟,并进而为永久和平提供保证,但康德还是以一种模棱的姿态诉诸大自然的合目的性之担保。他说:"提供这一担保(或保证)的,并非是什么微不足道的东西,而恰好是大自然这位伟大的艺术家本身。从它那机械的进程之中显然可以表明,合目的性就是通过人类的不和乃至违反人类的意志而使和谐一致得以呈现的。"为此,康德描述了一些历史迹象来证明它通过人类倾向的机制本身保证了永久和平,但他自己最后也承认这"并不是一种(在理论上)很充分的确切性在预告它们的未来,但在实践的观点上却已经足够了"③。康德的实践理性批判在逻辑上支持了永久和平的可能及其契约论的实现方式,但他介入历史经验之中试图积极证明永久和平的现实性,这并不成功也不失败,历史经验的模棱两可只是说明了和平的可能倾向。康德实现永久和平的方式是霍布斯式的,它诉诸自然状态中的自由个体之联盟,而且在根本意义上诉诸于个体之理性,只不过康德的理性是高度原则化的实践理性;而霍布斯的理性则是个体自我保存的欲望和希望。

3. 罗尔斯的无知之幕与正义原则

罗尔斯有一个不言而喻的假设,社会秩序之稳定与和平决定于其是否符合正义原则。尽管历史上有诸多先哲对正义进行了讨论,但在罗尔斯看来总是不够透彻,为此,他希望在新契约论的地平线上重新审视正义及其原则问题。罗尔斯承认他的理论目标是"要进一步概括洛克、卢梭和康德所代表的传统社会契约理论,使之上升到一种更高的抽象水平。"④按学者考察,罗尔斯的突出贡献在于转变了西方政治哲学的主题,将此前的自由主题转变成为平等主题,正义首先意味着平等而不是自由,⑤并以平等为基准引出了两个正义原则。但该正义原则并不是从平等这个概念自身引申出来的,而是在无知之幕的屏蔽之下被选择出来的。在罗尔斯庞大的正义理论之中,在本书关涉的意义上其最重要的方面是处于原始状态中的个体如何形成了一致的选择。至于一致的选择形成之后,如何根据这些选择设计共同体的制度尽管重要,但已经不属于本书关注的范畴,因为和平得以建立的条件在于相互冲突的各方就行为准则达成了一致,达成一致之后的准则如何执行、执行中的纠纷如何解决已经是其次的问题了。因此,本书旨在探讨永久和平得以可能之条件,仅涉及罗尔斯正义论之中有关正义原则之选择部分,其余内容略去不述。

罗尔斯之前关于正义原则之选择问题已经得到广泛的探讨,在这些探讨方案之中罗

①　[德]康德:《法的形而上学原理》,沈叔平译,林荣远校,商务印书馆2005年版,第186~187页。
②　[美]列奥·施特劳斯、约瑟夫·克罗波西:《政治哲学史》下,李洪润等译,法律出版社2009年版,第700页。
③　[德]康德:《永久和平论》,何兆武译,上海世纪出版集团2005年版,第121、132页。
④　罗尔斯:《正义论》,何怀宏、何包钢、廖申白译,中国社会科学出版社1988年版,"序言"第2页。
⑤　姚大志:《何谓正义》,人民出版社2007年版,第22页。

永久和平的冲突法建构——冲突法的政治哲学功能导论

The Construction of Perpetual Peace through Conflict of Laws: An Introduction to the Political Philosophy Function of Conflict of Laws ▶▶▶

尔斯更为接近康德的做法,即对正义原则的确定必须是摆脱形而下的各种经验束缚的,确保正义原则具有普遍适用性。但如果仅限于此,罗尔斯就没有必要在康德之外重提正义原则的问题了,康德的道德律令就是在完全排除掉经验条件限制之后所建构出来的实践理性法则。罗尔斯超出康德的地方在于,他是从主体间性而非主体的角度考察正义问题,如学者所言:"以主体为关注对象的道德哲学与以社会基本结构的主体间性的合理性为关注对象的政治哲学具有相互渗透中的相对独立性",康德的道德律令能够"建构的正义原则仍然有待被揭示"。① 罗尔斯建构正义原则的任务因此是:一方面消除各种经验条件对主体选择行为的偶然干扰,确保其选择的必然性;另一方面则是走出康德的单独主体的内在判断,促使主体间作出一致选择。为此,罗尔斯引入了无知之幕对选择主体进行信息屏蔽,他说:"我们必须以某种方法排除使人们陷入争论的各种偶然因素的影响,引导人们利用社会和自然环境以适于他们自己的利益。因而为达此目的,我假定各方是处在一种无知之幕的背后。他们不知道各种选择对象将如何影响他们自己的特殊情况,他们不得不仅仅在一般考虑的基础上对原则进行评价。"②罗尔斯通过无知之幕事实上是要造就一个类似于海德格尔所谓的"常人":这常人不是任何一个人,而是每一个人。

但仅有无知之幕还是不够,罗尔斯还对行为人进行选择的契约环境进行了其他三点限制:其一,原初状态的客观环境应当为"适度匮乏",即中等程度的自然条件,以有利于人们从事合作。其二,它的主观环境或心理动机应该弱化,每个人对其他人的利益都不感兴趣。心理动机太强会产生自私或仁爱,二者虽然相反但都会妨碍作为公平的正义。其三,如果人们一无所知,那么也无法在"原初状态"下进行选择,为此,人们必须知道一些基本的善如权利与自由、权力与机会、收入与财富等,以促使当事人有必要的选择动机。③

在此三种限制下,行为人所选择的规则就成为正义原则,它包括两个方面:第一,每个人对与其他人所拥有的最广泛的基本自由体系相容的类似自由体系都应有一种平等的权利。第二,社会的和经济的不平等应这样安排,使它们①被合理地期望适合于每一个人的利益,并且②依系于地位和职务向所有人开放。④

(三)对自由主义政治哲学的反思:以哈贝马斯为例

有人将哈贝马斯对罗尔斯的反驳视为是自由主义内部的争论⑤,但也有人将之视为两大派别的交锋。在解决问题的核心理念上,哈贝马斯是具有自由主义操守的;但在解决问题的理路上,哈贝马斯则走得更远,更接近于生活世界之现实。哈贝马斯也分享着契约

---

① 刘莘:《康德、罗尔斯与全球正义——译者导论》,载[美]涛慕思·博格:《康德、罗尔斯与全球正义》,刘莘、徐向东等译,上海译文出版社 2010 年版,第 18、20 页。

② [美]罗尔斯:《正义论》,何怀宏、何包钢、廖申白译,中国社会科学出版社 1988 年版,第 136 页。

③ John Rawls, *A Theory of Justice*, The Belknap Press of Harvard University Press, 1999, pp. 109～119.

④ [美]罗尔斯:《正义论》,何怀宏、何包钢、廖申白译,中国社会科学出版社 1988 年版,第 60～61 页。

⑤ 艾四林、王贵贤、马超:《民主、正义与全球化——哈贝马斯政治哲学研究》,北京大学出版社 2010 年版,第

论的立场,但与罗尔斯的契约论相比,二者之间存在如下之别:

第一,罗尔斯关于正义原则的一致同意是在假设的理想条件即受三方面限制的原初状态之下选择出来的,而且他仅仅要求就正义原则问题达成一致,并不要求对所有事情都达成一致。哈贝马斯的一致同意强度更高于罗尔斯,他要求的一致是在现实政治生活中而非假设状态下的一致。第二,罗尔斯的契约论是一次性的,只在于为正义原则提供证明,而哈贝马斯的契约论是持续和始终如一的。第三,罗尔斯通过契约要解决的是正义问题,哈贝马斯通过契约要解决的是合法性问题。①

就实现方式看,哈贝马斯的交往与商谈理论更具有现实性,而罗尔斯的原初状态与无知之幕更具有试验性质。如果说康德的道德律还是典型的主体性哲学,罗尔斯的正义论只是在思想和逻辑之中转向了主题间性,那么哈贝马斯则真正地在主体间性的实践上建构出了交往行为理论,通过交往及交往中的商谈达成共识、达成契约。哈贝马斯将大量的行为概念通过分析归纳为四类基本概念,并分别指出其不同功效:

第一类是目的行为,行为者为达特定目的而在特定情况下使用有效的手段和恰当的方法。行为的核心本质是在不同行为的可能性之间进行选择,作出决定。此种行为被认为是自亚里士多德以来作为哲学行为理论关注的始终焦点。其功效仅限于间接沟通,即参与者只是着眼于其目的,彼此沟通只是间接或附带地形成。

第二类是规范调节行为,它不再是孤立的行为者的行为,开始涉及到社会群体成员之间的外部关系。规范是特定共同体共知共守的规则,也是该社会群体得以达成共识的一个表现。共同体成员的行为应当符合该规范之要求,同时也就是符合该共同体其他成员对他的普遍期待。成员对规范的服从意味着他满足了一种普遍的行为期待。其功效并不在于达成共识,而在于实践共识。

第三类是戏剧行为,它既不是目的行为那般属于孤立者的行为,也不属于社会群体成员之间的规范调节行为,而是一种参与者之间的互动行为。这些参与者相互形成观众,并在各自对方面前表现自己。行为者的表现并不是自我的透明呈现,而是把自己的主体性多多少少予以遮蔽起来的表演。其功效并不在于实现真诚的沟通,而只在于实现剧场中的自我表现。

第四类是哈贝马斯的交往行为,它涉及的是至少两个以上具有语言和行为能力的主体之间的互动,这些主体使用口头或口头之外的手段建立起一种人际关系,并通过行为语境进行沟通,以便在相互谅解的基础之上把他们的行为计划和行为协调起来。按照哈贝马斯看来,此种行为才具有真正的沟通功效,并以消除分歧、达成共识为目的。②

以交流与共识为指向的交往行为依赖的决定性条件乃是语言,借助语言,交往者彼此提出有效性要求,它们可能被拒绝从而无法达成共识;可能被接受从而达成契约。哈贝马斯进而转入对交往行为中的语言进行分析,他指出:一个追求沟通的行为者必须和他的表达一起提出三个有效性要求,分别是:其一,所作陈述是真实的,甚至于只是顺便提及的命

① 姚大志:《何谓正义》,人民出版社 2007 年版,第 412 页。
② [德]尤尔根·哈贝马斯:《交往行为理论:行为合理性与社会合理化》,曹卫东译,上海人民出版社 2004 年版,第 83~84、95 页。

题内涵的前提实际上也必须得到满足。交往双方据此衡量表达与客观世界之间的关系，这里的有效性是指真实性。其二，与一个规范语境相关的言语行为是正确的，甚至于它应当满足的规范语境自身也必须具有合法性。交往双方据此衡量表达与社会世界之间的关系，这里的有效性是指正确性。其三，言语者所表现出来的意向必须言出心声。交往双方据此衡量表达与主观世界之间的关系，这里的有效性是指真诚性。① 在四类行为概念中，只有交往行为完整地集表达的真实性、正确性与真诚性于一体，而其余三类行为分别单独对应三类有效性。

哈贝马斯的交往行为理论成功的地方在于，它不是"在形而上的本体论或人性论的基础之上"，而是在"一致性，这种一致性就是共识"的基础之上建立普遍性和统一性。更重要的是，这种共识"不是超验的，而是经验的，不是必然的，而是选择的，不是命定的，而是开放的。就此而言，哈贝马斯的交往活动理论具有契约论的性质。"② 由于共识是通过交互主体之间的交往、交流、对话、协商、讨论、谈判等互动的结果，因此其有效性就在于其被承认性。当然，哈贝马斯的问题也在于这个共识的达成上，集中的批评包括两点：第一，共识的达成可能需要太长的时间而不能有效回应当下之紧迫问题。第二，共识不同于理解，能理解并不一定能够达成共识③，为此有人指出："至于理性对话理论，同样有着非常严重的难题。考虑一种处于理想状态的对话或者交流——比如满足了哈贝马斯理论所设想的那种完美对话条件，是否就能够产生好的结果？按照目前所想象到的约束条件，这种对话非常可能产生相互理解，但显然不足以达成相互接受。由于欠缺某些必要条件（到底缺少多少必要条件，这需要详细分析），所以不存在从互相理解到互相接受的必然转换，即人们在心思上的相互理解并不能保证在心意上的相互接受，就像众所周知的那样，知识的一致不能推出价值的一致。当然，理性对话仍然非常重要，它不仅能够减少一些不必要的、意气用事的冲突，而且它还至少能够让我们意识到在理解与接受或者在心思与心愿之间的鸿沟有多深和多大。"④ 这在一定程度上削弱了哈贝马斯交往行为的实践价值。

第三节　古今演绎的情境测评

任何指向并力图改造实践的理论方案，特别是政治哲学方案，在首尾两个方面必须进入实践：首先，该方案的理论预设必须尊重实践，忠实呈现实践之特征，否则，该理论方案

① ［德］尤尔根·哈贝马斯：《交往行为理论》，曹卫东译，上海人民出版社 2004 年版，第 100 页。
② 姚大志：《何谓正义》，人民出版社 2007 年版，第 410～411 页。
③ 哈贝马斯曾认为"理解就意味着交往行为的参与者达成了共识"。Jurgen Habermas, *The Theory of Communicative Action*, Vol. II, Beacon Press, 1987, p.120.
④ 赵汀阳：《天下体系》，江苏教育出版社 2005 年版，第 154 页。另有学者如姚大志也指出了哈贝马斯类似的混淆："对于交往或语言交流来说，'理解'显然是一个较弱的要求，而'共识'则是一个更强的要求。'理解'主要与话语有关，其实质在于把握言语行为的意义，而'共识'主要与价值有关，其实质在于确立共同的实践立场。所以，'理解'与'共识'并不是一回事。人们在交往活动中可能轻易达到相互理解，但不一定能够同样地达成共识。"（参见姚大志：《何谓正义》，人民出版社 2007 年版，第 411 页）。

一开始就可能因为错过实践而无法满足其运行条件,致使方案停留于理论状态,于实践无涉。在冲突法历史上就有过这样的学术方案,萨维尼的法律关系本座说不可不谓雅致与严谨,但因其理论运行的条件过高①,致使其目标难以实现,并因此成为美国冲突法革命之根据与对象。其次,该方案之成效必须置于当下实践之中进行检验,以确定其是否具有可操作性。当然,不论是理论预设还是结果测评,它们所针对的实践处境应当体现时代特征,时过境迁很可能证伪一些曾经被证成、证成一些曾经被证伪的方案。

一、永久和平的当代情境

能够被形而上学化的只有理论,而不是实践。实践总是展现出时空特性而表现为特定时代的情境。在理论上可以一般地探讨永久和平如何可能,但在实践中则需要改变问题的方向,值得探讨的是在当下情境中何种永久和平如何可能。当下情境不是永久和平如何可能这一问题的无足轻重的前缀,它直接制约着永久和平如何可能的构成,因为不同的情境决定了不同的可能性条件。当下之国际态势已经截然异于中国政治儒学有效应用的情境,也不同于柏拉图时代的城邦、霍布斯及罗尔斯所构想的自然或原初状态,时代已经进入彼此交错,但又交互独立的时代②,它呼唤一种与之相应的和平治理方案,这种治理方案应当从既有方案之中汲取有益要素,但更重要的是因应时代情境之迁移而在条件预设与模式设计上进行严肃而审慎的调整。

(一)交往而非隔绝的和平

当代情境是交往而非隔绝的处境,不论一国以主动抑或被动方式参与全球化进程,交往关系的客观性和实在性已经成为无从逃离的命运。在受全球化"干扰"的意义上,世界已无净土或世外桃源可供隐匿。这意味着有效的永久和平应当是交往着的,而非隔绝开来的和平。

中国的老子曾经提出过一种逍遥但消极的隐者政治哲学,可概括为"老死不相往来":"小国寡民。使有什伯之器而不用。使民重死,而不远徙。虽有舟舆,无所乘之;虽有甲兵,无所陈之。使民复结绳而用之。甘其食,美其俗,安其居,乐其俗。邻国相望,鸡犬之

---

① 笔者曾撰文挑明,体系的失败在本质上不是其方案的失败,而是其体系运行基础的乌托邦属性,即要求所有国家都能够根据其体系制定自己的冲突法制度,并在运用冲突法制度时能够采取一致的做法。在这一意义上,可以说萨维尼从未失败过,因为处于后冲突法革命时代的今天我们至今尚未成就萨维尼体系的运行条件,因此如果说有失败的话,也只是进入萨维尼体系之前的失败(参见张春良:《重估一切价值的尝试——萨维尼冲突法革命发生学之究竟》,载《贵州大学学报(社会科学版)》2009年第6期)。

② 伯尔曼指出:"人类在两次大战之后达到了历史上的转捩点:世界进入了各国相互依赖的新纪元,即所有地球居民的命运紧密连系在一起,这不只是经济和科技的事实,在法律层面也是如此。……我们已经为会聚世界上各色各样人群,迈向一个超越性的人类大家庭创造了条件。"(〔美〕伯尔曼:《法律与宗教》,梁治平译,中国政法大学出版社2003年版,附录三,第196～197页)。

永久和平的冲突法建构——冲突法的政治哲学功能导论

The Construction of Perpetual Peace through Conflict of Laws: An Introduction to the Political Philosophy Function of Conflict of Laws ▶▶▶

声相闻,民之老死,不相往来。"①老死不相往来以不交往的方式的确消除了因为交往而产生的冲突与战争问题,但它并不是真正地解决问题。这一方案如果说在现时代或未来还有所意义的话,那它只能够用来解释宇宙之中尚未发生的,但以后可能发生的"球际冲突"②的问题,即地球人类与天外智慧之间迄今所处的老死不相往来的关系状态。

然而,黑格尔早就指出过:"不同他人发生关系的个人不是一个现实的人,同样,不同其他国家发生关系的国家也不是一个现实的个体。一个国家的正统性,或更确切些说,由于国家是对外的,所以也是王权的正统性,一方面是一种完全内部的关系(一个国家不干涉其他国家的内政),另一方面,同样是本质的,它必须通过别国的承认才成为完善的。"③交往的必然性之实质只不过揭示了人的社会本性,"社会是人同自然界完成了的本质的统一,是自然界的真正实现,是人的实现了的自然主义和自然界的实现了的人道主义"。④社会性的问题在哲学上对应的就是主体间性的思维范式,此前的西方主体性哲学的主要问题就在于遗忘了这个交往着的社会,以至于其思考起点及其落脚点变成了一种与世隔绝者的独白。海德格尔用"此在(Dasein)"的特有术语来解决这个问题,他说:"此在的世界所开放出来的有这样一种存在者:它不仅根本和用具与物有别,而且按其作为此在本身存在这样一种存在的方式,它是以在世的方式'在'世界中的,而同时它又在这个世界中以在世界之内的方式来照面。这个存在者既不是现成的也不是上手的,而是如那有所开放的此在本身一样——它也在此,它共同在此。"⑤

事实上,老死不相往来的岛国状态有如下三个问题:第一,这不能说是建构和平的方式,它是取消问题而非解决问题,如上引黑格尔所说,真正的精神"如果内中缺乏否定物的严肃、痛苦、容忍和劳作",那就会沦为一种单纯的虔诚,甚至于沦为一种"无味的举动";同样,真正的人生应当是敢于直面惨淡的人生。第二,以此方式建构出来的也不是和平,而是前和平的状态。没有战争,就无所谓和平。因此,在相互无交往的处境下,既不能说存在战争,也不能说实现了和平,它是战争与和平之外的状态。第三,历史已经锁闭了退守或重归老死不相往来状态的任何可能,现时代的人或国家,不论是自愿还是被迫都必须过一种阿伦特所谓的积极生活:"积极生活,就它是人积极投身于做事情的生活而言,总是扎根在一个人和人造物的世界当中,决不能离开或超越它。……不在一个直接或间接地证明了他人在场的世界里,就没有任何人的生活是可能的,甚至荒野隐士的生活也不可能。"⑥人的相互交往随着现代科学技术的发展,以及人的经济文化自由的提升而不断地在空间上进行拓展,及至现时代,全球化的发展趋势已经实在地将各国"捆绑"在同一个"村落"之中。只有在交往现实中实现的和平才是真正的和平。

① 《道德经》第八十章。
② 张春良:《冲突法的历史逻辑》,法律出版社2010年版。
③ [德]黑格尔:《法哲学原理》,范扬、张企泰译,商务印书馆2007年版,第347页。
④ [德]马克思:《1844年经济学哲学手稿》,载《马克思恩格斯全集》第三卷,人民出版社2002年版,第301页。
⑤ [德]马丁·海德格尔:《存在与时间》,陈嘉映、王庆节译,三联书店2006年版,第137页。
⑥ [美]汉娜·阿伦特:《人的境况》,王寅丽译,上海人民出版社2009年版,第14页。

(二)冲突但非战争的和平

向往和平,如果不是所有人在所有时代的愿望,就必定是大部分人在大部分时代的憧憬。对和平的向往除了说明人性之中善意识的苏醒之外,更可证明人们处于和平危机之中,因为人所欲求的也就是人所匮乏或不知足的。人类向往和平,人类的历史却始于战争,战争有其辩证意义,并在特定历史时期被赋予正当性。

古希腊智者赫拉克利特将战争誉为"万物之父",讴歌战争以暴烈力量在人世间的新陈代谢之中的重大意义。格劳秀斯区分正义战争和非正义战争,并肯定正义战争的正当性,正义战争的标准是自然原则。格劳秀斯指出:"既然一种非正义的行为被理解为其中必定有某种与理性的和社会存在物的本性相违背的东西,所以,自然法原则中的任何内容都决不反对战争,相反,它们中的任何部分事实上都支持发动战争。如果发动战争的目的是为了保全我们的生命和身体完整,以及获得或者拥有那些对生活来说是必要的和有用的东西的话,那么都是完全与那些自然法原则相一致的。"①历史主义者也大多抛开自身所处的时代状况和个人可能承受的战争痛楚,在放长了的时间维度之中强调战争推动历史车轮前进的积极力量。康德在建构出批判哲学体系之后,收拾起书生意气决意携带其合目的性之理念介入历史之阐释,从而将历史之中发生的战争视为是推动历史进步的机巧。他在很多处都表达了这样的观念:"大自然采用了两种手段使得各个民族隔离开来而不至于混合,即语言的不同与宗教的不同;它们确实导致了互相敌视的倾向和战争的借口,但是随着文化的增长和人类逐步接近于更大的原则一致性,却也会引向一种对和平的谅解,它不像那种专制主义(在自由的坟场上)那样是通过消弱所有的力量,而是通过它们在最生气蓬勃的竞争的平衡之中产生出来并且得到保障的。"②战争本身有消弱并抑制战争的自否定力量,黑格尔说:"国家彼此承认为国家这一事实,即使在那无法无天而由权力和偶然性支配一切的战争状态中,也仍然是一种纽带,在这种纽带的联系中,它们彼此都算作自在自为地存在的东西。因此在战争中,战争本身被规定为一种应该消逝的东西。所以战争包含着下列国际法规定,即和平的可能性应在战争中予以保存。"③在战争通往和平的中间道路上,冲突作为二者的衔接状态是更现实的常态,冲突是有所抑制的战争,也是有所减损的和平。

《巴黎非战和约》签署的意义不在于它就此一劳永逸地消除了战争,而在于它为战争作了无限期的否定宣判,自此之后战争,除非是自卫之战,都将不再具有合法性。此一宣判意味着在人类抵达永久和平之前将长期处于战争与和平的中和状态即冲突处境之中,

---

① 〔荷〕格劳秀斯:《战争与和平法》,何勤华等译,上海人民出版社 2005 年版,第 50 页。

② 〔德〕康德:《永久和平论》,何兆武译,上海世纪出版集团 2005 年版,第 131 页。在另外一篇短论中,康德指出:"只要全面的暴力行动以及由此而产生的需要,终于必定使人民决定要服从理性本身作为手段而向他们所规定的强制,即公共法律的强制,并进入一种国家公民的体制;那么同样地又由于各个国家力图互相侵占和征服的经常不断的战争而来的需要,也就最后要引导他们甚至于是违反自己的意志,或则是进入一种世界公民的体制,或则是假若这样一种普遍和平的状态。"(参见〔德〕康德:《历史理性批判文集》,何兆武译,商务印书馆 1990 年版,第 219 页)

③ 〔德〕黑格尔:《法哲学原理》,范扬、张企泰译,商务印书馆 2007 年版,第 350 页。

永久和平的冲突法建构——冲突法的政治哲学功能导论

The Construction of Perpetual Peace through Conflict of Laws: An Introduction to the Political Philosophy Function of Conflict of Laws ▶▶▶

全球化首先在经济方面,其次则在政治方面完成了对世界各国的制约与互锁,现时代的格局业已为数百年前的康德所敏觉:"……世界公民权利的概念在抗拒暴力行为和战争方面所无从加以保障的各个民族,大自然也就通过相互的自利而把它们结合在一起。那就是与战争无法共处的商业精神,并且它迟早会支配每一个民族的。因为在从属于国家权力的一切势力(手段)之中,很可能金钱势力才是最可靠的势力;于是各个国家都看到(确乎并不是正好通过道德的动机)自己被迫不得不去促进荣誉的和平,并且当世界受到战争爆发的威胁时要通过调解来防止战争,就仿佛它们是为此而处于永恒的同盟之中那样。"① 国家间关系的此种情状意味着现实的和平应当是谋求一种动态的和平,任何一种和平治理方案必须尊重冲突的存在并为其存在预留理论张度。

更具有实践意义的启示是,承认并尊重冲突就反向对任何理论所预设的人提出了两点限制:第一,作为和平方案之主体及起点的人不应当是远离烟火人间的纯粹理性之人,因为按照康德所设想的纯粹理性之人将会自觉皈依绝对律令,从而不会实现彼此和平共处,不会存在冲突,更不会存在战争,这是现实之理想,但并非理想的现实。此点预设意味着和平在远方,但不是当下。

第二,作为和平方案之主体及起点的人也不应当是霍布斯所预设的纯为自利之人,因为那样会导致因为战争而同归于尽的死寂。霍布斯的自然状态最终之所以能够转变成为祥和的国家,各狼人之所以能够成为国家之公民得以幸存,就在于狼人有了对自利的自我否定,而在这一意义上霍布斯是自相矛盾的。这种自相矛盾支撑了从自然状态向文明状态的飞跃。这种非彻底的自否定之人才是真正现实之人。此点预设意味着战争在过去,但不是当下。

一种适切现时代的和平治理方案应当设定这样的现实之人,并从现实之人出发探索实现和平的道路。在这一点上,哈贝马斯无疑要比康德、罗尔斯等人要实践得多。

(三)民主但需集中的和平

切合实践的和平方案还应当具有解决问题的时效性。交往中问题的解决若要通过民主的方式则无外乎如下三种模式:其一,民主且即效的模式。即交往双方对于所产生的问题如果能够通过各种方式进行沟通,在问题解决的有效时限内最终形成一致行动的准则,这是最佳的理想方案。其二,民主但迟滞的模式。即交往双方如果不能在短期之内达成共识,但可以通过长期交流或冷处理一段时间之后达成共识,从而解决历史遗留问题,这是次优的理想方案。其三,民主但无效的模式。即交往双方经过磋商无法就问题在短期之内和长期之内形成一致决议,从而使问题无解。理想方案当然是第一种模式,既实现了民主,又实现了和平。第二种方案有所欠缺,但尊重了民主。第三种方案虽然尊重了民主,但牺牲的代价是问题的解决。如果所针对的问题容许通过推迟的方式进行解决即不具有时间敏感性,则还可以维持交往各方的和平共处;如果问题具有时效性,必须在特定时间内进行解决,否则要么导致不正义,要么将会引起双方的冲突乃至战争,则民主的解决方案就过于松散而应有必要的集中,以提高争议解决的时效性。

---

① [德]康德:《永久和平论》,何兆武译,上海世纪出版集团 2005 年版,第 131 页。

集中的方式就本书所关切的意义而言可分为两种:一种是机构性集中,一种是规则性集中。所谓机构性集中,即是通过交往各方事先或事后认同的共同机构来进行决定,采取统一行动,例如霍布斯通过社会契约所建立的国家之立法、司法和行政机构,或者如同国家之间的国际仲裁、国际法院的司法,或者如同不同国家的个人之间的国际商事仲裁庭或国际民事诉讼庭。此种机构集中的有效性是显著的,但其有效性端赖于另外一个前提,即交往各方就该集中机构达成一致的共识,如果事先缺乏约定,而事后又缺乏补充,则机构性集中的方式也就无效。另一种则是规则性集中,即通过规则即时解决争议。交往双方之所以无法解决问题,就在于事前既无约定,事后也不能通过民主方式达成共识即形成一致性规则。争议之产生及其维持,如果不考虑因执行而造成的影响,则是由于无法形成一致性规则,此时又缺乏集中的机构来代替当事人确定一致性规则,但问题又必须要得到即刻的解决,同时还不能通过战争或暴力的方式解决,此种情势为既有的和平治理方案造成了共同的挑战。

过分的民主将可能导致僵局而无法解决需要紧迫地加以解决的问题,因此需要集中。但集中不是无条件的硬性集中,它至少还需要最低限度的民主。在缺乏集中机制的情况下,问题就会陷入无解。现有的和平方案在这种处境之下就显现出了它们的实践死角。关键的是,这种问题处境并不是现实中的非常态。严肃的和平治理方案应当具有解释并解决此种现实冲突问题的能力。

(四)等序而非差序的和平

经过现代性启蒙,人生而平等的观念已经成为世界公理,解决当代和平问题的所有政治哲学方案也必须以此立足。这就意味着,和平秩序应当是以主体平等为构架基础的等序结构,而不能是以单向度的命令与服从为特征的差序结构。命令与服从的差序结构之正当性建立在对该差序结构的事先同意基础之上,且该同意首要的是平等者之间的同意。

此种和平要求只能立足于西方政治哲学的单子观,以平等与自由为逻辑在先的根据和起点。儒家政治哲学的天下观是建立在支配与被支配的"三纲"设计之上,其根本有悖于人生而平等的基本理念,因此它的实践应用在现时代不再具有正当性。当下之世界格局,各国均承认各自及对方的独立主权,彼此平等,而无屈己伸彼或反向屈抑之可能。黑格尔以现实主义的观点指出:"一个国家对其他国家来说是拥有主权和独立的。它有权首先和绝对地对其他国家成为一种主权国家,即获得其他国家的承认。"[1]各国之公民在从事涉外交往过程之中也处于平等的现代化了的自然状态之中,其冲突之解决也要求得到平等的对待,否则不仅违背各相关立法,而且也违背自然正义。

对于生而平等的观念在卢梭才华横溢的著述之中得到深刻阐述。他在批判格劳秀斯、霍布斯和亚里士多德时指出:"亚里士多德早在他们(指霍布斯和格劳秀斯——引者注)之前也曾说过,人根本不是天然平等的,而是有些人天生是做奴隶的,另一些人天生是来统治的。亚里士多德是对的,然而他却倒果为因了。"依卢梭来看,强者成为主人,弱者成为奴隶,这种事实不应作为不平等的证据,相反应当作为被改造的现实,否则就是倒果

---

① [德]黑格尔:《法哲学原理》,范扬、张企泰译,商务印书馆 2007 年版,第 346 页。

永久和平的冲突法建构——冲突法的政治哲学功能导论

The Construction of Perpetual Peace through Conflict of Laws: An Introduction to the Political Philosophy Function of Conflict of Laws ▶▶▶

为因了。因之,"即使是最强者也绝不会强得足以永远做主人","既然任何人对于自己的同类都没有任何天然的权威,既然强力并不能产生任何权利,于是便只剩下约定才可以成为人间一切合法权威的基础"。① 而社会契约只能是平等者之间的事情。在当代环境之下要重建儒家式的差序结构已不可行,以西式单子论为基础的自由与平等在现时代更具有实践支持度和解释力。

(五)持续而非临时的和平

和平治理方案还应当具有可持续发展的生命力,而不只是临时的应急之策,因为冲突本身是不可能、也不应该被彻底排除的。此种可持续性至少包括两个角度的虑思:其一,和平治理方案自身应当具有渐进的生命力,维持一种历史进步。这就要求和平治理方案之设计及其运行不应当是一劳永逸的成果,而应当是开放且生长性的,应当在历史发展过程中持续提升和平建设的能力。如此比较起来,儒家政治方案、康德的道德律令、霍布斯及罗尔斯等人的社会契约都具有静态性,一旦完成就不再发展,余下的任务只在于维持方案的一成不变的运作。哈贝马斯的交往行为具有相对合理性,它保持一种向前的开放性和可发展性。

其二,和平治理方案的可持续使用应当予以制度化,只有制度化的方案才能保证和平的持续和一致。方法在解决冲突问题时具有灵活度,但正因为此而显得缺乏规范,方法本身及其解决结果也就相应地缺乏一致性。但方法运用的规律本身将会否定方法,例如在美国冲突法的司法过程中,法官在判案时可更突出方法的运用,其本身看似不受规则之约束。但遵循先例的司法机制将会整合方法的离散,并收缩方法的灵活度,从而使方法在相同案件之中保持可持续的系统应用,这就自然地会形成方法运用的制度,方法最终还是被制度化了。制度化了的方法形成先例,并通过拘束后例的形式开创新的制度序列,直到该先例及其制度化了的方法被新的判例,更准确地说被新的判例中的新方法所终止,继而形成新的制度序列。哈贝马斯的交往行为方案尽管具有前瞻的包容力,但它在处理结果的一致性上有所欠缺,难以形成一致的制度。交往行为更具有方法的临时特性,因为在不同冲突的问题上虽然可以不变地运用交往行为方案,但交往行为方案对对话语境特别敏感,"谈"无定法,导致即便是相同或类似的冲突,由于语境不同而使处理结果表现出很大的变异可能。这为一种稳定的和平秩序的建构所不允许。

二、中西方案的情境测评

实现和平的方案种种,这并不意味着种种方案实现的都是相同情境的和平;反之,和平情境将因方案的侧重点不同而表现出不同的倾向。围绕上述五大和平情境即交往而非隔绝、冲突但非战争、民主但需集中、等序而非差序、持续而非临时,对儒家、柏拉图、霍布斯、康德、罗尔斯及哈贝马斯的方案进行分别评比,可得如下结论:

---

① [法]卢梭:《社会契约论》,何兆武译,商务印书馆1997年版,第10~14页。

哲学端绪	方案	预设主体	具体安排	和平的国际情境					
				交往而非隔绝	冲突但非战争	民主但需集中	等序而非差序	持续而非临时	
天下观	儒家方案	皇帝	纲常论	√	×	×	×	√	
单子论	柏氏方案	哲学王	天赋论	√	×	×	×	√	
	霍氏方案	狼人	契约论	√	×	×	√	√	
	康德方案	纯理性之人	目的论	√	×	×	√	√	
	罗氏方案	无知之人	无知之幕	√	×	√	√	√	
	哈氏方案	对话之人	交往论	√	√	×	√	×	

上表揭示,没有任何一种方案可以满足当代国际情境的全部和平要求,不同的方案致力于实现和平的不同维度,因此是有所欠缺的和平方案。或者说,这些方案实现的是扁平化的而非饱满的和平。分述如下:

(一)儒家方案的情境测评

儒家方案以天下观为底蕴,其理论虽然预设了君臣父子夫妻等主体,但依黑格尔的观点来看,实际上只有皇帝一人而已,其主体判断标准即为西方的自由与平等。黑格尔指出:"我们无从发现'主观性'的因素;这种主观性就是个人意志的自己反省和'实体'(就是消灭个人意志的权力)成为对峙;……那种普遍的意志径从个人的行动中表现它的行动:个人全然没有认识自己和那个实体是相对峙的,个人还没有把'实体'看作是一种和它自己站在相对地位的权力……。在中国,那个'普遍的意志'直接命令个人应该做什么。个人敬谨服从,相应地放弃了他的反省和独立。……所以这个国家的总体固然缺少主观性的因素,同时它在臣民的意见里又缺乏一种基础。'实体'简直只是一个人——皇帝——他的法律造成一切的意见。"[①]从主体就是有自由意志之人这个角度出发,的确可以对中国儒家政治方案作一人预设。在以皇帝为顶点的天下秩序中,其制度安排是以三纲五常为骨架的,它实现的和平是交往但非隔绝的和平,也是持续而非临时的和平。由于对统一秩序的强调,因此它并不容许冲突的存在[②];它所建构的和平也不是以民主为基础的和平,而是尊卑有别、等级有序的差序和平。

(二)柏拉图方案的情境测评

柏拉图的方案以全知的哲学王为中心,由他依据其知识而非依据民主,并按照城邦公民的天赋进行分工与合作,建构出以天赋高低不同而有所分别的差序和平;同样地,柏拉图的理想国中也只有统一的秩序,不允许冲突的存在,因此它实现的是绝对的和平,而非

---

① [德]黑格尔:《历史哲学》,王造时译,上海书店出版社 2001 年版,第 121 页。

② 瞿同祖指出:"礼足以节制人欲,杜绝争乱,又足使贵贱、尊卑、长幼、亲疏有别,完成伦常的理想,自足以建立儒家思想的社会秩序,而臻于治平。"(参见瞿同祖:《中国法律与中国社会》,中华书局 2003 年版,第 302 页)。

永久和平的冲突法建构——冲突法的政治哲学功能导论

The Construction of Perpetual Peace through Conflict of Laws: An Introduction to the Political Philosophy Function of Conflict of Laws ▶▶▶

冲突的和平。柏拉图方案能够保证的是交往而非隔绝的和平,持续而非临时的和平。

(三)霍布斯方案的情境测评

霍布斯的理论预设是狼人,即处于自然状态之中如同狼一样对待他人之人,其和平方案是以契约的方式完成的。他的和平方案最大限度地接近了饱满的和平,能够确保交往而非隔绝的、民主且又集中的、等序而非差序的,同时还是持续而非临时的和平,但它由于强调利维坦的统一秩序,因此在秩序安排之中排除了冲突的存在,不能实现冲突着的和平。这是因为其方案属于国家内部治理方案,并非针对当下国家间冲突着但非战争的自然格局。

(四)康德方案的情境测评

康德和平方案预设了纯粹理性之人,即严格按照可能被上升成为普遍行动规则的准则行事之人。康德通过大自然的目的论来为永久和平提供担保,能够实现交往但非隔绝的、等序而非差序的、持续而非临时的和平。但其方案不及之处有二:一是按照他的道德律令,冲突将不再存在,只剩下普遍规则之下的静止的和平,不能维持一种冲突着的和平;二是过于民主但缺乏集中,因为纯粹理性之人之行动绝对地属于内在的决策,每一个自由意志之行事均听从于道德律令之召唤而非屈从于一个外在的集中力量。需要说明的是,如果实践中的人真正能够做到纯粹理性,他们就都能够确保遵守普遍化的规则,因此也就没有必要通过集中的方式解决民主不能解决的问题;但实践中人恰恰并非纯粹理性之人,相反,生活经验显示绝大多数人往往表现出反理性的行为特征。需要集中的时刻,康德方案并不提供集中机制。

(五)罗尔斯方案的情境测评

罗尔斯所预设的主体是无知之人,除了满足进行理性选择而必需的信息之外,由于无知之幕的存在使他们对自己的身份、地位、情趣、天赋等信息全然不知。这里无知并不意味着不理性,相反,正如麦金太尔指出:"不仅一个处于某些诸如无知之幕这样的境遇之中的理性行为者的确会选择某些诸如罗尔斯所主张的正义原则,而且处于这样一种境遇中也只有理性行为者才会选择这样的原则。"[1]罗尔斯方案与霍布斯方案一样,它实现的和平是交往而非隔绝、民主也有集中、等序而非差序、持续而非临时的和平,但无法在冲突而非战争的国际自然处境之中建构出和平。

(六)哈贝马斯方案的情境测评

哈贝马斯方案预设的主体是对话之人,其具体安排是交往论。相比于其他方案而言,哈贝马斯方案具有如下特征:其一,就各方案所预设的主体而言,此方案的主体最接近于现实生活中的正常人,但该主体也有一个非"常"之处,即擅长对话,而且似乎只有对话功能,并能够在交往之中通过对话解决大多数分歧。其二,独有的积极功能方面,哈贝马斯

---

① [美]A. 麦金太尔:《追寻美德》,宋继杰译,译林出版社 2003 年版,第 314 页。

的方案是所有方案中唯一能够在维持冲突之中实现和平的方案，在这一方面具有胜任国际自然处境的能力。其三，独有的消极功能方面，哈贝马斯的方案是所有方案中唯一不能够实现持续而非临时和平的方案，这是因为其对话性质所具有的开放性所引致的弊端。除此之外，哈贝马斯的方案能够实现交往而非隔绝、等序而非差序的和平。

三、中西方案之当代会通

（一）中西方案的各别劣势

中西政治哲学在当代展现出一种错综复杂的关系：彼此攻击但又相互借力。中方立场是质疑以平等与自由为特征的西方"单子"如何可能实现和平共处，个体性先于整体性的方案预设已然在起点上将整体和谐排除在外，立足其上的政治哲学方案剩下来的唯一任务不过是在单子间的裂痕之上做一些修修补补的工作。鉴于破镜虽圆但裂痕仍在，西哲所能开出的政治处方就命定了将在"单子间性"或主体间性的问题上遭遇纠缠不休但注定必败的整合努力。尽管有了胡塞尔、海德格尔等辈的哲学努力，尽管有了霍布斯等人的契约安排，对平等和自由的倚重还是在根底处潜伏了分裂与冲突的危险。个体性是西式思维的第一原则，整体性只是在此基础之上反思的第二原则。第一原则的逻辑优先性时刻有将第二原则废弃的可能，庞蒂说："诸意识之间的竞争始于我思，正如黑格尔所说的，每一个意识都希望另一个意识死亡。"意识的这种我执性将我们抛入这样一种处境："我们不可能构造一个我们两个意识得以沟通的共同处境，每一个人都根据自己的主体性背景投射这个'唯一的'世界。"①立足其上的正义及其秩序之局限性就在于"它限制了培养那些合作性美德的可能性……这些美德恰恰是建立在个人主义假设基础之上的社会最难以生长繁荣的美德"②。简言之，中方突出的是西式处方中根深蒂固的"裂痕"。

与之相对，西方立场挑战的是儒家政治方案中整体性优先原则对个体性的专制。黑格尔将中国视为只有一个人自由的实体性社会，其他的人皆没入这个实体性之中失去了独立的人格。在以天子为核心的等级秩序之中，没有"我"，只有优先的"寡人"，"存在于家族中的亲疏、尊卑、长幼的分异和存在于社会中的贵贱上下的分异同样重要，两种差异同为维持社会秩序所不可缺。儒家心目中的社会秩序，即上述两种社会差异的总和"。③ 对于儒家等级秩序是否也存在人格，引起过广泛的争论。④ 如果能够在儒家整体优先的秩序之中还能够确保人格的存在，那么此种治理方案无疑可作为普世方案。但儒家的人格

---

① ［法］莫里斯·梅洛－庞蒂：《知觉现象学》，姜志辉译，商务印书馆 2005 年版，第 447～449 页。

② ［美］迈克尔·J. 桑德尔：《自由主义与正义的局限》，万俊人等译，译林出版社 2011 年版，第24 页。

③ 瞿同祖：《中国法律与中国社会》，中华书局 2003 年版，第 295 页。

④ 一个典型的，同时也引起广泛关注的学术争论便是由邓晓芒与徐少锦二人之间进行的"人格辨义"。（参见邓晓芒：《"人格"辨义》，载《江海学刊》1989 年第 3 期；徐少锦：《"人格"有道德涵义——与〈人格辨义〉一文商榷》，载《江海学刊》1990 年第 6 期；邓晓芒：《再辨"人格"之义——答徐少锦先生》，载《江海学刊》1995 年第 3 期）。

永久和平的冲突法建构——冲突法的政治哲学功能导论

The Construction of Perpetual Peace through Conflict of Laws: An Introduction to the Political Philosophy Function of Conflict of Laws ▶▶▶

显然不是西方个体性意义上的个体人格,而是群体人格。学者为此主张,两种人格都有其合法性,没有必要相互否定:"用西方的观点看中国,可以说中国人没有形成一种独立的人格(韦伯);用中国的观点看西方,可以说西方人没有形成一种社会的人格。合理的观点,也许是二者的统一,因为人既是独立的个体,又是群体的分子,既是演员,又是角色。"①这种人格观易为国人接受,但它同时也实质性地修改了西方的人格观念,"人格的本义既是'个人'的,它也就只能是'独立'的,否定个人,也就是否定个人的独立性,就是否定人格本身"②。这种理解与黑格尔对中国的人格解读是一致的:"这种有限的事物要达到真实的本体,只有没入到本体才可能。若和本体分离,有限的就成为僵死的、干枯的。"③人格之死也就是自由与平等之死,这两者作为西方的,也是当代国际理念与实践之主流的价值,是无论如何不会为西方所接受的。

(二)中西方案的各别优势

自由与平等成为国际主流,这并不意味着它能够自动并自觉地矫正其充分发展过程中的问题,其政治实践所表露出来的对有序秩序的消极作用引起了中外哲人、政治家与实践者们的反思。反思在两个方面昭示其积极成果:一方面是反观出自身优越性背面的消极性;另一方面是见识出异于本身的他者的积极性。

中式天下观的比较优势在于其对整体秩序的在先设定和维持,在此基础之上再实证为具体制度的安排。这一理路一开始就避过了主体间性的成问题性,这里成问题的只是如何对待个体性。因此,如果要强调个体,西式观念优越于中式观念,但秩序问题本身作为一个宏观的整体问题,中式观念也就具有西式观念不可企及的优越性。由是之固,"西方思想可以思考冲突,但只有中国思想才能够思考和谐",此论虽有所偏激但确乎有所启示。西哲于连就这样深切地反思过:"从严格的意义上(也就是不附带任何形而上的色彩),人类的不幸没有别的原因,从根本上说,就是因为我们采取了个别的立场,把自己引入了死胡同,没有了变化的余地。"④从个体主体出发的思路由于无从突破自我坚固的堡垒,无法穿越主体间的断裂,从而不可能真诚地达致整体之秩序,这导致了近代西方思潮的某种东方式变化⑤,海德格尔等哲人开始从共在出发逆向思考此在的问题,罗尔斯也在政治自由主义之中补充了公共理性的修正⑥。

西式观念的合理性在于其对人类尊严的尊重。经过西方理性的世界性启蒙,要无视

---

① 庞朴:《中国文化的人文主义精神》,载《光明日报》1986年1月6日。

② 邓晓芒:《"人格"辨义》,载《江海学刊》1989年第3期。

③ [德]黑格尔:《哲学史讲演录》第1卷,贺麟、王太庆译,商务印书馆1997年版,第118页。

④ [法]弗朗索瓦·于连:《圣人无意——或哲学的他者》,闫素伟译,商务印书馆2006年版,第16页。

⑤ 海德格尔与中国具有整体观念的天道思想之间存在关联(参见张祥龙:《马丁·海德格尔与"道"及东方思想》,载张祥龙:《马丁·海德格尔思想与中国天道——终极视域的开启与交融》,三联书店2007年版,第458~461页)。

⑥ 从《正义论》到《政治自由主义》,再到《万民法》的发展中,罗尔斯实现了对自由主义态度的稳健转变。

人格独立、自由与平等这一点,无疑将会成为人类之公敌,更不用说在人格否定的基础之上建立起一种和平的秩序。事实上,不论是中方对西式观念的攻击,还是西方对自身观念的反省性批判,他们看似激进的锋芒背后都有一个不约而同的认定,这就是人格的不可否定;他们对中国政治儒学所抱持的欣赏只有一个形式的观念即天下观所蕴含的整体性意义,但对于政治儒学实现这个观念的技术安排,即通过否定人格或划分人格等级的方式建构秩序,则是一如既往地予以排斥。如罗尔斯在提出其公共理性进行个体约束的同时强调了不容牺牲的个体自由:"在《正义论》里,公共理性由完备的自由学说给定;而在《政治自由主义》里,公共理性则是自由与平等的公民共同具有的政治价值之一种推理方式。只要公民的完备性学说与民主政体相一致,公共理性就不对其施行妨碍。这样,《政治自由主义》当中之组织良好的宪政民主社会,便是这样的社会,其中居于支配和控制地位的公民,他们肯定并奉行的是无法调和然而同样合理的各种完备性学说。这些学说支持着合理的政治总念——虽然不必是最合理的——而这些总念,确立了社会基本结构中公民的基本权利、自由和机会。"①重心依然在个体自由与平等之上。

另一方面,国人对个体主义的批判与对自我观念的提倡也不是对传统以天子为中心、以臣民之人格否定为基础的天下格局之无条件回归。此思路以赵汀阳的天下体系为典型,该观点首先批判了西方的个体主义对整体性的破坏:"天下/帝国的理论是个由大到小的结构,先肯定世界的先验完整性,然后在给定的完整世界观念下再分析各个地方或国家的关系。这是世界观先行的世界理论,而帝国主义是由小至大的结构,先肯定自己的民族和国家的绝对性,然后以自己国家的价值观把'其他地方'看作是对立的、分裂的和未征服的。这是没有世界观的世界理论。"如此比较后,赵汀阳给出了一个强调的"但书":"必须强调的是,虽然天下理念是中国提出来的理论,但天下体系的理想不等于中国古代帝国的实践。由于中国古代帝国仅仅部分地而且非常有限地实践了天下理想,所以这一不完满的实践主要是形成了专制帝国,而并没有形成一个今天世界所需要的榜样。"②对否定或抹杀个体人格的专制之集中批判,反向也就是对个体自由与平等之维护,是中西双方现已达成的共识,共同针对的问题是,如何实现整体性与个体性之会通。

(三)中西方案的当代会通

一种态度明确的和平治理方案只面临着两种选择:或者从个体性到整体性,或者从整体性到个体性。会通的方案是兼具二者:在观念方面实现从整体性到个体性的转变,即在建构永久和平的方案时应当从宏观整体上进行系统安排,但在具体操作层面,则需要从个体性到整体性。换言之,中式天下观具有战略性,西式单子论具有战术性。永久和平的实现就是中式战略加西式战术的过程。战术的安排是一个技术问题,它受制于战略观念的抉择。在这一意义上,战略观念具有逻辑在先性,中西会通首先应实现观念的会通。

---

① [美]罗尔斯:《万民法——公共理性观念新论》,张晓辉、李仁良、邵红丽等译,吉林人民出版社2011年版,第145页。
② 赵汀阳:《天下体系》,江苏教育出版社2005年版,第75、105~106页。

永久和平的冲突法建构——冲突法的政治哲学功能导论

The Construction of Perpetual Peace through Conflict of Laws: An Introduction to the Political Philosophy Function of Conflict of Laws ▶▶▶

1. 哲学的会通

海德格尔在哲学方面实现了从共在到此在的转型,突出了共在观念的优先性。共在本身就是一个先于个体性的共同体观念,按照胡塞尔此前的主体性哲学考察问题的惯常理路,共在是通过此在的主体间性致达的,但海德格尔至少在三个关键方面突破了主体性哲学传统对他的束缚:其一,"此在"概念的使用。海德格尔首先指出我们每一个人的"此在"于实际状态或日常经验之中是以不为人所敏察的解体方式呈现出来的,"此在的在世向来已经分散在乃至解体在'在之中'的某些确定方式中"。如何理解"在之中"意义重大,它将为我们开展出整体优先的观念。海德格尔指出:"'在之中'不意味着现成的东西在空间上'一个在一个之中';就源始的意义而论,'之中'也根本不意味着上述方式的空间关系。"相反,它揭示了共在的首要性,"某个'在世界之内的'存在者在世界之中,或说这个存在者在世;就是说:它能够领会到自己在它的'天命'中已经同那些在它自己的世界之内向它照面的存在者的存在缚在一起了"。① 海德格尔用诗性语言所要阐述的只不过是:个体存在的优先性只是一种日常幻觉;个体存在之时,整体业已先在。

其二,共在。共在意味着此在在它展开的世界之中不把他人当作与用具或自然物相等同的事物,而是赋予其与自身相同的此在性质,这个问题正好就是传统主体性哲学所力图攻克的主体间性的问题,海德格尔也必须直面并解决这个难题,但他由于不是从个体到整体,而是从整体到个体,因此他对这个问题的解决是逆向进行的。他首先指出了传统主体性哲学所遭遇的"成年人的烦恼"②,即"他人如何可能"的问题:"但对他人来照面的情况的描述却又总是以自己的此在为准。这种描述岂不也是从把'我'高标特立加以绝缘的做法出发,所以才不得不寻找从这个绝缘的主体过渡到他人的道路吗?"他人如果不是以现成之物与此在遭遇,则应该如何与此在共在,海德格尔说:"由于这种有共同性的在世之故,世界向来已经总是我和他人共同分有的世界。此在的世界是共同世界。'在之中'就是与他人共同存在。他人的在世界之内的自在存在就是共同此在。"③这里的解释并不明晰,与其说是一种解释还不如说是一种提示,因为在海德格尔看来可以依据世界对世内存在物进行解释,但对世界本身只能通过此在的在世存在进行提示。

其三,此在的死亡经验。对共在更为深刻的提示源于此在的死亡经验。死亡总是他人之死,一个人如何可能在他人之死中体验到自己可能的死亡前景?海德格尔如是断言:"此在在死亡中达到整全同时就是丧失了此之在。向不再此在的过渡恰恰使此在不可能去经验这种过渡,不可能把它当作经验过的过渡来加以领会。"此在能够预知自己的死亡,这提示了唯一的可能:"此在的某种了结'在客观上'是可以通达的。此在能够获得某种死亡经验,尤其是因为它本质上就共他人存在。"④以他人死亡的经验来揭示共在的在先性,这仍然只是一种提示,但也是我们唯一能够合理解释的提示。

---

① 〔德〕马丁·海德格尔:《存在与时间》,陈嘉映、王庆节译,三联书店 2006 年版,第 63,66~67 页。

② 庞蒂认为,他人如何可能的问题在小孩那里根本不存在,而只对成人来说是一个问题(参见〔法〕莫里斯·梅洛—庞蒂:《知觉现象学》,姜志辉译,商务印书馆 2005 年版)。

③ 〔德〕马丁·海德格尔:《存在与时间》,陈嘉映、王庆节译,三联书店 2006 年版,第 138 页。

④ 〔德〕马丁·海德格尔:《存在与时间》,陈嘉映、王庆节译,三联书店 2006 年版,第 273~274 页。

2.政治哲学的会通

在政治哲学方面,转向整体性的思潮体现在社群主义(communitarianism)的立论及其方案上。自由主义的标榜是"权利优先于善",而社群主义则反其道而强调共同体的善优先于个体权利,并针锋相对地提出了"善优先于权利"的主张。作为影响最大的社群主义代表人物①,桑德尔如此评价自由主义所支持的,罗尔斯本人也明确承认的具有"个人主义的特点"②的公平正义观:"当公平正义把自我的界限视之为优先的,并将之一劳永逸地固定下来时,它也就把我们的共同性降格为善的一个方面,进而又把善降格为纯粹的偶然性,成为一种与'道德立场无关'的任意需求和欲望的产物。"③罗尔斯事实上也以"社会联合"的方式触及到了个体与共同体之间的关系问题④,但在桑德尔看来,罗尔斯所提及的两种共同体观念都是个体主义的⑤。

桑德尔指出,罗尔斯所提的第一种共同体观念是"手段型共同体",它"基于传统的个人主义假设,"即认为主体的自利动机是自然而然的。这种解释以完全工具性的方式来设想共同体,……在这样的社会里,个人视社会安排为必要的负担,仅仅是为了追求私人目的而进行的合作。"这种共同体观念是偶然的,服从于个人利益之追求。罗尔斯所提的第二种,也是他自己的共同体观念是"情感型共同体",相比于共同体被作为手段而言,"共同体的参与者有某种'共享的终极目的',并且认为合作本身就是一种善。他们的利益不总是对抗性的,有时也是互补的和重叠的"。这两种观念被桑德尔认为不仅是个人主义的,而且都不能产生共同体的强理论,此两种共同体的善不会优先于个体的权利,"因为这将有违自我对其目的的优先性,也否定了自我先行的个体性,颠倒了多元性对单一性的优先性,并且让善参与了自我的构成"。而这正是桑德尔所希望达致的共同体目标,为此他提出了自己的优先共同体的模型即"构成型共同体":"共同体不只描述一种感情,还描述一种自我理解的方式,这种方式成为主体身份的组成部分。……对他们来说,共同体描述的,不只是他们作为公民拥有什么,而且还有他们是什么;不是他们所选择的一种关系(如同在一个自愿组织中),而是他们所发现的依附;不只是一种属性,而且还是他们身份的构成成分。"

对这种构成型的理解必须附加方向性的引导,它不是个体构成共同体意向上的,而是相反地从整体构成个体意向上的。这种被构成出来的个体就是海德格尔意义上的此在,世界不是由散沙式的此在所构成,反之,此在之在是于先行展开了的世界中的存在。总之,"只要我们的构成性自我理解包含着比单纯的个人更广泛的主体,无论是家庭、种族、城市、阶级、国家、民族,那么,这种自我理解就规定一种构成型共同体。造就这个共同体的不仅仅是一种仁慈精神,或是共同体主义的价值的主导地位,甚至也不只是某种'共享

---

① 姚大志:《何谓正义》,人民出版社 2007 年版,第 199 页。

② [美]罗尔斯:《正义论》,何怀宏、何包钢、廖申白译,中国社会科学出版社 1988 年版,第 523 页。

③ [美]迈克尔·J. 桑德尔:《自由主义与正义的局限》,万俊人等译,译林出版社 2011 年版,第 196 页。

④ [美]罗尔斯:《正义论》,何怀宏、何包钢、廖申白译,中国社会科学出版社 1988 年版,第 523 页。

⑤ 下引共同体观念如果没有特别说明,即援引自[美]桑德尔:《自由主义与正义的局限》,万俊人等译,译林出版社 2011 年版,第 169~171,194 页。

永久和平的冲突法建构——冲突法的政治哲学功能导论

The Construction of Perpetual Peace through Conflict of Laws: An Introduction to the Political Philosophy Function of Conflict of Laws ▶▶▶

的终极目的',而是一套共同的商谈语汇和隐含的实践与理解背景;在此背景内,参与者的互不理解如果说不会最终消失,也会减少"。需要指出的是,社群主义只是在自由主义传统之中对自由主义进行的反思,由于立足处境的先天局限,社群主义的共同体观念虽然已经在个体主义的对立面走向了极致,但始终没有实现最后的突破而有重归个体主义窠臼的解释危险。中式天下观概念的植入,是消解这个最后难题的会通桥梁。

3. 从共同体到天下观

天下观念是中国的本土概念,如果要能嫁接到自由平等的西式基础之上还需要完成一个"去心"与去乡土化的过程。

所谓去心的过程,意指现代化了的天下不是以君主为核心的天下,而是以平等的主体为核心的天下。这平等的主体可作两重理解:一是以平等的国家为核心,一是以平等的公民为核心。前者的形象是国家联盟,后者的形象则是康德曾经所展望的世界公民图景。两者都不强调建立一个集中的、自上而下的帝国体系,不论这帝国是曾经的中华帝国还是现时代的美利坚合众国。去乡土化的过程,意指现代化了的天下不是以命令性的纲常规范,而是以个体之自由与平等为基础所建构出来的天下。这种天下观兼容了西方的单子论,在西式个体主义之先、之上形成了致密的纽带。各个平等自由之主体就如同海德格尔笔下的此在,他们由天下观所孕育、所构成,而不是反过来由他们或者经过契约、或者经过无知之幕的选择来逼近一个共同体的观念。如此修正之天下观更大程度地实现了中西政治哲学的会通,如学者所言:"政治哲学转向需要创造一种新的世界观和一种新的政治分析框架,以便能够按照世界本身的目的去理解世界,同时,按照世界的尺度去重新诠释关于世界的各种问题。而这样的政治原则正是中国天下理论所强调的根本原则,即天下是天下人的天下,天下的选择必须是天下所有人的人性选择。"[1]

这个天下观具有如下三方面的特质:它首先强调了整体的优先性,这个概念具有西方任何概念难以匹敌的整体性,因为"'天下'所认定的世界是个在概念上已经完成的世界,是个已经完成了它的完整性结构的世界,它承诺了世界的先验完整性。既然世界具有先验的完整性,那么世界的存在论意义就在于保护其内在和谐。"[2]这个天下观其次也包容了自由主义关于主体平等、自由、多元之初设,天下观的这一包容能力使其具有了极强的生命延展力,这表明天下观的政治实践结果将不仅仅局限于帝国主义模式,而完全可能开展出为自由主义政治哲学所向往的治理模式。最后,它在置换西式政治哲学方案的观念的同时,保留了其操作模式。这就是说天下和平秩序之建构,不只是转变观念就可能瞬间完成的志业,还得立足于多元、自由与平等之主体,由他们在天下总念的指引下通过具体的制度安排走向永久和平。

---

① 赵汀阳:《天下体系》,江苏教育出版社 2005 年版,第 159 页。
② 赵汀阳:《天下体系》,江苏教育出版社 2005 年版,第 74 页。

第四节　情境测评的冲突法回应

与包括国际法在内的其他所有法律科学不同,冲突法是(法律领域中)最接近战争与冲突的法律科学,其他法律科学皆以统一之规范为行为主体颁定权利义务准则,以此形成有序秩序,冲突的发生不在于规范的缺失,而在于对规范的解释与执行之分歧。但冲突法所面临的问题却正好是新的自然状态,各行为主体并不具有共享的行为准则,且各方均承认对方的有效性,在此处境之中通过仍然处于分歧中的规范实现冲突的解决。这种处境成就了冲突法在当代国际自然状态之中作为一种建构永久和平秩序的政治哲学方案的可能性。通过比对冲突法方案与上述方案所奠基的和平秩序之不同,可见出冲突法方案的独特优势。列表比对如下:

哲学端绪	方案	预设主体	具体安排	和平的国际情境				
				交往而非隔绝	冲突但非战争	民主但需集中	等序而非差序	持续而非临时
天下观	儒家方案	皇帝	纲常论	√	×	×	×	√
单子论	柏氏方案	哲学王	天赋论	√	×	×	×	√
	霍氏方案	狼人	契约论	√	×	√	×	√
	康德方案	纯理性之人	目的论	√	×	×	√	√
	罗氏方案	无知之人	无知之幕	√	×	√	×	√
	哈氏方案	对话之人	交往论	√	√	×	√	×
综合论	冲突法方案	现实之人	选择	√	√	√	√	√

横比冲突法方案与其他方案在实现和平的哲学端绪、预设主体、具体安排等方面,冲突法作为规范化了的具有高度现实性和技术操作性的政治哲学方案可得到揭示。它在国际社会长达数百年的实践应用,尽管有诸多弊端且屡受质疑而被革命,但在它至今仍总体持存,且无更好替代方案的情境下,它是最具实践范导性,也是最具理论稳健性的和平实践方案。比较而言,其特质如下。

(一)综合论的哲学端绪

就哲学端绪看,冲突法方案具有综合中式天下观与西式单子论的优势。此种特质可从冲突法的中西端始文明中得到启示。冲突法文明一般地被认为是西方文明的成果,学界公认其起始于公元 12、13 世纪的意大利城邦时代,该时代的城邦"数目众多并且彼此相邻",具有星罗棋布的多元、平等、独立和自由之性质,"虽然封建主义没有在意大利取得胜利,产生封建主义的无政府状态和不安全却从政治上使意大利各城市之间相互孤立,并足

永久和平的冲突法建构——冲突法的政治哲学功能导论

The Construction of Perpetual Peace through Conflict of Laws: An Introduction to the Political Philosophy Function of Conflict of Laws ▶▶▶

以导致各城市进行局部立法,分别制定自己的法则"。① 此状态一如霍布斯笔下的自然状态及该处境中的人。就冲突法此种自然基础而言,它呈现的是典型的西式单子论世界观,世界不是作为在先的、整体的世界,而是被分裂为先行的个体如散沙一般堆成的自然状态。但这并不意味着冲突法毫无整体信念,这可从三方面予以提示:

其一,已有西方冲突法学者敏锐地指出冲突法的生成并有效运行的必要条件是各城邦之间共享的文明观念或立法基础。巴蒂福尔等在其著述之中指出:"也许各城市之间始终存在着一种共同的立法基础,它们都是以罗马法为基础;应该看到这种现象,因为它表现了这个文化上的共性,该共同文化以及没有封建割据,维持着城市之间的联系。"②他们还以萨维尼为证继续强调这个问题的重要性:"在当时的德国,罗马法是现行的共同法。因此,萨维尼很自然地将继承罗马法的国家看成在法律上被一种纽带联系在一起的国家,这种纽带将便于各国在其各自的领土上适用外国法。基督教使这种共同性更加巩固了,在萨维尼看来,基督教和罗马法是组成西方各民族共同性的两个因素",这种共享的文明特质对于冲突法的积极意义在于,"这可以使各国方便而正常地适用彼此的法律,而且根据共同的规则来适用,这样就可以导致统一的解决办法,而不管诉讼地在何处"。③ 需要指出的是,如果这些共同的观念或基础体现了各城邦之间的某种共同体观念的话,套用桑德尔评价罗尔斯的术语,它也只是体现了各城邦之间"弱共同体"观念。

其二,冲突法所先行预设的人类共同体观念。当代冲突法的主流方式是萨维尼的法律关系本座说,有确凿的证据可表明,萨维尼不论是作为一个历史法学派的代表人物,抑或是作为冲突法的近代之父,他的学术抱负都有一个人类共同体的信念。在他的冲突法著作《法律冲突与法律规则的地域和时间范围》的"前言"中他就先行挑明了冲突法这个学科的"根本目标在于消除公认的相互往来的国家组成的国际社会内民族差别"。这一"公认"的前提也被他贯穿在该著述的正文之中,萨维尼认为冲突法立足于各国及各国公民的平等(体现了西方单子论观念),而各国之所以能够平等对待他国及其公民,这是由于"世界各国和整个人类的共同利益决定"的。④ 更一般地,作为具有历史主义信念、精神和修养的法学巨儒,他更习惯于在历史的整体预设之中看到历史的渐进,老年萨维尼写道:"具体的著作与个人的现实存在一样,都是短暂的,但思想是永恒的,它通过个体的生命而不断增长——思想将我们所有人连接成一体,我们以热情和爱而劳作,使人类变成为一个更大的更为持久的社会共同体,个人最平庸的贡献也能在其中找到它永久的地位。"⑤这

---

① [法]巴蒂福尔、拉加德:《国际私法总论》,陈洪武等译,中国对外翻译出版公司 1989 年版,第17 页。

② [法]巴蒂福尔、拉加德:《国际私法总论》,陈洪武等译,中国对外翻译出版公司 1989 年版,第17 页。

③ [法]巴蒂福尔、拉加德:《国际私法总论》,陈洪武等译,中国对外翻译出版公司 1989 年版,第332 页。

④ [德]萨维尼:《法律冲突与法律规则的地域和时间范围》,李双元等译,法律出版社 1999 年版,第 14 页。

⑤ [德]威廉·格恩里:《弗里德里希·卡尔·冯·萨维尼传略》,载[德]萨维尼:《法律冲突与法律规则的地域和时间范围》,李双元等译,法律出版社 1999 年版,第 329 页。

种共同体观念已经摆脱了初级的、外在的纽带观,超越了罗尔斯的手段型和情感型共同体观念,走向了一种甚至比桑德尔的构成型共同体观更具有整合意义的命运共同体观念。

巴蒂福尔等对人类共同体的敏察很接近海德格尔的共在观念。在阐述内外国定性因各国所使用范畴不同而可能发生的冲突时,他们认为这种冲突不可能超越于一国的范畴,因为"任何实在法体系,只要是充分发展的体系,从来只不过是那些从根本上说属于普遍性问题的一种特定的解决办法。在世界各地,人都要结婚、拥有财产、相互服务、死亡。我们法国有关结婚或继承的规则只是一个到处存在的问题的一种可能的解决办法,这也许是因为人的本性到处是相同的。……按照这个思路,没有一个外国制度可以超越于我们的范畴以外,因为我们的范畴具有普遍的性质,它们是适应于普遍性问题而形成的。先验地作出这样的断言似乎过于大胆,但是根据国际私法的经验,似乎完全可以做出这种断言。"①这一见地具有直面问题本身的现象学的态度,的确各国之具体法律规则尽管内容及形式各异,但就其针对共同的人生问题而言,它们也就只不过是对共同问题意识之不同反应。简言之,冲突法的意义之源在于人类共同的"生活世界",不论冲突法在其实际存在及其运作之中是否遗忘甚或否定之,这个共同的生活世界总已先行决定了冲突法的起点、功效及其命运。巴蒂福尔等人的上述见解实可以称得上是冲突法中的"生活世界现象学"。

其三,与政治哲学领域发生的情形类似,共同体观念还没有进展到冲突法上最完备的先验完整性即天下观,但在中国历史上曾经短暂出现的冲突法文明即"化外人相犯"的思想与原则却以间接的方式表达了天下观。化外人相犯条并未直接提及天下观念,然而在宏观和微观两个角度可以客观发掘出其中的天下理念:宏观方面,就历史学来看唐帝国只可能具有天下观而不可能具有西方之世界观,这也可以从对"化外人"的判断标准略加说明。化外人不是指不同国籍之人,国籍的观念只有在出现了国家、只有在当代世界观的前提下才可能具有,而这里所谓的化外人是以"类"为标准的。类不是以国家分类,而是以族群、以所属不同圈层进行分类的。有人就此指出:"中国这个'大圈',在处理外面世界时,总是以自己为中心,按亲疏远近的关系来将它划分'层次'的,而这种'层次'又常常变成一种'等级'序列。同时,这也是一种'类型化'过程。"②可见,类的观念也只生长于天下秩序之中。简言之,国籍是与世界观相匹配的,而类籍则是与天下观共契的。"化外人相犯条"有类籍而无国籍的表述足可从文字学角度揭示其蕴含的天下观念。

在微观方面,"化外人"之中的"化"字更是传神地揭示了天下理念③。"化外"是为了追求"无外",只有"至大"方能"无外"。这种化约精神被认为是中国文化的基本精神:"中国的基本精神在于'化',并且关键是要以己化他而达到化他为己,这当然意味着要接受多样化,但这个'多'却是由'一'所容纳的。多样性必须在某种总框架的控制中才是多样性,

---

① 〔法〕巴蒂福尔、拉加德:《国际私法总论》,陈洪武等译,中国对外翻译出版公司 1989 年版,第 411~412 页。

② 〔美〕孙隆基:《中国文化的深层结构》,广西师范大学出版社 2004 年版,第 367 页。

③ 张春良:《帝国的气功与城邦的血性:中西冲突法端始文明之比较》,载《中国国际私法学会 2008 年会论文集》,北京香山,2008 年 9 月。

永久和平的冲突法建构——冲突法的政治哲学功能导论

The Construction of Perpetual Peace through Conflict of Laws: An Introduction to the Political Philosophy Function of Conflict of Laws ▶▶▶

否则,失控的多样性就只不过是混乱。"①用历史哲学的语言来说,这个化字表达了一种渐进的动态,这种动态的两端是一种"神意"般的整体性或统一性信仰,如同黑格尔所预断:"我们认为这世界是由神意所主宰,这就包含着这样的意思,即世界内那些彼此分离的外在的事物,将永恒地从统一中发展出来并返回到统一,遵循着统一。"②统一不过是西方所能用以表达天下信念的最极致的同义语。

(二)现实的预设主体

世人常指责逻辑与实践之不吻合,康德还曾经为此认真地予以逻辑论证并得出结论认为:"从世界主义的角度看来,下述的论断也始终是可爱的:凡是根据理性的理由对于理论是有效的,对于实践也就是有效的。"③导致分歧的关键不在于各种理论的逻辑模型之逻辑问题,也不在于实践具有难以被逻辑所"规训"的不服从的野性,而在于理论模型在逻辑提升过程之中做了违反实践的,也就是背离经验的假设。这当然更不能责怪逻辑的预设不当性,因为不论如何预设,预设都难免不当。如果没有预设,就没有逻辑,也没有任何理论方案。因之,真正的问题出在理论方案的逻辑预设与实践之不等性,差别只在于程度的不等而已。

既然实践难以完全满足逻辑预设之要求,是否意味着我们的方案应当在逻辑预设之中服从实践之需要?但解决问题的方式又不能够无条件地要求逻辑预设服从实践,因为这样一来就会否定理论方案存在的意义和价值,即批判实践而不是迎合实践、提升实践而不是维持实践之使命。康德多次强调,人性最卑劣无耻的方面集中体现在国家之间的关系之中;④上文业已提及,黑格尔"别有用心"地笑看国家之间的"极度动荡的嬉戏":"国家在它们的相互关系中都是特殊物,因此,在这种关系中激情、利益、目的、才德、暴力、不法和罪恶等内在特殊性和外在偶然性就以最大规模和极度动荡的嬉戏而出现。"这种人间修罗地狱恰好构成冲突法的,也是永久和平所立足的基础实践,这当然不是要求建立一种符合这种实践的冲突法及和平秩序,相反,包括冲突法在内的所有和平建构方案之出现乃在于拯救这一实践。问题因此必须作如下修改和转变:必须建立一种和平治理方案,该方案的逻辑预设应当尽可能地容纳实践,以便将实践吸入理论方案之中得以被规整与改造,通由如此之治理结构出一个和平秩序。

"尽可能地容纳实践"这一要求表达了两方面的希望:第一,逻辑预设必须不能过分地高于实践,甚至完全与实践无关,否则,实践不可能被吸收入理论方案之中被加工;或者反过来说,这种理论方案所针对的问题不再是现实中的问题,它可能瞄准了另外的一个无关世界。在逻辑预设提出了实践完全难以满足的要求的情况下,该理论方案就是纯粹的乌

---

① 赵汀阳:《天下体系》,江苏教育出版社 2005 年版,第 13 页。

② [德]黑格尔:《小逻辑》,贺麟译,商务印书馆 1997 年版,第 399 页。

③ [德]康德:《历史理性批判文集》,何兆武译,商务印书馆 1990 年版,第 223 页。

④ 康德认为,"人性的卑劣在各个民族的自由关系之中可以赤裸裸地暴露出来"(参见[德]康德:《永久和平论》,何兆武译,上海世纪出版集团 2005 年版,第 115 页)。在另外一处,康德继续说:"人性表现得最不值得受尊敬的地方,莫过于在整个民族的彼此之间的关系这方面了。"(参见[德]康德:《历史理性批判文集》,何兆武译,商务印书馆 1990 年版,第 221 页)。

托邦。第二,一种实践有效的理论方案在进行逻辑预设时,应当尽可能地设定一种实践敏感度低的前提。实践敏感度低的意思是现实中已有的和可能的变动应当为逻辑预设所预见,并被包括在其预设之中不至于影响该理论方案的实践规范效用。对于和平治理方案而言,由于和平秩序是主体间的关系状态,因此主体(人、民族、国家等)预设就是最根本和重要的,也是决定性的预设。以此观之,在上述政治哲学方案之中,唯有冲突法的理论预设最接近现实,其立足的"现实之人"远比其他方案所预设的主体更具有人间烟火味道。

首先,儒家方案与柏拉图方案所预设的主体不再具有探讨价值,他们是最远离现实之人,儒家的皇帝是曾经存在的遥远的历史人物,柏拉图的哲学王是纯粹逻辑构造之物,在现时代均为"非人"。这一预设直接否弃了该两种方案作为当代和平建设方案的可能性。

其次,霍布斯与康德所假设之人各占据了常人之两端,霍布斯假定之人皆为生存而自私自利之人,基本缺乏人性的理想成分;①康德所设想之人则为严格自律,且深知何为可上升为普遍规范的准则之人,在霍布斯的相对方面完全排除掉了人性的非理性成分。因之,此两类人只是扁平化了的非常人,或谓之扁平人。

再次,罗尔斯所预设的主体位于无知之幕背后,需要同时满足如下几个条件才能确保选择普遍化的正义原则:一是必须是理性的,否则不可能形成一致的正义选择;二是必须是在社会信息方面是无知的,否则不同的身位将会导致不同的主体进行于己有利的选择,从而使正义原则受偶然性或特殊性之影响;三是又不能完全无知,完全无知之人不能做出选择,因此行为主体必须具有为选择所需的相关信息。但有人指出:罗尔斯营造了"一种超经验的契约处境,使人们完全脱离了正常的人类生活环境",这使主体既不能选择,也不能做真正选择。② 罗尔斯的预设在这里潜伏着极大的矛盾:一方面为确保选择过程及结果的无偏私,行为主体应当是无知的,但另一方面为确保他们能够正常选择,行为主体又必须是有知的。这种矛盾状态在现实之中是不可能的,不能代表真正的常人。

最后,哈贝马斯的对话之人更接近于现实的正常人,参与对话的人无需保持绝对的纯粹理性,也不是自私自利如同狼一般对待他人之人;他也不必躲在无知之幕背后对自己的身份地位等社会信息一无所知,但惟独需要知悉为选择而必备的知识。这种主体预设就具有很低的实践敏感性,从而相对极大地提高了方案的实践有效性。但哈贝马斯所预设的主体具有"动口不动手"的君子气质,少了些实践者所具有的即时行动之魄力。如有学者指出哈贝马斯"忽略了两个致命的问题:其一,一些事情无论经过什么样的理性对话仍然是不可互相接受的,即'理解不能保证接受'的问题;其二,还有一些事情涉及当下利益,假如不马上行动就会错过机会而失去利益,即'时不我待'问题,它说明了在对话上的时间投资会导致利益上的损失。于是,当问题以话语的形式提出来总是不太严重的,而当问题以行动的方式提出来,世界就茫然失措,因为没有什么样的话语能够回应行动的问

---

① 施特劳斯指出:"霍布斯的人性理论,是他的政治哲学的基础",它包含两个人性公理:一是自然欲望;二是与动物相比所独有的"无穷无尽的欲望"(参见[法]列奥·施特劳斯:《霍布斯》,申彤译,译林出版社 2001 年版,第 10~11 页)。

② 转引自姚大志:《何谓正义》,人民出版社 2007 年版,第 51 页。

题"①。也就是说,哈贝马斯所预设的行为主体耽于对话而忘了行动,是除了对话之外丧失了行动能力的有限行为能力者。

冲突法所预设的主体是所有方案中唯一能够满足现实人之正常状态的,它对行为主体的理性、自利心、对话能力、社会信息的摄取与占有等能力一概地不加限制,任其处于本真的生活世界之中,除了他必须满足现代人之正常生活能力之外。所预设的具有正常生活能力的现代人,也就是介于纯粹理性人与狼人之间的②,既有对话能力也有行动能力之人,他们彼此之间应平等、独立与自由。这甚至算不上是预设,因为它就是当下之真现实。例言之,不论是私人还是国家,作为冲突法中的主体处于彼此平等的地位,它首先具有自私性,这普遍地体现在对法院地法的不适当的扩展适用中,但它同时具有自我抑制性,因为甚至冲突法的产生就是各国对自身进行抑制的产物。自私性与对自我自私的抑制③,这两种状态的共存才具有现实之人的完整人性。正是由于冲突法在预设主体方面的无限制,因而为其和平治理方案赢得了强大的实践能力,当代国际社会的冲突法境遇也在一定程度上印证了这一事实。

(三)直面问题的制度安排

政治哲学的目标是和平,但这个和平应当包括两个方面:一是赢得和平;二是建设和平。前者所针对的问题是如何在战争或冲突之中实现和平,因此是前和平的状态;后者所针对的问题是如何在赢得和平之后维持和平,因此是后和平的状态。比较而言,这些不同方案的和平功能可简纳为三种模式:

方案	具体安排	和平功能
儒家方案	纲常论	
柏氏方案	天赋论	
霍氏方案	契约论	建设和平
康德方案	目的论	
罗氏方案	无知之幕	
哈氏方案	交往论	赢得和平
冲突法方案	选择	赢得并建设和平

第一种模式是仅仅在赢得和平之后实现和平之建设,但对于和平之赢得却无能为力。

---

① 赵汀阳:《天下体系》,江苏教育出版社 2005 年版,第 106 页。

② 正如休谟所说:"心灵的品质是自私和有限的慷慨。"(转引自[美]桑德尔:《自由主义与正义的局限》,万俊人等译,译林出版社 2011 年版,第 46 页)

③ "从来不曾有一门法律如同冲突法那般反思过法自身的局限性,冲突法做到了,这是冲突法的深刻性;从来不曾有一门法律如同冲突法那般扬言要给予异己法律体系以适用的机会,冲突法做到了,这是冲突法的博大性;也从来不曾有一门法律如同冲突法那般敢于直面支离破碎的法律冲突去赢得自身的真实性和完整性,冲突法做到了,这是冲突法的高贵性。然而,也从来不曾有一门法律如同冲突法那般,一方面宣称通过对法律冲突的中立解决来致力于实现天下诸国法律体系之间的动态和平,另一方面却因深深植根于特定国内法土壤的身份原罪而无法释怀对自身法律体系的偏爱,这是冲突法的悲剧性。"(参见张春良:《冲突法的范式进化论》,载《法律科学》2010 年第 4 期)。

它们只是假设了和平,回避了战争与冲突,因此并没有真正地赢得和平。隶属此种模式的方案包括儒家的纲常论、柏拉图的天赋论、霍布斯的契约论、康德的目的论,以及罗尔斯的无知之幕。对儒家的纲常而言,纲常之施行不是在乱世之中自然实现的,而是在乱世得以清理之后为巩固和平之结果才予以颁定施行的。纲常本身并不具有解决冲突、消除战争的能力。并且,纲常作为治理社会秩序的统一实体规范,它本来是政治哲学方案所追求的结果,而不是其起点,但儒家纲常论却直接以之为起点,假定其已然既得,然后再据之实现和平秩序。这无异于循环论证,倒果为因。同样地,罗尔斯的无知之幕在现实之中也只不过是反思的产物,是在和平既得的情况下为实现正义秩序而假设的理论处境。无知之幕本身并不具有赢得和平的现实能力。其他方案类同,此处省略。

第二种模式仅仅在于赢得和平,但对于和平实现之后如何持续与维系,则是一个问题。哈贝马斯的交往行为理论就是这种模式。当行为主体之间发生争执或冲突,通过充分、长期的理性商谈,各行为主体达成了和解,实现了和平。如何促使该和平长期化,特别是规范或制度化,则是交往行为理论所不能解决的,而必须附加其他的治理方案协同合作,才能实现。

第三种模式是冲突法的方案,它在各国法律冲突产生之后,通过选择的间接方式赢得和平。同时,冲突法作为规范化了的制度具有长效性,它是解决冲突过程之中所使用的经验与智慧的制度转化。因此,依赖冲突法的规整,就既可以在冲突发生之后赢得和平,又可以在和平赢得之后以其制度力量维持和平的可持续化。简单地说,冲突法的规范化了的选择方案既能够赢得和平,又能够建设和平。至于冲突法的选择方案如何能够在国际自然状态中及在个性张扬的利维坦之间赢得和平,这其间的奥秘在于其具有"迂回与进入"①的太极艺术,下一章将重点阐述这个问题。

(四)和平能力

就冲突法建构和平的能力而言,它具有广适性,而其他政治哲学方案与之相比具有特定的局限性。如下表所示:

方案	和平能力	和平的国际情境				
		交往而非隔绝	冲突但非战争	民主但需集中	等序而非差序	持续而非临时
儒家方案	局限性	√	×	×	×	√
柏氏方案		√	×	×	×	√
霍氏方案		√	×	√	√	√
康德方案		√	×	×	√	√
罗氏方案		√	×	√	√	√
哈氏方案		√	×	×	√	×
冲突法方案	广适性	√	√	√	√	√

---

① 法国哲学家于连把中国文化的精髓概括为"迂回与进入",迂回与进入的关系就是间接与直接的关系,迂回的艺术性与力量更为强大(参见[法]弗朗索瓦·于连:《迂回与进入》,杜小真译,三联书店2003年版,第25页)。冲突法之所以能够发挥其化解冲突的能力,也在于其作用机理具有迂回即间接之特征。

永久和平的冲突法建构——冲突法的政治哲学功能导论

The Construction of Perpetual Peace through Conflict of Laws: An Introduction to the Political Philosophy Function of Conflict of Laws ▶▶▶

　　首先,冲突法实现的和平是交往而非隔绝环境下的和平。这是冲突法题中应有之义。冲突法的产生直接立足于法律冲突,而法律冲突得以成立的条件之一乃在于各国现实交往的大量发生。[①] 无交往,则无冲突;无冲突,则无冲突法。

　　其次,冲突法实现的和平是允许冲突存在,并承认冲突有效的前提下的和平,这一点为冲突法方案与哈贝马斯方案所独有。其他方案都将冲突视为无效,并力争通过其方案的实践一劳永逸地排除冲突。冲突法所面临的冲突作为一种特殊的法律冲突,它是同一涉外民商事关系因两个及其以上相关法律的适用而发生的冲突。冲突过程中,双方均承认彼此的有效性和合法性,并承诺在冲突法的框架之内通过非战争的方式解决冲突。国际社会仍然处于自然状态之中,这使产生法律冲突的所涉国家之间彼此不能证伪,而是处于平等、自由的关系之中,这种关系状态在现时代决定了:第一,双方不能够通过战争解决冲突;第二,双方不能通过证伪一方的方式解决冲突;第三,双方只能在维持彼此有效的情况下通过适当方式解决冲突。能够满足此三点要求的,只有冲突法和哈贝马斯的对话方案。在某种意义上,冲突法也就是一种制度化了的对话,而对话只是松散化了的冲突法。

　　再次,冲突法实现的和平是立足民主但又集中的和平。所谓立足民主,即是说各国之间的关系就如同西方单子间的关系,各国都有自己的法律规范与正义观念,但谁也不能说自己掌握了唯一的正义,并因此要求其他国家对己服从;相反,各国的有效性与合法性决定了他们之间的冲突只能以“众生平等”的方式进行解决。所谓集中,是指冲突法方案能够即刻解决国家间的法律冲突,得出统一行动的准则,避免冲突的持续甚至激化。这是哈贝马斯方案的软弱之处,在对话难以有效解决冲突的情况下,整个处境将陷入僵局,从而消弱乃至否定整个方案的和平建设效果。但冲突法方案以法律的规范力量,并以国家单独的或交互的承认与执行机制确保其处理结果的统一实现。

　　次之,冲突法所实现的和平是等序而非差序的和平。冲突法立足的处境是平等国家之间的关系语境,各国在以冲突法解决冲突、建构和平的过程之中始终维持各自的等位性和等效性。和平秩序之赢得不必以献祭主权国家的地位为代价,也不必通过形成主权国家之间高低有别的差序结构来实现。赢得和平与维持平等之间具有可兼容性。

　　最后,冲突法实现的是持续而非临时的和平。冲突法是制度化了的经验与智慧,它既能够在即时的冲突之中发挥解纷作用,又能够在冲突解决之后以其制度的规范制约力量抑制冲突的发生。当然,这种抑制并不等同于一般实体规范对冲突的排除功效,它只是给行为主体以制度提示,为其行为及其后果提供预见功能。由于冲突法所针对的问题是不同国家的法律体系之间的问题,且冲突法不是以一种统一实体规范的形式进行解决,这就始终决定了冲突法不可能完全抑制冲突,而是以冲突滋生冲突的方式在冲突之中实现动态和平。这种和平秩序不能因为其间存在着冲突的可能就不被认为是一种持续的和平,和平是否持续的标准是看治理方案是否能够常态地规范冲突。在这一意义上,冲突法的制度化了的选择方案相比于哈贝马斯的对话理论而言更具有可持续的和平维持能力。

---

　　① 　发生大量的涉外民商事交往和关系,是法律冲突得以产生的首要条件(参见刘想树:《国际私法基本问题研究》,法律出版社 2001 年版)。

　　总言之,冲突法承认如下前提:各国之间的关系既不是完全处于霍布斯式的自然状态之中,它们之间已经有了一定的文明开化;也不是完全达到了罗尔斯的原初状态,它们之间仍然体现着康德所谓的丑陋的人性。因此,霍布斯方案起步于、针对于自然状态的狼人,也就只适用于狼人;罗尔斯方案起步于、针对于原初状态的完人(纯粹理性之人),也就只适用于完人。真正的问题在于,除了狼人时代与完人时代两个端点之外的,位于二者之间的半狼半人的人狼时代才是更为持久、更为当下的特征。狼人时代已经一去不复返,完人时代尚遥不可及,甚至说永远都不可企及,现时代的真问题由谁、如何解决? 在这个问题上,唯有历史主义与唯物主义更接近真理。人类实践既不是像理性一般纯粹透明也不是如同感性那般完全混沌,而是半透明体,哈贝马斯诉诸对话;康德和黑格尔诉诸历史。但现时代的冲突问题禁不起太长的等待,也不可能作无限期的搁置,更不可能重返老子炊烟相望、老死不相往来的前自然状态,因此这些方案的可操作性与规范性都已经被实践所证伪。真正直面这个问题,并作严肃思考,负责任地予以担当的方案是冲突法的方案,它将冲突限制在可控而不升级为战争的范围之内,以具有高度可操作性而不只是玄想的方式,以具有正义德性而不是绝对价值无涉的随机方式①,以即时而非无限期延长给予解决方案的方式,对当下之问题给予敏察而灵动的回应。

---

　　① ［德］普芬道夫:《人和公民的自然法义务》,鞠成伟译,商务印书馆 2009 年版。

第四章 >>>

永久和平的冲突法之途

冲突法与永久和平之关联对冲突法产生了三个方面的改造效应：一是在冲突法的定位上，它将不再只是作为解决法律冲突的学科，而是上升成为一种实践和平的政治哲学方案；二是在冲突法的功能上，它将不再只局限于解决国家间的私法冲突，而且还将突入国家间的公法领域，尤其是以其解决冲突的独有思维服务于国家间和平秩序的建构；三是在解题方案上，它将进入与其他政治哲学方案的互动之中，批判并汲取其他方案的优势成分，实现解题思路与技法的完善。提升冲突法作为政治哲学方案的可能性，并据此实现冲突法功能的延展，这些内容在上文进行了必要的检讨，本部分将致力于从第三方面即解题思路与技法方面探究其实现和平的独特理路。在冲突法的历史演进之中呈现出多种范式，但在现时代作为制度化了的具有规范力量的主导范式仍然得推萨维尼的法律关系本座说。法律关系本座说以间接规范的选择形式撇开了国家间就实体规范难以达成一致之后的僵持困境①，并据以此产生的太极效应以退为进地实现了国家间冲突的迂回且更有效的消解。

第一节 冲突法的范式进化

传统意义上的冲突法是力图以中立方式解决相关国家之间私法律冲突的法律部门，但它却具有一个非中立的立足前提。冲突法的此种姿态是由于如下这一事实造就的，即本身作为国内法的冲突法谋求解决不同国内法相冲突的国际战争状态。这使冲突法带着与自身较劲的意味，它必须时刻对自己的身位立场进行清醒的反思并维持必要的节制，以避免自身从相冲突的法律体系之上的裁判者沦落到冲突着的一方法律体系之中，尤其是当冲突法所从出的法律体系作为冲突一方时，更是如此。冲突法这种与自身较劲的势态充满了危险的张力，这种危险既可能摧毁冲突法的正当性，使它的诺言转变成为高贵的谎言；又可能赋予冲突法以自否定的支撑力量，使其得以不满自身的偏私而蓄满自我完善的渴念，从而踏上一条进化之途。

---

① 这种僵持困境是由于各方偏执己念而生的冲突格局。间接的选择方式就在于悬隔这种对己念的执著，从而造成一种"无意"，继而可"无所不意"。于连对这种深具东方韵味的思维方式有着到位的理解，他认为这种无意是以孔圣人为代表的中国思维的特征（参见［法］弗朗索瓦·于连：《圣人无意——或哲学的他者》，闫素伟译，商务印书馆 2006 年版）。

一、冲突法的范式区分

所谓范式,是指"一个成熟的科学共同体在某段时间内所接纳的研究方法、问题领域和解题标准的源头活水。"①科恩用这一词组来标识构成某一科学共同体的基本理据,这一基本理据同时成为该科学共同体共同信仰并赖以推演各式理论的终极渊源。冲突法作为一门公认为从 13、14 世纪才起源的晚生学科,其知识增长的加速度即便不高于、至低也不输于其他法律学科,纳德尔曼为此做出了一个精辟的断言:"凡是值得尝试的,都已经以各种名义尝试过了。"②然而,因为缺乏对各种学说流派的范式整合与梳理,以致裹挟其间的冲突法学者们在历经对各种流派的危机及其革命之后仍然难脱"面对迷蒙未来"③的生存处境。为着清醒反思、判断并能动规划冲突法历史演变进程之目的,我们需要倚重范式的力量来重述冲突法的进化之旅。审视冲突法历史上涌现的各种学说流派,可以将其厘定为如下三种范式,即主体性范式、主体间性范式和社会性范式。

(一)冲突法的主体性范式

主体性范式是一种比较直观和直接的致思方式,它直接面对的是在一个涉外交往过程之中彼此对立的双方主体及其归属的法律体系,试图通过对双方主体的身份状态、地位强弱、法则性质乃至法则背后的政府利益进行类型划分,再按照不同类型确定应当适用的法律。因此可以说,主体性范式乃是立足于主体对立的二元框架之上,通过不同的致思路径而抵达法律冲突消解的效果。这些不同的致思路径表征着同一主体性范式下的不同流派,具体而言,如果是从主体双方的身份状态来进行类型划分,并进而决定内外法的适用的,这种致思路径便是唐朝《永徽律》规定的"化外人相犯"条所反应的精神;如果是从主体双方的法则性质进行类型划分,并进而决定内外法的适用的,这便是巴托鲁斯法则区别说的致思路径;如果是从法则背后的政府利益进行类型划分,并进而决定内外法的适用的,这便是柯里的致思路径。概观既有的主体性范式的冲突法学说,其致思目标都是在内外法之取舍选择与主体的特定属性之间建立某种具有说服力的因果关系,据此厘定内外法的适用范围,通过法律管辖域的各得其所来实现法律冲突的消解。

(二)冲突法的主体间性范式

主体间性的冲突法范式与主体性范式在致思起点上最大的不同乃是对待双方主体的平等态度,后者是在主体二分的框架下强调通过特定的主体因素分析来优先保障某一特定主体方的法律适用,从而使双方主体及其法律体系的地位从一开始便处于失衡状态;而

---

① ［美］托马斯·科恩:《科学革命的结构》,金吾伦、胡新和译,北京大学出版社 2003 年版,第95 页。

② Nadelmann, Marginal Remarks on the New Trends in American Conflicts Laws, *Law & Contemp. Probs.*, 1963, Vol.28, p.860.

③ 张祥龙:《思想避难:全球化中的中国古代哲学》,北京大学出版社 2007 年版,序言,第 1 页。

永久和平的冲突法建构——冲突法的政治哲学功能导论

The Construction of Perpetual Peace through Conflict of Laws: An Introduction to the Political Philosophy Function of Conflict of Laws ▶▶▶

前者则步出了主体地位的单极性,在平衡考量双方地位的同时,通过中立的致思路径来实现平等兼顾双方主体这一前提下的法律冲突之消解。在致思路径上,两种范式的差别乃是中立与极性的对比。以法律关系本座说为例,它解决问题的方式便既不是双方主体的身份属性,也不是双方主体的法则属性,而是双方主体彼此之间的关系属性。梅伦等人提出的功能分析主义同样如此,它不是在双方主体之间进行非此即彼的全有或全无的零和博弈,而是要在双方主体及其归属的法律体系之间召唤一种折中和协调的解决路径。在致思目标上,法律关系本座说全部努力的方向便是如何设定法律关系的合理本座,而功能主义则致力于协调出双方主体可以接受的或者对双方主体最为合理的方案。

与冲突法的主体性范式不同,主体间性范式显得更有回旋性、艺术性并因而更具有丰富的解题可能性。由于主体性范式力图在主体对立的框架之中直观并直接地解决法律冲突,这使得它具有策略上的简单性,也因此成为中外历史上最原始和最古老的解题思路,无怪乎中外冲突法的端始文明在毫无沟通的情形下不约而同地选择了主体性范式的冲突法表达。相较而言,主体间性范式要委婉艺术得多,它的致思起点不再是涉外交往之中对立的主体,而将关注的焦点和重心转移到主体之间的交往上,这种转移导致了冲突法上第一次真正的范式变革,它赋予此种学说在解决法律冲突时更柔性的可能路径,深刻体现了以退为进及解决冲突必先回避冲突的辩证精神。

(三)冲突法的社会性范式

主体性范式的致思起点是涉外交往的双方主体,主体间性范式的致思起点则将这一焦点调整到双方主体之间,但是,此两种范式无疑地对于法律冲突问题的解决都具有太大的局限性。主体性范式对特定主体的利益进行保护不够,主体间性范式扩展到对主体双方利益的均衡考虑也还远远不够,它们都有一种将法律冲突的背景遮蔽和隔绝的重大倾向,而习惯于在双方冲突的单调现象之中纯粹地解决法律冲突。然而,冲突法的社会性范式要求将致思起点渗透到法律及其冲突的背后,不仅要如同所谓的后现代国际私法那样突入到法律冲突"背后隐存的文化差异和文化冲突"[1],而且还应当扩展到法律及其冲突赖以依托的整个生活世界,在如此宏观构架之中理解并解决法律冲突。毕竟法律冲突并不是单纯法律的冲突,法律本身也不是单纯无味之物,按照孟德斯鸠的认识,法堪称整个社会生活的总和[2]。冲突法的社会性范式转向隐含着深刻的现象学精神,按照现象学的要求,人类的一切意识都有一个"突显中心与(围绕此中心的)边缘境域"的结构,法律冲突同样带着这样的结构,法律冲突作为突显中心固然重要,但是更值得关注的乃是那使得这一作为突显中心的法律冲突得以呈现的边缘的、"泛音式"的境域。[3] 因此,冲突法的社会性范式也就是一种境域化思潮,它不仅要求直接关切法律冲突双方,不仅要求通过均衡考

---

① 转引自杜涛:《德国国际私法》,法律出版社 2006 年版,第 477 页。

② [法]孟德斯鸠:《论法的精神》上册,张雁深译,商务印书馆 1997 年版,第 7 页。

③ 突显中心是指意识的目光所及之处;边缘境域则是指内在地必然与此目光和突显中心相关联的一个围绕带,比如此目光必然具有的余光和那余光所及的一个向四周越来越模糊地扩散开去的视野(参见张祥龙:《生活世界的构成域性》,载张祥龙:《中华古学与现象学》,山东友谊出版社 2008 年版,第 200～203 页)。

量法律冲突双方的利益来解决法律冲突,而且更强调透过法律冲突所依托的整体背景来寻求冲突的积极消解。如此转换后的致思立场,就要求在致思路径和致思目标上进行前所未及的扩容,要求在构建冲突消解方案时综合考虑案件所涉及的各种要素,并使得案件的处理能回应冲突双方、社会背景乃至国际秩序的要求。代表冲突法社会性范式的典范学说是莱弗拉尔的法律选择五点考虑和克格尔的利益法学派,当然还有美利坚合众国在《冲突法重述》中体现的抱负。

二、冲突法的主体性范式

(一)主体性范式的典范

归纳冲突法迄今为止的各种学说,隶属主体性范式的典范主要有主体身份主义、主体法则主义、主体利益主义。

其一,主体身份主义。主体身份主义作为一种典型的主体性范式,也就是将冲突双方的身份作为法律选择的定准,其典型范例即是长孙无忌提出的"化外人相犯"条。

"化外人相犯"条生成于曾经的世界中心即唐帝国,这不能不说是一种历史必然,涉外关系的频繁与唐皇的礼让风尚共同奠定了这一条款的基础。与西方冲突法第一次出现的形态一样,唐帝国立法者在决定法律取舍选择时采取了直接和直观的做法,即他们不关注抽象的法律关系,而是按照相冲突双方的身份将法律冲突分解为如下几个方面,即化外人与唐人之间的法律冲突、唐人与唐人之间的法律冲突、不同身份的化外人之间的法律冲突和相同身份的化外人之间的法律冲突。上述四类法律冲突之中,尽管《永徽律》并没有提到前两类法律冲突的解决方案,然而根据伦常经验推理,必定是唐帝国立法者认为前两类法律冲突应当适用唐帝国法律,这一点如此地自明以至于根本不必专门立法探讨。应当关注的倒是"化外人"相犯的情形,因为盛世唐朝的风采早已吸引若干"化外人"心向往之而趋赴之。① 化外人相犯因其身份继而可再分为二,长孙无忌对此作出了"司法解释":"化外人,谓蕃夷之国别立君长者,各有风俗,制法不同。其有同类自相犯者,须问本国之制,依其俗法断之。异类相犯者,若高丽之于百济相犯之类,皆以国家法律,议定刑名。"

由此从身份上层层分解,唐帝国便将复杂的涉外法律冲突一分为三,并相应地制定出解决方法:唐人与化外人相犯,适用唐律;化外人相犯,同类相犯,适用本俗法;化外人相犯,异类相犯,适用唐律。从这里可以看出,唐律解决法律冲突的全部关键在于对冲突双方主体身份的琢磨与分类,并将主体身份作为法律选择的主义。

其二,主体法则主义。与关注主体身份性质的"身份区别说"不同,主体法则主义将思维的重心聚焦于冲突双方各属的法律规则之上,并力图通过沉思法则的性质来解决法律冲突问题,其范例即是巴托鲁斯的法则区别说。

史称巴托鲁斯为真正冲突法学说的开山鼻祖,但是他却以非常独特的思维方式去寻

---

① 关于盛世唐朝此方面的一些介绍可参阅《资治通鉴》第一百九十八卷:唐纪十四·贞观二十二年(戊申,648)。

思法律冲突的解决。他与长孙无忌关注主体身份不同,转而开辟了一条法则区别说之途,并根据法则性质决定其法律适用。从身份向法则的偏转,其中之因由既是由于冲突法在西方的第一次尝试必然携带着原始素朴甚至"连儿童都觉得可耻"①的历史局限性,更主要的原因则是由于巴托鲁斯本人作为注释法学家的身位立场决定了他"寻章摘句老雕虫"的思维惯性,使他缅于在法律文本的语法结构之中去汲取解决法律冲突的"剩余意义"②,倾听法律文本古老而极智的作者来自远古的灵异昭示。抛却当代人后知后觉的傲慢与偏见,巴托鲁斯的法则区别说在思考法律冲突及其解决方案的技巧上仍然不失时代科学性,其主要思路是:将相冲突的城邦法则依照其语法结构进行性质判定,如果语法主体是人的,则为人法,其法律效力没有空间限制;如果语法主体是物的,则为物法,其法律效力具有严格的地域限制。立足法则性质这一中心点,巴托鲁斯划定了法则的空间范围,并因空间范围的不交涉而完成了法律冲突的消解。

其三,主体利益主义。主体利益主义在构思法律冲突消解策略时在利益二字上用力。柯里的政府利益分析说掀起了美国冲突法革命的高潮,它的革命性是如此的彻底以至于发出了"没有冲突规范,我们会更好"的激愤呐喊。③尽管柯里脱离了传统的,更严格地说是萨维尼的冲突法体系,但是这并不意味着他业已脱离了冲突法的范畴,究其缘由乃是因为他对萨维尼体系的背叛和颠覆却是以向被革命的萨维尼体系所革命的古老传统即巴托鲁斯传统进行回归的,以至于有学者将他们都视作是单边主义模式的体系缔造者④。这不能不算是一个深刻的洞见,在更深刻的范式框架上柯里与巴托鲁斯同出一辙,他们都是在对立的双方主体所隶属的规则身上叩问法律选择的答案。不同的微妙差异仅仅是法则的语法与法则的利益之间的视角更迭。按照柯里的理解,法律总是反映冲突着的双方主体的政府利益,对法律冲突的理解及其消解也理应立足于政府利益的冲突结构之上。尽管柯里相比于巴托鲁斯来说,在最终决定如何选择法律的方式上存在偏差,但是他们的致思起点都是建立在这样一个抽象的二元对立框架之上,经由分析主体的法则特性来直接判定法律适用的。

除上述各类经典学说之外,现当代仍然有许多新兴的学说思潮在自觉或者不自觉地皈依这一看似古老久远的范式。例如,预设了冲突双方强弱对立继而要求通过"有利于"的方式实现"结果选择"的观点便体现了当代最人性化、最温情化的法律适用思潮即"从契

---

① 法国国际私法学者达让特莱评价巴托鲁斯的法则区别说为:"这样思想和这样教导儿童们,真的,儿童们也会觉得可耻的。"(参见[英]马丁·沃尔夫:《国际私法》,李浩培译,北京大学出版社2010年版,第48页)。

② 中世纪的诠释学注重四重意义的开掘,即字面上的意义、譬喻的意义、道德意义和通往的意义,尼古拉对此作出了简洁界定:"字面的意义说明事实,譬喻的意义说明信仰的内容,道德意义指明应当要做的事情,而通往的意义则指明你应当努力争取的东西。"除了字面的意义之外的其他三种意义被注释法学家们视作是一种意义丰满和意义过剩,只能被部分汲取出来(参见洪汉鼎:《诠释学——它的历史和当代发展》,人民出版社2005年版,第31～35页)。

③ Brainerd Currie, *Selected Essays on the Conflict of Laws*, Duke University Press, 1963, p. 180.

④ Gene R. Shreve, Choice of Law and the Forgiving Constitution, *Ind. L. J.*, 1996, Vol. 71, pp. 271～287.

约到身份"的转向,其法律冲突的解决方案便再次从遮蔽身份的法律关系本座说返回到了主体主义的范式,带着异常浓烈的复古遗风和舒卷悠长的怀旧韵味。

(二)主体性范式的危机

从长孙无忌到巴托鲁斯,从柯里到毕耶、贝克斯特,古今中外的冲突法思想似乎都踩着相同的鼓点与节奏在超时空的场所中共鸣地舞蹈。虽然它们彼此在时空中存在着巨大隔离,而且在学说形态上甚至表现出毫无牵挂的洒脱与超然,然而对共同问题的关切如同一把同命锁将彼此的精神脉络绑定在一起,形成一个学术共同体和一个命运共同体。反思此种范式之不足,它们具有如下几个缺憾:

一是极化的思维基础。极化思维是指在构思法律冲突解决方案时首先预设了一个不证自明的二元对峙格局,对立和对抗着的主体双方分别代表两个极点,一切方案都从这个基础性构架之中引申出来。这样一种朴素的思维同时也是一种缺乏反思的自然主义的态度,它非常容易引起两个重大不利后果:一是导致对立的双方倾向于将对方客体化,以"主体—客体"之认知关系而非主体间的伦理关系来思考冲突问题,缺乏对对方主体的同情和同等的尊重,进而引起整个解题方案向自我主体极偏转。这表现在法律冲突解决过程之中就一种唯我和利己的强大倾向。另一个不利的后果就是对解题方案设计者带着一种视野引诱的蛊惑,它极易使冲突法学者在主体身上寻找某种额外的因素作为解决法律冲突的判断标准,而丧失了在主体之间、之外去寻求更为合理方案的自觉意识。

二是潜在的利己主义倾向。康德曾经说过一个温暖而甜蜜的命题,即无论如何必须将一个人当作目的而不是手段[1]。然而,这更像一个规劝而不是现实,更容易成为一个谎言而不是真理。极化思维至少摧毁了这一命题的实质精神,对峙的二元主体格局总是在自觉或不自觉之间转换成主体与客体的关系,丧失主体身位的对方沦落为实现和抵达己方目的的棋子和手段。表现在法律冲突和选择过程之中就是一种潜在的利己主义倾向,这种利己主义倾向具有一种强烈的扩张自我、宣泄自我法律体系之主张的欲求,从而使得在双方主体所属法律体系出现真实冲突的时候,内国或者内州法总是有一种"自私的乡土观念"[2]。如果说这种乡土情结是笼罩在冲突法上亘古不化的魔咒,那么当其他非主体性范式具有较强的防御机制来缓冲这种诱惑时,主体性范式最大的缺陷则是缺乏此种免疫机制,而且极化的思维基础和排他的主体关注反而强化了此种归乡趋势的"乡病"。正是这种世界性情绪促使长孙无忌在面对化外人异类相犯时毫不犹豫地选择了唐律,柯里在面对真实冲突和"条件不足案件"时也径直选择了内州法律。

三是单边的法律适用技巧。逼仄的二值法律选择空间使得主体性范式彻底丧失了闪展腾挪的想象能力,留下给它的只是爱憎分明、不容妥协的选择立场。法律选择的结果已然先行命定为非此即彼、非内即外的二分抉择,各种主体性范式的不同流派之分野也就只

---

① [德]康德:《实践理性批判》,邓晓芒等译,人民出版社 2003 年版,第 119 页。

② Arthur T. vonc Mehren, Choice of Law and the Problem of Justice, 41 *Law & Contemp. Probs.* p. 27, 27~43, (1997). 对这种"乡土观念"的延伸分析可参阅张春良:《中国心,外国心,心心相印——〈我的中国心〉的冲突法批判》,载《中国国际私法学会 2009 年会论文集》,浙江杭州,2009 年 9 月。

永久和平的冲突法建构——冲突法的政治哲学功能导论

The Construction of Perpetual Peace through Conflict of Laws: An Introduction to the Political Philosophy Function of Conflict of Laws ▶▶▶

是体现在通过何种理由来实现内外、彼此的分配。简言之，主体性范式的冲突法体系都是一种在二分法格局下的单项选择题，其中的个性差别只不过是以不同的选择理由来正当化此种选择。这样的状态使主体性范式的冲突法思想在法律适用规则的构造上只有采取单边性的做法，或者指向内国或内州法，或者指向外国或外州法，不可能超越二者之外在第三方法域寻求答案。长孙无忌的"化外人相犯"条便是分别指向内外俗法的，而巴托鲁斯的法则区别说也是指向内外邦法的，柯里的政府利益分析说最终也难逃在内外州法律空间内安息各立法的躁动心绪的宿命。

四是极端化的法律适用效果。在主体双方所从属的法律体系之间进行非此即彼的选择，使得整个案件结果呈现出某种大起大落、大喜大悲的跌宕，尤其是当相冲突的双方法律规则在价值立场上截然异质时，案件的处理便具有了"全有或者全无"的投机色彩。案件处理结果的全有或者全无将世界范围内的法律体系之落差凸现到了极致，它也揭示了世界范围内法律冲突的惨烈一面，显示出冲突法学者们任重道远的艰难前景。在梅伦和特劳特曼设计的一个案例之中[1]，无论我们套用长孙无忌的思想、巴托鲁斯的法则区别说，抑或柯里的政府利益分析说，它们都将使案件得到单向度的，因而也就是极端化的法律处理。他们对此评论道："只能适用一个州的法律规定，要么不赔偿损失，要么就是完全赔偿损失，这样做，显然都会使其中一个州的政府利益遭受到侵损。"[2]法律的品性应当是审慎保守的中庸美德，主体性范式下的冲突法体系很可能使法律的此种美德荡然无存，转而让世人慨叹法律及其所塑造的人生之反复无常。然而，法律德性的实现不在于增添世人的苦难喟叹，而在于抚慰无常中的人生并给予其以安定的支撑，冲突法的德性也理当如此。

三、冲突法的主体间性范式

(一)主体间性范式的革命

导致以法则区别说为主要表现形式的主体性范式出现危机的因素，不止是巴托鲁斯迷恋法则性质的个性化错误，其更深层次的根源还在于它脱胎于其中的主体性范式的种种缺陷，国际社会不仅呼吁一种真正平等的法律冲突解决方案，而且也呼吁一种更为灵活多元的柔和体系，避免主体性冲突法范式那样一种坚硬的、非此即彼的、有着强烈主客意识的对抗式法律适用。危机的出现意味着危险与机遇的共存[3]，"它指出了更换工具的时

---

[1] 该案的大致案情如下：甲州居民养了一只狗，一天，迷路的狗跑到乙州并咬伤了一个居住在乙州的居民。乙州居民因此对甲州公民提起诉讼，要求赔偿损失。乙州法律明确规定，狗的主人要对其狗咬伤的受害人承担完全赔偿责任；而甲州的法律却相反规定，狗的主人只有在明知自己的狗有咬人的习惯和瘾好的情况下致使他人被狗咬伤的，才承担赔偿责任，否则，分文不赔（转引自邓正来：《美国现代国际私法流派》，中国政法大学出版社 2006 年版，第 213 页）。

[2] 邓正来：《美国现代国际私法流派》，中国政法大学出版社 2006 年版，第 214 页。

[3] ［美］伯尔曼：《展望新千年的世界法律》，载［美］伯尔曼：《法律与宗教》，梁治平译，中国政法大学出版社 2003 年版，第 191 页。

机已经到来了"。①

　　萨维尼法律关系本座说满足了创建一个全新范式以推翻旧范式所必需的全部革命性要求。这主要体现在这样两个方面：第一，萨维尼作为一个对近代法律科学有着精深造诣的法学巨儒，他与巴托鲁斯在思维方式和学术背景方面存在完全不同的训练，惯于从法律关系而不是法则性质的角度出发来思考和解决问题。更何况，在萨维尼之前便业已有学者尝试过从法律关系的角度出发构思法律冲突的解决问题②。

　　第二，我们必须注意这样一个细节，即萨维尼在主要意义上属于一个民法学者，他对冲突法从时间和内容上都关注甚少③，这样边缘化的学术势态使得他更能够从容摆脱主体性范式的束缚，而从自己的思维惯性角度提出全新的冲突法范式。联系科恩的下述说明，之所以萨维尼是推进冲突法范式转换的不二人选也就不言自明了："获得新范式、做出这些基本发明的人，几乎总是非常年轻的人，或者是新进入一个其范式将由他们所改变的领域的人，也许对此不需要再作更明确的说明，因为很明显，他们很少在以前的实践中受常规科学传统规则的束缚，他们特别有可能看出，那些规则已不再适用了，并且去设计出另一套规则替代它们。"④

　　法律关系本座说之所以能替代主体性范式，其直接原因是由于它更能合理解释法律冲突的本质，但更深层次的缘由则是它步出了冲突法主体性范式必然具有的先天性缺陷，不再从极化思维的角度考虑法律冲突，而是行进到冲突双方的主体之间，通过居中地位的占据来真正树立起众生平等的格局，避免主体性范式时刻在抵御但始终无法得以幸免的将主体客体化的危险。这一危险就如潘多拉魔盒一般，一旦打开便无法遏制在解决法律冲突时滑向唯我、利己、单边和极端等万劫不复之境地。

（二）主体间性范式的典范

　　法律关系本座说构成主体间性范式的主要但不是唯一的典范，当代涌现出来的法律适用功能主义思潮同样因其思维方式的特点而构成主体间性范式的另一种形态。按照两种典范的不同旨趣，我们可以将法律关系本座说称作为主体间性范式下的关系主义，而功能主义则可名之为主体间性范式下的协调主义。

　　其一，关系主义。萨维尼本人被推崇为冲突法上的第一人和最后一人，因为他不仅开创了而且同时也终结了冲突法⑤。在思想方式上，萨维尼对法律冲突的思考不再从主体双方的特定要素出发寻求启示，而是一开始就以体现主体间性的法律关系作为全部思考

---

　　① ［美］科恩：《科学革命的结构》，金吾伦、胡新和译，北京大学出版社 2003 年版，第 70 页。
　　② 有观点对萨维尼在冲突法中的贡献作出了体无完肤的批判，仅仅将系统化和条理化的功能归诸于萨维尼，而将其他一切创造分解给他的先驱或者同事。Friedrich K. Juenger, *Choice of Law and Multistate Justice*, Nijhoff, 1993, pp.10～27.
　　③ ［美］荣格：《法律选择与涉外司法》，霍政欣、徐妮娜译，北京大学出版社 2007 年版，第 45 页。
　　④ ［美］科恩：《科学革命的结构》，金吾伦、胡新和译，北京大学出版社 2003 年版，第 83 页。
　　⑤ 拉沛就这样认为："萨维尼的理论既是全部国际私法的开始，也是它的终结。"（转引自杜涛：《德国国际私法》，法律出版社 2006 年版，第 184 页）

的中心。他首先指出"法律规则的功用在于支配法律关系"①这一核心思路,该思路一旦得以解决,剩下的事情便是如何在技艺上进行锤炼以构建出雅致的规则体系。在具体规则上,萨维尼按照法律关系的典型类型进行划分,然后按照每类法律关系的性质寻找各自的形而上的"本座",继而通过法律关系与本座的稳定配对,在二者之间建立起尽量唯一、排他的因果关系,如此一来便最终形成一个以"某某关系适用某某法"为建筑规则的学说体系。

萨维尼法律关系本座说的具体规则架构如同丰满的血肉一样,无法抵抗历史沧桑的盘剥而逐渐褪去昔日惊世容颜,然而它的致思范式和逻辑"枯骨"历经风霜磨砺却风采不改,积淀而成当代最具影响力、统治力和生命力的立法框架,以至于有学者认为:"萨维尼对社会主义国家的冲突法的影响甚至超过了他的'叛逆学生'卡尔·马克思"②,"在美国以外,萨维尼的学说依然一统天下"。③

其二,协调主义。功能主义法律适用思潮的核心思想乃是协调,即要求在相冲突的主体及其归属的法律规则之间协调出一个为双方都能接受的方案,从而有效泯灭法律冲突。功能主义带着更大的积极性和创造性,甚至要求在相冲突的法律规则之间硬生生地建构出共同遵守的行为规则。也就是说,功能主义开始具有了"临时约法"的意味:之所以是"约法",乃是因为功能主义已经不再也无法满足于在维持既有法律框架,不触动和更改其具体内容的前提下实现法律冲突的消解;相反,它是要摧毁法律规则之间的僵硬对抗,从法律规则的功能角度出发致力于熔铸出共同规则,从冲突的双方规则之间生生造出共同可以接受的实体性规则。为此,梅伦和特劳特曼指出:"在这种双方都有明显的利益,双方的政策都可以合理地实现的案件中,法院应当适用一种多州规范或称多个法域的共同规范。所谓多州规范,在这个具体案件中便具体体现为甲州法律规定与乙州法律规定互相妥协,其实际结果是乙州的受害人得到实际损失一半的赔偿。这样就能使两个州的政策在某种程度上都得到了实现。"④这种赔偿一半的中间线做法相对于相冲突的两州法律规则而言便是一种全新的"立法"。另一方面,这种立法也只是一种"临时"立法,即它只是在个案处理过程中的"一次性"立法,毕竟它是由司法机关在审理案件过程中实施的司法行为,而不是如同立法机关那般的普遍性和长期性立法变更。

功能主义的确对"间性"思维贯彻到了数学化的精确程度,而且在许多实务案件之中

---

① 〔德〕萨维尼:《法律冲突与法律规则的地域和时间范围》,李双元等译,法律出版社 1999 年版,第 1～2 页。

② Juenger, The Conflicts Statute of the German Democratic Republic: An Introduction and Translation, *Am. J. Comp. L.*, 1977, Vol. 25, p. 332.

③ Friedrich K. Juenger, Choice of Law and Multistate Justice, Martinus Nijhoff Publishers, 1993, pp. 32～42.

④ Friedrich K. Juenger, Choice of Law and Multistate Justice, Martinus Nijhoff Publishers, 1993, p. 214.

得到司法机关的采纳和当事人的认同①。但是它仍然带着自身无法克服的局限,这样的局限性主要包括:第一,它多少有着司法僭越立法功能的嫌疑;第二,功能主义的协调并不总是万能的,在很多涉及人身性冲突的案件中便无法通过中间线的规则进行协调②,即便在仅仅涉及金钱赔偿的案件中,也并不是当事人都能接受的;第三,协调主义在西方立场来看还带着"圆滑"的精神,它追求的是如何消解冲突,并不追求如何正义地消解冲突,为达目的不重"原则"是它的最高纲领。

(三)主体间性范式的危机

对双方主体利益的同情考虑总是优于对单一主体利益进行的盘算,这一基本观念构成了主体间性范式相对于主体性范式的道德优越感。然而时过境迁,伴随着社会关系的复杂化和涉外交往主体需求的多元化,主体间性范式面世时冲击陈旧现状的生猛力量逐渐开始变得保守,转而成为试图牢笼和束缚更富生命力的现实生活的枷锁。涉外交往的快速发展将主体间性范式的危机渐次绽露出来,为着下一个范式革命与转换蓄积能量。

第一,主体间性的形上化。为了稳固主体间性范式的均衡,无论是萨维尼还是梅伦等辈均被迫采取一种硬性的处理方式,通过本座说或者中间线规则打击主体性的偏私化倾向。这使得主体间性的解题方案必然走上形而上学的道路,曾经被萨维尼赋予温情色彩的具有"家"之丰满意义的本座在现当代竟然被攻击为过于抽象机械,而功能主义的中间线规则也只是在数量上以暧昧的妥协强迫冲突双方等距离地接受多少有些不伦不类的"两不像"方案。事实上,主体间性范式在规则架构上的形而上学化除了应归因于"间性"思维的绝对贯彻之外,还应当注意到它同时还是追求法律适用天下一统的产物,这尤其是萨维尼的抱负。

主体间性范式的形而上学化唯一导致的值得信赖的成就乃是它的统一力量,然而"统一"并非是任何时代任何领域的最高精神图腾,更不是面向鲜活生命现实和微妙生存意义的法律致力追求的最高目标。对于作为生命交流而成的法律关系而言,毋宁说一致性反倒是压抑生命态势因而必须被克服和摆脱的束缚,它只是"努力地要把法律问题分配给不同的立法管辖区域,而不是公正地审理案件。……我们在寻找物之所在地、侵权行为地或契约履行地时,总是伴随着对案件冷漠无情的态度。"③世人也越来越意识到,"通常用惑人的方法来作概括的公式,不是很有益的,而且国际私法正如私法的任何其他部门一样,

---

① 一个典型的例子是 Cipolla vs Shaposka,另一个同样典型的例子是 Bernahard vs Harrah's Club 案。Arthur T. vonc Mehren, Choice of Law and the Problem of Justice, *Law & Contemp. Probs.*, 1997, Vol. 41, p. 27.

② 需要指出的是,这种"临时约法"的做法具有局限性,它可能更多地在涉及财产关系的领域之中得以适用;涉及人身关系,如涉外婚姻的有效与否的问题,以及涉及公共秩序的问题,就可能捉襟见肘了。但这种做法的思想即"中庸"却可以应用在这些领域之中。比如,在考虑涉外婚姻中的部分问题,诸如效果问题的法律适用时,可以有条件地承认单纯判断涉外婚姻的效力时不予承认的涉外婚姻之有效性。

③ Cavers, A Critique of the Choice-of-Law Problem, *Harv. L. Rev.*, 1933, Vol. 47, p. 195.

永久和平的冲突法建构——冲突法的政治哲学功能导论

The Construction of Perpetual Peace through Conflict of Laws: An Introduction to the Political Philosophy Function of Conflict of Laws ▶▶▶

只能从习惯、法律、判例和各个人类社会的需要中探求"。① 这就透露出冲突法的社会化气息。

第二,主体间性的平面化。对主体身份的淡化考虑曾经是主体间性范式之于主体性范式的一个相对比较优势,因为正如梅因所称道的那样,人类社会的进步总是体现为从身份到契约的运动②。传统主体性范式因为过于强调主体的身份立场进而使法律适用充满了失衡的危险,其突出表现便是冲突法上的"回家趋势"。也正是由于这样的结构性弊端,对身份的淡化处理成为主体间性范式革命的重点所在。但是,对于主体身位的刻意遗忘如果缺乏某种巧妙的辩证把握,那么这种遗忘很可能就转变成为一种不可原谅的遮蔽,它服务的只是平面化的、缺乏人味的中间性。导致主体间性范式此种弊端的乃是对于如下事实的漠视,即涉外交往中的不同主体尽管在法律资格和地位上处于抽象平等的地位,然而必须承认的是他们之间常常处于强弱对立的状态。正是在对此种现实的反思推动下,包括冲突法在内的法律领域再次泛起温情的身份回忆,因之而进行了调整的法律本身也开始披上一层动人心弦的温暖色调。此种身份回归不再是强调强者的身位,而是要对弱势主体予以必要的衡平救济,体现在冲突法领域之中也就是要求对弱势者在法律适用上予以人性的关照。主体间性范式为了自身立足框架的平衡,无法在法律适用上对弱势者进行加权考虑,这使在主体间性范式中的各主体都是可以完全互换的等位者,他们是谁并不重要,他们是男人还是女人、雇佣者还是劳工、经营者还是消费者……,这些都不重要,正如海德格尔所说:"这个谁不是这个人,不是那个人,不是人本身,不是一些人,不是一切人的总数。这个'谁'是个中性的东西:常人。"③也就是说,主体间性范式关注的是平面化主体的平均状态,只要给它两个主体,它就能在两主体之间进行数学般精确化的平衡操作。

显然地,这样一种无任何特别考虑的主体间性具有一种吞噬"人"的倾向,它的本真功能意在更好地服务于人,最终却在"间性"地为人民服务的时候迷失了服务的对象,这不能不算是主体间性范式的异化。无怪乎,萨维尼的法律关系本座说发展到极致之处竟然反客为主而意图宰割生人的人生,其钢筋般稳定的规则架构转瞬间成为掩杀生机的坟墓。

第三,主体间性的狭隘化。主体间性范式通过平衡考虑双方主体的身位而拓展了主体性范式自恋唯我的狭隘视角,但是如果只将法律冲突限定在主体之间进行思考,这样的立场仍然小气,毕竟法律冲突的真正本色需要重新定位。在更深刻的意义上,法律冲突既不是两个主体的冲突,也不是两个法律的冲突,而应当在境域化的背景之中领悟法律冲突的真意和大义。

如果法官只是将他所面临的冲突法案件仅仅视为特定事例中两个主体的利益纠缠,那么如此理解和如此解决法律冲突,就很可能对法律冲突的真正解决和对冲突法精神的真正理解带来灾难。我们必须重申一个问题,即任何特定法律冲突的事例都必须在产生并衬托该事例的恢宏背景之中得到认识,它更应该被视作是两大主体沐浴其中的不同法

---

① ［英］马丁·沃尔夫:《国际私法》,李浩培译,北京大学出版社 2010 年版,第 64 页。

② ［英］梅因:《古代法》,沈景一译,商务印书馆 1997 年版,第 97 页。

③ ［德］马丁·海德格尔:《存在与时间》,陈嘉映、王庆节译,三联书店 2006 年版,第 147 页。

律文化之间的碰撞,因为"从文化母体剥落下来的法律是毫无意义的"。① 如此领会和理解的法律冲突也是畸形片面的印象主义,最终只能使法律冲突得到头痛医头、脚痛医脚式的应急性肤浅回应。重思马克思关于"人是社会关系的总和"这一精辟命题,我们难道不能够得到某种顿悟般的启示?易言之,法律冲突既不仅仅是主体的利益冲突,也不仅仅是两个从社会背景之中被抽象孤立出来进行单独处理的个体之间的冲突。这种思考和分析问题的模式像极了黑格尔所批判的例子。黑格尔曾经尖锐地指出,当我们在仪器之中仔细地研究人的自然属性时,我们研究的便只是肉体而不是真正的人②。法律冲突同样如此,它既然是由人在生活世界之中活生生地构成的,也就必须在这样的环境下得到理解和解决。也就是说,对于一个法律冲突的解决不仅要站在一方主体的身位沉思自己的需求,也不仅是要站在双方主体之间的身位寻思双方的需求,更应该站在法律冲突生发的境域领会来自这个境域方方面面的需求并恰当地回应这些需求。主体性范式和主体间性范式显然难堪此任,它们努力的只是直接地回应冲突中的一方或者双方的需求,更多更深沉、更本质、更重要的无声呼应被无能的冲突法理论与实践忽略了。面对着这个透亮的背景散发出来的消息,主体性和主体间性范式成了"视无能"和"听无能"。

第四,主体间性的主体化。主体间性范式曾经革命地消解了主体性范式的单极化思维,并击碎了自命不凡的主体性立场,然而,它在溶解主体性思维的同时也就在为自身不自觉地营造了一个更大的主体化结构。这个变形的主体性范式便是法律冲突相对于其所依附的背景之间的身位意识,法律冲突本身成为关注的焦点,而产生法律冲突的整个支撑背景成为服务于和服从于法律冲突解决的路径。在这样新的主体性范式下,法律冲突本身的解决成为至高无上、压倒一切和吸收一切的目标。这个新的主体性范式最大的危机在于,它忽视了法律冲突的真正本质,也看不到法律冲突并不是相冲突着的具体法律规则和具体法律中人的利益对抗,法律冲突真正昭示的乃是不同法律精神以及浸润于该法律精神的人类生存方式的协调性危机。相对于这样的生长基础,具体法律规则的冲突不过是大海中的一朵浪花,透彻地分析一朵浪花所能解决的只是该朵浪花的成分,但是凭借它无法穷尽对所有浪花的认识,无法安息所有的浪花,只有深入到浪花形成的背景机制之中,只有深入理解波澜壮阔的大海的动力机制,才能终极性地避免浪花的生成,还法律领域一个风平浪静的和平风景。这就要求冲突法范式在更深刻的意义再来一个"间性"转换,从对法律冲突的独独迷思转移到法律冲突与其生成背景之间,透过厚重的生成背景来透彻回应法律冲突的哀怨。这种转换后的冲突法范式便开始具有了社会性的特征,可称之为冲突法的社会性范式。

---

① E. A. Hoebel, *The Law of Primitive Man*, Harvard University Press, 1954, p. 39.
② [德]黑格尔:《小逻辑》,贺麟译,商务印书馆 1997 年版,第 413 页。

四、冲突法的社会性范式

(一)社会性范式的革命

主体间性范式的内在缺陷决定了它的生命周期,限定了它的功能成就,一旦抵达它自身的发展极限就自然有一种冲决自身结构获取更高升华的要求。主体间性结构的破碎必然将裸露的二元对立结构重置于构成着法律冲突的社会背景之中,要求在社会性的语境之中寻求解决法律冲突的新灵感。这次新的革命深化了冲突法的内涵,并在如下两种思潮影响下加快了革命的进程。

其一,现象学的域化思想。现象学的含义如果只能用一句话来阐释,那么"回到事情本身"就是最真切的表达。然而,回到事情本身并不是那么简单,因为有太多的时候我们总是以远离事情本身的方式领悟着"回到事情本身"的意义。这一表达为我们映射出一个境域化的思想,亦即,回到事情本身远不是回到事情,而应当回到事情本身"之中",它开启了一个敞亮的视域。也就是说,当我们在观看某一个东西或者倾听某段音乐的时候,为什么这个东西或者音乐对我们来说不是经验主义者所强调的只是点状的片断印象,而构成一个对我们有特殊意义的东西或我们为之沉醉的天籁之音?现象学告诉我们,这是因为我们的注视和倾听带着一种域状边缘,而正是这域状边缘构成并延续着视觉或者听觉的意义:"关注的焦点本源地带有边缘域。这个边缘域首先可以从时间上理解,它必然地带有一种保持和预持。……看它的时候,谁的眼光能够只看它,像激光一样,完全没有对于周围的看?这是不可能的。你听声音也是,永远有个边缘域。"①。这种边缘域化的思想不仅变革了人类认识论,而且在海德格尔的推动下还变革了人类的生活方式,因为就后者看来,人类的生存也带着这样的生活边缘,也就是生活世界的构成与托浮。现象学地理解法律冲突将革新对它的传统印象,法律冲突及其解决不再是"独白",而应当在域化的边缘境域之中得到认识、理解和回应,要突入到托浮着法律冲突现象的生活世界之中,在跨国交往的国际社会背景下重构冲突法的新范式,并重新担负起冲突法的社会责任。

其二,冲突法的社会责任。在如此境域化的平台上谋求法律冲突的解决就不能简单地回应冲突双方当事人的利益诉求,甚至也不是精致地回答冲突中的政府利益,而更应当关注到冲突法本该担当然而却失落已久的社会责任。这些社会责任要求法律冲突解决方案的设计、着力点及其产生的效果应当超越冲突者的利益纠缠,超越冲突者之间的儿女私情,进向更宏伟的层面,例如州际或者国际秩序的维持、国际民商新秩序的建构,甚至致力于世界文明秩序的交流、沟通和协调,通过法律层面的冲突的消解来指向更高贵的人类永久和平的目标。

冲突法的社会责任在此前范式之中都只是一个隐而不见的、环衬在法律冲突周围的晕圈,处于现象学所谓的"边缘域"境地。如此理解和解决法律冲突便在整个策略上独独

① 张祥龙:《现象学的气韵》,载张祥龙:《中华古学与现象学》,山东友谊出版社 2008 年版,第204 页。

地以法律冲突为一切,最终很可能导致法律冲突得到偏执的消解,而如此治标不治本的范式也必将在面对一个又一个生生不息的法律冲突的冲浪之中疲于奔命,终至于濒临崩溃的地步。事实上,冲突法的社会责任如同法的社会责任一样,从来都不是多余的额外的责任,也不是冲突法全新的使命,更准确地说,它乃是冲突法的严格的"环境"责任,但是在过往历史之中,甚至于在当代思潮之中,社会责任似乎都是强加给冲突法的负担,只有法律冲突的解决才是冲突法最高的也是唯一的正当责任。如同任何人的生存及其改善离不开他所依傍的环境这个边缘域一样,冲突法的生存、完善和进化也离不开它的社会环境,因此,持续地呵护净化这个精神家园才是冲突法高瞻远瞩的生存策略。而那种力图将法律冲突从其依托的社会境域之中剥离下来单独对待的做法,都无异于先异化法律冲突再次而解决之,而真正的法律冲突却尚未得到严肃的对待便被深深地遮蔽和遗忘。

由是观之,冲突法的新范式要求重新审视法律冲突的根源,发掘出法律冲突的边缘域,并在边缘域的思想态势下恢复冲突法的真正责任,即社会责任。

(二)社会性范式的典范

社会性范式的革命性转折苏醒了冲突法沉睡千年的责任意识,自长孙无忌以来的人类冲突法文明空前地具有了厚重的历史责任感,在新范式的改造下,立足于国际秩序、人类文明和生存方式之上的冲突法开始焕发出眩目风采和锐意进取的力量。冲突法的社会性范式不在于或不主要在于从当事人、当事国的角度谋求冲突的解决,而是在此前范式之上设定了一个增量社会责任,开始谋求冲突双方之外的边际效应,具有如此情怀的冲突法范式主要表现为如下三种范例。

一是美利坚《冲突法重述》的抱负。从司法实务而不主要是从逻辑推理中获得生命支撑的美国冲突法极敏感地察觉到了冲突法的各种责任,并坚决反对概念化的系统架构,《重述》以不是著作的文体形式为它提供了便利。

美国冲突法第二次重述罗列了有关法律选择的七点因素,分别是①:(1)州际和国际体制的需求;(2)法院地的相关政策;(3)解决具体问题时需要考虑的其他利益关系州的相关政策和利益;(4)正当期望的保护;(5)构成特定法律领域的基本政策;(6)法律选择结果的确定性、可预期性和一致性;(7)法律选择和适用的便利性。这七点因素扑面而来的是一股陈旧保守的法院地法气息,但是它却通过《重述》的"考虑因素"的形式糅合了七种不同的目标取向和多重抱负,这些抱负的核心思想是要实现法律选择的国际社会责任、国内社会责任、政府利益责任和当事人利益责任,简单地说,即是要三位一体地实现冲突法的社会责任、政府责任和私人责任。不仅如此,作为第二次冲突法重述报告人的里斯(Reese)还在其相关论述中特别强调了第一个考虑因素即最能体现冲突法社会责任的"州际和国际体制的需求",并将其视作是所有考虑因素中最为首要的部分②。事实上,广义的社会责任不仅包括狭义的社会责任即州际或者国际秩序的维持,而且同时还将冲突法

---

① W. Reese, The Second Restatement of Conflict of Laws Revisited, *Mercer L. Rev.*, 1983, Vol. 34, p. 501.

② Cheatham & Reese, Choice of the Applicable Law, *Colum. L. Rev.*, 1952, Vol. 52, p. 959.

永久和平的冲突法建构——冲突法的政治哲学功能导论

The Construction of Perpetual Peace through Conflict of Laws: An Introduction to the Political Philosophy Function of Conflict of Laws ▶▶▶

的政府责任和个人责任涵括在内。美国冲突法第二次重述显然已经以不自觉的方式意识到了冲突法的责任内涵，开始出现了冲突法范式的社会性转变。而冲突法在如此定位的情形下也就提升到了如某些学者所言的"和谐世界的基本法"的地位，社会和谐、人类和平也就成为"国际私法自身的前提、最高的目标和内在的诉求"①。

二是莱弗拉尔的五色魔方。莱弗拉尔在比较研究里斯的法律选择七点考虑的基础之上，建立了自己的法律选择五点考虑体系②。该五点考虑并不是依循僵硬的秩序进行法律选择的，而是由法官在司法实务中根据实际需要进行魔方式的变形组合，以产生出法律选择的最佳策略。

莱弗拉尔首先评价了里斯的七点考虑要素，然后开创性地将其整理归结为五个方面：（1）结果的可预见性；（2）州际和国际秩序的维持；（3）司法任务的简化；（4）法院地政府利益的优先；（5）适用更好的法。在这个体系之中，法律选择的社会责任更加强烈，除了州际和国际秩序的维持之外，司法任务的简化也开始具有了社会性的色彩。在论述"州际和国际秩序的维持"这一要素时，莱弗拉尔指出了法律选择过程中"同一个世界"的理想："绝大多数国家在绝大多数问题上只有单一的国内法机制，以至于它们的冲突法表述需要国际协调的观念。……国际协调在沙文主义盛行的地方或许被视作是非常无力的观点，但伴随沙文主义思潮的退却，有关冲突法问题的条约或者其他协议很可能通过各国内冲突法的边边协调发展起来。'同一个世界'逐渐转变为现实，国际协调的边边合作模式将有助于它的实现。"③他甚至将这一要素提升到冲突法的首要功能的地步，认为："冲突法的首要功能一直是维护州际和国际交往的合理秩序。"④

在论述"司法任务的简化"这一考虑因素时，莱弗拉尔更是鲜明地首先指出了司法任务的简化不是传统冲突法的本然使命，而是一种必需尊重和注意的社会责任。他写道："一个浅显的常识是，法律并不是为着法院司法的简便而存在的，而是为着社会及其成员存在的；因此，司法任务的简化应当是法律抉择过程中最不应当关注的因素。这一陈述非常正确。但是堆积如山的案例成为了一个真问题。……法律的简洁是一种美德，司法效率通常取决于这一美德。"⑤尽管司法任务的简化不是法律选择头等重要的任务，但是在诉讼爆炸、诉讼洪水泛滥成灾的背景下，莱弗拉尔将它提升到自己的五点考虑体系之中，无疑把对冲突法的实施和实现过程中社会责任的考察作为了一个重要的衡量指标。

不独如此，莱弗拉尔本人一直将"法律选择结果的可预见性"与上述两点一起看作是

---

① 吕岩峰：《和谐世界视阈中的国际私法观照——以现代国际私法体系的构建为焦点》，载《中国国际私法学会 2007 年会论文集》，武汉，2007 年 9 月。

② Robert A. Leflar, Choice-Influencing Considerations in Conflicts Law, *N. Y. U. L. Rev.*, 1966，Vol. 41, p. 267.

③ Robert A. Leflar, Choice-Influencing Considerations in Conflicts Law, *N. Y. U. L. Rev.*, 1966，Vol. 41, p. 267.

④ 邓正来：《美国现代国际私法流派》，中国政法大学出版社 2006 年版，第 161 页。

⑤ Robert A. Leflar, Choice-Influencing Considerations in Conflicts Law, *N. Y. U. L. Rev.*, 1966，Vol. 41, p. 267.

冲突法"社会政策的实现问题"①,而其最后一个被当作是整个五色魔方的总纲和点睛之笔的"更好的法"本身也必然暗含着关于冲突法社会责任的要求和考评。

三是克格尔的利益体系。克格尔氏被视作是德国当代国际私法的"建筑师",他提出的国际私法利益法学以体系的方式贯通了冲突法的政府责任、当事人责任和社会责任。克格尔首先对国际私法的流行的利益概念进行了分析和简化,最终得出三种利益,即政府利益、具有社会责任意味的实体协调利益和最小冲突利益。他进而再对国际私法的公正概念进行研究,从这一概念里面推出三种利益,即当事人利益、交往利益和制度的利益。对于当事人的利益,克格尔认为,每个人的个人关系受到一个与他有关的法律支配时就生成了这一利益形态,该利益应当由当事人的属人法来捍卫。对于交往的利益,也就是方便和促进交往的利益,这种利益是由有利于便利交往进行的法律规范生成的,比如对于法律行为的形式而言,交往的利益也就是由行为缔结地国的法律生成的,也应当由该法律进行保护。对于制度利益,则包含判决的外部一致性和内部一致性两个方面,所谓判决的内部一致性,就是法律上或内部的制度价值,即要作出的判决在法律技术上的可用性和适当性;所谓判决的外部一致性,则是指事实上的或者外部的制度利益,它涉及州际或者国际秩序的维持,同时也隐秘地怀着萨维尼的天下一统、判决一致的渴望。②

从克格尔繁密的利益体系结构之中,透露出冲突法越来越清晰和成熟的责任意识,在他多重复合的利益单元分割下,除政府利益、当事人利益之外的其他几种利益形态,如实体协调利益、最小冲突利益、交往利益和制度利益无不包含着浓烈的社会责任,而这些责任意识在主体性和主体间性范式的冲突法学说体系之中常常是不在场或者作为额外的附带目标出现的。由此可见,无论大陆法系和英美法系的冲突法在变革演进之中是否意味到这种范式转换,就冲突法体系透露出来的日益厚重的社会气息而言,冲突法的社会性范式最终必将从自发的状态转变到自觉的状态,冲突法的社会责任也必将成为主导未来冲突法范式、赋予冲突法高贵品性的理据。

(三)社会性范式的反思

冲突法的社会化思考扩充了冲突法的思维深度,也使得冲突法不再只是纯粹关注当事人私益纠缠的"市民法",而真正成为担纲法律世界秩序建构的"战争与和平法令"。社会化的冲突法开始具有了忧国忧民的两重境界、两种情怀,但是,也正是在这两重境界分叉的地方潜伏着冲突法精神分裂的危险,价值目标和进取方向的多元化趋势的背后是冲突法不得不承受的分裂苦楚。

其一,摧毁了冲突法的一致性目标。冲突法古老而经典的使命乃是"同一个案件,同一个法律,同一个梦想"。萨维尼最清晰地表达了这一思想:"这一原则(排他地适用法院地法——引者注)的适用在实践上可能是有危害的,因为在许多案例中,存在着管辖权冲突的问题,在这种场合,原告可以在不同的有管辖权的地域的法院中进行选择,这样,如果适用这一原则,那么,适用于该案例的法律将不是根据案例的事实来决定的,而仅仅是根

---

① 邓正来:《美国现代国际私法流派》,中国政法大学出版社 2006 年版,第 164 页。
② 杜涛:《德国国际私法》,法律出版社 2006 年版,第 390 页。

据当事人的意志来决定的。这就可能导致不正确的审判结果。"①如果说法律适用的一致性目标在萨维尼范式的铁腕整治下趋于明朗,那么冲突法的社会性范式之革命则再次摧毁了法律适用的一致性。导致此一偏转的根由在于,萨维尼范式是在案件事实与法律适用之间建立因果关联性,也就是说只要案件事实是特定唯一的,那么它所指向的法律也必定是特定唯一的,从而有效地避免了诉讼管辖因素的干扰。社会性范式则是一种动态的法律适用模式,不仅它本身有着多种责任内涵需要考量,而且它更需要在个案考究之中动态地把握各种要素的巧妙平衡。因此,冲突法的各种社会性范式往往只能将法律适用的一致性目标作为努力的一种方向,作为法律抉择取舍的一种根据,而不是唯一的,更非绝对的行动纲要。价值取向的多元化摧毁了冲突法的古老梦想。

其二,迷乱了冲突法的进取方向。冲突法的社会化思考也使得它在若干不同的进取方向上表现出过于博爱的态度。美国冲突法重述列示了七点取向,其简化版即莱弗拉尔的五色魔方也列示了五点考虑,克格尔看似严谨的利益体系同样充斥着杂多的利益取向。这些进取方向的不同甚至大到彼此相互冲突的地步,以致冲突法的当代生态总是徘徊在截然异质的两个极端之间抱着"此事古难全"的遗憾②。进取方向的多元使得社会性范式下的冲突法有种顾此失彼的意乱情迷,而在若干方向的分散用力同时也弱化了它的着力力度。这使得冲突法既缺乏对单一目标的忠诚,又使它在多元取向中陷入了迷茫。因此,相对于此前范式而言,社会性范式总是难以达到一种纯粹性的高度,也没有此前学说的清晰脉络,在若干进取方向中呈现出顾盼不定、心神恍惚的姿态。

其三,淡化了当事人的利益关怀。在社会性范式下思考的冲突法由于贯穿着对社会责任、政府责任和当事人责任的斟酌取舍,便必然会淡化对当事人利益的考虑。即便是克格尔扬言要在纯粹当事人利益的基础上构建冲突法体系,这一努力也是难以成功的,因为政府利益和私人利益很难截然划分开来单独实现,而且他本人对利益的理解也是包含着政府利益的层面。对冲突法的责任考虑得越多,便越不可能只是从当事人利益的角度来寻求法律冲突的解决,社会性范式的冲突法在思维和视野的境域化延伸下,不可能不在"心系天下"的胸怀下调整对当事人利益的关怀角度和方式。这既可以说是对当事人利益关怀得更多了,也可以说是对当事人利益关怀得更少了。两种关怀方式的差别只是,前者是深沉的,后者是直接的。

其四,瓦解了冲突法的严谨体系。社会性范式下的冲突法呈现出强烈的后现代主义的特征,这就是更注重解构而不是建构、更注重"散文式"的表达而不是逻辑森严的论证。美国冲突法重述是典型的观点罗列,它没有大陆法系惯常的庞大体系,也从来未曾建立一个从一而终的法律选择方法。这种堪称"凌乱"的表达风格对于推崇逻辑的大陆法系而言是难以理解和接受的,克格尔作为大陆法系的国际私法大师,曾经努力在利益这一概念下

① [德]萨维尼:《法律冲突与法律规则的地域和时间范围》,李双元等译,法律出版社 1999 年版,第 71~72 页。

② 有学者便将冲突法在当代的发展归纳为在五大冲突主题之间的挣扎(See Symeon C. Symeonides, *Private International Law at the End of the 20th Century*: *Progress or Regress*? Kluwer Law International,2000)。

建设一个与其前辈萨维尼的法律关系本座说堪以比肩的精致体系,然而即便严谨如克格尔者,其缜密的体系之中仍然并陈着彼此偏差和竞争的立场和进路,远未曾达到萨维尼致力于实现"天下一统"这一最高目标的逻辑一贯性和思维纯粹性。境域化思维在价值取向上的发散使得它无法围绕一个坚定的目标构建环绕其上的繁密的规则体系,这是社会性冲突法范式采取多点考虑这一表达方式的深层缘由。法律选择的多点考虑也因而瓦解了任何严谨体系的建构可能。

从主体性转折到主体间性,冲突法的范式开始具有了"仁"性,因为"仁"性就是在二人关系模式中推行克己复礼的义理来谋求双方立场的共同保存;从主体间性转折到社会性,冲突法的范式开始具有了"智"性,因为"智"性要求在回旋婉转之中以退为进地从长计议法律冲突的终极消解。因此,冲突法从唐朝永徽二年开始发展至今的历史进程,乃是由任何初次尝试必不可免的稚嫩转变成为日渐深沉稳健的范式类型的进化的历程。是故,当西蒙尼德斯教授在盘算既往冲突法的辉煌与缺憾、在沉思冲突法的进步与倒退的问题时,以足够的底气和自信从容来指出:"当代国际私法比它在世纪之初更好吗?我们不知道,但是这是一个完全不同的世界。就这个世界来说,我们已有的胜于我们曾有的,即便我们路漫漫兮其修远。"[1]然而,这一进化完善的历程在社会性范式阶段远未终结,毋宁说社会性范式本身作为一个存在大量有待进一步解决的问题的范式,与长孙无忌的主体性范式一样仍然是期待被革命的范式,它是站在新千年开端的全新的起点。即便它背负的缺陷或许远多于它业已斩获的成就,但是我们必须以智者的眼光来对待这一作为开端的终点,不仅是因为克格尔曾经说过"危机是生活的方式",更因为危机意味着危险与机遇的共存,"祸兮福所倚"的智者睿言早已阐明了这个道理。兰多意味深长地指出:国际私法的危机是一场"慢性病",从这个意义上来看,危机将是永恒的,正如希望是永恒的一样[2]。冲突法之所以一再地遭遇危机,那是因为冲突法一再地渴望新生,因此,如下丝语想必最为妥当地反映了兰多作为冲突法学者的空灵心境:"我的天空一再地阴暗,因为我的憧憬一再地灿烂!"[3]

第二节 范式进化的主导典范

尽管存在多种范式,但在冲突法的世界进程上再也没有萨维尼之外的这样一个敏感的渊源,他是如此决定性地左右乃至主宰了冲突法的历史进展,以至于无论是对他的背叛抑或皈依都必须返回到他所创造的"本座"体系的平台上寻找自身坚强起来的理由。这就是冲突法世界的"萨维尼律令",它集中呈现在《现代罗马法体系》最后一卷也就是第八卷

---

① Symeon C. Symeonides, *Private International Law at the End of the 20th Century:Progress or Regress*? Kluwer Law International,2000,p.79.

② 转引自杜涛:《德国国际私法》,法律出版社 2006 年版,第 424 页。

③ 叶世斌:《我被遮蔽和虚悬在这里》,《叶世斌诗选》,http:// msn. ynet. com / view. jsp? oid = 42810427&pageno = 3.2013 年 10 月 11 日 17:30 访问。

永久和平的冲突法建构——冲突法的政治哲学功能导论

The Construction of Perpetual Peace through Conflict of Laws: An Introduction to the Political Philosophy Function of Conflict of Laws ▶▶▶

之中。萨维尼的《现代罗马法体系》乃是一部未竟的残卷,因为他仅完成了整个规划的七分之三即总论部分,不过就其逻辑而言,萨维尼的八卷本《现代罗马法体系》算得上是完整的"体系",它的现有三编体系讲述了现代罗马法从渊源、本体到边界的完整内容。① 如果萨维尼只是将关注的目光投向罗马法的渊源和具体的内容,那么萨维尼就只是作为纯粹民法学者的萨维尼;而当萨维尼在第三编也就是第八卷之中专门论证法律规则的时间和地域范围的时候,他关注的内容就已经脱离纯正民法的经典范围而进入了关于纯正民法在适用的时间和地域上的"极限"问题了,这部关注民法"极限"问题的著作最终成为冲突法领域的扛鼎之作,并决定性地成就了萨维尼在冲突法世界迄今无人可及的巅峰地位。萨维尼所提出的冲突法学说已经成为一个"理论体系",在历经美利坚冲突法革命的危机后仍然以修订版的方式延续着不朽的神话,它不仅被认为是全部国际私法的"开始",同时也是全部国际私法的"终结"②,在对美国影响日益深重的同时,在美国之外依然"一统天下"③。

萨维尼无意于建设一个庞大的规则帝国,这与他的历史法学式的谦逊风格截然反对,但是,萨维尼提出的法律关系本座说由于其森严的逻辑架构、雅致匀称的体系建筑、数学般简洁精准的公式概括,再加上萨维尼创作的一种自然绽露的"王道"风骨,这些因素的综合构成最终在事实上造就了一个梦幻般的理论体系。不仅如此,这种具有标准萨维尼风格的体系还因为自身具有的学术魅力和生命力不断地对后续理论的创生提供源源不断的灵感,荣格记述道:"萨维尼体系的逻辑对称性,世界主义的外观以及据以提出其主题事项的雅致方式或许可以解释为什么他的思想成为数代冲突法学者的传统智慧。他的著作被翻译成七种语言,包括英语,在普通法案件中业已被援引为权威依据。他的法律关系本座观念鼓舞了韦斯特莱克(Westlake)自体法的表述,后者转而孵育了诸如最密切联系和最重要关系之类的在当代被广泛接受的观念。标准的英国和法国冲突法条约强调萨维尼学说的持续重要性。"学术上的此种效果甚至还加强了萨维尼对立法、司法实践产生的强大辐射,甚至美国在经历了冲突法的再革命之后也表现出对萨维尼的亲近姿态。不夸张地说,经过近二百多年的发展,在客观上形成了一个以萨维尼体系为核心,不断延伸着的、呈放射状结构的巨大的规范共同体。

一、本座说的一般法则

《法律冲突与法律规则的地域和时间范围》一书是按照总分结构展开的,在分论部分又按照法律规则的地域和时间范围分为两个可相互独立的环节。不过,萨维尼明确强调将二者进行有机联系的必要性,他为此指出道:"先前的学者似乎错误地将法律规则效力

---

① 按照萨维尼的规划,他拟完成的宏大体系总共包括七编,分别是:第一编现代罗马法的渊源;第二编法律关系;第三编法律规则对法律关系的支配;第四编物法;第五编债法;第六编家庭法;第七编继承。

② 转引自杜涛:《德国国际私法》,法律出版社2006年版,第184页。

③ Friedrich K. Juenger, *Choice of Law and Multistate Justice*, Nijhoff, 1993, p.27.

的地域范围与时间范围作为两个问题分别对待,本书却将二者有机结合起来。我自己认为,通过将这一问题的两个部分结合起来,可以弥补以往的缺陷,不仅是在表面上将二者并列(单单这样是不够的,先前概要性的初级著作中所做的尝试收效甚微),还要对支配这一问题两个部分的原则的本质联系进行研究和解释。"①但是,在其后的阐述过程中,萨维尼似乎并没有将二者进行综合性的有机结合,法律规则的时间和地域范围的关系仅仅在"法律规则的支配范围"这一语词处得到最简单的联系。在阐释法律规则的时间范围部分,萨维尼以显然辜负了自身的期望的方式至为简洁地谈到:"《现代罗马法体系》第三编的目的在于确定法律规则支配法律关系的范围及其限制。这种对范围的确定从两方面讲是必要的,因为不同法律规则的效力被认为要么是同时的,要么是相继的。对前者,即地域范围的确定,我们在第一章已经讨论了,这样,尚需要对第二种时间的范围作出界定。"②由此看来,这两个部分之间的关联是松散的,完全可以作为两个独立的篇章,而后人基本上对萨维尼的时际法律冲突不予关注,萨维尼赖以独步天下的"本座说"也只是法律规则的地域范围这一部分的内容。为此,此处暂不涉及法律规则的时间范围问题,而是专论萨维尼的本座说思想。

如果单纯从萨维尼这部著作的标题来看,很容易忽视它与传统法则区别说的差异,因为书名阐述的恰好是一个标准的"法则区别说"命题,即"法律规则的地域范围"。传统法则区别说正好是从法律规则的地域效力、空间范围着力的。不仅如此,萨维尼在后文的阐述中也是按照法律调整的两大对象进行论证的:一类是人本身,即关于人的权利能力和行为能力,或人享有权利及取得权利的条件;另一类才是法律关系。③其中,有关第一类对象的阐述隐隐约约地带着巴托鲁斯以来的人法特征。但是这不应该看作是法则区别说残存的痕迹,毋宁说是萨维尼"过渡到法律关系"的序曲,因为照萨维尼看来,法律调整的一切问题都是关乎人的问题,人是法律产生、作用的基本起点,只有先阐述人本身,才能由人的活动向外推展出各种法律关系,法律的地域支配范围也就相应地从人本身"过渡到法律关系":

"从上面的概括中明显可见,法律规则最初的直接适用对象是人:首先,人的一般品性决定了他是所有权利的主体与核心,而且,也正是由于人在许多极为重要的场合下的自由行动,产生了或帮助产生了法律关系。不过,人使自己扩展进入人为世界。人寻求统治各种事物,因此来到这些事物的所在地,进入外国的法域。这对于不动产而言最为常见。不动产的所在地不具偶然性也不可改变;但是,对于动产实际上也是一样的。通过契约方式,某人寻求控制他人的行为,或使自己的行为服从于他人的意志。通过家庭,他缔结特定的生活形式,而且由此也在许多方面触犯他最初单纯的个人权利,有时是自愿的,有时

———————————

① [德]萨维尼:《法律冲突与法律规则的地域和时间范围》,"前言",李双元等译,法律出版社1999年版,第2页。

② [德]萨维尼:《法律冲突与法律规则的地域和时间范围》,李双元等译,法律出版社1999年版,第199页。

③ [德]萨维尼:《法律冲突与法律规则的地域和时间范围》,李双元等译,法律出版社1999年版,第6页。

永久和平的冲突法建构——冲突法的政治哲学功能导论

The Construction of Perpetual Peace through Conflict of Laws: An Introduction to the Political Philosophy Function of Conflict of Laws ▶▶▶

则迫不得已。"①

萨维尼的观点带着德国古典哲学的浓重痕迹,他首先剥夺一个处于错综复杂的社会关系中的个体,将其还原为原子式的个体;在此基础之上,通过个体的自由意志的向外扩展,逐渐形成以人和物为对象的相互关系,这就是人与人的人身的结合关系即婚姻关系和由之延伸的家庭关系,以及人与人的物的交易关系即债的关系和作为债的关系发生之前提的物权关系,当然还包括基于人身而产生的财产继承关系。萨维尼的这种推理思路显然地将自由意志这个最核心和基本的概念作为了整个体系的拱心石,从而在很大程度上将基于事件发生的法律关系排除在外。这一思维模式已经先行地将意志作为了本座学说的灵魂,或者直接地说,萨维尼的本座及其确定就是法律关系中的人的意志实现地,用萨维尼自己的话来说,本座所指向的地方就是当事人"自愿服从"的地域:

"适用于法律关系的本地法在很大程度上受到有利害关系的当事人意志的影响,尽管这种影响不是没有限制的,但当事人确实可以自愿地选择服从一种特别法。这种自愿服从还表现在对于某一种特定的法律关系,当事人可以选择服从对其有管辖权的法院。这种自愿服从某一个地方的法律的做法,在不同方式和不同程度上得到了证明。在一些场合,为调整某一种法律关系,在选择特别法时,可能会宁愿适用另一种法律……在另外的案例中,这种自愿服从某一种特别法在某一种权利的取得上得到了证实。"②

将特定地域法对特定法律关系的支配视为当事人的自由意志的效果即自愿服从,并将此种自愿服从的地域称作为本座,这是贯穿在整个萨维尼体系始终的建筑法则。萨维尼在其后不厌其烦地分门别类地探讨各种具体特定的法律关系时,也始终是遵守"自愿服从"这一意志自律的精神纲领的。因此,萨维尼理论体系的灵魂乃是他的法律关系之本座,而本座的实质不外是法律关系当事人的自由意志的"自愿服从"。

二、"人本身"的法则

沿着这一总思路,萨维尼首先改变了传统冲突法思考问题的方式,不再如同巴托鲁斯那般直接探讨法律规则是否具有域外效力的问题,而是直接追问"法律规则的功用在于支配法律关系。但是,何为它们支配的程度或范围? 何种法律关系将由它们来控制?"③在法律规则与法律关系的勾连之上建立一种"应然"的关联之后,萨维尼接着指出,法律规则与法律关系之间乃是一个可逆的关联,"为了解决上述问题,也可运用相反的思维程式。当一项法律关系提交裁决时,我们就寻找支配它的法律规则,并依据该法律规则对它加以判断,由于必须在归属于不同实在法体系的多种规则之间加以选择,我们又回复到对实在

---

① 〔德〕萨维尼:《法律冲突与法律规则的地域和时间范围》,李双元等译,法律出版社 1999 年版,第 6 页。

② 〔德〕萨维尼:《法律冲突与法律规则的地域和时间范围》,李双元等译,法律出版社 1999 年版,第 61~62 页。

③ 〔德〕萨维尼:《法律冲突与法律规则的地域和时间范围》,李双元等译,法律出版社 1999 年版,第 1 页。

法各自支配范围的划分,以及由于这种划分造成的冲突"。①

在改变发问方式并据之从法律关系的角度理解法律冲突之后,萨维尼接着分析了法律关系的本质。对法律关系的研究引导着萨维尼走到了前法律关系的状态,这就是"人本身"的问题,萨维尼认为有关人本身即权利能力和行为能力的问题是产生法律关系的前提和基础,伴随着人本身的权利能力和行为能力的客观实现才真正形成了各种法律关系。由此,人本身和由人所产生的各种法律关系成为法律规则的两大调整对象。在切入法律关系的冲突法分析之前,萨维尼首先对"人本身"的法律适用问题进行了探讨,"我们的首要任务是探讨决定一个人与某一个特定法域之间一般联系的原则是什么"。② 可以说,直到此时,萨维尼的研究并没有超越出巴托鲁斯和传统法则区别说多远。萨维尼寻找到了支配人与特定法则相联系的两种"基础":一种是民族性,即"作为法律共同体的基础和范围,具有属人的、无形的特征。尽管从其根本性质上来看,它似乎排除了选择的任意性影响,但它能够通过个人的自由接受而得以扩展。"另一种则是属地性,即"国家或属地性是决定和限制个体之间实在法共同体的第二种非常重要的、广泛的原则。它与前者(民族性)的不同之处在于它更少属人性质。它是与外观可认知的事物相联系,即可以察觉的地理分界;而且,人类选择对其适用的影响比对民族性的影响更为广泛、直接,因为人类选择对民族性的影响仅仅是例外。"③萨维尼还指出,在这两种基础中更为重要的是属地性,"随着时间的推移,文明的进步,法律共同体的第二种根源已逐渐取代第一种根源(民族性)。"④民族性或者地域性在法律意义上就呈现为籍贯或住所,为此,萨维尼对罗马法上的籍贯与住所和当代法上的籍贯与住所进行了篇幅详尽的阐述。

由于不同国家的公民受不同地域法的支配,以及同一国家内部不同地域的居民受不同地域法的支配,由此导致了两种类型的法律冲突。萨维尼分别探讨了这两种法律冲突后指出,同一国家内部之间的不同地域法的冲突在性质不同于不同国家间的法律冲突,前一种类型的法律冲突更大意义上是普通法与特别法之间的冲突,后一种类型的法律冲突才是真正意义上的平位法律冲突。在这里,萨维尼涉及了法律本座说的核心思想,他明确提出了这一问题,即"根据法律关系(案件)的性质,确定它受制的或所属的法律。"⑤这就自然地过渡到了法律关系的法律适用问题,从而开始真正进入萨维尼帝国的内部。

---

① 〔德〕萨维尼:《法律冲突与法律规则的地域和时间范围》,李双元等译,法律出版社 1999 年版,第 2 页。

② 〔德〕萨维尼:《法律冲突与法律规则的地域和时间范围》,李双元等译,法律出版社 1999 年版,第 7 页。

③ 〔德〕萨维尼:《法律冲突与法律规则的地域和时间范围》,李双元等译,法律出版社 1999 年版,第 8~9 页。

④ 〔德〕萨维尼:《法律冲突与法律规则的地域和时间范围》,李双元等译,法律出版社 1999 年版,第 9 页。

⑤ 〔德〕萨维尼:《法律冲突与法律规则的地域和时间范围》,李双元等译,法律出版社 1999 年版,第 15 页。

永久和平的冲突法建构——冲突法的政治哲学功能导论

The Construction of Perpetual Peace through Conflict of Laws: An Introduction to the Political Philosophy Function of Conflict of Laws ▶▶▶

三、法律关系的法则

萨维尼在这一部分提出了他的研究目的,即"要探讨一个人同一个特定的场所及特定法的地域的联系,因而我们必须注意到各种法律联系,也即是要确认一个人与一个确定的地域——一个特定的法域之间的关系。为了使用相似的术语来使这两部分的研究彼此接近,在以后的研究中,我们可以说是去为每一种法律关系寻找一个确定的'本座'。基于此种主张,我拟再回顾一下前面所确认的关于其他联系方面的准则,于是整个问题便是:为每一种法律关系找到其在本质上所属的地域(法律关系的本座所在地)。"①要为每一种法律关系拟订其本座就必须先行对法律关系进行类型化分析,此种工作自罗马法以来便已经有了相当成熟的进展,而且在萨维尼自己的《现代罗马法体系》前七卷之中也已经完成了对各类法律关系的分辨和阐述。于是萨维尼在第八卷的工作就有了相当坚实的基础,这就是为前七卷清理出来的法律关系类型寻找适切的"本座法"。

在第八卷第二章中,萨维尼已经对法律关系进行了粗略的分类,分别是:对特定物的权利、债、对于范围不定之观念之客体的全部遗产的权利(继承),以及家庭关系。② 在如此区分之后,萨维尼进一步按照法律关系产生的逻辑模式再次修正了分类,并提出了最终成熟的关系类型。他指出:

"每一种法律关系的'中心'应该是在该法律关系中享有权利和利益的当事人,当事人本身的法律地位应该首先予以固定。这种法律地位表现为当事人在法律关系中具有享有某种权利的资格(权利能力)以及当事人在法律关系中能够以自己的行为取得某种利益的资格(行为能力)。这两个方面的能力和资格即构成了人的绝对的法律地位。围绕这个法律关系的中心(抽象的人),权利的获得呈现出多种形式,不过,它们基于不同标的可以区分为两个方面,即家庭法和财产法。"③

从抽象的人到人身关系、财产关系,再由人身关系和财产关系向下区分,就形成了各种法律关系,萨维尼据此提出了即便在今天看来也是相当完善的关系类型,它们形成树状或金字塔式的扩展特征,这就是:有关人的身份的问题、物权关系、债之关系、继承关系、家庭关系,家庭关系进一步区分为婚姻关系、亲子关系和监护关系三个方面。④ 在具体提出各类法律关系的各自本座之前,萨维尼先对所有本座进行了检索审确,最后敲定为四个方面:

"对于属于上述分类之一的每一种不同的法律关系,我们现在要决定适用什么规则来

---

① [德]萨维尼:《法律冲突与法律规则的地域和时间范围》,李双元等译,法律出版社 1999 年版,第 61 页。

② [德]萨维尼:《法律冲突与法律规则的地域和时间范围》,李双元等译,法律出版社 1999 年版,第 6 页。

③ [德]萨维尼:《法律冲突与法律规则的地域和时间范围》,李双元等译,法律出版社 1999 年版,第 66 页。

④ [德]萨维尼:《法律冲突与法律规则的地域和时间范围》,李双元等译,法律出版社 1999 年版,第 66~67 页。

解决不同属地法之间的冲突。对于这一问题的解决，人们已经提出了一个比较普遍的原则，即认为应该适用每一种法律关系的'本座'所在地的法律（应当把它与当事人的住所区别开来）来解决存在冲突的案例。考虑到决定每一种法律关系的'本座'的选择的各种事实上的联系，每一种特定的法律关系的'本座'的选择通常是比较固定的，这可以归纳为：法律关系所涉及的人的住所；法律关系的标的物所在地；法律行为实施地；法院所在地。"①

在这段论述中，萨维尼肯定了一个事实即关于"本座"这一提法并不是他的独创，而是"人们已经提出了一个比较普遍的原则"。其言下之意是指本座这一术语及按其解决法律冲突的思维模式已经在当时成为了一种为人熟知的风尚，荣格将"本座"这一隐喻的著作权归于韦希特尔看来并不是空穴来风②。如此一来，那些将"本座"一词具有的缺陷归咎于萨维尼的观点就值得商榷。不过，本座一词及其所代表的冲突法思想毕竟是因萨维尼而征服了世界的，本座与萨维尼事实上是相互成就的关系，以至于二者简直可以画上等号了。即便如此，对于"本座"一词具有的模糊性，沃尔夫还是代萨维尼进行了辩护：

"对于他所作出的'地域上的本座'这个公式——每个关系的'地域上的本座'都是必须找出的——曾经有人提出了许多异议，而且现在仍然有许多异议。有人着重指出说，这纯粹是比喻，它会造成法学上的'印象主义'（尼波叶）。但是，法律家并不是能始终不用比喻而进行论证的，而且一个恰当的比喻往往能使读者具有那种必要的思想状态来观察和衡量他所研究的现象。是的，'本座'这个词可能是太含糊了。当吉尔凯——他大体上是采取萨维尼的学说的——用'重心'这个名词代替'本座'的时候，那是前进了一步；当魏斯脱莱克把任何地域的观念置之不问，而只说到同一个关系'有最密切联系'的那个法律的时候，那是更加前进了一步。这些字句都不是完全确切的。但法律家不是数学家，他们常须利用不是绝对清晰的观念来进行工作。自然，一个关系的'本座'或者'重心'究竟是在什么地方，是常常可以发生疑问的，关于契约债务和运送中的动产，情形尤其是这样。虽然如此，萨维尼已经尽力用一个概括的公式来指出解决的方法了。"③

萨维尼不仅自己使用"本座"，而且还认为冲突法的先驱们毕生所做的努力也只不过是在以不同的方式寻找"本座"，这些典型的路径包括法则区别说、住所地法说、法院地法说、法律关系所在地法说和既得权说。萨维尼批判了这些"林中路"所犯的形而上学的错误，认为"这种努力可以预先肯定地说是难以取得什么效果的，因为每一种法律关系具有不同的性质，要想通过一个共同的绝对的规则来取得法律关系的'本座'是几乎不可能的。"④在批评前人并且吸收前人的心得的基础上，萨维尼的理论体系得以涅槃，可概括如下表：

① ［德］萨维尼：《法律冲突与法律规则的地域和时间范围》，李双元等译，法律出版社1999年版，第67页。

② ［美］荣格：《法律选择与涉外司法》，霍政欣、徐妮娜译，北京大学出版社2007年版，第50页。

③ ［英］马丁·沃尔夫：《国际私法》，李浩培译，北京大学出版社2010年版，第61页。

④ ［德］萨维尼：《法律冲突与法律规则的地域和时间范围》，李双元等译，法律出版社1999年版，第67页。

调整对象							本座	本质
抽象的人	能力(权利能力/行为能力)						住所地 物之所在地 行为实施地 法院地	自愿服从
法律关系	财产关系				人身关系			
	物权关系	债之关系	诉讼关系	继承关系	婚姻关系	亲子关系	监护关系	

四、本座说的功能抱负

无论萨维尼是否有这样的自觉,他的理论体系总是已经表达出了"天下大同"的理想,这既是他的出发点也是他的落脚点,作为在冲突法上的体现则是"同一个世界、同一个案件、同一个法律、同一个梦想"。但是,萨维尼体系在条件上的乌托邦要求低估了来自俗世的阻力,以致于使萨维尼体系最终成为一个虽然瑰丽,但却吹弹得破的冲突法上的"理想国"。萨维尼在这个理想国中寄托了自己如下的宏伟抱负:各法律体系之间的"众生平等"、世界各国之间的"天下一家"、法律适用及其判决的"天下大同"。

(一)众生平等:法律间关系

冲突法的精神前提在于对天下诸国之法律体系能够"众生平等"的假定,萨维尼的整个体系基础就在于这种对各国及其法律体系的平等对待,方使得法律关系本座说能够有效运转。萨维尼的这一思想是通过对既往法院地法主义的批判来形成的,法律适用上的法院地法主义事实上也就是主权过度行使的结果。

萨维尼首先将批判的锋芒针对以主权学说为底蕴的优利克·胡伯。胡伯是荷兰著名的冲突法学者,他的整个冲突法立论是建立在其更为伟大的同胞格劳秀斯的主权学说基础上的。萨维尼不点明地批评了主权学说对于法律冲突问题的解决毫无益处,相反,主权的绝对化倒是只会导向法律适用向法院地法的绝对倒转,从而在根本意义上摧毁冲突法的生命。他对此阐述道:

"许多人试图仅仅用主权独立原则来解决这一问题,并提出如下二个假设:(1)每一个国家只有权要求在自己的管辖范围内承认其自己的法律;(2)任何国家均不得要求在它的管辖范围之外承认它的法律。我不仅承认这种主张的正确性,而且甚至认为可以把此种主张扩展到可以想象的最高限度;但是,我相信这对于解决这个问题没有多少帮助。最大限度地实行主权独立原则,对外国人来说可能会导致把他们排除在法律保护之外。这一观点对于罗马人的国际法来说是不足为奇的,即便罗马人并不适用这一原则来反对敌国,罗马市民和外国人的权利能力之间仍然存在巨大的差异。相反,现代法律已逐渐趋向承认本国市民和外国人之间的完全的法律平等。……绝对主权原则要求该国的法官只根据本国法律来判决案件,而不管与此案相关的外国法之间的不同规定。"①

　　在萨维尼看来,在各种形态的法律冲突之中,最容易导致法律适用的畸形倾斜的冲突是外国法与法院地法之间的冲突,至于外国法与外国法之间的冲突则基本上不受民族主义等狭隘的"爱国主义"之影响。生活实践也最直观地反映了这一点,以至于美国冲突法学者柯里在面对内外政府利益冲突的时候,要求毫不考虑外国政府利益之大小多寡而无条件地径直适用内国法。因此,萨维尼抓住法院地法主义进行反复的驳斥,以为只要克制了法院地法的"长臂管辖"就足以确保"众生平等"之实现。他反复教导世人,"在现代的立法和司法实践中并不存在一个只维护立法者自己的绝对权威的原则",如何适用法律完全"应该根据案例本身的性质和要求","而不管国家和法域的限制",并且指出:"如果我们接受了这种存在于现代法律发展中(立法和司法实践)的原则,那么,我们就要反对那种法官只根据本国法来处理存在法律冲突的案例的原则。这种原则阻碍了对存在不同国家之间法律冲突的案例的一般解决,因此,对于存在属地法律冲突的案例,该原则不可能为适用于各国的一般法规所承认,即使这种尝试已经做过。"②萨维尼形象地将这种心态概括为"岛国"③心态。

　　对各国法律体系的平等对待还在于萨维尼历史主义的法学立场。他认为,法律的历史主义不仅是强调对自身作为民族精神的法律体系的爱,而且基于同一逻辑还当然地强调对同样是作为其他民族精神的异质法律文明的尊重;历史主义的法学立场的确强调对自身法律体系的爱,但它并不推崇,而是反对对自身法律体系的偏爱。在第八卷前言的一段话就流露出了他的这种"博爱"精神④:"如果采用突出的民族主义原则是当今的时尚之一,那么,在一个根本目标在于消除公认的相互往来的国家组成的国际社会内民族差别的科学内,这种时尚是没有立足之地的。由此,我们发现,一方面是对未来的憧憬,另一方面是迄今仍未获得一种解决问题的圆满方法,不管各个研究者的个人能力如何。对于这种情况的关注,可能使人谦虚,也可激起勇气。"在萨维尼的行文中我们可以经常领略到这种对自我民族主义的规训与自我批判,据格恩里的回忆,萨维尼还强烈谴责了那种以"己所欲,施于人"为行动守则的民族主义的暴虐,并将其视作为"自欺":"历史只是使人们免于自欺,这种自欺在个体及在民族和时代中都是不言自明的——它使得我们幻想属于我们自身特有的东西也属于整个人类。"⑤不仅如此,萨维尼还赞成各民族法律体系之间的相互成就,认为包括法律在内的外来文化(尤其是罗马法)的滋养方始生成了德国的优秀的

---

① 〔德〕萨维尼:《法律冲突与法律规则的地域和时间范围》,李双元等译,法律出版社1999年版,第13~14页。
② 〔德〕萨维尼:《法律冲突与法律规则的地域和时间范围》,李双元等译,法律出版社1999年版,第71页。
③ 〔德〕格恩里:《弗里德里希·卡尔·冯·萨维尼传略》,载〔德〕萨维尼:《法律冲突与法律规则的地域和时间范围》,李双元等译,法律出版社1999年版。
④ 〔德〕萨维尼:《法律冲突与法律规则的地域和时间范围》,前言,李双元等译,法律出版社1999年版,第2页。
⑤ 〔德〕格恩里:《弗里德里希·卡尔·冯·萨维尼传略》,载〔德〕萨维尼:《法律冲突与法律规则的地域和时间范围》,李双元等译,法律出版社1999年版。

永久和平的冲突法建构——冲突法的政治哲学功能导论

The Construction of Perpetual Peace through Conflict of Laws: An Introduction to the Political Philosophy Function of Conflict of Laws ▶▶▶

民族精神,依靠民族主义的轻狂试图要驱逐这些外来成分简直就是"荒唐":

"特别是在被认为是中世纪基督教中心的德意志帝国,作为各种不协调的国家和地方性惯例中唯一正确法律的制定者和执行者,罗马法是国民教育的一项基本内容。依据虚构的民族性和时代的要求将它逐出,就如同根除已植根于本国文化土壤里的外来因素(如典籍的影响、意大利的诗歌与艺术或基督教本身)一样是不可能的,是荒唐的。"①

或许正是立足于这种对各民族法律体系之间的血脉相连、心息相通的认识,才造就了萨维尼对本国法所抱有的、浓得化不开的"爱国主义"情操的同时,还懂得如何克制自我,"尊重似乎是外国的及被抛弃的东西"②。

萨维尼对众生平等的呵护集中地表达为对法院地法主义的批判,对法院地法主义的批判最终将萨维尼导向对狭隘的民族主义和肤浅的爱国主义的深刻抨击,因为法院地法主义无非是民族主义或爱国主义在法律适用过程中被滥用的逻辑产物。当然,萨维尼之所以能够对法院地法主义持有一种几乎可以说是天然的敌意并能够进行如此入木三分的剖析,这实在是归功于他的历史法学的功底,从萨维尼的学术旨趣看,历史法学的主题不仅在于民族精神及作为其流溢物的民族法律的持续的内在生长,而且还在于自觉到异质法律文明之存在并对其持有善意的共同生长。这是众生平等格局能够生长出来的氤氲化淳的土壤。

(二)天下一家:国家间关系

将冲突法从国内视野拯救出来,并将之改造成为一个"国际化"的科学,这被作为是萨维尼对冲突法所奉献的知识增量之一,简单地说就是萨维尼的"国际社会共同体"的思想。这种国际共同体的思想翻译成中国式的术语也就是"天下一家"的情怀。

萨维尼着力于对民族国家的解构,他的冲突法思维总是强调个人之间的交往、跨越国界的共同体法的适用。这始终构成萨维尼魂牵梦萦的思维起点和努力方向。在第八卷的前言中,萨维尼如此定位了本书的宗旨:"本书并非只是对颇为引人注意和刺激的司法理论形成和发展的观察,它更多的是对法律信念与法律生活共同体的透视,找到一种普遍一致的实践。"③这种法律生活的共同体主要不是从主权国家的角度,而是从个体之间的跨越国界的交往来形成的,萨维尼的这一思维风格在他对待德国民法典的制定上有所表白:"萨维尼对整个法典化问题立场的基础是他有关私法性质的观念,认为它直接起源于普通大众。不论国家在通过公法和刑法对它予以整顿和保障方面的功能如何,私法产生于个体的诉讼。习惯与先例,商人的惯例及法院的惯例,不只是原创性的,而且是法律进步的

---

① 〔德〕格恩里:《弗里德里希·卡尔·冯·萨维尼传略》,载〔德〕萨维尼:《法律冲突与法律规则的地域和时间范围》,李双元等译,法律出版社 1999 年版,第 317 页。

② 〔德〕格恩里:《弗里德里希·卡尔·冯·萨维尼传略》,载〔德〕萨维尼:《法律冲突与法律规则的地域和时间范围》,李双元等译,法律出版社 1999 年版,第 317 页。

③ 〔德〕萨维尼:《法律冲突与法律规则的地域和时间范围》,前言,李双元等译,法律出版社 1999 年版,第 1~2 页。

永久工具。"①这段话显示了萨维尼对主权神话的颠覆,而将民族精神、法律生长的动力转移到民间个体,私人才是真正的载体。他还将这一观点延伸到超越民族国家的国际社会,从而完成了冲突法的国际化转向:"人被置于外部世界之中,在此环境中最重要的因素是他与其同伴在本性与命运上的联系。但对自由人来说,在此接触中互惠共存。在他们的发展中,并不仅仅因为承认存在每一个体存在与活动可获得安全与不受干扰的领域的无形界限而互相妨碍,这是有可能的。确定这种界限与自由空间的规则是法律,这即意味着法律与道德之间的联系与区别,法律服务于道德,但不是执行他的命令而是保障每个个体意志中存在的力量的自由发展。"②

绝口不提主权者的姿态让萨维尼的世界只是个体活动的空间,以及由个体的彼此之间跨越国界的交往形成的国际社会共同体,民族国家间的关系因此被消融成为"天下一家"的整体格局。萨维尼的这一观点并不被认为是他的独创,而是渊源于利弗莫尔"将文明世界的各国比作'由许多家庭成员组成的宏大社会'"之见解,甚至还可上溯到格劳秀斯关于"人类本质的统一性"之立场。③ 但是萨维尼的观点还是更具有彻底性,他不仅指出以个体国家为独立单元所构成的国际社会共同体,而且还是以个体公民为独立单元所构成的国际社会共同体,用伊达的话来说就是"许多个人的国际社会"④。它使外国法的适用不再是"外国法适用"问题,而成为一种"无外"原则指导下的"本国法的适用"⑤问题。这种精神境界已经超出了利弗莫尔的视界,世界不再是国家间的世界,世界已经成为人类的世界。萨维尼在《现代罗马法体系》第一卷前言中结合对这部巨著未来宿命的展望对这一思想进行了热情洋溢的申言:

"现在我非常高兴地了解到这本著作可能包括真理的有益的种子,或许在别的著作里可以发现它得到全面发展并结出丰硕的果实。那么,如果出现了这种全面、丰硕的成果,眼下这本包括了它的萌芽的著作成为一种知识背景,也就是说,被遗忘了,这没有关系。具体的著作与个人的现实存在一样,都是短暂的,但思想是永恒的,它通过个体的生命而不断增长——思想将我们所有人连成一体,我们以热情和爱而劳作,使人类变成为一个更大的更为持久的社会共同体,个人最平庸的贡献也能在其中找到它永久的地位。"⑥

萨维尼的天下一家情怀使他超出了许多同时代人的境界,而与其同胞兼同事的费希

---

① [德]格恩里:《弗里德里希·卡尔·冯·萨维尼传略》,载[德]萨维尼:《法律冲突与法律规则的地域和时间范围》,李双元等译,法律出版社1999年版,第310～311页。

② [德]格恩里:《弗里德里希·卡尔·冯·萨维尼传略》,载[德]萨维尼:《法律冲突与法律规则的地域和时间范围》,李双元等译,法律出版社1999年版,第315页下注①。

③ [美]荣格:《法律选择与涉外司法》,霍政欣、徐妮娜译,北京大学出版社2007年版,第50页。

④ 转引自[英]马丁·沃尔夫:《国际私法》,李浩培译,北京大学出版社2010年版,第36页。

⑤ 美国冲突法学者库克曾经有一种解释适用外国法理由的观点,他认为法院地只有绝对的义务和忠诚去适用本国法,因此,根本不存在外国法的适用问题,任何外国法的适用总是已经被归约为内国法的适用(See Walter Cook, The Logical and Legal Bases of the Conflict of Law, *Yale L. J.*, 1924, Vol. 33, p. 457)。这种极端的本地法主义反而与极端的国际主义的观点相靠拢接近的态势,极深刻地体现了物极必反、"反者,道之动"的辩证精神。

⑥ 转引自[德]格恩里:《弗里德里希·卡尔·冯·萨维尼传略》,载[德]萨维尼:《法律冲突与法律规则的地域和时间范围》,李双元等译,法律出版社1999年版,第329页。

永久和平的冲突法建构——冲突法的政治哲学功能导论

The Construction of Perpetual Peace through Conflict of Laws: An Introduction to the Political Philosophy Function of Conflict of Laws ▶▶▶

特关于世界公民的国际法思想若合符节,这应当是德国古典哲学在国际法上的一贯立场。通过这一立场,萨维尼的历史法学的归宿表现出了向唯理主义的观点接近的态势,而这也正是萨维尼本人所乐见的。①

(三)天下大同:判决间关系

作为"天下一家"情怀在冲突法上的直接投射,萨维尼按照"天下大同"的方向制定了法律关系本座说,后者也正是以追求和实现这一目标而努力的。冲突法上的"天下大同"思想并非意指世界各国法律体系的"实体性"大同,后者应当是萨维尼体系的最高纲领,但是作为目前的暂时纲领,这里的"大同"首先指的是"法律适用"的大同以及连带着的判决的一致,即实现判决的"大一统"。它的内涵可以概括为:"同一个世界、同一个案件、同一个法律、同一个判决。"

判决的一致是萨维尼体系承诺的使命,而且也是萨维尼之前的冲突法学者共同期待的理想境界。沃尔夫首先指出了判决之确定随管辖权之变动而不定的荒谬性:

"在当事人双方不要在任何法院起诉,而只是要知道他们的法律地位的情形,他们的律师也能够给予一个明白的回答,但是现在律师常常不得不这样说:'我的回答要看诉讼是在甲国的法院还是在乙国的法院提起而定。依照甲国的冲突规则,应该适用譬如说瑞士的国内法,根据瑞士国内法,这个请求是有理由的;而依照乙国的国内法,则应该适用法国的国内法,根据法国国内法,这个请求却是没有理由的。'如果当事人双方都主张不要在任何地方起诉,而只要知道在他们中间哪个'是对的',那么,即使是最有学问和最有能力的律师也不得不这样说:'您的问题是不可能回答的,虽然法律是明白无疑的。'"②

已经习惯于在同质法律体系下思维的世人来说,这的确有点不可思议,一个案件的公平处理当然要求一个确定无疑的答案,而且这个答案还应该具有"放之四海而皆准"的普遍性。但是,法律冲突的世界却硬生生地撕裂了这个完美的图景,而将案件之处理诉诸于不同地域的管辖及其导向的未知且互异的地域法。从本质上看,要求同一个案件、同一个判决,这一问题事实上也只是幻象,是我们的思维惯性自然地位移到冲突法框架之后的条件反射。然而,这一幻想却被认为是根植于共同人性的"公道之声",因为"公道要求不论诉讼在什么地方提起,判决总是一样的。"③。萨维尼也是这样想的,他指出:"总的说来,世界各国和整个人类的共同利益决定了各国在处理案件时最好采取互惠原则,并坚持本国市民和外国人之间的平等原则。这一平等原则的充分发挥不仅会使外国人在每一个特定国家都跟其本国国民一样(这里包括待遇平等),而且,对于存在法律冲突的案件,不管它是在这一国家还是在那一国家提起,其判决结果都应该一样。"④

萨维尼不仅是这样想的,而且也正是这样做的。他的整个学说体系都严格地建立在

---

① [德]格恩里:《弗里德里希·卡尔·冯·萨维尼传略》,载[德]萨维尼:《法律冲突与法律规则的地域和时间范围》,李双元等译,法律出版社1999年版,第315页。
② [英]马丁·沃尔夫:《国际私法》上册,李浩培译,北京大学出版社2010年版,第36页。
③ [英]马丁·沃尔夫:《国际私法》上册,李浩培译,北京大学出版社2010年版,第22页。
④ [德]萨维尼:《法律冲突与法律规则的地域和时间范围》,李双元等译,法律出版社1999年版,第14页。

逻辑的规则之上而不主要是取之于实践，"他是一个理论家，他的学术口味甚至比维希德更具有教条的和抽象的性质。尽管斯托里冲突法评论第一版援引了 500 多个案例，但是萨维尼只援引了十二个案例，他常常更喜欢依靠假设性案例而非法院判决来阐述自己的观点。……萨维尼通过建构一个将产生统一适用规则的体制'科学地'处理这一问题"。①萨维尼的目标投向的是法律适用的大一统，而不是个案处理中可能充斥和缠绵着的儿女情长，如同黑格尔因独宠绝对精神的整全性目标而可能过分乐观地将人类世界历经的两次毁灭性浩劫仅仅视为"历史的狡计"，这使得他们都具有了一种以大爱置换小爱可能产生的误导性"冷酷"假象，但是也通过这种超越性的目光和战略思维，"天下大同"这一更加恢宏的目标在逻辑力量的担保下至少展现出了史无前例的可能。沃尔夫或许点明了萨维尼的"野心"："国际私法的最终目标似乎是使所有国家的冲突规则都达到一致，象法兰茨·卡恩所说的'法律的协调'。如果达到了这个目标，每个诉讼案件，不论在什么法院起诉，都可以适用同一的'国内'法来加以判决了。"②

　　萨维尼正是有着这样的隐秘的憧憬和渴望，他制定的本座法体系并不是面向德国的，也不是面向其他特定的国家，而是面向世界的，他是在为世界各国的立法者"立法"，冀望通过世界各国对自己本座学说体系的采纳和实践来间接实现"为天地立心，为生民立命，为往圣继绝学，为天下开太平"的抱负。用他自己的话来说就是："现今学者们的观点，与有关机构的裁决一样，在很大程度上混淆不清并互相冲突。德国人、法国人、英国人以及美国人，经常彼此处于对立面，但是，他们都对这一领域显示出极大的兴趣，并努力寻求接近或一致，这在其他法学部门是极为罕见的。可以说，这一法学部门早已成为文明国家的共同财富，这并不是因为这些国家拥有确定的并获得一致承认的原则，而是因为它们在试图确立此类原则的科学研究中，共同受益。"③

第三节　主导典范的和合方略

　　在萨维尼的冲突法体系中，其不同的本座规则贯穿着一个相同的语法结构，即由"范围＋连系词＋系属"构成。其中，范围是冲突法所要规整之对象，通过连系词之关联而与系属相结合，从而使范围"有"系属之规范而成秩序。但与此同时，系属之"有"实则是空洞之"无"，它并无作为法律规范所应当具有的具体权利义务内容。例如调整涉外合同关系之冲突法"涉外合同适用当事人意思自治之法"，就规范的存在而言它是一客观之"有"，但就合同当事人具体权利义务的规范而言它是一实在之"无"。有无相间的语法结构将产生出回旋的力量，使萨式规范体系得以呈现出一种"将欲夺之，必固予之"④的东方式的和合

---

　　① Friedrich K. Juenger, *Choice of Law and Multistate Justice*, Nijhoff, 1993, pp.10~27.

　　② ［英］马丁·沃尔夫：《国际私法》上册，李浩培译，北京大学出版社 2010 年版，第 36 页。

　　③ ［德］萨维尼：《法律冲突与法律规则的地域和时间范围》，前言，李双元等译，法律出版社 1999 年版，第 1 页。

　　④ 《道德经》第三十六章。

方略。

一、主导典范的规范机理

（一）冲突法之有：范围

所谓范围，是指冲突法所调整的法律关系或所要解决的法律问题，因此也就主要表现为法律关系和法律问题两个方面。事实上，除了表现为法律关系和法律问题之外，冲突法的范围还可以表现为没有任何规定的规定，这种无规定的规定也就是一种开放范围。具有此种开放范围结构的冲突法在本质上就迅速地从一般冲突法的地位提升到冲突法的原则地位，冲突法的原则也就是开放范围的冲突法。例如在《奥地利联邦国际私法》中，最密切联系被提升为该法的指导性原则，该法典规定："应当认为，本法是在最密切联系原则的指导下制定的。"这一表态具有重要意义，不仅在于运用冲突法出现解释歧异时能够作为定夺取舍何种解释更为合理的"解释准据法"，而且还通过这一方式补全了所有冲突法的遗漏之处，解决了立法者的有限理性与无限的生活世界之紧张矛盾，使立法的步伐获得与时俱进的力量。在中国古代最早的一条具有冲突法精神的法律条款中也是以开放范围的原则形态出现的，这就是唐《永徽律》中"化外人相犯"条。该条规定："诸化外人，同类自相犯者，各依本俗法；异类相犯，以法律论。"如果转化为萨维尼式的标准表达方式即是："外国人间的一切法律关系，适用唐法；如果双方当事人具有共同国籍的，则适用他们的本国法。"这一条款规定在"名例篇"中，名例篇本来就是法律原则部分，是法律的总论。不仅如此，该条款在范围构造上也是采取的不定式，无规定的规定，也就是包含一切法律关系甚至主要包括刑事法律关系。如此一来，该规定也就转变成为一条指导涉外法律关系的总纲性规定，类同于奥地利的最密切联系原则。

进一步分析冲突法的范围，还能给予我们更多的意义启发。凭借对一国冲突法范围的分析，还可以据此评价该国冲突法的立法质量及其适用精粗。首先在立法质量的评价功能方面，一个优质上乘的立法体系必须要满足完整、系统的基本品质，也就是说冲突法应当构造得完全，能够满足调整任何一种涉外民事关系或者法律问题的需要。这就要求冲突法的范围在体系结构上应当呈现出一个由高到低的金字塔形态，位于最顶端的部分可概括为"一切涉外民事关系"；由此向下延伸嬗变而分化出"树状"结构，分别是各级各类的涉外民事关系，例如涉外物权关系、涉外契约关系等；再往下则是各类法律关系的各个方面即各法律问题，例如涉外契约关系领域中的实质要件、形式要件和当事人能力要件等。设计完善的冲突法体系应当在范围上呈现出一个对称和谐、完整周全的体系，否则便可能存在逻辑残缺、挂一漏万的现象。

冲突法的范围构造还能显示出它的适用是精细还是粗糙。一般认为，冲突法的适用可以分为统一论与分割论，统一论的大意是指一个法律关系只是经由一个冲突法进行整全性调整；分割论也称"德伯沙治"法，它将一个法律关系按照其不同的性质肢解为相对独立的不同方面，然后再按照不同的性质方面分别设定一个冲突法进行分割性调整，再汇总得出一个法律关系的调整结论。统一论与分割论的优缺点是互换的，统一论享有的简单性、司法便利性优点是与分割论所有的复杂性、代价高昂性缺点遥相呼应的；反之，分割论所享有的精确性、合理性优点则是与统一论所有的粗糙性、浅薄性正相对照的。冲突法本身的范围构造就显示出了法律适用上的分割论与统一论的分野，凡是范围以法律问题的面貌呈现出来的冲突法就是采取分割论的法律适用方法；凡是范围以法律关系的面貌呈现出来的冲突法就是采取统一论的法律适用方法。以此标准即可从冲突法的范围构造上判断出一国冲突法的立法质量。

（二）有无之间：冲突法的连系词

冲突法的连系词是"适用"，它常为学者所忽视而径将冲突法的结构判断为范围和系属，在我国，连系词就像语气助词一样不过是起着一种工具性的作用，对于意义的表达并非不可或缺。但是它至少具有两种重要功能：

一是形式功能即纽带的功能。它在形式上通过自身的语法作用将冲突法的范围和系属连系起来，使范围和系属能够以紧密的关系构造成为一条完整的冲突法，这是一种"完形"功能。设想缺乏"适用"这一不可或缺的连系词之连接作用，那么所有的冲突法便只能由范围和系属相叠加而成，如"契约关系意思自治"、"侵权关系行为地法"，这种感觉就如同范围和系属之间缺乏强有力的关联而被分割成为散落的走珠，虽然也能够表达一种关系，但是这种关系缺乏语法结构上的关联而只能是一种偶然的关系，这种偶然的关系还可能随时断裂而在范围和系属之间呈现出一种千变万化的组合可能，缺乏定形和定性的力量。宛如中国古代之文言文或者诗词之间，抽取掉其中的关联词，整个诗词也就呈现出一种无可言说的飘散与朦胧，例如号称"秋思之祖"的"枯藤老树昏鸦，小桥流水人家，古道西风瘦马。夕阳西下，断肠人在天涯。"这首词美则美矣，而且其美恰是没有连系词而营造出来的气象美，连系词的不在场脱开了枯藤、老树、昏鸦、小桥、流水、人家、古道、西风、瘦马、夕阳、断肠人等十多种要素彼此之间的任何时空关系与逻辑关系，任何阅读者完全可以"自由"地凭借自身的想象完成这一幅画的连系，而且这种连系恰可以形成千万种组合方式，正是这种气象的不可定形化造就了自由想象的无尽空间，所谓"诗无达诂"、"言不尽意"就是这个意思。诗词虽然可以不要任何连系词形成无限多种可能性，而且偏以任何僵滞之规定性为天敌，然而作为世界法律体系之"战争与和平法令"的冲突法如果缺乏这种规定性却为大忌，规范的美德就在于其定形，不定形即是无秩序，因此定形与秩序必须依靠连系词的规范力量才能得以完成。"适用"一词的存在才能确保冲突法的范围和系属之连系不至于离散，从而在二者之间建立起钢筋铁骨的关联性，冲突法的范围和系属也才能形成致密的结构，凭借这一结构才能肩负起规整礼崩乐坏之乱世的使命。

二是实质功能即赋意的功能。按照西方语言学的悠久传统，连系词是由逻各斯演变而来，逻各斯被视为是神圣的造物，它最先表达的是本体论上的关系，所谓宇宙就是一团永恒的活火，活火在一定尺度上燃烧又在一定尺度上熄灭，这就是逻各斯，凭借逻各斯而使万物获得自身的规定性和存在。逻各斯后来转变为语言，并在语言学的意义上成为主谓词之间的关系。逻各斯含有"采集"和"抓取"的功能，也就是说，逻各斯具有一种能动的神圣力量，它依照真理将两个事物抓取捆绑在一起而表达出真理，这样就意味着主词与谓词之间存在着独一无二、天造地设的神秘"因缘"，促成这一因缘的功能是由连系词来完成的。冲突法的连系词"适用"分享着这样的精神,它意味着冲突法的范围与系属之关联并不是偶然的关系,或者说它在抓取范围与系属进行一一组合配对的时候并不是乱点鸳鸯,而是依照既有的真理规律来完成的,只有如此关联才能确保范围与系属的合理匹配,才能真正表达和实现法令适用的真理。如果剔除掉笼罩在连系词上的神秘气息,事实上这个连系词不过就是立法者即人类本身,连系词具有的领悟理性的神秘启示并据之抓取范围和系属去建筑冲突法体系的力量,也就是人类根据其认识和理解去构建冲突法的力量,这种能动构建任务首先是由作为学者的萨维尼担纲操作的。萨维尼采用"本座"、"家"①等比喻来曲折表达范围与系属之间通过连系词适用进行配对的实质合理性。尽管有人对此提出了批评:"这纯粹是比喻,它会造成法学上的'印象主义'。但是,法律家并不是能始终不用比喻而进行论证的,而且一个恰当的比喻往往能使读者具有那种必要的思想状态来观察和衡量他所研究的现象。"②

(三)冲突法之无:系属

冲突法的系属是调整范围所列示法律关系或者法律问题的法律启示。需要指出的是,冲突法的全部玄妙和秘密就在于它的系属构造,它采取的是"启示"而不是"命令"的表达方式,也就是说它并不是直接规定应当如何厘定当事人的权利和义务,而只是提供一种选择的指向。这种指向导致冲突法相比于法律规范的标准形态而言是一种缺失,它在内容上是一种塌陷,看似有规定而事实上缺乏实质性的规定,若有若无,通过结构上的"半包围"也就是"半开放"的方式将决断之权限转致和让渡给了他人。

这种拱手相让的风范受到了世人的误解与攻击:"所谓法律选择规范自身并不具有内容,它们只不过是一些空的框架而已;它们的内容来源于它们所指向并适用于某个涉外民事案件的法律制度之中","这样就把这种规范'合并'到本地法之中了"③。不仅如此,还有学者将冲突法认作是"空洞无血性"④的东西。正因为这种结构上的凭空失足,冲突法也被称作是"走到半路"(half way)的规范,最多也不过是美其名曰"法律适用的灯塔"。这既是冲突法的缺陷,也是冲突法之为冲突法的本体论特征,如果系属一旦充实起来成为具体的内容,这样就摧毁了冲突法自身。应当先行指出的是,冲突法系属上的残缺乃是它的功能得以发挥的玄妙之处,一如维纳斯的神奇就在于她的断臂,如果补全维纳斯的断臂就像补全冲突法的系属一样,那是一种摧残而不是一种成全。

冲突法的系属经典地表现为七种类型,并被固定化为所谓的系属公式。系属的公式化使涉外民事关系的调整有了一些数理化的逻辑,凭借系属公式这"七种武器"之生克组合便可以形成化解任何一种涉外法律冲突难题的多种方案。这七种系属公式毫无例外地采取苍白化的情感表达,当代法律适用的持续优化发展出一些更具有情感色彩的系属类

---

① [德]萨维尼:《法律冲突与法律规则的地域和时间范围》,李双元等译,法律出版社 1999 年版,第 110 页。
② [英]马丁·沃尔夫:《国际私法》上册,李浩培译,北京大学出版社 2010 年版,第 61 页。
③ 转引自邓正来:《美国现代国际私法流派》,中国政法大学出版社 2006 年版,第 28 页。
④ Brainerd Currie, Selected Essays on the Conflict of Laws, Duke University Press, 1963, p. 52.

型,诸如"有利于"之类的结果导向性法律适用规则便是如此。此种发展方向反映出冲突法的某些人性化倾向,但有执必有失,正因为它有了立场上的倾向而受到相对者的批评。①

二、规范机理的太极效应

在所有称作为法律规范的行为准则之中,冲突法无疑是残缺的规范,这首先在于它内容结构上的空洞,其次则在于它要以此残缺的结构形态去应对同样残缺的世界法律图景,这明显是一条自取其辱之路。国际社会之状态是最"自然"的状态,一切人性的卑劣和无耻在民族之间、国家之间得到毫无掩饰的肆意张扬。法律作为国家意志的体现因其主、客观之种种因由而表现出不同的价值取舍和内容设定,当国家之间的野蛮战争被所谓文明开化的标准所暂时禁止时,就像任何其他形态的和平竞技一样,法律冲突被国家之间视为武力冲突的替代物,相应地法律冲突就是国家间在法律领域的战争状态。法律的战争状态也象国家之间的武力战争一样呼吁一种文明开化的方式得到和平处理,在各国的理性意志尚未进化至彼此心有灵犀、不谋而合的地步时,法律冲突在很大程度上就只有依赖民族国家的单边意志进行协调。相互冲突的国家依据一己之单边意志进行协调以期泯灭法律冲突,总是难免有一种道德上的利己嫌疑,除非它总是为他地适用非己的法律,然而如此一来便形成一种同样可堪指责的反向歧视。

为了首先平等地呈现内外法律体系的价值,其次在相互冲突的各法律体系之间进行和平选择,再次通过这种和平选择使案件的处理展现出一种德性,就必须使承担此种艰巨而神圣任务的国家单边意志要采取一种独特的表达方式,这种独特的表达方式要求在涵摄万有的基础上表达出一种无偏见的立场,才能一方面安顿各法律体系的躁动的心灵,另一方面却又必须作出法律选择的决断以满足案件裁决的现实需要。这种独特的表达方式形成了语法结构"残缺"的冲突法:它抽象表达为"××关系适用××法"。这一语法结构可以说构成了当代绝大多数国家冲突法体系的建筑法则,是冲突法规范的万能表达式。这一结构剔除掉了法律规则的所有具体内容,因为所有具体内容无论怎样地考虑周详也终免不了时过境迁后风流总被雨打风吹去的下场,因此这一结构也就保全了自身的经典属性成为冲突法体系不朽的拱心石。

但是这一结构的价值还远远不在止于它的语法构成上的意义,而是它本身所蕴含的因有无而隐显、因隐显而阴阳开合之"太极效应"。太极是中国儒道二家共享的精神图腾,是最高精神的图像化表达,其妙谛被周敦颐概括为"一理二气五行万物",在《太极图说》中周氏解释道:"无极而太极。太极动而生阳,动极而静。静而生阴,静极复动。一动一静,

---

①　在这一意义上,冲突法因为其"无立场"而得以从偏执之立场中被解放出来获得了面向所有可能立场的自由。法国哲人于连非常欣赏这种中国式思维,他如此点评道:"为了对事物之'然'开放,领会其'自然',关注如声响之自发一样的内在性,我们的心不应该是'成心',不应有偏见,不应局囿于是非导致的个别观点。……通过'无必',我们最终才能达到'无我'的境地,摒弃个别的'自我',摒弃对事物'自有其观念'的我。"(参见〔法〕弗朗索瓦·于连:《圣人无意》,闫素伟译,商务印书馆 2006 年版,第 145 页)。

永久和平的冲突法建构——冲突法的政治哲学功能导论

The Construction of Perpetual Peace through Conflict of Laws: An Introduction to the Political Philosophy Function of Conflict of Laws ▶▶▶

互为其根。分阴分阳，两仪立焉。阳变阴合，而生水火木金土。五气顺布，四时行焉。五行一阴阳也，阴阳一太极也，太极本无极也。"①中国哲学最讲动力机制，强调生生之为易，强调变、强调化、强调流，如太极这一精神图腾揭示的就是这样一个周易流变的神秘力量，然而它的确没有西式般的清澈。那么太极动静阴阳的运动力量在哪里呢？这就是太极包含的辩证结构即动静、阴阳之对生结构，"这些关于太极的表述中最关键处是一个二项相对、相补而成的发生结构，可简单称之曰'二对生'的结构。说它是'动/静'对生也好，'阴/阳'对生也好，或'刚/柔'对生也好，总之是一个'互为其根'的原本发生机制"。②

冲突法的"××关系适用××法"非常形象地呈现出一个"有无相间"的太极二对生结构，它的确有一个规范框架放在那里，这是一个"有"，但是它究竟有些什么内容呢，却又是一个"无"。就存在一个规范框架而言，它是一个"有"，就它没有任何规定性而言则是"无"。任何以此为骨架的具体冲突法也同样包含着这样一个太极原理，例如"涉外侵权关系适用行为地法"，它有一个"行为地法"的构架，但是这一构架却是"格式塔"化的虚无，"有"一个"无"。这种结构充满了阴阳开合的朦胧意境，具有强大的意义激发机制。凭借二对生结构这一"相摩相荡"的生成机理，太极的流转变易就有坚实的动力基础，而冲突法也因此具有了根据具体个案（契机）之触发而于当下构成准据法的"构象"、"构意"能力。以此方式得出的准据法具有为各国所接受，从而消除冲突的能力。这种能力即源于冲突规范的有无相间而产生的太极回旋效应，这决定性地源于两大关键环节：

其一，选择之前不预设任何偏执的正义观念，对所有各国及其法律体系予以平等对待，无执固无失，从而能确保所有可能性。其技术性体现便是冲突规范在系属上的"无所指"。冲突规范在系属上的"无"并不是绝对没有指向的无所指，而是绝对地否定任何有所指，并因而向所有有所指开放的无所指。正是由于否定了对任何国家立法的、可能的偏执之"指"，才能尊重各国及其立法，并以其平等姿态赢得各国之承认。内中机理一如西哲对孔圣人的"无意"之解读：

"所谓'无意'，是指圣人不会从很多观念中单独提取一个：圣人的头脑中不会先有一个观念（'意'），作为原则，作为基础，或者简单地说就是作为开始，然后再由此而演绎，或至少是展开他的思想。所谓'原则'，也就是'arche'（始基）：由它开始，也由它控制，思想可以由这一点而开始。'原则'或'始基'一经提出，其他的就会自然而然地演绎开来。但是，这恰恰是个陷阱，圣人所担心的，正是这样一开始就定出方向，然后再由这一方向统霸一切的局面。因为，你在提出某个观念（'意'）的同时，已经把其他的观念压了下去，虽然你想的是留待以后再去组合它们。或者更准确地说，提出的观念暗地里已经扼杀了其他的观念。圣人担心首先提出的观念会规范其他的观念。所以，圣人把所有的观念统统摆在同等的地位上，而这正是他的智慧之所在：他认为，所有的观念都有同样的可能性，都同样可以理解，其中的任何一个都不比其他的优先，都不会遮盖其他的，都不会让其他的观

---

① 周敦颐：《太极图说》，载周敦颐：《周子通书》，上海古籍出版社 2000 年版，第 48 页。
② 张祥龙：《周敦颐的〈太极图说〉与〈易〉象数》，载张祥龙：《思想避难：全球化中的中国古代哲理》，北京大学出版社 2007 年版，第 179 页。

念变得黯淡。总而言之,任何一个观念都没有特权。"①冲突法的规范机理正在于此,由于系属的"隐"与"退"形成了一种奇妙的回旋空间,为"显"与"进"保存了所有可能性,并为这些可能性的任何一种可能赢得被认可度提供了保障。在"无意而无不意"与"无所指与无所不指"之间贯穿的正好就是"无为而无不为"的太极哲理。

其次,系属的"无"化还在功能上造就了更具功效的"无知之幕"。这个无知之幕与罗尔斯的相同之处在于,它确保所选择的结果能为各方所接受;但其不同之处在于,罗尔斯的无知之幕是前置于选择主体之上,是选择主体在选择信息方面的"无知",而冲突法的无知之幕则后置于选择对象之上,是选择主体对具体选择对象的"无知"。无知之幕的向后位移获得的"功能增量"便是,其实践实用性得到了拓展。罗尔斯的正义选择因设定了"有限主体"而不能在"经验主体"之中得到最佳发挥;冲突法的结果选择因放宽了对选择主体的设定条件,始终立足于并因而能够有效适用于经验主体。

三、太极效应的和合方略

如上所述,冲突法的残缺是一种有无相间的结构:"有"一个规范,但这个规范的实体内容却是一个"无"。此有无相间的结构开显出了阴阳开合之态势,"阴阳,一太极也"②。冲突法阴阳开合的太极结构首先衍生了冲突法的光学功能,阴阳相反相成揭示了世界法律的万有体系;其次,则衍生了冲突法的力学功能,太极阴阳之刚柔相济方能缓冲各法律体系之间的暴戾;再次,则衍生了冲突法的美学功能,它以其无心无情之姿态来无所不包地兼容极致之心情;最后,冲突法的太极结构还狡计般地成就了它的隐秘的"化"学结构,因为它凭借这残缺并不在于表达一种残缺的美德要求,更不在于满足于它有所欠缺的安排,而是凭借残缺作用于美丽心灵的反作用力来进取一种"大化"之"道",圆融一种"万法"之"法"。

(一)相反相成:太极效应的光学功能

冲突法的光学功能是指冲突法凭借其结构具有光学的揭示和敞开功能,它首先能够将天下诸国之法律体系从混沌之中整理出一个清明的秩序,每一法律体系都能够得到呈现,其次则能够在个案之中揭示出特定的准据法。

一是秩序清理。冲突法之所以能够在混沌之中见出秩序,这是由于它本身的逻各斯属性。逻各斯首先是以语言的意义出现的,语言的出现开辟了一个清明的世界,或者说,语言的伟大功能就在于它的秩序"定形"。对比中西上古哲学就能清晰地显示出语言的这一功能。中西哲学都是源于对世界流变的惊诧而在解释这个流变过程之中发展起来的,但是在一开始就展示出不同的解释重心,这突出地体现在"言"与"实"的关系上。中国哲学自始至终都强调变动的"实"要优先于不动的"言",要以实为准,名副其实;西方哲学则反其道而行之,要求"倒名为实"。由于现实总是变动不居的永不安息,便无法呈现出一种

---

① [法]弗朗索瓦·于连:《圣人无意》,闫素伟译,商务印书馆2006年版,第7页。
② 周敦颐:《太极图说》,载周敦颐:《周子通书》,上海古籍出版社2000年版。

永久和平的冲突法建构——冲突法的政治哲学功能导论

The Construction of Perpetual Peace through Conflict of Laws: An Introduction to the Political Philosophy Function of Conflict of Laws ▶▶▶

稳定性,缺乏稳定性的变动也就是混沌无序,因此中国务实的文化总是强调变易,但是却无法开辟出稳定的因而清晰的秩序。相反,西方哲学经过言实关系的颠倒却使变易的现实世界服从于一个稳定的形而上学的语言世界,一个概念的王国,直到柏拉图的"理念"的出现就达到最高阶段,这样颠倒的结果便是只认理念世界才是最真实的世界,而现实世界则是对这个理念世界的模仿,是变动不居的不可相信的"意见"世界。在语言的地基上,现实世界寻找到了可以"打滑"的定身术,世界的言说成为可能,清明秩序的建构才得以立足。基督教以神话的方式表达了这一思路,上帝就是以"言"创世的,"言"开展出一个完整的、晶莹剔透、澄明无瑕的世界秩序。

引申到冲突法,也就意味着冲突法的出现催生出一个法律适用领域的清明世界。事实上也的确如此,在没有冲突法的前冲突法时代和抛弃冲突法的后冲突法时代,法律适用的领域总是一片混沌,无"法"可依的审判官员们面对着一个个涉外案件只有去寻求完全的自由裁量,但是完全的自由裁量就如同绝对光明一样仍然不过是绝对的黑暗,使得绝大多数涉外案件的处理基本上完全适用了法院地的法律,即便偶尔适用了外国的法律,也无法形成前后稳定一致的司法秩序。前者极端地表现为罗马帝国的万民法时代,后者则表现为"一千零一个案件要有一千零一种做法"神话的美国冲突法革命时期。柯里等人因不满于冲突法所担保的刚硬的法律适用秩序而提出所谓的"抛弃冲突法,我们会更好",但是抛弃冲突法之后的无秩序的混沌却造就了法律适用的绝对回转,这就是艾伦茨威格主张的"法院地法"的排他性、独尊性适用,在利维坦们毫无节制的唯我主义的欲求下,法律适用的有序世界重新回到了无秩序的自然状态。

冲突法的出现如同一道撕破黑暗的曙光,它为天下诸国走出无序的自然状态提供了一条路径。它不完美,因为它不能为天下一致的法律适用秩序提供绝对的承诺和担保;但它在不完美的乱世之下无上完美,因为在不完美的乱世逼迫之下唯有冲突法才能发挥虽则有限、但胜于无的功效,它作为没有办法的办法在没有办法的处境下是最佳办法。在冲突法这一具有自我抑制即自律性规范的限制下,首先是在涉外民事关系之调整上表现出稳定的秩序,其次则使天下诸国之法律体系的竞争不再是相互毁灭的无序竞争,而是围绕冲突法形成一个有序分配的机制。在冲突法的发配之下,世界各国的法律体系不仅得到了保全和呈现,而且得到了一视同仁的适用机会,冲突法也因此而开辟了法律体系的世界王国并赋予这个王国以秩序。

二是法海寻法。冲突法的第二个光学功能在于根据个案决断出特定的法律作为裁决案件的准据法,也就是统一的行动准则。冲突法是根据范围和系属的配对而寻找准据法的。特定的法律关系总是与特定的系属相连系,这种连系建立在这一认识的根据之上,即每一个法律关系依照其性质总是天然地存在着一个与其最相匹配的本座,本座所在之法则为调整该法律关系的准据法。冲突法就是依照这样的匹配原理在茫茫"法海"之中确定案件的准据法的。萨维尼最早系统化法律关系与本座之间的配对,认为只要能够按照他的观点进行立法和司法,就能实现法律适用天下一统的最高理想;就能够做到"同一个世界,同一个案件,同一个法律,同一个梦想";传统的那种须视管辖权而定法律适用结果的失序状态就能得到规整。这算得上是冲突法最理想化的世界秩序,遗憾的是它受制于太多消极因素的影响以至于迄今仍然是一个可想而不可即的世界理念。

另一方面,冲突法在揭示出特定案件的准据法时也并不是直接确定的,而是通过有无相间的激荡结构半透明地凸显出来的。绝大多数冲突法都采取的是双边性系属,这种系属结构是一种有欠缺的悬荡,是一种待充实的饥饿感,必须借助具体案件的佐助方能生成出个案的准据法。这种悬欠与饥饿感并不就是一种缺陷,反而正因为此"能深刻地感受形势、情境中的'时',能通过这种境域体验领会万事万物的时机,尤其是朝向未来的时机,是真正的'得道',是最高的智慧。"①冲突法正是凭借它的结构上的道性审时度势地生成个案的具体准据法的。

(二)刚柔相济:太极效应的力学功能

天下诸国之法律体系总是带着自身的利益诉求而表现出强烈的个性,并携带着实现自身利益、捍卫自身立场的凌厉锋芒。正是法律体系的这种自我扩张和自我实现的欲望使得法律世界是一个暗藏着刀光剑影的相互冲突的世界。冲突法要介入相冲突的法律体系之间充当和平使者、执行维和任务便必须具有特定的功能,它既不能无条件地一概奉承各法律体系的价值立场,因为如此一来它便没有办法奉承相互冲突的任何法律体系,取悦于所有人必定无法取悦于任何人;也不能一概否认各法律体系的价值立场,而应当坚持一种艺术性的选择,这种选择必须要具有弹性以使它能够缓冲各法律体系之间的挤压力,同时还必须具有中立性以使它的选择能够得到落选者的尊重和承认。冲突法的悬欠结构以类似无知之幕的方式以退为进地满足了这个力学要求。

要缓冲各法律体系的压力以便以柔克刚地实现法律竞争的和平进行,就必须首先在内外法律体系之间维持诚实的平衡。在导致冲突的一切失衡状态中最极端因而是最不能为人接受的失衡乃是内外之间的失衡,冲突法在其早期发展阶段就非常强硬地采取了内外区分和内法优先的立场。在萨维尼法律关系本座说出世之前的六百年时间中占据历史主流的法则区别说首先预设了一个内外截然二分、相互对峙的格局,然后再在这一前提之下寻求法律冲突的解决。这一朴素思维一开始就营造了一个充满火药味的选择局面,内外法的区分总是在心理层面给予外方一种失衡的暗示,因为"立法机关和法院都喜欢适用它们本国的法律,这个事实常常妨碍了法律的协调。"②如此一来,除非选择外国法作为准据法,否则即便法官在有足够充分的正当理由的支持之下选择了法院地法,也逃脱不了狭隘的民族主义的嫌疑,外方总是会偏执地认为"只要适用了法院地法,就说明法院是在凭借传统冲突法中的各种制度来努力达到适用法院地法基本规则的目的。"③因此,法则区别说的解题思路一开始就不符合力学结构,置身于内国法与外国法的狭小空间之中,法律的选择失去了闪展腾挪的可能空间,而只能在狭路相逢勇者胜的格局之中进行暴烈的血拼。事实也的确如此,这种内外区分格局下的选择总是使内国法获得了优先保障的权利,

---

① 张祥龙:《象、数与文字》,载张祥龙:《思想避难:全球化中的中国古代哲理》,北京大学出版社2007年版,第129页。
② [英]马丁·沃尔夫:《国际私法》上册,李浩培译,北京大学出版社2010年版,第37页。
③ [美]艾伦茨威格:《法律冲突论》,转引自邓正来:《美国现代国际私法流派》,中国政法大学出版社2006年版,第328页。

这是一种两败俱伤的博弈,因为无论何方在案件中适用了自身的法律都难以称得上是胜利,在判决的承认和执行环节谁能"笑在最后"还尚未盖棺论定。如是一来,符合以柔克刚之力学原理的做法便是钝化冲突法在法律指向上的方向性,通过指向上的迷离与模糊来降低各国对法律选择结果的敏感和抵抗,符合这种钝化要求的便是双边系属。

双边系属不仅是一种可以兼容相冲突的内外国法律立场的系属,而且还是可以兼容第三国法律立场的多边系属。这种系属根本不区分法律体系的内外属性,而是首先预设了一个众生平等的法律格局,然后在这个前提下设定一个没有方向性的指向,无指向的指向,这是一个艺术化的矛盾:所谓"无指向"并不是绝对的无方向,而是指无法抽象地判断出它的具体指向,它是一种不定的姿态;所谓无指向的指向,则是指它总是有一个抽象的意向,凭借这个若有若无的抽象意向,它一方面"软化"了各法律体系之间的直接对话,另一方面也婉转地表明了斟酌取舍的"刚性"立场,诚可谓"大成若缺,其用不弊。大盈若冲,其用不穷。"①双边系属的中立性深得"夫唯不争,故天下莫能与之争"的辩证法精神,它拉开了冲突法与各法律体系的距离,尤其是首先拉远了与法院地法的距离,在对各国法律体系的均衡关系中赢得了自身的中立性及其所导致的决断上的权威性。

冲突法的力学结构乃是在法律冲突难以避免的情况下不得已而采取的举措,它的根本原理乃是法律指向的无方向,无方向而得万向,这种做法很可能抵消掉了冲突法的一部分光学功能,使得法律选择缺乏明确性和透明性。但是在支离破碎的法律世界之中如果要追求绝对的光明及寻求法律适用的绝对确定性,那么这种不带丝毫折扣的完美主义要求就只会被冰冷的现实击得粉碎。冲突法的力学结构以退为进地维持着法律体系间的和谐,它在光学功能上的策略性退让避免了法律体系间的毁灭,并以此方式部分地成就了冲突法的光学结构。尽管法律的适用无法得到透明的确定,然而它至少确保了法律的适用不会是毫无希望的绝对的暗渊。

(三)大美不言:太极效应的美学功能

冲突法美在残缺。这种残缺性为冲突法包容其他价值立场获得了结构上的支撑。冲突法在系属上的缺失使它表现出一种价值无涉的姿态,涉外案件的处理、当事人之间权利义务的厘定等价值判断并不能在冲突法之中得到启示。如果在单质的一元化法律体系下,一种法律规范如果不明确地坚持一种价值取向,在相互冲突矛盾的立场上犹疑不定而不表态,那么就足可以说这种法律规范缺乏它应当具有的德性,是一种应受指责的道德瑕疵。但是在多元法律体系并存的背景下,再要采取这样的价值立场就很可能不再是一种美德,而转变成为一种道德霸权,因为在彼此歧异到甚至正相反对的不同法律体系之间,并不存在一种超然的判断标准,即使存在这样的判断标准也绝难认为某一个或者某一些国家就掌握了这个标准,以至于可以拿着这样的尺度去权衡他国的价值立场,现实世界领域中的各种帝国主义就是以这种模式表现出来的。国家之间这种超伦理关系,使得"由于现在还没有任何权力来对国家作出裁判,决定什么是自在的法,并执行这种裁判,所以就

---

① 其意为:"最圆满的好似残缺,它的作用永远不会衰败。最充实的好似空虚,它的作用永远不会枯竭。"《道德经》第四十五章

国与国之间的关系说,我们必须一直停留在应然上"①,除非具有一种黑格尔式的世界精神,"国与国之间的关系是摇摆不定的,也没有裁判官来调整这种关系,唯一最高裁判官是普遍的绝对精神,即世界精神"。② 黑格尔尽管为天下诸国提供了一种评判尺度,但是世界精神的绝对性、无限性导致的无可接近性和非现实性,实际上也就瓦解了这一评判尺度,以及依据这一尺度对天下诸国法律体系进行价值宣判的可能。所以,在根本意义上,天下诸国法律体系的价值立场是拒绝通过一种外在价值标准进行指手画脚的评价的,在这样的背景之下最正义的方式乃是对彼此法律体系的宽容,宽容与谅解是最强大的力量,冲突法最大限度地保守了这一力量。它回避评判及无有而无不有的结构残缺由此转变成为一种至高的智慧之美,它懂得各种法律体系都有其自身的价值合理性和生存正当性;它理解在世界之上不存在凌驾于各法律体系之上的统一尺度;它深谙在这样残缺的世界之下只有抱持残缺的结构才称得上审慎;它尤其能够了悟自身的残缺才是真正的美德。冲突法的残缺美也就是无心之美、无情之美、无色之美和无言之美。

冲突法之残缺美首先在于它的无心无情之美。程颢在《定性书》中提到了天地的"无心"与圣人的"无情"之美,认为:"夫天地之常,以其心普万物而无心。圣人之常,以其情顺万物而无情。故君子之学,莫若廓然而大公。物来而顺应。"③冲突法之心、之情也若然如此,正是因为冲突法体贴和成全了天下诸国的法律体系之价值立场、尊重并呈现其心情,从而使得冲突法表现出情到浓时转为薄、道是无情却有情的绝情姿态。大爱无情、大象无形、大美不言、大音若希,冲突法就如同一张镜面,它镜鉴万美而不独美,它成就万美而不自美。无可指责无色的透明,这透明并非色之衰竭,而是各色的极度聚集而终致骤然失色;无可指责无物的光明,这光明并非物之虚无,殊不知光的功能正在于它通过隐匿自身而敞开万物,真正当其他敞开自身之时也就是万物归隐的时刻;无可指责无语时的默然,这沉默并非意义的荒凉和表达的无能,这沉默乃是最炽热强烈的情感表达,千言万语而至无语,方有此时无声胜有声的境界;……。所有这些例证都在诠释冲突法无心、无情、无色、无言之大美。倘若冲突法采取了有心、有情、有色、有言的表达,那么这种美就很可能是一种小气褊狭之美,有执故有失。诚如学者言:"人之情,各有所蔽,故不能适道。大率患在于自私而用智。自私则不能以有为为应迹。用智则不能以明觉为自然。"④因此,冲突法之美在于它结构上的残缺产生的美学上的"无化"效应,最终却辩证地产生出"无之无化"的美学效果。

老子的"无用之大用"观也阐述了这一美学原理。老子言道:"三十幅共一毂,当其无,有车之用。埏埴以为器,当其无,有器之用。凿户牖以为室,当其无,有室之用。故有之以为利,无之以为用。"⑤冲突法就如同车之毂、器之埏埴、室之户牖,它只是作为呈现这些主体的背景和底色,也正因为这一身位的后移,方揭示出冲突法的大美,是"无用之大用"、

---

① [德]黑格尔:《法哲学原理》,范扬、张企泰译,商务印书馆 2007 年版,第 346 页。
② [德]黑格尔:《法哲学原理》,范扬、张企泰译,商务印书馆 2007 年版,第 351 页。
③ 程颢,程颐:《二程集》,王孝鱼点校,中华书局 1981 年版。
④ 程颢,程颐:《二程集》,王孝鱼点校,中华书局 1981 年版。
⑤ 《道德经》第十一章。

永久和平的冲突法建构——冲突法的政治哲学功能导论

The Construction of Perpetual Peace through Conflict of Laws: An Introduction to the Political Philosophy Function of Conflict of Laws ▶▶▶

"无美之大美"的成人之美。

（四）万流归宗：太极效应的"化"学功能

冲突法的"残缺"还具有舍身成仁的大悲慧。冲突法的生存遭遇是一个礼崩乐坏的乱世，内里充斥着太多的尔虞我诈、勾心斗角，以及为着各自的"福利"这一所谓国家的最高目的的各种盘算与考量。这些变量的存在时刻威胁着冲突法的维和使命，以至于使得冲突法多多少少地转变成为一种粉饰廉价的和平，更精确地说乃是粉饰暂时的苟合之道具，它所谓的"战争与和平法令"的自我认同不过是一种自慰式的笑谈。这样的生存状态一刻不除，冲突法的尊严与价值便绝难得到坚实的支撑，因此，冲突法无可逃避的残缺之所以存在的全部意义也就在于如同维纳斯的"断臂"，它不是对生之残缺的满足，而是对残缺之生的反抗。对这种残缺的反抗也就是要"无中生有"，在这相对化的规范世界之中生长出举世共享之普世伦理，以实现从残缺到整全的规范化合。

普世伦理成就的是一个极乐世界、一个理想国，相对于我们生存于其中的残缺世界无疑是一个超越的彼岸。这个极乐世界是否能够抵达倒不主要成为一个问题，如同苏格拉底的教导一般：这个理想国无论是天上地下是否真实存在，并不重要，重要的是有这样一个理想国的"型"[1]。因此，普世伦理能否证成也并不重要，重要的是有这样一个进取方向。冲突法昭示了一种抵达的方式，其本身的残缺是一种不满足的饥饿感，这种饥饿感酝酿着一种强烈的被充实的期待，而当残缺的冲突法真正充实、丰满起来的时候，其无之结构即被破坏而成一实体之有，此过程既是统一实体规范得以涅槃的过程，同时也就是冲突法摧毁自身的历程，如此一来，冲突法的满足是以自身的毁灭为代价的，在这里我们见证了飞蛾扑火的精神，它如此决绝地渴求绝对的光明以至于以生命为献祭也在所不惜。冲突法就这样在自我毁灭的进程中证成了自身的功德圆满。然而这种自我毁灭的进程需要强劲的动力，能够实现毁灭一个旧世界、成就一个新世界的动力源泉只能在人类的智慧与胆略之中觅得。要最大限度地激发人类之智慧与胆略，使得他们能将其聪明才智只是专注于极乐世界的建构而不是致力于人类的自我毁灭，就必须有一种对人类的智慧与胆略进行刺激、启发和磨砺的触发机制，遍察人世间最具有此种触发机理者莫过于人之灵性，天地之间"惟人也，得其秀而最灵。"[2]人类的理性算得上是上苍给予人类最华贵的礼物和最美好的事物，然而在法律冲突的残忍激烈之中人类却将这一美好事物加以滥用使其服务于纯粹自私自利的私欲与邪恶，眼睁睁地目睹着这一美好事物的消逝而无能为力[3]。冲突法将理性的滥用及其导致的毁灭性结果在法律领域中最尖刻地揭示出来，同时也将

---

[1]　［希］柏拉图：《柏拉图全集》第 2 卷，王晓朝译，人民出版社 2005 年版，第 272 页。

[2]　朱熹：《近思录》，吕祖谦编，查洪德注译，中州古籍出版社 2008 年版。

[3]　卢梭和康德都曾经以不同方式表述了这种看法。卢梭说："出自造物主之手的东西，都是好的，而一到了人的手里，就全变坏了。"（参见［法］卢梭：《爱弥儿——论教育》，李平沤译，商务印书馆 2003 年版，第 5 页）康德也指出："万物一经过人手，即使是目的良好，其终结也都是愚蠢；这就是说，对于它们的目的所使用的恰好是与之相反的手段。智慧，……人类惟有通过探索和经常改变自己的计划才能希望达到这种防止愚蠢的确切保障。"（参见［德］康德：《历史理性批判文集》，何兆武译，商务印书馆 1990 年版，第 94 页）

人类对于这一悲剧的无能为力反讽地裸露出来，它要用最惨酷的方式让世人以其灵性领悟真正的美德，这就是所谓的理性的狡计："上帝放任人们纵其特殊情欲，谋其个别利益，但所达到的结果，不是完成他们的意图，而是完成他的目的。"①这就是冲突法的辩证精神，也是冲突法的太极义谛。

纯粹逻辑的也就是纯粹现实的。在法律冲突的现实世界中，通过种种方式实现法律的协调已经成为人类明确致力的一个主流方向，既包括通过条约、法律文化的交流与法律体制的移植等方式实现的立法性协调，而且还包括通过案件的个案处理的临时协调方式，如近代的功能主义方法表达这种协调。法律的趋同化、全球化只是这个思潮的不同表达现象，其内在机理却不得不追溯到残缺所给予世人的启迪，它是激活人类去奋起以超越自身极限的马刺，哪怕生的这种超越与冲撞将会通过生之临界面而转向死亡也在所不惜。这不再是一个人的历史使命，而是一个类的绝对律令："大自然要求每个生物都实现自己的规定性，从而让其本性中的一切素质都合乎目的地为着它自身而发展起来，以便即使不是由每个个体，也是由种来实现着一目的。"人类"有朝一日通过他自己的努力把从恶到善的发展推进到这样一种状态，这种状态如果不被大自然的变革一下子突然中断的话，它就是一个可以带着道德的（对促成这个目的的义务是足够的）确信来期待的前景。因为人是这样一种东西，他虽然被恶毒败坏了，但毕竟是天赋有丰富的创造才能同时也有某种道德素质的理性生物，对于自私自利在他们中间所造成的灾难，他们随着文化的增进只会有越来越强烈的感受；而且，他们在自己面前看不到克服这灾难的任何别的手段，只除非他把（个别的）私人感觉哪怕是不情愿地服从对某种（公民社会的强制性）原则的（一切人协调的）共通感。而对这原则的服从又只是根据他们自己所订的法律，通过对这一点的意识，他们感觉到自己的高尚，感觉到自己属于一个适合于人的规定性的类，就像理性在理想中把这规定性显示给人的那样。"②简单地说，对于人类的绝对律令也就是：充分实现类的规定性，超越残缺，实现完满。

永久和平、绝对完满，这样的目标并不因为过于纯粹极致而显得幼稚和荒唐，只要承认人类的智慧和胆略，只要承认人类的生命的本质就是绝对的饥饿感和绝对的不满足，那么超越冲突法的残缺，实现世界的饱满就不会只是一个没有担当主体和切实力量的神话。冲突法的残缺不过是人类生存残缺的真实写照，也就是说，这种残缺就是我们的生存悬欠而非外在无关的东西。因此，能够激发每个人去超越残缺的动力就在于这种超越是一种内在发生性的趋附，而趋附我们必然进行自我超越的秘密就在于：残缺性并非遥远的异在，而是切己的自我。拒绝残缺、向往完满，这恰是生命之为生命的本质，生命作为一团无休止地燃烧着的火焰，是催生残缺的冲突规范进化为完满的普世伦理及以之为据的世界公民法之绝对动力与担保。

在可以预见的人类社会前景中，和而不同是人人之间、民族之间、国家之间的主旋律。

---

① 〔德〕黑格尔：《小逻辑》，贺麟译，商务印书馆1997年版，第394页。
② 〔德〕康德：《实用人类学》，邓晓芒译，上海人民出版社2005年版，第270～271页。

永久和平的冲突法建构——冲突法的政治哲学功能导论

The Construction of Perpetual Peace through Conflict of Laws: An Introduction to the Political Philosophy Function of Conflict of Laws ▶▶▶

和而不同设定了当代社会存在的和平境遇：第一，国际社会是一个封闭社会①（交往而非隔绝）；第二，不能重开战争与强力（冲突但非战争）；第三，各国不分大小强弱，一律平等，且须及时地按照多数意见达成一致行动（民主但需集中）；第四，所建构秩序需以平等而非等级为特征（等序而非差序）；第五，此种秩序应当具有稳定的延展性（持续而非临时）。在这样的处境之中，各国的行为准则不可避免地存在分歧，无法达成一致的行动，用冲突法的术语来说就是，统一实体规范不能够全方位地奏效。于是，人类对此的唯一解决便是冲突法的方案，即维持冲突中各行为准则的合法性，并在平等尊重之中以公平选择的方式确定共同遵守的行为准则。以准则选择的方式而不是实体性一致的方式实现协调，这在难度上极大地降低了不同正义尺度之间的一致性要求，是在彼此无法达成一致协议但又必须建构一致的有效交往的情形下，唯一可行的和平方案。由于思维和规则的间接化，使冲突法方案拥有了比其他政治哲学方案更多的自由度去创设和平；又由于它既承认和尊重了各行为准则的合法性和有效性，又通过公平的方式实现了对各行为准则的冲突正义，因此它能在较高程度上得到相互冲突的行为方的一致接受，从而在和而不同的格局之中实现有效交往。

---

①　这里所谓的封闭社会是指在相互交往不可避免地发生的意义上而言的，它并不是指它的反面。罗尔斯的正义论就被认为预设了一个"人们通过各种制度交往互动而彼此无法逃离的封闭社会"（参见刘莘：《译者导言》，载［美］涛慕思·博格：《康德、罗尔斯与全球正义》，刘莘、徐向东等译，上海译文出版社 2010 年版，第 1 页）。

第五章 >>>

冲突法的超越指向

冲突法的结构可以概括为,以国内(法)身位去试图超越地规范国家(法律)间关系。这本质上就是一个矛盾。首先,要公平对待国家间关系,必须要有超越任一国内身位的中立地位,正因此,黑格尔才在《法哲学原理》中强调指出,国家之上由于缺乏超越的裁决者,所以国家间无所谓正义。其次,冲突法具有国内身位,它根深蒂固地立足于国内法土壤之中,这决定了它在试图公平规范国家间关系的问题上不适格。其结果将是,以国内身位解决国际问题只会产生利己主义的解题思路,利己主义是唯我主义的一种表现,它不能实现国家间的和平共处,而会导致国家间的矛盾与冲突。但在冲突法的矛盾结构中却蕴含着开展出和平世界的可能,这是因为冲突法的结构本质与自我意识的结构本质具有同构同质性。自我意识是一种极端自私与极端无私的矛盾综合体:一方面,每一机体都是一曲自我颂扬的旋律,每一个自我意识都是对自我的固执。另一方面,自我意识本身又孕育着对他者的觉察,是以对他者的自我意识之承认为前提和基础的,此种对他者的承认就是自我意识的向外展开,对自我之外的他者的自我意识之先行接纳。由此观之,自我意识乃是这样一种意识,即它具有自我身位,但却一开始就是关于自我与他者之关系的意识。他者在自我意识中的出现就是和平的希望之光的闪耀,完全同构的是,冲突法在意识到冲突并尊重冲突的时候就已经先行地承认了他者的合法性,就已经走出了独断的自我身位而向他者采取开放的态度。对他者的承认是对不服从的自我的抑制,此种抑制也就是自我的自律。和平秩序是一种一致秩序,但一致秩序的取得既可以通过自律也可以通过律他。律他导致战争与冲突;自律则导向和平与协调。由此,冲突法的自律结构包含着开展出和平方案的根据,这种根据终极地渊源于"自我"的超越性。

第一节 冲突法的超越性原理

战争与和平的问题是人的问题,人的一切问题源于且又终于"我意识"。作为一种自然主义的态度,我如同一束射线的端头,探向周围因为未知而显得黑暗的世界,世界作为与我相对的客观的世界。当这射线开始转向我自身时,我与自我的循环产生了革命性的变化,世界不再是外在于我的客观自在之世界,而成为自我之构造物,独剩下绝对之自我,成为萨特所非难的那种存在状态:"我像绝对一样单独存在。"当自我意识到绝对之时,他人的绝对不被承认为绝对,而必须服从于自我的绝对。绝对的另外一种表达就是,消除对立,实现无对。战争与压制因之而生。然而,反者道之动,在这杀机的内在深度之中却有化干戈为玉帛之辩证动机,"不应该表述这样的句子:'我像绝对一样单独存在',而应该这样表述:'绝对的意识像绝对一样单独存在'。这显然是一种利他主义。事实上,我的'我'(Je)对意识来说不再比其他人的'我'(Je)更加确实。我的'我'(Je)只不过更加内在而已"。① "我的绝对"转向"绝对的我",只在于我之"超越性"。

一、内在根据:自我的超越性

(一)我意识的三种理解

转向自我,自我并不因此显得透明,相反可能变得更加晦涩。其原因之一乃在于业已为我所习以为常的思维两端是同一个我,这种矛盾结构让自我产生了某种晕眩,并幻化为对"我"的三种理解定位:

一种是作为主体的,因而是实体的我,它是前意识的支点,也是意识得以可能的条件和前提,可以在结构上表述为"意识之前的我"。意识之前的我是作为第一人称的我,它是笛卡尔进行最彻底清算和悬隔之后所剩下的唯一存在,也是一切其他"事情"得以存在的"阿基米德点"。笛卡尔为确保"我"所认识的事物之确定性和坚实性,而决意从这些事物身上进行逆向拷问,将这些事物一概视之为可疑之物,以此普遍否定之姿态去逼迫那唯一肯定的东西之浮现。笛卡尔说:"阿基米德只要求一个固定的靠得住的点,好把地球从它原来的位置上挪到另外一个地方去。同样,如果我有幸找到哪怕是一件确切无疑的事,那么我就有权抱远大的希望了。因此我假定凡是我看见的东西都是假的。"在这样对待世界之后,笛卡尔发现自我成为"世界之死"后,唯一劫后余生的可靠的东西:"如果我曾说服我自己相信什么东西,或者仅仅是我想到过什么东西,那么毫无疑问我是存在的";相反,如果有一个"我不知道是什么的非常强大、非常狡猾的骗子,他总是用尽一切伎俩来骗我。因此,如果他骗我,那么毫无疑问我是存在的。"易言之,在笛卡尔看来,不论是我相信这个世界,还是被这个世界所蒙骗,作为相信和被骗的共同的立足根据即自我之存在是确切无疑的:"所以,在对上面这些很好地加以思考,同时对一切事物仔细地加以检查之后,最后必须做出这样的结论,而且必须把它当成确定无疑的,即有我,我存在这个命题,每次当我说出它来,或者在我的心里想到它的时候,这个命题必然是真的。"②

从意识角度来看,笛卡尔对外界的确信与否认是意识的两种状态:确信是世界之真对自我的显现;否认是世界之幻相对自我的启发。对象不论是真是假,它们得以成立的前提乃是作为意识之前提的实存的自我。如果这个自我也被勾销掉,则不仅对象之真假难辨,而且辨明真假也就失去任何意义了,从而无须去辨明真假。这样一来,就产生了一个玄妙的"无中生有"的自启动效应,即除非我们如同其他事物一般不谈论任何意义,不试图去穷

① [法]萨特:《自我的超越性——一种现象学描述初探》,杜小真译,商务印书馆 2005 年版,第45页。
② [法]笛卡尔:《第一哲学沉思集》,庞景仁译,商务印书馆 2007 年版,第22~23页。

究任何真假,否则,就必须"有"一个实体性的自我作为基础,敢于去承受世界之"假",也就能因此而赢得世界之"真"。笛卡尔因此被认为是"现代个人主义的奠基者,因为其理论使个体思想者以第一人称的独特性确立他自己的责任,要求他为他本人建立思想秩序。"①这种个人主义在意识结构上预设了一个逻辑在先的主体自我。萨特在批判这种主体自我时指出了此种状态:"人们通常认为一个先验的'我'(Je)是通过意识的统一和个体性的需要而得到证明的。这是因为我的一切感知和思想都与这个永恒的家园相关,而我的意识和这个家园是紧密结合的。"②这个自我的实体持存就是人格我的诞生,它带来的问题就是"自我的绝对",他人成为问题,且不可通达。

第二种是成为对象的我,它是后意识的客体,可以在结构上表述为"意识之后的我"。这种自我是意识的反思的对象,是主体派生所造成的客体化的自我。这种自我与作为主体的自我一起构成了心理学意义上的反思结构之两端:一个是思维着的我,一个是被思维的我。二者尽管主客易位,但共同的一点即是缺乏能动的超越性。自我因此被固定为僵滞的点或极。

主体自我与客体自我之间构成一种二阶思维,由于立足于共同的实体自我,因此二者同质而异形。学者指出:"每一种高阶理论都带有二元性:一种心理状态将另一种心理状态作为其对象,因而我们必须区分这两者。由于它们的关系被认为说明了一阶状态的我属性,也就是说,由于意识的心理状态作为我的状态、我处于其中的状态而被给予,那么这一过程就必须以某种方式中止两种状态间的隔阂或差异,并且设定某种同一性,即它们属于同一个心灵或意识流。"③自我的两阶化是一种牵强的反思,即将主体自我设定为一种对象,同时主体自我从前反思的自我之中脱离出来成为反思的主体。这种脱离只是一种形式超越,因为被设定为客体的自我已经不再是前反思的自我,而成为没有能动性和自发性的对象。在这一意义上,自我仍然只是一个反思着的自我,而被反思的自我只是自我的曾经的形式。这种脱离会导致一种"无穷倒退",即"如果所有当前的心理状态都因被当前的二阶状态当作对象而成为意识的,那么这些二阶心理状态也必须被当前的三阶心理状态当作对象,因而至于无穷。"④意识的此种无穷倒退虽然被用来解释意识的特性,但问题依然存在,或许更加不容回避的问题是:此种无穷倒退得以可能的根据为何?

对这一问题的追问才刚刚触及意识的功能特性,这将转向第三种对自我的理解。这种理解下的自我是丧失"质量"而"透明"化了的我,它既不在意识之前也不在意识之后,因此既不是主体也不是实体,它就是意识本身,可以在结构上表述为"意识中的我"。"意识中"的意思如同海德格尔的此在"在世界中"一般,不是说先有意识,然后有另一个实体自我被放置于意识之中。真相倒是,意识作为一种生生不息的意识流就是自我本身。意识流的生生不息揭示了意识具有一种能动的、不可控制的"自发性",此自发性是对自我的不

---

① [加]查尔斯·泰勒:《自我的根源:现代认同的形成》,戴震等译,译林出版社2001年版,第275页。
② [法]萨特:《自我的超越性》,杜小真译,商务印书馆2005年版,第7页。
③ [丹]扎哈维:《主体性和自身性》,蔡文菁译,上海译文出版社2008年版,第35页。
④ [丹]扎哈维:《主体性和自身性》,蔡文菁译,上海译文出版社2008年版,第30页。

永久和平的冲突法建构——冲突法的政治哲学功能导论

The Construction of Perpetual Peace through Conflict of Laws: An Introduction to the Political Philosophy Function of Conflict of Laws ▶▶▶

绝的超越。萨特如此写道:"一切的发生就如同意识把'自我'构建为它自身的虚假'表象',就如同意识被它构建的'自我'所吸引,并消失于'自我'之中,就如同意识把'自我'变成为自己的护卫和规律",但更具意义的是,"意识有可能在纯反思的层面上突然自我产生,这并非是说可能在没有'自我'的情况下进行,而是说意识像从各个方面避开'自我',通过连续不断的创造在自身之外控制并支持'自我'"。① 自我的超越性因此并不是自我对自己的超越,而是意识对自我的超越。这种超越在更深刻的意义上言,并不是对自我的否定,毋宁说自我本身就包含着意识以及对意识的超越。要言之,自我就是这超越本身,自我就是超越性。这种超越性还体现为内向与外向的拓展。

(二)我意识的内向超越

自我作为一种超越性,在内向维度就表现为对意识的意识。对意识的意识是一种反思,它既可以被理解为形式超越,即对意识的意识之无穷倒退序列,走向一种恶的无限推后的延续;更应被理解为自因超越,即意识拥有单纯和反思的双重功能,对某对象的意识和对该意识的意识只不过是同一个意识的功能特性。意识的自因超越特性将自我锁缚在自我之中,既有意识的超越,但又还只是在同一意识中的超越,超越因此类似一种内在的生命搏动。

意识的自因超越表现出一种反思的性状,但它并不等同于形式超越中的反思。后一意义上的反思是在对象化了的意识之外建立一种"位置性"的意识,两个意识之间因此具有空间隔离性。相反,自因超越的反思是一种"无我"的反思,萨特用一些日常现象对此进行解释:"在未被反思的水平上并不存在'我'(Je)。当我奔跑着追赶电车时,当我看表时,当我面对一幅肖像陷入沉思时,都没有'我'(Je)的存在,有的只是对我要追赶的电车的意识,等等,以及对意识的非位置性的意识。"同样,自我身处世界之中,"这些对象构成了我的意识的统一,同时表现出各种价值、各种吸引和排斥的品质。但是我,我消失了,我被抹消了",我的被无化,"这并不是出于偶然,出于一时的疏忽,而是由意识的结构本身决定的"。② 即便如此,这并不等于说意识缺乏对自己的反思,它只是一种非位置性的反思。这种反思不是由主体自我有意识地加以采取而强迫发生的,相反,它渊源于意识自身的自发性,有对某物的意识,就有对"对某物的意识"之非位置性的意识,"我思应能伴随我们的所有表象"③。扎哈维以更为清晰的方式对意识的此种超越性进行了阐明。

以阅读为例,当我在阅读一部小说时,我的注意力并没有集中在我自己或是阅读行为之上,而是集中于所阅读的小说之上(对小说的意识),自我消失在这种阅读之中,这里根本就缺乏一种对自我的反思(对"对小说的意识"之意识)。但若某人打断了我的阅读并问我在干什么时,我将立即做出回答,我正在阅读。这个回答并不是经过我从阅读之中抽身而出然后对我自己的意识行为进行反思;相反,作为回答该问题之基础的那个自身意识却并不恰是在那一时刻才得到的,而是始终对我显现着的关于自身的意识。"换言之,正是

---

① [法]萨特:《自我的超越性》,杜小真译,商务印书馆2005年版,第43~45页。
② [法]萨特:《自我的超越性》,杜小真译,商务印书馆2005年版,第13页。
③ 转引自[法]萨特:《自我的超越性》,杜小真译,商务印书馆2005年版,第4页。

由于前反思地意识到了自己的经验,当某人询问我正在做什么、想什么、看到或感受到什么时,我才能够迅速地反应,即不通过任何推断或观察。"按照萨特的理解,"经验在其发生之时便意识到了自身"。① 意识的此种特性就是其内向超越的根据,这种内向超越是以意识为自因的。

意识的自因超越最终使意识表现为两种状态:不是其所是,是其所不是。就意识包括有对自身的超越而言,意识同时是它所不是的超越方面;就意识不完全是其超越方面而言,意识仍然将其纳入在自身之中作为一个构成环节,也就是其所不是了。意识的此种超越性,为自我意识,从而为自我反思、批判,并最终通过外向超越能够与他者和平共处奠定了最根本的地基。

(三)我意识的外向超越

意识的超越性还不仅仅停留在内向维度,在对客体的外向意识过程中,意识也始终显示出其超越性能。这集中表现为意识对象的显现与意识判断的综合。

意识对象的显现揭示了一个世人日用而不知的独特现象。按照机械唯物主义的理解,人的认识就如同照相机一样,我们截取的是从世界的肉身之上剥取出来的片段;反过来,世界并不整体地呈现给意识,意识只是直观到它所能注意到的局部。这种理解剥夺了意识的超越属性,意识的意向性只是一束光线,光线之外不能为意识所觉察。但问题由此产生,对象并不是这样显现给我们的,它并不只是将其可见一面展示给意识,同时将其不可见的背面或者它作为一个构成部分所立足的整体向意识进行掩盖。毋宁说相反的事态才是意识及对象现象的真理,即对象在意识之中的显现既包括其可见的,也包括其不可见的,甚至对象在意识中的显现还可以在物理空间中完全不可见。例如,当我坐在书桌前,我所能直观到的只是桌子的顶面和前侧面,书桌的后侧面及下底面是向我遮掩着的不可见之物,但我的意识却不仅限于一张残缺的及缺乏背面和底面的书桌形象;在意识之中,依然有一张立体且饱满的书桌形象,并且意识甚至还能够揭示出那不可见的部分所凸刻的精致的花纹,即便我只是第一次见到这样一张书桌,也是如此。意识之所以能够揭示不可见的,并将之与其他不可见之物或可见之物结合起来形成意识对象,就在于意识具有的超越可见、显现不可见,超越部分、显现整体,超越既有物、显现虚拟物的构成能力。这种构成能力的底蕴就在于意识的超越性。梅洛—庞蒂就指出通过对意识功能的此种理解转变:"显象就在瞬间摆脱了缺乏真正知觉的含义。这样,知觉就让我们参与到一种总体性的奇迹中,这种总体性超越了人们认为是显象条件或组成部分的东西,并且远远地把显象控制在其影响之下,好像显象只存在于其临界处,并注定要消失在总体性中似的。"②

意识的这种超越部分趋向整体的奇特功能在康德看来乃是一种理性的运用所导致的幻相。意识在康德那里被肢解为知性和理性,"只有知性才会是有可能从中产生出纯粹的和先验的诸概念的东西,理性真正说来根本不会产生任何概念,而顶多只会使知性概念摆脱某个可能经验的那些不可避免的限制,因而会试图使之扩展到超出经验性的东西的边

---

① 转引自[丹]扎哈维:《主体性和自身性》,蔡文菁译,上海译文出版社2008年版,第27页。

② [法]莫里斯·梅洛—庞蒂:《可见的与不可见的》,罗国祥译,商务印书馆2008年版,第18页。

界之外,但又处于与经验性的东西的连接之中"。理性所据有的此种原理就是"如果有条件者被给予了,那么它惟一曾由以成为可能的那整个条件总和,因而绝对的无条件者也就被给予了。"①在康德那里被认为产生先验幻相的理性只不过是意识的超越本性而已。

胡塞尔不区分知性和理性,而以意识统合之。他对意识的超越性进行了深入发掘,并据此回答了康德先天综合判断如何可能的问题。胡塞尔区分了两种普遍性和必然性,一种是立足于归纳所形成的经验的普遍性和必然性,一种则是立足于想象的自由变更基础之上的无条件的先天必然性。从单称判断"这朵玫瑰是红的"过渡到全称判断"所有玫瑰都是有颜色的",胡塞尔认为除了通过归纳而达到一种偶然的经验的普遍性之外,事实上还可以通过自由变更达到先天的普遍必然性。胡塞尔为此指出:"从任何具体的现实性和任何在其中现实地经验到和可以经验到的个体特征出发,都开示了一条通往理想的或纯粹的可能性王国的道路,因而开示了通往先天思维王国的道路。"例如,以红为例,胡塞尔认为,"从一个随意的红出发前进到一个变更系列时,我们就获得了红的艾多斯(理念——引者注)。假如我们拥有另一种红作为出发的范例,那么我们虽然在直观上会获得另一个变更杂多性,但这马上表明,这个新的变更杂多性是归属于前一个变更杂多性的'如此等等'的开放视域的,正如前一个变更杂多性也归属于这一个变更杂多性的视域一样;艾多斯是一个并且是同一个"。② 从随意的红为什么能够进展到红的艾多斯? 为什么此红的变更系列向彼红的变更系列保持开放? 并且,两个变更系列的红还能够实现在同一个艾多斯下的联合? 解决所有这些问题的答案是想象力的自由变更。而这种变更只不过是意识的能动构造,也就是意识的超越属性。

对此,萨特补充写道:"如果现象必须显示为超越的,那么主体本身就必须超越显现而趋向显现所属的整个系列。主体应该通过他对红色的印象去把握红本身。红本身就是所说的系列的原则;还应当通过电解等去把握电流本身。但是如果对象的超越性的基础是显现必须始终使自己被超越,那么结果便是:一个对象原则上是把它的显现系列假定为无限的。因此,有限的显现是在它的有限性中表明自身的,但是为了把它当作'显现的东西的显现',它同时要求被超越而走向无限。这种新的对立,'有限和无限',或者不如说'有限中的无限',便取代了存在和显现的二元论:显现的东西,其实只是对象的一个侧面,而且对象整个地在这个侧面之中,又整个地在这个侧面之外。"③要在显现的对象身上见出其有限性,也就意味着我们已经意识到了它的有限性得以显现的无条件的总体。但有限者所直接显现给我们的并没有无限性,无限性是在意识之中被给予我们的。同样地,意识之所以能够在有限者身上悟到无限性,其全部的力量和秘密就在于它的超越性。这种超越性也是助推冲突法实现国家间和平共处的内在根据。

二、外在触媒:规范性的折射

上文已经述及,冲突法的问题处境是一种准自然法状态,来自于不同法律体系的主体

① [德]康德:《纯粹理性批判》,邓晓芒译,人民出版社 2004 年版,第 349~350 页。
② [德]胡塞尔:《经验与判断》,邓晓芒、张廷国译,三联书店 1999 年版,第 410,414 页。
③ [法]萨特:《存在与虚无》,陈宣良等译,三联书店 1987 年版,第 3~4 页。

承受着分裂的双重思维：一方面是在各自所属的规范体系内共知共守着统一的实体规范（国内实体法），国内案件之处理不受诉讼地变迁之影响而有同一个法律进行调整，并在排除地域司法的非常干扰前提下可预期得出相同的法律判决。不仅如此，双方主体具有共同的价值立场和正义观念，对所遵守的实体规范并无异议，唯一的分歧只在于对共同实体规范的理解差异，此种理解差异所导致的分歧将被约束在可接受的范围内，并最终由司法者或其他权威主体进行统一裁定。这种主体特性即规范性构成冲突法所调整关系的先天特征。

另一方面，各主体在进入冲突法所调整的关系范围时将进入与国内法律体系下截然不同的失范状态，这种失范状态的存在可能性源于国家间在可预见的将来难以在所有问题上达成共识。交往主体间交往关系的失范让交往主体业已习惯了的规范思维顿失重心，容易产生规范性的幻觉，即试图在失范的涉外交往关系之中植入一种业已习以为常的规范秩序。这种现象即为规范性的衍射，其作用根据仍然得诉诸意识的超越性，而其作用原理则与康德所阐述的理性的先验幻相之发生一致。

从实证角度看，冲突法的主体要求在涉外关系之中进入统一的规范状态，这是一种非分的要求。首先，在规范理念上，各国的历史传统、文化传承、政治框架、价值取舍、民族性格、生存处境存在时空方面的巨大幅差，尽管冲突法的问题都是人生的问题，但共同的人生问题只是担保了共同理解的可能性，但并不担保共同的解答。这就致使各国的政治、经济、法律等解题方案存在多元性和差异性。身处不同国家的主体各自携带着后天习得的人生信念与规范观念在进行跨域交往时就无权要求对方主体进入己方的规范体系。如果缺乏超越各规范体系之上的权威而中立的裁判者，就无法通过命令与服从的方式要求一方服从于另外一方。因之，在理念层面无法实证地支持涉外交往要服从于双方主体所受制的规范秩序，除非在双方主体之间共享着同一的规范，例如具有共同的国籍国、住所地或惯常居所地等，在这种"同类相犯"的情形下要求对方进入己方的规范秩序则具有正当理据。

由此导致第二个方面即涉外交往之中判决一致的要求也无实证基础。各国法律体系的差异直接受制于各国、各民族生活方式的差异，在这种情况下要实现判决的一致只有两种情形：其一，诉讼地同一，即该案件在同一个国家的司法机关起诉、审理并判决，并且该司法机关适用同一个法律；其二，相关国家之间就共同的实体规范达成共识，形成条约。在涉外实践普遍缺乏此类条件的情况下就只能导致法律适用及其判决的不一致。

这是现实所支撑的失范状态，但其合理性只是立足于不真的即缺乏超越性的意识功能，它要求行为主体仅仅局限于对现实及其逻辑结果的意识，而宣称其超越的即进入规范状态的要求为非法。在冲突法领域中，要求超越属地法之制约而寻求一种国际主义或普遍主义的法律适用一致结果被贬低为一种"离经叛道"的"先验的主张"，此种"玄思"应予"放弃"，美国冲突法学人艾伦茨威格就此总结："需要重申一下的是，目前法院地法至少就表述而言，只是一种先验主张的例外。而这种先验的主张并非基于'逻辑的'假设或者实际的必需，它不过是冲突法历史中学术上离经叛道的流弊。不论国内国外，这些离经叛道的最新版本乃是一种国际主义或普遍主义的思想体系——一直构建着一种虚设的'管辖权'分配，使得几个州（国）的法律根据少数几个宽泛且含糊的公示就能得到普遍的适用。

永久和平的冲突法建构——冲突法的政治哲学功能导论

The Construction of Perpetual Peace through Conflict of Laws: An Introduction to the Political Philosophy Function of Conflict of Laws ▶▶▶

……好在这一思想体系目前日渐式微,这有助于完全放弃学者的这些玄思,而回归到作为基本原则的法院地法上来,以消除各种不确定性和困扰。"这才是冲突法中的"真正规则"。① 然而这种作为阉割了意识能动性之表征的法律适用主张一方面是值得批判的,另一方面则是不可能的。

应予强调和肯定的是,艾伦茨威格正确地将超越属地法的国际或普遍主义的法律适用主张名之为"先验的主张",但它并非基于逻辑的假设或实际的需要,他对这种先验主张的批判态度是值得批判的。之所以它是值得批判的,不仅是因为它否认了本真意识的自发或超越属性在法律适用中对法院地法的克制,即对超法院地法的国际或普遍主义的正当要求,更是因为它以现实来否定应当,这种行径就连端庄如康德者也失态地直斥之为"最大的无耻":"……在对自然的考察中,经验把规则提交给我们,它就是真理的源泉;但在道德律中经验却(可惜!)是幻相之母,而最大的无耻就是从被做着的事情中取得有关我应当做的事情的法则,或想由前者来限制后者。"②换言之,法院地法在涉外交往中的普遍适用,只是法官法律适用意识缺乏能动性的消极保守,这种现实做法不是正当化法官应当如何适用法律的证据,相反,法院地法是否正当反过来应由法律适用意识的本真属性即超越属性来支持。任何违背意识超越属性而力图退守法院地法的做法都是应予批判的,同时也是不可能的。

之所以是不可能的,就在于意识的自发与超越属性乃是其内在属性,它可能被有意识地抑制,但作为意识的天性,甚至于对它的抑制本身也无法逃脱被超越的命运,除非意识被彻底消灭。只要意识存在,走向一种无条件的总体之"幻相"或"玄思"就是不可避免的。康德如此指出"幻相"必然性及其积极意义:"纯粹理性总是有它的辩证论的,不管我们是在它的思辨运用中还是在它的实践运用中考察它;因为它向一个给予的有条件者要求那绝对的条件总体","从条件总体(因而无条件者)这一理性理念在现象上的应用中就产生出一个不可避免的幻相……但理性由此就被迫去追踪这个幻相",它"事实上是人类理性历来所可能陷入过的最有好处的迷误,因为它最终推动我们去寻求走出这一迷宫的线索,这个线索如果被找到,还会揭示那我们未曾寻求却毕竟需要的东西,即对事物的一种更高的、不变的秩序的展望,我们现在已经处在这种秩序中,并且我们从现在起就可以由确定的规范指导着,按照最高的理性规定在这个秩序中去继续我们的生活。"③这种辩证的先验幻相在康德那里最终还得诉诸悬设④,在黑格尔那里则作为无条件者即绝对精神是立足于辩证法的。

对于那些如同艾伦茨威格般莫明其妙而将辩证法的此种精义指责为"玄思"者,黑格尔斥其为缺乏思想教养。将知性还原为无超越性的消极意识,将理性还原为超越的积极意识,则黑格尔如下阐述就更容易明白了:"只有对于那以抽象的同一性为原则的知性,神

---

① [德]格哈德·克格尔:《冲突法的危机》,萧凯、邹国勇译,武汉大学出版社2008年版,第142页。
② [德]康德:《纯粹理性批判》,邓晓芒译,人民出版社2004年版,第273页。
③ [德]康德:《实践理性批判》,邓晓芒等译,人民出版社2003年版,第147~148页。
④ 康德认为实践理性的无条件者乃是"至善",它意指"德福相配"。德福相配只有假定上帝存在才可能做到;而人作为有限生命周期者要做到德福相配不可能在现实中做到,唯有假设灵魂不朽,才能最终实现德福相配的目标。

秘的真理才是神奇奥妙的;而那与思辨真理同义的神秘真理,乃是那样一些规定的具体统一,这些规定只有在它们分离和对立的情况下,对知性来说才是真实的。……一切理性的真理均可以同时成为神秘的,但这只是说,这种真理超出了知性的范围,但这绝不是说,理性真理完全非思维所能接近和掌握。"引申到冲突法领域而言,对法律及其适用的国际主义或普遍主义的强调在立足现实的坚执的法院地法主义者来看就是一种神秘的"玄思",这些国际或普遍的法律规则只有被分解成为相互对立和矛盾的属地法则即法院地法则,才能对他们而言是值得信任和可以理解的。但意识的超越性将使各属地的法院地法展示出其暧昧的辩证维度,因为意识的"辩证法却是一种内在的超越,由于这种内在的超越过程,知性概念的片面性和局限性的本来面目即知性概念的自身否定性就表述出来了。凡有限之物莫不扬弃其自身"。辩证法的这种力量被黑格尔提升到与上帝的力量相当的范畴,"辩证法在同样客观的意义下,约略相当于普通观念所谓上帝的力量","在这个大力之前,无论表面上如何稳定坚固的事物,没有一个能够持久不摇"。①

可见,辩证法作为意识的超越性的作用法则,支配着在世之有限事物包括各别法院地法,不论受到何种抑制,它的力量既是不可抗拒的,也是不可消除的。这就表达出了从法院地的各别规则走向统一规则的要求。在超越意识的推动及其所指向的先验统一性的反向诱导下,法院地法开始踏上了外向超越之途,向那无条件的总体即统一行为规范予以进取。统一行为规范正是实现永久和平的先决条件。

三、超越性的双维度

与意识的双维超越性一致,或者更准确地说,作为意识双维超越性的逻辑延伸,冲突法在其生成及其发展过程之中也表现出双向度的超越性:内向与外向超越。冲突法的问题结构是双方主体对峙的格局,主体的超越性首先表现为内向的超越,即对各别属地法适用方式的超越,作为超越的直接结果是冲突法的诞生;主体的超越性其次表现为外向的超越,即对各别属地法具体内容的超越,作为超越的直接结果是统一实体法或世界公民法的促成。内向超越只是外向超越的中介,在外向超越得以完成之时,内向超越也就该当功成身退了。② 因此,在外向超越未臻极致即斩获世界公民法的中介过程中,既要对内国法直接适用进行克制即要进行选法,又要在具体个案之中形成统一行动,如此则只有一种状态才能满足此要求:实现选法结果的一致,并据此实现判决一致。选法结果的理想一致之前提是形成统一冲突规范,在统一冲突规范难以成就的处境下次优的方案则是调整冲突规范的运用方式,实现选法结果的个案协调。

(一)内向超越

冲突法的生成直接得益于内国法律体系的反思,是内国法律体系在独占地调整涉外

---

① [德]黑格尔:《小逻辑》,贺麟译,商务印书馆1997年版,第176、179、184页。

② 冲突法的发展过程是催产普世伦理及其所奠基的统一实体规范的历史,在这个过程之中,也就是冲突法实现"自觉的自我毁灭"之历程(参见张春良:《冲突法的历史逻辑》,法律出版社2010年版)。

永久和平的冲突法建构——冲突法的政治哲学功能导论

The Construction of Perpetual Peace through Conflict of Laws: An Introduction to the Political Philosophy Function of Conflict of Laws ▶▶▶

案件过程之中经过自否定而发展出来的法律技艺,这种反思及其成果也是根植于内国法律体系的自我超越意识。冲突法最早的存在形态是位于国内法律体系之中,并作为国内法律体系之构成环节而发展起来的。但与其他任何国内法律部门或技艺不同,其外之所有法律部门或技艺都以自身之适用为特征,既没有自我抑制的自觉,也没有给予其他法律体系以适用的机会,冲突法则生具"反骨",在其适用过程中给予异己法律体系以与内国法律体系同等适用机会。在此意义上,冲突法虽名曰国内法,但其功效却常怀外心。

冲突法所思考的问题是独特的涉外问题,其致思路径也与常法不同。冲突法在常法的反面处思考,常法思考的是在特定时空内如何进行适用,而冲突法则思考常法的"极限"①问题即常法的时空法律效力。对常法极限问题的思考将会产生两个方面重大的效应:其一,它本身就要求冲突法必须要具有超越性,没有超越就无法抵至国内法律的极限;而对极限问题的思考就意味着对国内法律体系的内在超越;其二,对极限问题进行思考就会明了各内国法律体系之特殊性或有限性,从而在解题思路上实现质的跨越,即不再只强调国内法律体系之独占适用。

不强调国内法律体系的独占适用,其路径有二:或者通过外向超越,在所涉相关法律体系的极限处进行整合,促成一种统一的冲突或实体规范;或者通过内向超越,即在国内法律体系之中发展出一种独特的规则,对国内法律体系的独占效力进行自我否定,在特定标准或处境之下允许适用外国法律体系。冲突法即是作为在内国法律体系之中发展出来的,但其适用将会克制内国法的时空效力,并使外国法律体系有可能成为被援引适用的国内法。这种国内法不同于其他国内法的根本特征就在于它的自我超越性,因此,冲突法作为国内法律体系之中的异数,实在地算得上是一种奇迹,这种奇迹昭示着在唯我主义的法律体系内部孕育着利他主义的基因。唯有如此,冲突法才肩承得起化冲突为和谐的使命。

(二)内外中介

在内国法律体系的内向超越过程中,虽然冲突法以自否定的形式得以生成,内外法律体系之间的冲突在同一案件之中的竞争关系看似得到了化解,但是基于冲突法作为国内法的独特身位,法律体系间的冲突并未得以彻底解决,只是被转移。这就呼吁一种比冲突法还要深度的超越。

之所以在冲突法存在的情形下,法律体系间的冲突并未得到解决,是因为冲突法不论如何对内国法律体系进行自我抑制,它作为国内法之构成部分的非中立身位在形式公平上就存在先天瑕疵。同样地基于冲突法的国内法性质,它终极性地决定了冲突法自身和其他国内法律部门一样也将可能发生与其他国家的冲突法相冲突的情形。本为解决国内法律间冲突而发展出来的冲突法自身,也再次陷入冲突之中。这就意味着,国内法律体系间的冲突即便按照彼此冲突的冲突法进行了解决,但这种解决也只是一种单边的解决。于是,冲突开始升级和转移:一方面,原来的冲突没有得到真正的解决;另一方面,冲突法自身开始发生了二级冲突。最彻底地解决这些冲突的做法当然是能够实现外向超越,在

---

① 张春良:《重估一切价值的尝试:萨维尼冲突法革命发生学之究竟》,载《贵州大学学报(社会科学版)》2009 年第 6 期。

内外国之间促成统一实体规范；或者次之，在内外国之间促成统一冲突规范。但这两个在可以预见的将来显然不切实际的目标难以成行的背景下，可供解决问题的做法又有两种参考：其一，在冲突法基础之上，再发展出二级冲突规范，解决国别冲突法的冲突；其二，在冲突法的应用方式上进行调整，以谋求即便在国内实体法和冲突法均存在国别差异的前提下也仍然能够实现彼此法律适用及其判决的一致。

第一种做法只是一种形式上的内向超越，它与反思的反思，或者对反思的意识具有相同的结构。形式的反思认为，存在某一意识时，对该意识的意识即为反思；在当我们意识到反思的存在时，也就意味着在反思之外又有了更深一层的意识，如有学者指出："几乎所有的现象学家都会面临这一推论，即使得（不及物）的意识成为反思（或高阶控制）的结果这一尝试将产生一种无穷倒退。从表面看起来，这是一个相当古老的问题。通常，倒退的问题是被这样来理解的：如果所有当前的心理状态都因被当前的二阶状态当作对象而成为意识的，那么这些二阶心理状态也必须被当前的三阶心理状态当作对象，因而至于无穷。"①显然，这是一种坏的无穷性。

在冲突法身上无穷生殖冲突法的做法也是完全一致的思路。冲突法是对国内法之自否定；被发展出来的冲突法作为国内法，对之再次进行否定，就产生了冲突法的冲突法；冲突法的冲突法依然作为国内法，因此第三次否定就会产生为解决冲突法的冲突法之冲突而发展起来的冲突法；……如此循环以至无穷。但可以逻辑地论断，只要这些冲突法没有摆脱国内法的身位，无论它后退到何种地位，都必将陷入冲突的宿命，无法就共同行动达成共识。

第一种思路被证伪之后，就唯独剩下第二种思路即在承认和维持冲突法的各别冲突的前提下，通过调整冲突法的适用方式达成共识。此处所谓的冲突法的适用方式并不是就其一般意义而言的，诸如识别、禁止法律规避、外国法查明、公共秩序保留等制度都可以被当作是通常意义上的适用方式②，但这些适用方式在功效上只是一般地辅助冲突法最终能够确定一个准据法，唯独反致制度主要不在于支撑冲突法以确定准据法。事实上正相反，如果只是服务于合理地且简洁地确定准据法这一目的，反致制度是应予被排除在外的，因为它拉长、多重化了本来已经略显复杂的选法过程，而且它的存在使法律适用对当事人和法官而言变得更加扑朔迷离，降低了可预期度。反致被创设出来的更直接的目标乃在于实现内外国的法律适用及其判决一致，实现判决一致是冲突法古已有之的经典追求，站在这个目标层面将能更加透彻地理解冲突法及反致。

我们可以从头展开设想，即从冲突法产生之前开始。在冲突法没有产生之前，各国均独占地适用自己的立法，此时因法律适用的各自为政，法律适用及其判决出现抵触。当冲突法在世界上第一个国家诞生，如同为这个纷扰混乱的世界渗入了第一丝光明，法律适用和判决出现了一致的可能：设若 A 国是唯一一个采取冲突法调整涉外案件的国家，根据其冲突规范应当适用 B 国法，A 国以 B 国法裁决了案件；如果案件是在 X 国法院提起诉

---

① ［丹］扎哈维：《主体性和自身性》，蔡文菁译，上海译文出版社 2008 年版，第 30 页。
② 严格说来，只有识别和外国法的查明才称得上是适用冲突法的常态制度，禁止法律规避是适用冲突法的欺诈例外，公共秩序保留则是适用冲突法的安全例外。

永久和平的冲突法建构——冲突法的政治哲学功能导论

The Construction of Perpetual Peace through Conflict of Laws: An Introduction to the Political Philosophy Function of Conflict of Laws ▶▶▶

讼,X 国由于尚未制定冲突法,因此可预期 X 国将以 X 国法裁决案件。如此一来,该案的法律适用及其裁决就在 A 国与 X 国之间实现了第一次协调。因此,冲突法的诞生即便不是以法律适用及其判决之一致为唯一目标,也是其首要目标。所以,萨维尼才说:"对于存在法律冲突的案件,不管它是在这一国家还是在那一国家提起,其判决结果都应该一样。"①沃尔夫也跟着强调:"公道要求不论诉讼在什么地方提起,判决总是一样的。"②

在问题看似得以偃息的地方,冲突的烽烟再起。由于冲突法能够实现判决一致的奇特功效,同时冲突法的发展也标识着内国法律体系的一种健全谦逊的风度,曾经为一国之独特做法开始被普遍效仿而扩展开来成为世界之"共识"。如果各国能够在制定冲突法,而且在所制定的冲突法的实质指向上达成"共识",问题就不会发生,但国别冲突法制定上的各自为政使国别冲突法再次发生了冲突,如此一来,涉外案件中的法律适用及其判决一致再次走向了崩溃:A 国制定的冲突规范指向 B 法;B 国制定的冲突规范指向 A 法。案件如果分别在 A、B 两国法院分别起诉,就不会出现上述情形下的一致,而是正好走向了背反:两国分别适用了对方国家的法律。相比于独占适用法院地法的时代,不一样的是所适用的法律之国别属性,一样的则是法律适用及其判决的不一致所导致的冲突。问题的存在要求得到有效的回应。于是 A 国开始在冲突法的既有成就之上再次进行反思和超越,创设反致制度,以成功解决 A、B 国法律适用不一致的现象。同样地,在有且仅有 A 国采取反致的情形下,当 A 根据其冲突规范应当适用 B 法,根据 B 国的冲突规范应当适用 B 法,此时 A 国法院将适用 B 法;当案件在 B 国法院起诉时,可预期 B 国将根据其冲突规范之指向适用 A 法。最终,A、B 两国再次走向了法律适用一致的状态。

但事情并没有就此结束,相反还可能走向一种无穷倒退的恶循环之中:反致之创设及其成功再次赢得了世界的认可,并被扩展开来成为新的一波"世界流"。在反致竞相并存的处境之中,所发生的事态与完全没有反致、仅有冲突法竞相并存的时代如出一辙:不一样的是所适用法律的国别属性;一样的是法律适用及其判决的不一致所导致的冲突。问题以一种新的变体形式顽固地呈现在那里,而解决问题的创新智慧似乎业已穷竭。于是,一种一脉相承的旧的思路被再次改装过来以应对同样是改装过了的旧的问题,这个思路就是对反致进行形式化的超越,再来一次否定之否定而形成反致之反致即双重反致。与单一反致相同,在仅有一国采取双重反致的背景下,其功效是可以证成的:

背景:A 国采取双重反致,B 国采取或者不采取反致

情境一:设若 B 国采取单一反致。当事人在 B 国法院起诉,B 国根据其冲突规范将适用 A 国法,而 A 国冲突规范指向 B 国法,最后 B 国适用了 B 国法;如果当事人在 A 国法院起诉,A 国法院根据其冲突规范指向 B 国法,A 国采取双重反致,假设自己在 B 国法院提起诉讼,并视 B 国法院对反致的态度而定所适用的法律,A 国认定 B 国法院将适用 B 法。最后 A 国适用了 B 法,A=B。

情境二:设若 B 国不采取反致。当事人在 B 国法院起诉,B 国根据其冲突规范将适用

---

① [德]萨维尼:《法律冲突与法律规则的地域和时间范围》,李双元等译,法律出版社 1999 年版,第 14 页。

② [英]马丁·沃尔夫:《国际私法》上册,李浩培译,北京大学出版社 2010 年版,第 6 页。

A 法，B 国即以 A 法裁决案件；如果当事人在 A 国法院起诉，A 国法院根据其冲突规范应适用 B 法，A 国法官即假设自己站在 B 国法院审理案件，根据 B 国冲突规范及其不采取反致的态度，最终决定适用 A 法。最后，A 国法院回到自己的身位，适用 A 法裁决案件，A＝B。

应当指出的是，双重反致与单一反致的成败之因是一致的，即如果有且仅有一国采取该种做法，就都能够实现法律适用及其判决的一致[①]，但如果这种做法被普及开来，问题就会走向反面。在上述情形之中，如果假设 B 国也采取双重反致，那么问题就会陷入僵持的格局之中得不到解决，与普遍采取单一反致的情势一样，法律适用及其判决将再起冲突；不一样的是，普遍的单一反致下还有相冲突的法律可供适用，而普遍的双重反致下即便有相冲突的法律，但仍然无法可依。

(三)外向超越

冲突法的内向超越有其局限性。它或者沿着"法院地法—冲突法—冲突法的冲突法—……"导向一种立法的无穷倒退；或者沿着"法院地法—冲突法—反致—双重反致—……"走向一种适用方式的无穷倒退，它们在本质上都是属于法院地国的单边协调模式。协调的单边性就命定了其解决问题在实现法律适用及其判决一致目标上的不彻底性，为法院地法的潜伏及其伺机"复辟"种下了"祸根"。最终的解题方案还得走出自我，在自我与他者之间建立起外向超越。外向超越在大的方面看可分为两阶段：一是对国别冲突规范的有限性进行超越，促成统一冲突规范的生成；二是对国别实体规范的有限性进行超越，催产出共知共守的统一实体规范。

尽管二者都可能只是一种理性的先验要求，因而也是一种意义大于实现的追求，但统一冲突规范的目标在现实程度上还是要高于统一实体规范。即便如此，统一冲突规范也被认为"可能是永远不能达到的"："最终的目标——全世界的冲突规则的统一——距离还很遥远，而且在独立国家存在的时期内可能是永远不能达到的。"[②]国别冲突规范难以完全被超越而走向统一冲突规范，这就意味着冲突在所难免，但这并不是一种灾难。相反，过分强调统一冲突规范成就之必要及其功效的立场反倒值得警惕，因为它可能导致两种被遮掩的弊病：一是在统一冲突规范不能现实地成就的情形下，对冲突法失去信心，转为暴烈的革命，如柯里等辈即是如此；二是过度夸大统一冲突规范难以成就的情形下的灾难性后果。

事实上，更稳健的实践态度不是一定要获取冲突规范的世界性统一，而是一定要有获取冲突规范的世界性统一的方向和努力。在当代部分实现了冲突法统一的实践之中，冲突虽然存在，但却是以可以容忍和接受的方式，并在相关范围之中和平地存在。这种当下现实并不是被提出来正当化当下实践，毋宁说它给世界各国及其人民释放出一种鼓舞人

[①] 但需要特别指出的是，即便双重反致与单一反致的成败之因是相同的，但它们获得成功的方式是不同的。双重反致的实现方式有其伦理深度，胜于单一反致（张春良：《暗香浮动：双重反致的伦理密码》，载《法制与社会发展》2012 年第 1 期）。

[②] ［英］马丁·沃尔夫：《国际私法》上册，李浩培译，北京大学出版社 2010 年版，第 18 页。

永久和平的冲突法建构——冲突法的政治哲学功能导论

The Construction of Perpetual Peace through Conflict of Laws: An Introduction to the Political Philosophy Function of Conflict of Laws ▶▶▶

心的希望,就如同康德所提出的德福相配的至善,世人明知在今生今世之有限生涯无足实现,甚至有可能永远都无法实现,但它仍然是值得而且是应当被追求的。要回避冲突规范的世界性统一进程反倒是不可能的,因为它严重背离了我们的意识之超越本性。从意识的超越进向看,统一冲突规范的成就就不只是可能的,而且是必需的。事实上,在各国背离传统法院地法之适用,走向冲突法的道路,继而向冲突法的统一化方向挺进的发展历程之中,最困难的阶段不是冲突法的统一化,而是背离法院地法走向冲突法的阶段,原因有二:一是冲突法作为对法院地法思维的根本背离,是一种质变,更是一种对源远流长的习惯之革命,而从国别冲突法迈向统一冲突法则不是质变,而是在同一思维惯性下的量变,它是改良而不是改革;二是从实践需求的强度来看,背离法院地法思维走向冲突法的治理之途具有更紧迫的实践要求,冲突法迄今已成国际社会之主流做法,很少有完全抛弃冲突法处理涉外问题的国家,即便那些在实践中重归法院地法处理方案的国家至少在规则和形式上也仍然依托于冲突法来隐性实现这一目标。相比而言,冲突法的统一化尽管也是实践的需要,但这既没有在时间方面设定有强制的时限,在理论上则可以是生生不息的人类之不受限制的类的生命历程,也没有不可或缺的紧迫性,因此人类作为一个类有足够的时间、智慧、耐力去容忍各种统一化的尝试、反复,甚至倒退,或者挫败。

这一点同样也适用于统一实体规范之成就。与对待统一冲突规范的态度一样,统一实体规范在沃尔夫等人看来也是"不可能的":"建立一个综合的世界法典,一种法律的世界语,这个目标现今是不可能达成的,或许是永远不宜达成的。"①用不着去反驳沃尔夫的断言,因为他的断言与我们的问题毫不干涉:沃尔夫关注的是统一实体规范是否能够成就的问题,而我们所关注的是统一实体规范是否可能和值得的问题。对这个问题,意识以其超越本性进行了不止一次的肯定回应。伯尔曼也积极强调一个伟大的世界法律传统正在形成:"由二十世纪西方法律传统的危机所呈现出来的危险不仅伴随着机遇,即回到曾经造成这一传统的包括习惯中的渊源的诸多法律渊源,而且伴随着参与到一个新的法律传统中去的机会,这个新的法律传统此刻正在其形成阶段,这是一个正在把世界各种文化的不同法律传统,西方与东方、北方与南方的法律传统融汇在一起的世界法律传统。"对这个世界法律传统的可信性提供一种证明,这是伯尔曼所曾经面临过的要求,但他没有证明,只是给出了提示:"如果我对过去一千年里西方法律传统之起源和演进的分析是对的——而这是能够被证明的事情——那么,那就是某种证据,证明我对未来一千年的预言是正确的。而在另一方面,如果我对未来的预言看上去是对的,那么,那就是某种证据,证明我对过去的分析也可能是可信的。有一件事是没有疑问的,这里,我有认知心理学的最新研究来支持我:我们所记住的过去乃是基于我们对未来的预期,而我们对未来的预期又是基于我们对过去的记忆。"②

意识的超越性已经得到证实,以之为据进行的内向性超越也已经得到揭示,但所有这些加起来对未来尚未实现的外向超越性也不足以提供确凿的证明,但这并不减弱外向超

---

① [英]马丁·沃尔夫:《国际私法》上册,李浩培译,北京大学出版社 2010 年版,第 53 页。

② [美]伯尔曼:《千禧年视角下的西方法律传统:过去与未来》,载[美]伯尔曼:《法律与宗教》附录二,梁治平译,中国政法大学出版社 2003 年版,第 179、190 页。

越性所给予我们的前景之清晰性。冲突法及实体法的统一化是意识的趋向,从有限、有条件者趋向于无限、无条件者,这既是意识的宿命,也是承载意识的人类不可逃避之命运。借用康德极富力度和深度的话来说,这种无条件者"只让我们对他的存有和这种存有的壮丽加以猜测,不让瞥见或作出清晰的证明",它也"并不向我们肯定地约许什么或威胁什么,而要求我无私的敬重"①,哪怕它仅仅作为一种可能性也并不比凌乱冲突的现实性更少值得我们的尊敬。

第二节 冲突法的内向超越:冲突法的诞生

一、为自我:法院地法主义

比较中外早期对待外国法律规则的态度,可见出人类社会的幼稚时代几乎都处于一种自我意识或者唯我主义的状态,这一主观精神状况在东方的中国实证为"普天之下,莫非王土"式的天下理念,于是产生了明朝时代的化外人"原虽非我族类,归附即是王民,……并依常律拟断,示王者无外也"等规定。巴托鲁斯之前的西方同样如此,城邦之间要么奉行主奴关系,要么奉行绝对的属地主义,法律体系之间不存在常性、自觉的彼此尊重和适用。在此种时代情境之中,冲突法的史前处理方式都是一种"法院地法"的运用方式。巴托鲁斯之前的世界并没有对冲突法的需要,但涉外法律关系总是在客观地发生。对此种法律关系的调整主要有两种处理方式:一是不区分主义,即不区分纯国内法律关系抑或涉外法律关系,一律以内国法规范之;二是区分主义,即区分法律关系是否含有涉外因素,并根据不同类型采取不同的内国法规范之。不区分主义是罗马帝国之前的时代所流行的压倒性传统。古希腊各城邦在调整具有涉及外邦因素的法律关系时便径采内国法而处理之。

以罗马帝国为例,罗马法中的"万民法"被视作冲突法的萌芽状态,然而该"法律规范"首先并不是真正的冲突法规范,其次则具有某些衡平规则的色彩,因为"罗马市民与非市民之间,以及非罗马市民相互之间,一切关系,唯有依正义公平观念,由审判官确认若干权利义务之准则,以规律之。此种规律,即万民法是已。"②万民法并不是建立在罗马帝国与其他非罗马城邦之间的平等关系之上的。考察早期罗马民族与其他民族之间的关系,只有两种联系形式,即臣服和联盟。按照当时盛行的普遍原则,罗马不能将整个异族视作其人民,也不能将征服的土地变成它的疆域,因此,每当一个民族被征服时,它不是并入罗马国家,而只是进入了罗马的统治范围之中,并没有与罗马合并,不像今天的若干省份合

---

① [德]康德:《实践理性批判》,邓晓芒等译,人民出版社 2003 年版,第 202 页。
② 梅仲协:《冲突法新论》,台北三民书局股份有限公司 1990 年版,第 23 页。

永久和平的冲突法建构——冲突法的政治哲学功能导论

The Construction of Perpetual Peace through Conflict of Laws: An Introduction to the Political Philosophy Function of Conflict of Laws ▶▶▶

成一个首府。① 在臣服状态下,被征服者献出一切,他们的城可能还在,但国家已经不复存在,没有制度、法律和官员,只有罗马派遣的省长具有无上的权威,由他来维持被征服地区的秩序;在联盟状态下,所谓的盟友也徒有虚名。罗马人到处摧毁城市体制,却没有用其他制度来替代它,只有罗马派遣的省长具有至高无上的权力,成为这个地方的绝对主人。这些非罗马市民的法律地位是暧昧的,因为他们失去了自己的法律,却又未曾拥有罗马的法律,如果他们要"引用罗马法来对抗总督的粗暴凶残的行为,当地人就只能找一个罗马公民为其主人方可。"②

事实上,罗马帝国的这一阶段采取的是法律适用上的绝对唯我和自恋。尽管可能与中华帝国将世界视作以自我为中心的同心圆或许不同,罗马帝国的世界观以自我为中心却是事实,这显然无法形成产生冲突法主观条件所要求的法律平等状态,"罗马法学家还远远未有这种观念。他们对于本国法律的赞赏是合理的,但是由于他们赞赏本国的法律,可能使他们中间很多人轻视所有外国法律,包括希腊法律在内,以至于他们甚至连想也没有想到必须要建立一些规则来适用这样低劣的法律"③。然而历史在罗马帝国之后却展示出另外一种范式,并直接向巴托鲁斯提出了担当历史使命的要求,法律的属地性开始被自我所克服与超越,冲突法之诞生遂得以可能。

二、自否定:冲突法作为奇迹

(一)冲突法的生成条件

衡量冲突法是否得以产生的尺度是法律效力是否发生了空间位移,并进而是否与其他异质法律产生效力的空间碰撞。这一标准内在地提出如下三个要求:一是异质法律体系的存在;二是各法律体系必然处于平等地位,否则其空间碰撞便不具有真实性;三是各法律体系的效力范围在空间上可能存在重叠。人类历史在很早以前便已然完成了产生冲突法的前两个条件,真正制约冲突法得以产生的条件是各法律体系未能自觉地承认其他法律体系的域外效力,这种承认伴随着一种反本能的痛苦,就内向角度而言它是一种自我超越和否定;就外向角度而言则是对异己的克己复礼。这一条件的满足经过了太长的历史酝酿,它首先要求各主权者具有自我意识并超越自我意识,继而才可能尊重其他法律体系。就此而言,冲突法的诞生与利他主义的诞生一样乃是自我的一种奇迹,它是自我对自我的否定,没有对自我的"背叛"就不会有对他者的"接纳"。

一切向巴托鲁斯生成。罗马帝国之后,各种族摆脱地域的束缚,开始了游牧的生存方式,种族作为法律适用的标准替代了罗马法中的国籍身份,但仍然陷入了法律适用的单边

---

① [法]菲斯泰尔·德·古朗士:《古代城市——希腊宗教、法律及制度研究》,吴晓群译,上海人民从出版社 2006 年版,第 388 页。

② [法]菲斯泰尔·德·古朗士:《古代城市》,吴晓群译,上海人民从出版社 2006 年版,第 390～391 页。

③ [英]马丁·沃尔夫:《国际私法》上册,李浩培译,北京大学出版社 2010 年版,第 42～43 页。

主义,即排他地强调本种族法的适用而排斥其他种族法的适用。因此,种族法与此前的罗马法,以及其后的属地法一样,都缺乏对异己法律体系的包容和尊重,产生冲突法的主观条件仍不成熟,法律效力的空间位移仍然是一种片面、单边的压制状态,不存在平等法律体系空间效力的域外延伸。然而,历经属人法和属地法洗礼后的法律适用演变史已然造就了生成冲突法的主观条件,十三、十四世纪之间的意大利出现了城邦林立的格局,便利的地理环境和旺盛的经贸往来自然地要求一种城邦之间的契约平等关系,为着经贸关系的顺利调整,各城邦必须尊重并采取适当方式承认和适用外邦法律,依靠传统的属人法或属地法单边、强制、非常态地规制涉外经贸关系无法应对实践的需要。各城邦统治者逐渐培育出健全的自我意识,并在尊重和互惠的基础上形成适用外邦法的自觉,客观条件的充分发展最终刺激并催生出冲突法的主观条件,历史酝酿的契机期待着巴托鲁斯法则区别说的横空出世。

(二)巴托鲁斯的技法

13、14 世纪意大利城邦林立的局面使法律冲突表现出格外激烈的面目,传统罗马法与城邦法则之间、城邦法则与城邦法则之间的法律适用呈现出不同的性质。罗马法与城邦法则之间的冲突是一般法与特别法的冲突,按照罗马法上关于"特别法优于一般法"的原则可予以合理消解。然而,各城邦法则之间的冲突既不是上位法与下位法之间的冲突,亦非一般法与特别法的关系,而是平等的异质法律体系之竞相适用的关系。对此,神谕般的罗马法并未给予些许启示。为避免各城邦法律适用上的恶性竞争,必须寻求某种客观且中立的标准能确保各城邦法则得到平等的对待和概率相当的适用机会,而且该标准必须具有正义的品性。这使巴托鲁斯的技法从一开始便只能倾向于双边规则的构造,只能从属人法或属地法的单边唯我的法律适用传统中断裂新生。

巴托鲁斯的思考是从国籍和地域对法律适用的影响开始的。从纯粹逻辑上言,一国制定的法律按照人物因素和地理因素产生的法律效力问题可罗列为如下四个命题:内国法对在内国的内国人具有的法律效力如何？内国法对在外国的内国人具有的法律效力如何？内国法对在内国的外国人具有的法律效力如何？内国法对在外国的外国人具有的法律效力如何？

在上述四命题中,第一、四种命题没有讨论的必要,其答案是显而易见的。巴托鲁斯及其时代所关注的是第二、三种命题,由此可整理出标准的巴氏两问题,即"法规能否在其立法者之领域内对于非属人民之人有所适用(utrum statutum porrigatur ad non subditos)"和"法规能否伸出于其立法者领域之外而发生其适用力(utrum effectus statuti porrigatur extra territorium statuentium)"。[①] 巴托鲁斯的思考以此为起点。

"法规能否在其立法者之领域内对于非属人民之人有所适用",巴托鲁斯对这一问题的回答是种族法时代的风格,即城邦法则原则上只对其立法者之人民有所适用。巴托鲁斯对第二个问题的回答在冲突法上具有开天辟地的效果,他着眼的角度与回答的方式缔造了真正的冲突法。他首先将法规划分为"禁止法规"(statuta probibitiva)和"许可法规"

---

① 刘甲一:《冲突法》,台北三民书局股份有限公司 1995 年版,第 102 页。

永久和平的冲突法建构——冲突法的政治哲学功能导论

The Construction of Perpetual Peace through Conflict of Laws: An Introduction to the Political Philosophy Function of Conflict of Laws ▶▶▶

(statuta permissiva)。就禁止法规而言,只有涉及人的部分才可能具有域外效力,而关涉物或方式的法规不具有域外效力;对于涉及人的禁止法规必须是善意的,才具有真实的域外效力。就许可法规而言,也只有关涉人的部分才具有域外效力。巴托鲁斯在这里说明了冲突法的历史悬设,即法律的空间位移如何可能的问题,其回答的方法是区分法则的人法、物法和混合法,只有人法和根据"合理原则"①视作人法的混合法才具有域外效力,而物法和根据同一原则视作物法的混合法不具有域外效力。在这一法则区别过程中我们依稀可见属地法与属人法的传统:物法具有属地法的精神,因而不具有域外效力,只能适用于某一特定城邦的所有物之调整;而人法之所以具有域外效力显然地是因为分有了属人法的传统,可随人之所至而浪迹天涯海角。

法则区别达到这一步,所有问题的核心现在都集中在人法与物法的判别上。相对于人法与物法的法律适用空间效力不同的理由而言,巴托鲁斯区分法则的方法论似乎并不那么让人信服,迄今为止的一切评论都将巴氏的方法论视作低能的产物,善意者充其量也只是对其尝试的努力结合时代的局限对其予以附有折扣的礼赞。巴托鲁斯法则区别说所运用的方法论及其试图解放法律效力的空间束缚从而展现出的国际主义的法律适用思想对于后人而言,是一种愚昧和智慧、野蛮和文明两类截然异质的冲突元素以让人难以想象的方式相混合的不可思议的产物。世人一方面惊叹他超越同时代人,直追当代最宽容的国际主义者方具有的卓越抱负和宽广胸襟,另一方面却在讥笑着他足够幼稚的方法。

巴托鲁斯方法论之总纲端在于对城邦法则的语法分析,即根据城邦法则的语法结构先析离出法则的主语,再照其性质进行识别,如果主语是人,则属于人法,具有域外效力;如果主语是物,则属物法,仅具有域内效力。假设一英国人死亡,留有遗产于意大利境内,英国习惯法的精神是采取长子继承制,而意大利习惯法则采诸子均分制。英国习惯法能否适用于意大利境内,则需要对其立法规则进行语法分析。假设若英国习惯法表述方式如下:"遗产归属生存之长子继承(bonadecedentium veniant in primogenitum)",由于该法则主语为"遗产",则该法则为物法,不具有域外效力,长子只能继承在英国境内的全部遗产,而对于意大利境内的遗产则只能采诸子均分制。反之,倘若英国习惯法表述方式如下:"长子继承死者财产(primogenitus succedat)",则因其主语为人,故属于人法,其法律效力可在外国适用,死者长子同时继承意大利境内和英国,乃至其他一切国家的全部遗产。可见,英国习惯法的不同表述将导致全然不同的案件审理结论,法律规则的神圣性及其结论的严肃性在立法者的语言表达习惯和对主动、被动语态的偏好上呈现为一种无常的游戏状态,法则的语法结构羸弱之躯能否担当得起法律本身厚重得甚至生命都无法承受得起的道德重负,于此处,我们见证了巴托鲁斯方法论所谓的荒谬②。

(三)巴托鲁斯的贡献

其一,缔造冲突法之生命。冲突法的真正产生必须以诸国自觉承认和适用外国法为

---

① 刘甲一:《冲突法》,台北三民书局股份有限公司1995年版,第103页。

② 笔者对此曾作过进一步的分析,以语境论的法学分析方法还原了巴托鲁斯法则区别说的时代合理性,并在相对意义上瓦解了后人对他的方法论之非难,提倡对先人之技法进行合时代性的"同情理解"(参见张春良:《法则区别说之光与历史之镜——我与巴托鲁斯七百年》,载《北航法律评论》第1辑)。

标准,换言之,必须解放法则效力的空间束缚,并根据一定的方法赋予法则以域外效力。法则效力的解放及其域外拓展必须建立在平等、自愿和双向基础之上,缺乏此一基础所生之法则域外效力霸道有余,最终不过沦为单边唯我的压制性域外效力,此种法律效力的空间位移无法生成真正的冲突法。唯有巴托鲁斯在这一问题上成为历史第一人,他"首先提出了法律的域内、域外效力这个法律冲突的根本问题,为适用外国法提供了理论根据,这无疑是冲突法理论上的一个创举,正因如此,巴托鲁斯被后世誉为冲突法的鼻祖。"①梅仲协与马汉宝两先生也以几乎完全相同的语调和文字认为:"Bartolus 之学说虽然不免差误,但其矫正绝对属地主义之弊害;就内外国法则之适用区域予以限制,而奠定冲突法之基石;功不可没。……洵足当冲突法之鼻祖而无愧。"②

也有学者认为巴托鲁斯在冲突法方面的功绩"可能是稍稍被估计过高了,因为他的先驱者替他做了不仅是开路的工作。"③按照诺伊麦耶的研究,第一个提出真正冲突法问题的人是阿尔德里克,他才是法则区别说的真正始端,因为阿尔德里克正确地提出了问题:"如果属于几个不同省份的人们在审判员面前涉讼,而这几个省份又有不同的习惯法的时候,就发生审判员应该适用哪个省份的习惯法的问题。"阿尔德里克的提问方式直捣冲突法之核心,被誉为"实开冲突法学之先河",④但问题的提出与问题的消解并不是同一回事,能提出冲突法式的问题并不一定能按照冲突法式的方法进行解决。因此当阿尔德里克提供出其答案时显然更带有后冲突法时代的色彩,即在该种情况下审判员应该适用他认为是较好并较为有用的法律。如果"较好并较为有用"的衡量标准是就法律适用与案件本身性质的关系而言,则阿氏的回答便具有了"最密切联系原则"的精神;如果"较好并较为有用"的衡量标准是就法律适用与当事人利益之管辖而言,则阿氏的回答便具有了"结果导向"或"有利于"规则的风格;如果"较好并较为有用"的衡量标准是就法律适用与法官司法的管辖而言,则阿氏的回答便具有了"司法任务简单化"的特征;如果"较好"与"较为有用"是针对不同主体的两个不同衡量标准,则阿氏的回答便具有了莱弗拉尔氏的"法律选择 N 点考虑法"的品性。然而,我们没有理由将阿氏拔得太高,以致不仅将他言说为冲突法的真正缔造者,而且甚至于将他直接与后当代冲突法理论联系起来并视作后者的直接源泉。学者一般认为,阿尔德里克的回答是不能令人满意的,也是含糊的。⑤ 的确,阿

---

①　赵生祥:《国际私法学》,法律出版社 2005 年版,第 26 页。

②　马汉宝:《冲突法总论》,台北古丰印制有限公司 1990 年版,第 250 页。梅仲协先生也认为:"Bartolus 氏之学说,虽有疵累,但其矫正绝对属地主义之弊害,就内外国法则之适用区域,予以限制,而奠定近代冲突法之基石者,功勋不可湮没。……洵足当冲突法学之鼻祖而无愧。"(参见梅仲协:《冲突法新论》,台北三民书局 1982 年版,第 28 页)。

③　[英]马丁·沃尔夫:《国际私法》上册,李浩培译,北京大学出版社 2010 年版,第 45 页。

④　马汉宝:《冲突法总论》,台北古丰印制有限公司 1990 年版,第 247 页。

⑤　[英]马丁·沃尔夫:《国际私法》上册,李浩培译,北京大学出版社 2010 年版,45 页。

永久和平的冲突法建构——冲突法的政治哲学功能导论

The Construction of Perpetual Peace through Conflict of Laws: An Introduction to the Political Philosophy Function of Conflict of Laws ▶▶▶

氏的言说风格如同赫拉克利特一样,①他们那晦涩诗意的语言不应当被莫测高深地视作言说不尽的神谕,而应当视作是思维与用语都有待提高的时代产物。

阿尔德里克尽管第一个冲突法式地提出问题,然而第一个真正予以冲突法式的回答的却是巴托鲁斯;阿尔德里克以提问者的姿态进入冲突法历史,而巴托鲁斯则是以提问者和回答者的完整身份进入冲突法历史的,就这一意义而言,阿尔德里克只堪作巴托鲁斯的开路先锋,当巴托鲁斯根据人物二分属性生生劈开城邦法则时,他那风采与魄力、神情与姿态才宛若盘古王般开辟出冲突法这一崭新的天地。

其二,奠定冲突法普遍主义的本体论调。法律适用的普遍主义是冲突法内在精神的逻辑衍生物,尽管冲突法的童年和叛逆年代都有倾向于狭隘爱国主义怀抱的趋势,因为童年的冲突法尚未建立健全理性的自我意识,唯我主义仍较严重,而叛逆年代如当代英美法系的冲突法则主张革命传统,激进地抛弃冲突规范,此两种心态自然会滋生法律适用的单边属地主义的冲动,唯有在成熟平和的冲突法成年年代,法律适用的普遍主义方能跃居上风,宰制法律适用之范式。然而即便巴托鲁斯的方法论对现代人而言存在太多难以让人容忍的地方,但没有哪一个当代人不对作为其法律适用方法论的本体部分之普遍主义精神击节赞赏,生活于被枷锁在封建主义与教会经义"双重束缚"下的欧洲政治思想思潮中的巴托鲁斯"虽未完全摆脱注释学派的影响,但他已经把新兴资产阶级文艺复兴运动所鼓吹的人文主义思想带入到冲突法领域,这主要表现在他反对过去封建主义那种在法律适用上的绝对属地主义而提出了另一条属人主义路线。"②因此,文艺复兴的人本主义拯救了巴托鲁斯及其法则区别说,并使冲突法在进入历史的时刻便展示了极为稳健和理性的动人风情。

法则区别说采普遍主义路线有其深刻的哲学根源,通过文艺复兴的杠杆运动我们在巴托鲁斯及其法则区别说身上依稀可见斯多阿派及其所倡导的世界主义的痕迹。斯多阿学派是希腊化哲学时代的哲学分支,其学派精神倾向于主张禁欲、崇尚道德的犬儒主义,它的世界观以大一统为特征,厌恶和反感一切形式的分裂。斯多阿学派的理想是,要求完全摆脱一切不影响我们的道德素质的东西,超脱一切外在环境和肉体状态之上。然而这一学派无论如何无法超脱、难以割舍的情结即是对同类的情感及其逻辑导致的世界主义:"但是,不论斯多阿派对待除他自身以外的一切多么超脱,他还是感到自己与同类息息相关。人凭借自己的理性认识到自己是宇宙的一部分,因而决心为这一整体工作。他知道,事实上自己是与所有的理性生物相关的;他明白他们同属一类,赋有平等的权力,他们和自己一样,处于同一自然规律和理性的支配之下;他把彼此为对方而生活看作是他们的自然注定的目的。因此,合群的本能是人的天性所固有的,这种本能要求正义和对同类的爱,这些是一个社会的根本条件。""一个人与全人类的联系远比他与他的民族的联系更为

---

① 赫拉克利特是出名的晦涩哲人,他擅长于将相互矛盾的词语同时附加在一个主体上。人们几乎都不理解他,但正因为不理解,钦佩他的人与轻蔑他的人同样多。比如"我们既能涉又不能涉同一条河,我们既存在,又不存在""神是昼又是夜,是夏又是冬,是战争又是和平,是有余又是不足"等就是他的典型格言。有学者认为,造成赫氏晦涩的原因之一可能是基于语言(参见叶秀山:《前苏格拉底哲学研究》,人民出版社 1982 年版,第 88 页)。

② 李双元:《冲突法(冲突法篇)》,武汉大学出版社 1987 年版,第 107 页。

重要。世界主义取代了政治,斯多阿派成了这一信条的最热诚而且富有成果的宣扬者。"①虽然,从斯多阿的世界主义中无法直接导引出,也不能直接等同于巴托鲁斯法则区别说的普遍主义,然而后者所蕴含的平等、尊重等博爱色素显然渊源于斯多阿派的哲学观点。因此可以认为,希腊文化中的斯多阿学派观点首先通过基督教的传统,其次通过文艺复兴的杠杆为巴托鲁斯的思维及作为其思维产物的法则区别说铭刻上了不可磨灭的世界主义或普遍主义的本体论特征。

其三,创设与其本体论具有逻辑同构性的方法论。关于单边主义与多边主义的认识,瑞士学者维希尔曾有他自己的概括,他从法律适用的方法本身而不是以法律适用的结果为标准将单边主义界定为:"单边主义的出发点是法院地实体规则的空间或属人的效力范围。单边主义的方法不同于双边主义的方法,并没有把一类法律问题指引到某个法律体系中去;相反,他集中关注单个法律规则及其内在固有的效力范围……纯粹的单边主义方法基于这样一个假定,即实体规则必然含有特定的空间范围。"②但是,维希尔先生显然没有看到单边主义方法却能辩证产生双边主义的效果。按照维希尔的观点,巴托鲁斯的法则区别说就是以分析实体规则而确定其适用空间的典型单边主义方法,因为它并没有把某一类法律问题指引到某个法律体系中去。然而即便根据维希尔的观点,法则区别说也可算作双边主义方法,在上述的"英国问题"继承案件中,当法院分析"长子继承死者财产"这一规则时,的确具有单边主义的色彩,然而该法则既然属于人法,则该案中遗产继承的法律问题就被指引到当事人的属人法体系中,此时该方法又具有了双边主义的特征;同样在分析"死者财产由长子继承"这一规则时,法则区别说又在物之所在地法与非物之所在地法的两类法律体系之间作了区分,并将案件指引给前一法律体系。因此,维希尔先生以法律适用的方法本身出发界定单边主义和双边主义固无不当,但在两类方法导致的法律效果上——即案件最终得由某一特定法律体系进行调整,从而在不同法律体系之间进行了直接或间接的分配——却难以进行有效的区分。

事实上导致法则区别说与嗣后的法律关系本座说二者在分析问题的方法上存在巨大差异有其历史因由,巴托鲁斯时代作为冲突法的褓褓时期不可能产生出直接明显的冲突规范立法,而只能像荷兰时代通过诉诸占卜、预言等特定仪式去寻觅晦涩神意的蛛丝马迹一般,去寻求语法结构暗示的冲突规范。当没有可直接援引的冲突规范之引导时,巴托鲁斯就开始了在实体规则中寻求启示的冒险,而隐蔽在实体规则背后的密码就是巴托鲁斯做而不述的两条冲突规范,即"人法随人"、"物法随物"。我们甚至可以将这两条冲突规范用法律关系本座说的言说方式改造为两条契合巴托鲁斯本意的双边冲突规范,即"一切有关人的法律关系适用该人的国籍国或住所地法"和"一切有关物的法律关系适用物之所在地法"。一旦发掘出隐藏或压缩在实体规则躯体中的冲突规范后,所谓单边主义的方法就转变为典型的双边主义方法,我们也就不难理解巴托鲁斯"寻章摘句老雕虫"的良苦用心,他实际上是通过语法结构寻求神意般的冲突规范,再依据该冲突规范确定准据法。这一法律适用过程相比于在法律关系本座说笼罩下的当代而言,不过是再多了一次冲突规范

---

① [德]E.策勒尔:《古希腊哲学史纲》,翁绍军译,山东人民出版社2007年版,第237～238页。
② 转引自宋晓:《当代冲突法的实体取向》,武汉大学出版社2004年版,第23～24页。

的生造和寻觅环节,而法律关系本座说精致而庞大的理论体系也不过是从实体法则中释放出来的冲突规范的细化和系统表达体制。因此,从法则区别说到法律关系本座说或当代法律适用方法的发展也可简约为冲突规范的释放过程,或简约为实体规范的自我绽放过程,即从实体规范中绽放出异化形态的冲突规范,再由冲突规范自我绽放出异化的实体规范。

单边主义与双边主义的动态演变使截然区分二者的努力变得愈益困难且不切实际。巴托鲁斯所谓的单边主义方法论也就在根本意义上具有了双向的效果,与严格属地主义的沙文主义或狭隘胸怀区分开来,从而坚定地表现出与其普遍主义的本体论基调一脉相承的逻辑同构性。

其四,为后世颁定金科玉律。但凡巴托鲁斯总结出的规则,其"立法"理念之先进堪为后世效范以致我们不免遗憾巴氏适时的惜墨如金。据学者考证,巴氏共分"九事"创建了他的"法律关系本座说",堪称"九章集"。此"九事"分为契约、侵权行为、遗嘱、其他事项、凡俗法则对于僧侣之适用;禁止的规定之于地域外之效力;许容的规定之于地域外之效力;刑罚的规定之于地域外之效力;刑事裁判之于管辖区域外之效力。[①] 这一包容度极大的体系显示出中外冲突法最初精神的博大与宽容,因为延展至当代的冲突规范仅仅局限于私法领域的法律选择,而排斥诸如刑法等公法领域的法律选择。巴托鲁斯的九章集超越了公私界限,表现出与唐朝"冲突法"立法规范遥相呼应的气质,两者不仅调整私法的空间效力问题,同时兼及调整公法的空间效力范围,中国古代立法民刑不分、以刑为主的风格更赋予"诸化外人"一条调整公法冲突的可能。

巴托鲁斯提出的许多规则甚至延续至今,如契约之方式可适用行为地法,即契约方式作成地法;诉讼程序适用法院地法;人之能力适用属人法;涉物之关系适用物之所在地法;等等。此类规则不仅为萨维尼法律关系本座说所师承[②],且"近世冲突法,仍持为金科玉律"[③]。因此,后人无论怎样不屑于巴氏的文句分析游戏说,但却无法摆脱他对我们的规范,他是冲突法学界超越时空的立法者,我们生活在巴氏为我们奠定的生存范式下无可逃逸。

三、否定之否定:冲突法的冲突

法律冲突似乎有一种魔异的生命力量,它不仅直接摧毁不同法律体系间的协调,而且还直接攻击为解决法律冲突所发展出来的解决规则即冲突法自身的协调,将法律冲突"传染"给冲突法并导致冲突法的冲突。在法律适用功效上,如果说冲突法的生成是对国内实体法的自否定,那么冲突法的冲突则是对冲突法的再否定。上已述及,冲突法的冲突之根源在于冲突法的国内法属性,只要此点不变,作为解决对象的法律冲突和作为解决手段的冲突法的冲突就难免陷入冲突之劫难。

---

① 梅仲协:《冲突法新论》,台北三民书局股份有限公司1990年版,第26页。
② 杜涛:《德国国际私法》,法律出版社2006年版,第28页。
③ 卢峻:《国际私法的理论与实际》,中国政法大学出版社1998年版,第34页。

　　冲突法的冲突表现为两种类型:一是显性冲突,一是隐性冲突。显性冲突是指立法内容上的直接分歧,在针对同一涉外关系或者该关系下的同一个问题或环节时,国家之间设定了不同的连接根据,从而在具体案件之中导向不同的准据法。隐性冲突则是指选法功能上的分歧,它可能表现为一致的立法内容即设定了相同的连接根据,但由于理解不同而在实质指向上出现选法异向。例如,对于属人、行为地等连接根据,尽管可能为有关国家立法所采用从而表现出显性的一致,但由于理解不一而生选法分歧。

　　由于冲突法自身所产生的二次冲突的可能和现实,使国家间在涉外案件的共同行动上再次陷入僵持的困境。在各国冲突法不冲突或一致的情况下,当事人的法律地位是确定无疑的,但在各国冲突法不等的情况下,当事人的法律地位就决定于诉讼地之选择,其权利义务也就受制于诉讼地的可能变动而走向了相对性。因为作为冲突法的一个总的法律适用原理是法院地与冲突法之间的"捆绑"关系,即在何国起诉就适用何国的冲突规范。① 于是,冲突法的冲突就会迁移前置于管辖权的冲突,出现挑选法院的现象。挑选法院现象的出现昭示着力图使法律适用不受诉讼地之影响而始终如一地指向同一个法律的意愿落空,这曾经是以萨维尼为代表的经典冲突法体系所主要追求的目标。

　　冲突法得以产生的一个现实刺激就在于否弃严格适用法院地法的属地法时代所产生的一个荒谬效应:案件之处理因讼地不同而异质。出于一种自然的本能意识,各国赞同并支持同一个案件在同一个地球之上应当只能得到一个唯一的结论,这就如同是"1+1=2"一般具有普世的性质,不因地域差别而出现相对化。为割断讼地因素对案件处理结果的地域性影响,应该发展出一种规范体系使尽管彼此立法冲突但均接受这一共识的各国能够导致同一个法律的适用,继而在案件处理结论方面采取共同的行动。萨维尼因此拟制了"本座"定位系统,根据各法律关系的先验性质为其确定相匹配的本座,试图以此搁置诉讼地的不当影响,一劳永逸地解决各国法律冲突的问题。但与其说萨维尼解决了这个问题,不如说他回避了这个问题,因为他的本座学说是以统一冲突规范之先行存在为有效作用之前提,而不是以解决各国冲突法之冲突为任务。因此,萨维尼的本座学说始终无法兑现他的承诺,因为它缺乏作用基础,各国冲突法并没有出现一致,各国只是对萨维尼所建立的规范体系据其需要择而用之。

　　对于冲突法的冲突如何解决,事实上在司法实践之中并非不存在解决规则,相反存在这样一条似乎是迄今为止统一化程度最高的冲突规范,即"冲突法适用法院地法"。但这个统一冲突规范只是一个二阶冲突规范,其适用功效是瓦解了各国在一阶冲突规范的统一性,但影响案件最终法律适用,促成各国在同一个案件之中采取共同行动的决定性因素是一阶冲突规范的统一化。为消解冲突以实现共同行动之目标,对于冲突法的冲突之解题思路不应是对冲突法的无穷升阶,因为伴随着冲突法的升阶,冲突也将如影随形地同步升阶;在对一阶冲突法无法达成统一化共识的前提下,可以进行自我调整的方案就只剩下

---

　　① 需要指出的是,一些国家如英国允许契约关系当事人根据英国法进行诉讼,即便该合同由其他法律进行调整也是如此,该过程中只是省略对外国法之答辩。这种做法使法律选择过程成为可选择性(optional)性质的了。但这种做法并不确定(See Richard Fentiman, *International Commercial Litigation*, Oxford University Press, 2010, p.261)。

永久和平的冲突法建构——冲突法的政治哲学功能导论

The Construction of Perpetual Peace through Conflict of Laws: An Introduction to the Political Philosophy Function of Conflict of Laws ▶▶▶

冲突法的适用方式之调适了。

第三节　冲突法的超越中介：冲突法的适用

一、超越冲突法：反致的创设

冲突法的冲突需要得到合冲突法的解决。所谓合冲突法，也即合乎冲突法被创设之目的以服务于其功能实现。判决一致是冲突法得以存在起来的一个主要目标，因此要解决冲突法的冲突就应依此目标拟定解题方案，反致之创设就在于通过调整冲突法的适用方式以实现两国之间行动的协调。因此，反致的出现是对冲突法冲突的超越。

（一）反致的创设：超越冲突法的冲突

反致的司法运用可上溯至 1841 年的 Collier vs Rivaz 案，该案也被视为英国第一个有关反致的案件。案情简介如下①：一英国人，依英国法其死亡时之住所地在比利时。生前做成七项有效遗嘱的文件，一份为遗嘱，另外六份为附加书。遗嘱及其中两个附加书是依照比利时法所规定的方式制定的，其余四个附加书依照英国 1837 年遗嘱法所规定的形式要件予以制成，但却不符合比利时法之规定。按照比利时所适用的《拿破仑法典》第 13 条之规定，立嘱人从未在比利时设定住所。案件当事人现就该遗嘱的形式有效性发生争论，诉诸英格兰法院，受理案件的法官为 Herbert Jenner。

Jenner 法官采用了一般反致制度，莫里斯认为究其理由有三：一是当时之英国冲突规范在遗嘱形式有效性问题的准据法指定上具有僵硬性，只以立嘱人的最后住所地法予以定夺。二是欧洲邻国业已适用了弹性的冲突规范调整遗嘱的形式有效性问题，允许选择适用立嘱人的属人法和立嘱地法。三是司法的倾向性态度是支持明确地反映了立嘱人最后意愿，但形式方面存在瑕疵的遗嘱之有效性。② 如果只是这些理由，还不足以区别出本案与一般反致的独特之处，而且在案件适用的结果和推理模式上也的确就是普通反致的一贯做法。但是，Jenner 法官在说明其原因时提到了一"闪亮"的理由，即"开庭审理本案的法院必须将自己视为是在比利时就本案的独特案情进行审理"③。沃尔夫谓之为"一个奇特的、想象的公式"，它被"用来表示这个意思：审判员们说，他们愿意好像是在外国当审判员而开庭审判那样来判决本案。"④

该案虽被称为反致第一案，但如果说最负盛名而为世周知的反致判例，则当推 1878

① J. H. C. Morris, *The Conflict of Laws*, McClean and Beevers, 2005, p. 471.

② J. H. C. Morris, *The Conflict of Laws*, McClean and Beevers, 2005, p. 471.

③ 原文为："the court sitting here to determine it, must consider itself sitting in Belgium under the peculiar circumstances of this case." J. H. C. Morris, *The Conflict of Laws*, McClean and Beevers, 2005, p. 471.

④ ［英］马丁·沃尔夫：《国际私法》上册，李浩培译，北京大学出版社 2010 年版，第 226 页。

年 Forgo 案而无异议。该案案情略述如下①：福尔果（Franz Xaver Forgo）是 1801 年出生于巴伐利亚的非婚生子，5 岁时随其母到了法国，并在法国定居直至 1869 年死于法国，但未取得法国国籍。他生前未立遗嘱，死后在法国留下一笔动产。福尔果的母亲和妻子都已死亡，也没有子女。根据巴伐利亚的法律，非婚生子女的母系旁系血亲有权继承非婚生子女的遗产，因此，福尔果母系的旁系血亲向法国法院提起了继承诉讼。法国法院根据法国"继承依被继承人原始住所地法"这一冲突规范，应适用死者原始住所地法即巴伐利亚法律，但巴伐利亚的冲突规范规定"无遗嘱继承依被继承人事实上的住所地法"。1878年，法国法院依巴伐利亚冲突规范，适用法国实体法判决了该案。由于当时法国法律规定非婚生子女的母系旁系血亲没有法定继承权，因此，法国法院将福尔果的遗产认定为无人继承财产，宣布收归国有。

　　比较两案的法律适用结果，都通过外国冲突规范的适用而最终导致法院地法的适用。相同的"不幸"结局却包含着不同的"不幸"理由。福尔果案并不是"外国法院说"的产物，法国法院根本就不曾怀有"身在异乡为异客"的换位立场，其之所以采取反致的做法乃是法院地即法国的"总括指定"使然，总括指定也就是法院地法的"直接指定"，径直适用巴伐利亚的冲突规范而置其是否接受反致态度于不顾。正因为此，沃尔夫特别谈到，当采取普通反致这个方法的时候，"就不能正确地说，本国法院是'像外国法院将对本案作出的判决那样'来判决本案的"。② 当然，更为深层次的原因则是利益分析的要求，是法国为扩大国家财政收入这一"法外"诉求而创造的司法行为，正如荣格于当代指出："这是福尔果旁系亲属与法国财政部之间的一场争夺战（如果没有适格的遗嘱受益人，福尔果的财产将收归法国国库）。只要知道这一本质，就不会对案件的审判结果有丝毫惊讶。法国法院怎么会依据某一外国法（而该外国法并未要求适用），判决法国财政部败诉？但是，允许法国从一个外国人的死亡中获利又有何道理？如果巴伐利亚法指向法国法，法国法会不会基于相同理由指回巴伐利亚法；如此往复，会不会周而复始，无穷无尽？"③Jenner 法官至少给出了具有英伦风度的理由，他适用比利时冲突规范而采取反致做法，不是基于英国法的所谓的总括指定，而是基于站在比利时法院地的立场，假设案件由比利时法院管辖，而后依照比利时的冲突规范确定案件准据法。

　　Jenner 法官虽然提出了"外国法院说"的见解，但却并没有彻底地遵循这一立场④，因为真正的外国法院说不仅要求适用比利时的冲突规范，而且还要按照比利时的方式适用冲突规范。换言之，Jenner 法官还应考察比利时是否也如同英国一样采取反致制度。不彻底的正是这一点，"他没有考虑比利时法院本应接受英国法的反致而适用比利时本国法

---

① Heritiers Forgo vs. Administration des Domains, Cass. Civ., decision of 5 May 1875 S. Jur. I409. 赵生祥：《国际私法学》，法律出版社 2005 年版，第 74 页。

② ［英］马丁·沃尔夫：《国际私法》上册，李浩培译，北京大学出版社 2010 年版，第 227 页。

③ Friedrich K. Juenger, *Choice of Law and Multistate Justice*, Transitional Publisher, Inc., 2005. 参见［美］荣格：《法律选择与涉外司法》，霍政欣、徐妮娜译，北京大学出版社 2007 年版，第 100 页。

④ 巴蒂福尔和拉加德正确地提到："有关安斯利案的判决并不那么明确。……在我们看来，接受反致的英国法院只是有承认双重反致的某种迹象。"（参见［法］巴蒂福尔、拉加德：《国际私法总论》，陈洪武等译，中国对外翻译出版公司 1989 年版，第 427 页下注③）。

永久和平的冲突法建构——冲突法的政治哲学功能导论

The Construction of Perpetual Peace through Conflict of Laws: An Introduction to the Political Philosophy Function of Conflict of Laws ▶▶▶

的可能性",由于这一有意或无意的疏漏,使 Jenner 提出的外国法院说之光彩黯然失色,无怪乎莫里斯将其批评为"明显地作为一种逃法举措,旨在规避英国冲突规则的僵硬性"。然而,莫里斯的批评是值得反思的,即便 Jenner 法官在心灵深处怀着法院地法主义的思绪,即便他提出的外国法院说只不过是粉饰宽容的谎言,但是此种虚情假意也还有着积极的价值,它至少象征着他者意识的觉醒和自我意识的自觉的克制,是对福尔果案中那种赤裸裸的唯我主义的隐忍。事实上,Jenner 法官完全可以像法国法官那样行事而无需提出辩护的理由,然而他毕竟还是缝制了外国法院说这一块遮羞布来力图正当化自己的行径,新渡户稻造对此说得好:"羞耻的感觉乃是人类的道德自己的最初的征兆。我认为,由于尝了'禁果'而落到人类头上的最初而且最重的惩罚,既不是生育孩子的痛苦,也不是荆棘和草蓟草,而是羞耻感的觉醒。再也没有比那最初的母亲(夏娃)喘息着胸脯,颤抖着手指,用粗糙的针来缝那沮丧的丈夫摘给她的几片无花果树叶的情景,更为可悲的历史事件了。这个不服从的最初之果,以其非他物所能企及的执拗性顽固地纠缠着我们。人类所有的裁缝技术,在缝制一条足以有效地遮蔽我们的羞耻感的围裙上一直还未取得成功。"①有羞耻感并不可悲,令人绝望的境地毋宁说是"羞无能",在羞耻感方面无能为力。

因此,Jenner 法官如果真是如莫里斯所言之辈,那么他至少感受到自身行为的蒙羞并表达了为其遮掩的努力,这至少说明了两点值得赞许之处:一是他所遮掩的正是他所不耻的,他所申言的正是他赞许的;一是他尚具有明辨是非的能力,知道有所为有所不为,而这是获得道德拯救的希望所在。只有拥有发现问题的能力才具有解决问题的可能,如果丧失对某一事情的羞耻感,也就不再有继续改善和补救的欲望。更何况,Jenner 法官很可能只是没有意识到还需要考虑外国法院在运用冲突规范时的方式问题。无论如何,Jenner 法官的司法推理尽管不彻底但还是展示出了几许道德情意,我们除了应当如同莫里斯那般尖刻地看到其不足之处,更应该"闻香识君子",一若品鉴一杯咖啡那般,于浓浓苦涩的根底处回味若有若无的缕缕丝香。真正的突破将会形成冲突法上独特的双重反致制度,该制度虽然名曰反致,但已经是对反致之局限性的克制与超越。

(二)自否定:回归法院地法

反致在名义上确是为了内外国之间进行沟通以在案件中采取共同行动,但其法律适用的客观结果也的确导致了向法院地法的回归。此种回归既可能是诚实的,也可能被异化成为适用法院地法之手段。

追溯起来,相比于法院地法的独占适用而言,冲突法的产生是对法院地法的超越,法律适用自此走出了法院地法的阴影。在巴托鲁斯法则区别说时代,由于分析的起点是立足于法院地实体法规则,因此在选法过程之中尚滞留有法院地法的影像。但在冲突法发展到萨维尼的本座说形态之后,至少在思维范式上已经日益淡化了法院地法在视野之中的存在,从法律关系而非内外国法的角度思考法律冲突的问题,法院地法就隐入法律关系本座的无知之幕背后失去了存在的明显证据。然而,法院地法作为冲突法运作之底蕴,不论如何被淡化它始终构成选法之本色,此点使法院地法总是透过种种途径与方式得以在

---

① [日]新渡户稻造:《武士道》,张俊彦译,商务印书馆 2005 年版,第 47~48 页。

选法过程之中再现。法院地法与冲突法之间的关系如同阴阳之两面,二者相互抑制,相互依赖,也时刻可能相互转化。这就意味着,在法院地法适用的时候始终存在着质变出冲突法的可能性;反之,在冲突法运行的过程之中,也就始终潜伏着重回法院地法怀抱的危险。

一般而言,在冲突法运行之中,法院地法得以复辟的主要路径有四:其一,冲突法的选法过程充满诸多变数,很有可能出现选法结果不存在或者无效的情形,案件之处理于是出现无法可依之处境,此时即为法院地法之适用提供了正当的机会,法院地法作为兜底救济规则而被适用。其二,就冲突法的属性而言,它作为法院地法之构成一环,冲突法的适用因此也就自然地转化成为法院地法的适用。这当然不是说冲突法的适用全等于法院地实体法的适用,但不容否认的是,冲突法所使用的概念、范畴脱离不了法院地法的母体文化。它虽然算得上是法院地法文化母体所孳生的"逆子",但它毕竟还是法院地法文化母体之子,血毕竟浓于水。其三,外国法被择定之后之适用,涉及对外国法的理解与解释。要有理解必须要有理解的前见,法院地法作为理解的前见也就构成对外国法进行解释的一种定向,此种定向在某种意义上可被认为是对外国法的"染色"。其四,与第二点相关,冲突法的运作立足于法院地法之支撑,例如识别、禁止法律规避、外国法的查明、公共秩序保留等举措,当然也包括反致。

不可否认的是,在反致的若干种变形之中,大部分反致情形都导致了外国法的适用,[①]这也成为赞成和反对反致制度的两种立场进行自我证明的证据:赞成理由之一认为,这简化了司法任务,尊重了外国法律制度的完整性,而且实现了判决之一致;反对理由之一则认为,这是对冲突法建立目的之败坏,是一种法律适用的倒退。如果从实现判决一致的目标来看,反致似乎更占上风,因为如果 A 国采取反致,则它在根据其冲突规范应当适用 B 法,而 B 国冲突规范指向 A 法的情境之下,案件无论是在 A 国还是在 B 国法院提起诉讼,A、B 两国都将适用 A 法,这正好解决了 A、B 两国冲突法冲突对判决一致目标之实现所带来的干扰。要言之,反致的功效在于它通过改进冲突法的适用方式,提高了冲突法致达判决一致之目标的抗干扰能力。但反致的不彻底之处,也是其法院地法情结得以凸显的问题,即如果反致的诚实目标在于实现判决之一致,则它为何只是单独考虑外国的冲突法之适用,而没有同时考虑该外国对冲突法的运用方式,包括外国法院将会如何进行识别、反致、法律规避禁止、公共秩序保留等举措。因为影响最终准据法确定的两大关键因素中,其一是冲突法,其二则是冲突法的运用方式。只考虑外国冲突法而不考虑外国冲突法的运用方式,依然会导致内国与外国在准据法确定上的分歧,而这恰好瓦解了反致存在的正当性。

以上述反致第一案为例可更好地证明之。该案中,Jenner 法官虽然扬言是站在比利时法院的立场适用反致制度,但他并没有诚实地考察比利时法院是否采取反致制度。如果比利时法院采取反致制度,那么比利时运用其冲突规范将可能会指向本国或者第三国的法律。Jenner 法官只管适用比利时的冲突规范而不论其适用方式,其结果将会导致本国即英国法之适用,从而出现法律适用的不一致。对于 Jenner 法官而言,他不可能不知

---

① 反致在类型上主要区分为单一反致、转致、大反致等,其中单一反致和大反致均导致了法院地法的适用,只有转致导致了第二国之外的其他国家的法律之适用。

道冲突法运用方式对于冲突法选法方向及其结果的重要乃至决定性影响,此种置外国冲突法运用方式于不顾而径直剥取其冲突法加以形式使用的做法很难说是为了追求判决一致之目标。相反,倒是很可能"心怀鬼胎",如同艾伦茨威格所断言的那般:"如果我们从一开始就适用法院地法,并且制定各种法律选择规则,以作为法院地法的特殊例外情形,那么,就不需要反致了。"①法院地法而非判决一致,才是传统反致所真切追求的目的。以此角度观之,传统反致背离了其创设目标,因而在法律适用的道德进程上表现出了一种消极回转。

(三)否定之否定:反致的背反

反致的本真功效是实现判决的一致,但反致在司法实践中的具体运用却产生了自否定的效果即向法院地法的回归。如果撇开此种实践效果的人为偏转不论,专就反致的本真功效而言,它也必然会再次走向否定之否定的困境,其因由在于反致的普遍化而在内外国之间形成的反致的冲突,其作用原理与冲突法的冲突如出一辙,是冲突法的冲突迁移至冲突法适用方式上的延伸结果。

上文已经提及,在有且仅有一国采用冲突法,而其他国家均采取法院地法的情境下,就能够在采取冲突法的国家与该冲突法所指向的国家之间产生完满的共同行动,但在冲突法普及化的情境下,就会出现法律适用的背反,共同行动因此被瓦解。反致的创设在冲突法作为普遍情调的世界之中成为一条突围之途,其有效条件也在于:有且仅有一国采取反致。在有且仅有一国采取反致的情况下,采取反致的国家与该国冲突规范所指向的外国之间能够再次达成行动共识。然而,这个条件在实践之中并不总是成立,在当反致也渐成通常做法之时,两国之间的共识就会因反致的背反而再次被瓦解。A、B 国两国均采取反致时,A 国根据其冲突规范指向 B 国法,B 国根据其冲突规范指向 A 国法,此时,案件之处理结果端视诉讼地而定:当在 A 国法院起诉时,A 国将适用 A 法;当在 B 国法院起诉时,B 国将适用 B 法。这种背反的处理结果与前冲突法的状态一致:在 A 国起诉,适用 A 法;在 B 国起诉,适用 B 法。二者的差别或增量在于,其间中介了冲突法的调整环节。在法律适用效果上,反致的冲突是法院地法冲突的否定之否定,体现了对法院地法的形式超越。

不论是反致在实践效果上的质变,还是反致因为冲突而再次走向背反,它被创设出来的目标都没有得到实现。要通过内向超越的方式实现判决的一致,也就必须在反致运用的问题上进行透彻化,即不仅诚实地适用外国冲突规范,而且还要诚实地采取外国法院适用其冲突规范的方式。对外国冲突规范及其运用方式的本真采用,将会在反致背反或反致冲突的情境下再次走向共同行动,而这种对反致的超越已经就转变成了双重反致。

二、超越反致:双重反致的伦理暗香

拉塞尔在 Annesley 案中一改单一或局部反致的传统而为双重反致,但却不曾释明其

---

① Gerhard Kegel, The Crisis of Conflict of Laws, *Recueil des Cours*, 1964, Vol. II, p. 217.

动机与理由。① 世人不明其妙而从两个正相反对的立场来理解拉塞尔:一为"妄自菲薄"②的投降主义③,二为法院地法主义。两种理解却在精神上暗通款曲,都以法律适用上的"爱国"主义为基调,而这一点独独是反解了拉塞尔。从历史上看,冲突法从初端的"更好法"说转变到当代占主导地位的萨维尼式的"本座法"说,反致被认为是实现本座法说追求判决一致之价值目标的重要手段。相比于单一反致,双重反致在肩负着实现判决一致的使命过程之中却在运用方式上涌动着一袭伦理的暗香,它表征着冲突法进程的道德自觉,表现出与传统反致截然不同的伦理风格。作为一种道德的征兆,我们必须从伦理角度来重读拉塞尔公案,破译双重反致暗含的伦理密码。

(一)双重反致的历史生成

双重反致首先由拉塞尔法官在 Re Annesley 案中开创先例,经过 Re Ross 案的巩固后,成为英国法院审理类似案件的权威先例得到推广。先看 Re Annesley 案的处理方案④:T,一个原始住所在英国的英格兰人,死时于法国取得英国法意义上的住所,但由于未曾满足(当时有效的)《法国民法典》第 13 条关于取得法国住所的条件,因此未曾取得法国法意义上的法国住所。她留下了一份处理其遗产的遗嘱。根据法国法之规定,T 只有权处理其财产的三分之一,因为她留下了两个需要抚养的孩子。有证据表明,法国法院将指定英国法作为 T 的本国法,并将接受指向法国法的反致。

审理案件的拉塞尔法官在进行法律适用的推理时对包括福尔果案在内的诸多法国法院判例进行了考察。他首先提出了问题:"……本庭据此裁定,立嘱人死亡时的住所地在法国。法国法应予适用,但问题是:何谓法国法? 根据法国法,在涉及法律不认定其住所在法国的外国人的案件中应予适用的法律是该人的国籍国法,在本案中即为英国法。但其国籍国法将问题致送回了法国法,即住所地法;进而问题产生了,法国法接受该反致,继而适用法国法?"为回答这一问题,拉塞尔法官首先考察了学者的意见,在学者们意见分歧的情况下,他进一步考察了法国最高法院的态度:"尽管法国不存在本庭所理解的判例法体制——上级法院的裁决不能拘束下级法院,但本庭认为必须注意法国最高法院在不同时期对待反致的态度,它在任何时候都持有相同的结论,即,接受反致并且适用法国法。法国最高法院尽管握有充分的自由在以后的案件之中采取不同的观点,但是它迄今并未如此做。……在此类情况下,本庭通过对专家证据的审慎斟酌后裁定,本庭采纳如下观点,……适用法国法,即便死者并未满足《法国民法典》第 13 条之规定。"⑤约言之,拉塞尔法官根据英国法上的住所地标准,适用死者的住所地法即法国法,但法国法并不认其法国住所有效,因此按照法国法院的立场应适用死者本国法即英国法;由于法国最高法院的此前态度乃是无一例外地接受反致,因此,在历经"英国—法国—英国"的单一反致之后,站

① J. H. C. Morris, *The Conflict of Laws*, Stevens and Sons, 1984, p. 472.
② Martin Wolff, *Private International Law*, Oxford University Press, 1945, p. 199.
③ J. J. Fawcett, J. M. Carruthers(ed.), *Cheshire, North & Fawcett Private International Law*, Oxford University Press, 2008, p. 63.
④ J. H. C. Morris, *The Conflict of Laws*, Stevens and Sons, 1984, p. 470.
⑤ Davidson vs. Annesley, [1926] Ch 692, 95 L. J. Ch 404 (Chancery Divison).

永久和平的冲突法建构——冲突法的政治哲学功能导论

The Construction of Perpetual Peace through Conflict of Laws: An Introduction to the Political Philosophy Function of Conflict of Laws ▶▶▶

在法国法院的立场则应重新演历一次"法国—英国—法国"的单一反致,由此复合而成双重反致。

如果外国法院拒绝反致,也即外国法院采取实体法指定,英格兰法院又该如何确定案件准据法? Re Ross 案为此提供了答案。该案简摘如下①:T,一个住所在意大利的英国人,死后于意大利留有不动产,在英国留有动产。她分别以英语和意大利语留下两份遗嘱。英语遗嘱要求将其在英国的遗产给予她的外甥女 X。意大利遗嘱要求将其在意大利的遗产给予她的外甥女的儿子 Y。死者未给自己的独生子 Z 留下任何遗产。其独生子 Z 诉称,根据意大利法他有权获得死者遗产的一半作为特留份。根据英国冲突规范之规定,T 的遗嘱有效性应由意大利法调整,因意大利法既是其住所地法,因而应予调整其英国动产遗产之归属,同时也是物之所在地法,因而应予调整其意大利不动产遗产之归属。证据显示,意大利法院将援引英国法作为 T 的国籍国法,一并调整动产与不动产,同时,意大利不接受对意大利法的反致。英国法得到了适用,Z 的诉求被驳回。在本案中尽管也运用了外国法院说的思维,但由于意大利法院拒绝反致,因此只是形成了单一反致现象,在完成了"英国—意大利—英国"的致送关系后,"意大利—英国—意大利"的反馈环节被割断。

Annesley 案和 Ross 案从正反两方面确证了英国司法系统的判例立场,即如何适用法律要视外国法院的态度而定。该原理被认为"引起了重大变革"②,但拉塞尔并未援引任何先例,也没有给出如此变革的理由。拉塞尔的沉默造就了一段公案,有人指责他是对外国法院的投降,另有人则指责他是隐蔽的法院地法主义。投降主义与法院地法主义都可能误解了拉塞尔即便说不上是革命但至少说得上是转向的事情本质,拉塞尔的双重反致很可能隐藏着一种伦理密码,标识着冲突法历史发展过程中一种久违的道德回暖。

(二)历史生成的伦理解读

1.传统解读

有人提出了下列议论:"只是因为'某一外国宁愿采取另一法律规则'而把本国所谨慎地制定的冲突规则予以放弃,这是一种'妄自菲薄'的行为,这种行为虽然可能是'一种优美的道德上的姿态',但是不应该建议审判员采行,因为审判员的义务在于执行他本国的法律。"③无论是优美的道德姿态还是妄自菲薄的行为,在客观上的确造就了附和外国的结果,威希尔和诺斯将其视为"实实在在的投降主义(virtual capitulation)"④。由于冲突规范的起点、动力、解释和运用都立足法院地法,因此无论冲突规范如何节制自身的法院地主义,但它总是不经意地流露出来。艾伦茨威格就将法院地法视为是冲突法的"总论",将识别等制度视为是达到法院地法适用之目的的"迷人的智力操练"⑤。荣格先生也引用

---

① Re Ross,[1930] 1 Ch 377,99 L. J. Ch 67 (Chancery Division).

② J. H. C. Morris, *The Conflict of Laws*, Stevens and Sons, 1984,p.474.

③ Martin Wolff, *Private International Law*, Oxford University Press, 1945,p.224.

④ J. J. Fawcett, J. M. Carruthers(ed.), *Cheshire*, *North & Fawcett Private International Law*, Oxford University Press, 2008,p.63.

⑤ 转引自邓正来:《美国现代国际私法流派》,中国政法大学出版社 2006 年版,第 142～143 页。

柯里的术语"人造杂交怪物"来讽喻外国法的适用:"众所周知,法官在适用外国法时会缩手缩脚,感觉如芒刺在背,与其说他们是在发挥建筑师的作用,还不如说他们是在发挥摄影师的作用,他们习惯忠于外国法的字面含义而非外国法的精神行事。即使法官确实对外国法的真义了然于心,也仍不可避免地会出现曲解外国法的现象。一旦将一个规则移出于其天然生长环境之外,与适应相异实体政策需求的法院地程序规则生拉硬拽在一起,就会损及规则中释义上的完整性。因此,出于诸多原因,法院于实践中之适用,往往只是外国法的低级复制品。"①

在法院地主义的宰制下,外国法的适用就是法院地观念主导下的外国法的适用,法院地观念影响下的外国法事实上也就发生了潜移默化的突变。于此处,我们嗅到了几分库克的"本地法说(local law theory)"之气息。然而,拉塞尔在移情换位的良苦用心并不被视为是此种弱化的或隐蔽的法院地主义,而是被当作为法院地法的"原教旨主义"。有学者即如此点破了双重反致的"真谛":"这一制度一方面可以加强英国法的影响,当英国冲突规范规定应适用外国法时,还可据此扩大英国法的适用范围;另一方面可以对有利于英国的外国法作出让步,它使法官可以很方便地灵活行事,保证自己的见解得到实现。当然,英国法官在适用外国法时是按照自己的意思来行事的,虽然在外表上他也试图表现出某种客观的态度,但他终归是'按照自己的意思',透过本国的阶级利益的眼睛来看外国法的,其最终目的在于维护英国统治阶级的利益,我以为'外国法院说'的真谛即在于此。"②

由于隐性和显性的法院地主义的存在,我们总是能够在外国法的适用过程中依稀辨识出法院地法的身影,因此,拉塞尔的双重反致也就只不过被视为是在其同胞兼其先贤Jenner法官所发明的外国法院说之智慧的点缀下得出的实质上仍是一脉相承地由法院地主义所结出的"恶因善果",正如克格尔所说:"先贤的智慧最多只能装饰一下在其他基础上得出的结论。"③这里所谓的"其他基础"意即法院地主义。

2.对传统解读之评价

从法院地主义的向度理解拉塞尔仍然可能只是一种误解,如果说拉塞尔由于廉耻观念不可能将这一心绪落实到判案记录之中而只是作为一种口传秘诀,一种看不到而感触得到的风格,那么至少在客观上该判例促使英国司法系统在遵循先例的威权保证下于后续案件审理之中产生利他主义的审理结果。因此,即便我们可以臆测并批评拉塞尔本人开创先例过程中可能存在的阴暗心理,但却不得不卸除下对双重反致制度本身的道德非难,不应将其当作是"维护统治阶级利益"的权宜伎俩。无论如何不容抹杀的是,双重反致始终具有的,哪怕仅仅是一丝反法院地主义的意识,这是包括英国学者和司法者都明确肯让了的。

投降主义与法院地法主义作为对待外国法的两种相反态度都被用来解释拉塞尔的双重反致,在此意义上,它们不能相互证伪而只是相互竞争的理解范式。值得反思的是,双

---

① Friedrich K. Juenger, *Choice of Law and Multistate Justice*, Martinus Nijhoff Publishers, 1993, p.158.

② 肖永平:《冲突法专论》,武汉大学出版社1999年版,第108页。

③ [德]格哈德·克格尔:《冲突法的危机》,萧凯、邹国勇译,武汉大学出版社2008年版,第147页。

永久和平的冲突法建构——冲突法的政治哲学功能导论

The Construction of Perpetual Peace through Conflict of Laws: An Introduction to the Political Philosophy Function of Conflict of Laws ▶▶▶

重反致为什么能够兼容此两种正相反对的立场？与其说这种兼容是一种矛盾，不如说这种矛盾着但同时有效的兼容不能作为揭示双重反致得以创设出来的伦理意义的理解向度。必须跳出法院地主义与外国法院主义的立场，对双重反致开辟出另一维度的伦理解释。

3. 对传统解读之再解读

悬置评论者的主观情感态度，拉塞尔的伦理密码就开始从投降主义与法院地法主义之锁缚下"现象"出来。双重反致的伦理诉求是追求和践行冲突法判决一致之古典目标。这一目标既可能因为法院的滥用而质变为隐蔽的法院地主义，也可能因为法院的逆向使用而成为投降主义，但无论其实践结果出现如何的左倾激进抑或右倾保守，事情本身却是案件适用法律的一致，及其催产的判决一致。

判决的天下大同如果不是冲突法的唯一目的，至少也是其古典时代的主要抱负，反致被认为是实现这一目的的主要手段。沃尔夫提到："反致存在的理由首先而且主要是在于下列事实：它在某些情形中有助于达到国际私法的主要目的，即不论在什么地方进行诉讼，判决应该是一致的目的。"[①]双重反致不同于一般反致的地方，就在于它牺牲选法过程的简单性来更精确地服务于这个判决一致的目的。沃尔夫将双重反致直接表述为："法院意欲适用外国法院如果受理本案将会适用的那些法律规则来判决本案。"[②]我们可列表展示双重反致情况下法律适用的推理过程：

在 Annesley 案件中，该案的结构可简述如下：

管辖法院	英国法院	作为外国的法国法院
反致类型	双重反致	采取反致
准据法	法国法	法国法

而在 Re Ross 案件中，该案的结构仍可简述如下：

管辖法院	英国法院	作为外国的意大利法院
反致类型	双重反致	拒绝反致
准据法	英国法	英国法

由上可见，在双重反致的处理下，不论案件在英国法院起诉还是在外国法院 X 起诉，不论外国法院采取（如法国法院）还是拒绝（如意大利法院）反致，英国法院在审理案件时都适用了相同的法律（或者都适用了法国法，如 Annesley 案件；或者都适用了英国法，如 Re Ross 案件）。在不考虑其他非理性因素的情况下，同一个案件适用同一个法律之后可以预期获得同一个处理结果。判决结果也可合理预期，将在该外国得到无阻碍的承认和执行，这正是国际私法的公道要求。沃尔夫对此深以为然："如果每个法院都只是适用法

---

① Martin Wolff, *Private International Law*, Oxford University Press, 1945, p. 203.

② Martin Wolff, *Private International Law*, Oxford University Press, 1945, p. 201.

院地法,任何诉讼案件的结果将要完全决定于它是在什么地方提起的。原告常常可以按照自己的选择在几个国家中的一个国家提起诉讼:他可以选择被告的住所地,他的营业地,或者诉讼提起时被告的所在地,等等。不仅允许原告就几个法院中选择一个,而且还允许他通过这个选择在几个国家的法律体系中选择一个,这是不公道的。公道要求不论诉讼在什么地方提起,判决总是一样的。这个论据是正确的,虽然还不是详尽无遗的。即使在原告不能选择法院地情形下,受理诉讼案件的法院适用它本国的法律也可能是违反正义的。"①萨维尼也肯认了这一悠久的经典观点:"绝对主权原则要求该国的法官只根据本国法律来判决案件,而不管与此案相关的外国法的不同规定。然而这种规则无法在任何国家的立法中找到,它之所以缺乏是由下列因素造成的。随着国际关系愈趋频繁活跃,人们愈加确信坚持这一严格的原则并不适宜,而应代之以相反的原则。……对于存在法律冲突的案件,不管它是在这一国家还是在那一国家提起,其判决结果都应该一样。"②

在投降主义、法院地法主义与判决一致的公道立场之间,拉塞尔的双重反致表现出某种晦涩的错综,形成一个让人纠结的密码。比较而言,判决一致的立场更具有解读的生命力和意义的可持续力,无论是投降主义抑或法院地法主义都符合公道的一种要求,但公道却不可能简单地偏执于投降主义或者法院地法主义。作为公道要求的判决一致,因此也就是更具竞争力的伦理解读。

(三)伦理解读的深度追问

需要进一步追问的是,既然冲突法上业已发展出传统的单一反致,且也能抵达判决一致的功效,那么为什么还要不惜成本地创造出双重反致这一累赘重复的制度?或者反问,双重反致相比于单一反致而言是否存在后者不可企及的功能增量?简单地说,尽管双重反致与传统反致都能实现判决的一致,但传统反致只能取得相对一致,而双重反致则能获得绝对一致。叩问这一非凡成就的生成因果则必须追溯到勒维纳斯的伦理立场,他指出:"在某种意义上,上帝是最杰出的他者,作为他者的他者,绝对的他者……。反之,别人,我的兄弟,人,无限性不及绝对他者的他者,在某种意义上比上帝更他者"③,他的全部精神力量因此可以概括为"他人就是上帝",而这最直接和暴烈地击中了法院地主义的死穴,造就了外国法院的突出地位。在勒维纳斯的肩承下,双重反致赖之作为运作机理的外国法院说展示出无与伦比的伦理高度。

1. 判决的绝对一致

如果只是在不精确的意义上实现内国法院判决与外国法院判决的一致,一般反致制度就足以堪担此任,而且在内国法与外国法日益接近的当今,甚至不采取反致制度也能够在一定程度上收获判决的一致。但人性从来就没有对偶然性表示过满意,它总是操心着将一切可能情况化约为必然性的掌控。双重反致在判决一致这一尺度上满足了世界的此

---

① Martin Wolff, *Private International Law*, Oxford University Press, 1945, p. 4.

② [德]萨维尼:《法律冲突与法律规则的地域和时间范围》,李双元等译,法律出版社 1999 年版,第 14 页。

③ [法]勒维纳斯:《塔木德四讲》,关宝艳译,商务印书馆 2005 年版,第 19 页。

种需求。

其一，一般反致的相对性。一般反致只能实现两个或多个国家之间在判决之上的相对一致，它不承诺这些国家的绝对协调。以单一反致而论，单一反致的经典结构是：当 A 国冲突规范指向 B 国法律体系，而 B 国反致向 A 国时，A 国法院就径直以 A 法作为准据法予以裁决。但这并不能担保 B 国法院在受理该案时，一定会适用 A 国法，并准其裁决之。当当事人通过协议选择或者挑选法院而诉至 B 国法院，B 国法官至少有两种态度：其一，径直适用 A 法，在此种情况下，法律适用一致；其二，采取反致做法，从而适用 B 法，此时，法律适用不等。因此，在单一反致情况下，要实现判决的一致从概率上讲只有百分之五十的可能性，这就是 A 国采取反致，而 B 国不采取反致；或者反过来，A 国不采取反致，而 B 国采取反致。其适用结构可简化如下：

管辖法院	A 法院	外国法院 B	
反致类型	I＝II（单一反致）	I（单一反致）	II（拒绝反致）
准据法	A 法	B 法	A 法

在单一反致的情况下，A 法院与 B 法院的法律适用是否一致将具有偶然性，这将取决于 B 法院在反致问题上的做法，并分为两种情形：

I. B 法院如采取单一反致，将适用 B 法；A 法院采取单一反致，将适用 A 法；两法不等

II. B 法院如拒绝反致，将适用 A 法；A 法院采取单一反致，将适用 A 法；两法同一

判决一致的偶然性之所以发生的根由在于，无论是 A 国抑或 B 国作为法院地国，都无法对作为外国的 B 国或 A 国发出有效的命令，命令后者采取或者不采取反致。按照国家主权平等、平等者之间无管辖权的古老诫命，一国既无合法正当性，也不可能动用武力对他国法院的法律适用施加干涉。如此一来，当法院地国采取反致而铁定适用本国法时，又如何能够将外国法院的行为限制在不采取反致的做法之上，从而永绝其"不服从"的后患？相反，当爱国主义作为一种风尚再次浸入法律适用领域时，倾向于采取反致的做法就是可以合理预期的外国法院将要采取的行动，其直接后果就是 A、B 两国都采取反致，用隆茨的阶级分析的观点来看就更彻底了，"反致学说在实践上的成功，与其说应归功于理论上的考虑，不如说是因为接受了这一学说，使得适用外国法的情况减少了，而且简化了司法机构的工作"。① 于是，传统反致由于法院地国始终存在的"花落我家"的姿态，国家间法律适用出现了戏剧性的"换位"，在都不采取反致的情况下，法官适用外国法裁决案件；在都采取反致的情况下，法官则都适用内国法裁决案件。这种普遍性的做法只不过改变了内国法与外国法的适用情况，但不变的却是法律适用的不同和判决的互异。只有在两相掺杂的情形下，即一国采取反致，另一国不采取反致的情况下，判决才可能趋于一致。问题是，谁来分配各国哪些国家不采取反致，哪些国家采取反致？在平等主权者之间，什么力量能担保此种分配的施行？

---

① ［苏联］隆茨等：《国际私法》，吴云琪等译，法律出版社 1986 年版，第 65 页。

其二,双重反致的绝对性。一般反致除了在隐蔽层次上接续法院地法的古老血脉之外,于绝对层面无法担保判决的一致,且有蜕变为纯粹游戏之危险。① 双重反致的出现至少从这一层面消解了反致的合法性危机。"双重反致的理论当然是截然不同于单一或部分反致理论的,通过探究外国法院如何定案的方式,它构想出外国法院可能'接受反致'的可能性"②,以外国法院之立场颠倒命令结构,这使双重反致能够建构出判决一致的绝对结果。沃尔夫深刻地点明了这一点:"一些英格兰法院对于这个公式采取了较为认真的态度。它们认为,应该完全适用这个公式。这个方法帮助达成人们所期望的判决一致。"③它表明,它的在世并不是"人造宠物"仅供"娱乐",而是在构建判决一致的功能上无可比拟。我们可对比单一反致和双重反致的法律适用结构来剖析其内在诀窍。(见下表)

表 A　A 国采取双重反致,外国法院 B 既可能采取也可能不采取反致

管辖法院	A 法院		外国法院 B	
反致类型	I(双重反致)	II(双重反致)	I(单一反致)	II(拒绝反致)
准据法	B 法	A 法	B 法	A 法

表 B　A 国采取单一反致,外国法院 B 既可能采取也可能不采取反致

管辖法院	A 法院	外国法院 B	
反致类型	I=II(单一反致)	I(单一反致)	II(拒绝反致)
准据法	A 法	B 法	A 法

在双重反致情形下(表 A),A 法院与 B 法院的法律适用始终相等,并视 B 法院的反致做法分为两种可能情形:

I. B 法院如采取单一反致,将适用 B 法;A 法院适用的也是 B 法,A =B

II. B 法院如拒绝反致,将适用 A 法;A 法院适用的也是 A 法,A =B

对比传统反致(表 B)的偶然性,融入双重反致的考虑后判决一致的梦想就成为必然的现实。当 A 国冲突规范指向 B 国法,B 国冲突规范指向 A 国法时,A 国首先悬置自己的法律适用和判决态度,转而探究 B 国的做法。B 国如果不采取反致制度,则适用 A 国法;B 国如果采取反致制度,则适用 B 国法。在穷究出 B 国的所有可能并可合理预期其实践态度的基础之上,A 国法院将适用 B 国将要适用的法律,既可能是 A 国法,又可能是 B 国法,这端赖于 B 国的"脸色"而定,A 国法与 B 国法由此绝对吻合。此种一致结果的出现并不需要由 A 国对 B 国法官发号施令,相反,A 国法官倒是表现出了对 B 国的无条件顺从,是 A 国法官对自己的命令,而这一点正是双重反致不同于传统反致的地方,也是双

---

① 就像[德]康德所指出的:"那是对一切稀罕东西的一种情趣,尽管它很少有什么别的内在价值。"(参见[德]康德:《论优美感和崇高感》,何兆武译,商务印书馆 2003 年版,第 24 页)。

② Morris, *The Conflict of Laws*, Stevens and Sons, 1984, p. 472.

③ Martin Wolff, *Private International Law*, Oxford University Press, 1945, p. 202.

重反致获得判决一致之绝对担保的诀窍。

总的来说,但凡不融入双重反致考虑者,其彼此之间的判决都无法在必然的意义上趋于一致,总是有,而且在通常情况下主要有不协调的现象;反之,但凡引入了双重反致的立场者,内外国法院判决之间是永恒的全等关系。道理非常简单,传统反致带有命令他者、服从自我的结构,而双重反致则是反其道而行之,它展示的结构是命令自我、服从他者。命令他人必然地具有偶然性,因为他人可以选择不服从;命令自己则必然地具有必然性,因为命令自己是一种理性的力量。在"自我—他者"的二极对峙结构中,涵摄了冲突法上有关"内国法院—外国法院"之间的全部伦理意蕴,而判决之一致的关系也就是"自我—他者"之间的行动一致之抉择与协调的关系。在萨特的"他人就是地狱"[①]与勒维纳斯的"他人就是上帝"之立场间,传统反致走的是萨特路线,双重反致走的是勒维纳斯的路线。地狱让人沉沦,毁灭一切崇高的目标,所以,传统反致失败了;上帝让人提升,拯救一切崇高的价值,所以,双重反致成功了。双重反致之所以成功的全部秘密也是其展示的伦理深度,因此也就可以简约为一句:他人就是上帝。

2. 绝对一致的绝对担保:他人就是上帝

立足于"自我—他者"的结构,冲突法上的单边主义与多边主义、冲突正义与实体正义,以及包括传统反致与双重反致等规则、技法与制度在内的全部机制都得到了最简约且不丧失任何有价值的意义的结构还原。双重反致的伦理密码、拉塞尔的伦理风情透过这一"原子结构"散发出了伦理的暗香,现象出了伦理的色彩。拉塞尔的一瓣心香不仅远离了导致冲突、战争与杀伐的唯我主义,而且还在境界上更高于当代人际、族际、邦际与国际关系处理之"平等"与"对等"原则,直抵以爱博爱之宗教操守。

从国统来看,"自我—他者"之间的关系也就是"仁"之结构,因为仁正好是"二人之关系"。二人之间的结构终极性地无外乎两类:绝对隔绝导致的"零关系",或者相互交往产生的"关系"。老子曾经有过"鸡犬相闻,而老死不相往来"的理想抱负。这种理想抱负建立在老子和平相处的诉求之上,其实现和平的方式便是"零关系"。然而,这种零关系并不是一种勇敢的态度,更不是现实的态度,即便在老子的心灵深处,也从来不曾想过孤苦伶仃、形影相吊的绝对的隐者生涯,而同样预设了他者的参照与存在,只不过是维持一种距离关系,尽管不会有相互协助之温暖,但至少免除了相互倾轧之危险。人人之间、国国之间的绝对的存在状态乃是有"关系",关系是一个矢量,具有"正关系"和"负关系"之分。正关系表征和平与和谐,负关系映射战争与冲突。正负关系之间的谱系就构成了人类之间的战争与和平状态,在法律适用层面便是冲突与和谐之结构。负关系肇始于唯我主义的伦理立场;正关系则发轫于为他主义的伦理立场。

其一,唯我主义的反致表达。梅洛—庞蒂这样描述自我:"我是绝对的起源……我的存在走向它们和支撑它们。"[②]他者对自我而言因此总是屈居第二。施特劳斯在谴责种族中心主义时就说道:"最陈腐的观念,可能建立在牢固不破的心理基础之上。因为当我们

---

① [法]萨特:《他人就是地狱——萨特自由选择论集》,关群德等译,天津人民出版社 2007 年版,第 2 页。

② [法]莫里斯·梅洛—庞蒂:《知觉现象学》,姜志辉译,商务印书馆 2005 年版,第 3 页。

处在一个意外的环境中时,我们每个人都会持有一种态度,那就是根本地或简单地排斥那些与我们的文化形式最为不同的文化形式:伦理的、宗教的、社会的、美学的。'野蛮人的习惯'、'在我们那儿,不是这样的'、'这不该允许',这些说法表明我们心理上对陌生的生活方式、信仰或思想的排斥和因此而做出的愚蠢反应。"①自我、种族、民族观念的身份区分首先和首要的便是唯我主义的意识,"每当人类的一个群体认为他们存在于世界的肚脐中时,就会产生民族的自身观念"。② 法律适用中的唯我主义、种族主义、民族主义、国家主义就是国际私法历史上首先呈现出来的法院地法单边主义。更精确地说,内国法院说的根基和底蕴便是唯我主义。

冲突法的产生这一史实乃是对唯我主义侵越性世界观的第一次重挫和警醒,没有有节制的自律,外国法的适用是不可能的。但带着一股唯我主义之复古气息的传统反致的出现及其实践效果却以否定之否定的方式再次毁灭了冲突法存在的根基,法律适用为此走向了法院地法主义,也因此,传统反致所谓尊重外国立法体系的"优美的道德姿态(a fine moral gesture)"③只是伪道德,只是对自己的"不好的爱",恰如尼采所言:"你们之爱邻人,是不好的对自己的爱。"④

其二,为他主义的反致表达。在"我"的思维之中没有"他者",这正是唯我主义最顽固之处,梅洛—庞蒂直陈其弊:"由于我们各自的处境,我们不可能构造一个我们两个意识得以沟通的共同处境,每一个人都根据自己的主体性背景投射这个'唯一的'世界。……相信我把他人的幸福作为我自己的幸福是虚伪的,因为这种对他人幸福的认同仍然来自我。"⑤唯我主义在反致表达中遭受的挫折都是出于同样一个骄傲的自我,在本质上都是"有我无他",只是程度不同而已。要实现真正的协调,既然不能通由奴役他人的方式,不能强行推行"顺昌逆亡"的对世策略来致达,唯一的解决方案便在于"无我"或"忘我"的为他者思路,这正好是对唯我主义"以毒攻毒"式的消解。双重反致正是对传统反致所产生的不可控制的判决背反之救赎。勒维纳斯的世界人质概念就始终具有此种佛陀般的大悲慧境界,他说:"从我到我自己终极的内在,在于时时刻刻都为所有的他人负责,我是所有他人的人质。"⑥这分明是无神论版的释迦牟尼。勒维纳斯进一步强调了"为他者"的神秘责任:"作为所有他者人质之人对全人类都是必要的,因为没有这样的人,道德不会在任何地方发生。世界上产生任何一点宽宏都需要人质之人。"⑦

在 Re Anneslay 案中的拉塞尔于无意识中透射出来的就是这样的精神,而英国独一无二的双重反致实践向世人阐释的就是"我是全世界的人质"之观念:我不需要你为我承担或许诺什么,我只是在履行为他人的责任。"在英联邦国境以外,不论是在欧、美、亚、非

---

① 〔法〕斯特劳斯:《种族与历史 种族与文化》,于秀英译,中国人民大学出版社 2006 年版,第 11~12 页。

② 〔法〕勒维纳斯:《塔木德四讲》,关宝艳译,商务印书馆 2005 年版,第 110 页。

③ Martin Wolff, *Private International Law*, Oxford University Press, 1945, p. 199.

④ 〔德〕尼采:《苏鲁支语录》,徐梵澄译,商务印书馆 1997 年版,第 56 页。

⑤ 〔法〕莫里斯·梅洛—庞蒂:《知觉现象学》,姜志辉译,商务印书馆 2005 年版,第 449 页。

⑥ 〔法〕勒维纳斯:《塔木德四讲》,关宝艳译,商务印书馆 2005 年版,第 121 页。

⑦ 〔法〕勒维纳斯:《塔木德四讲》,关宝艳译,商务印书馆 2005 年版,第 125 页。

永久和平的冲突法建构——冲突法的政治哲学功能导论

The Construction of Perpetual Peace through Conflict of Laws: An Introduction to the Political Philosophy Function of Conflict of Laws ▶▶▶

各洲,没有一个国家采取了英格兰的(双重)反致制度,这对于英格兰法院是幸运的,而且我们可以预期——并且希望——这个英格兰规则仍将是严格孤立的规则。"①英格兰特立独行之风格只被认为是一种偶然的幸运,而得以泽被的世界没有必要感恩,正是在他们的身上,英格兰证成了自身的为他人的佛性。佛光普照,自我与他者取得了绝对的和解;天下升平,冲突法的世界一片祥和。

(四)深度追问的伦理困境

双重反致挟为他人的神性感召成就了萨维尼律令难以达致的判决一致之目标,但双重反致的诀窍及其目标仍然深陷伦理困境,首先也是最根本的问题在于,双重反致煞费苦心造就的判决一致目标存在着需要得到辩护的道德危机;其次则是为他人的方案是否能够逃脱得了层层叠叠的唯我主义的怀抱,凭借上帝的名义能否担保通过人自身的力量对唯我主义进行绝地反击,从而脱逃出为他人的"我性"陷阱?

1. 目标危机:判决一致的伦理困境

其一,伦理的深度匮乏。提出在国家间实现判决的一致作为主要目标,即便不能看作是冲突法的肤浅,至少也可视为是一种不自觉的伦理退化。回溯冲突法历史,至少在法律冲突的起始处关于法律冲突的解决就是纯正伦理的回答。据沃尔夫介绍,阿尔德里克的答案是应适用"较好并较为有用的法律"②。在某种意义上,冲突法的这一"天问"③既是第一问也是最后一问。"较好并较为有用的法律"之内涵不是形而上学地由判决一致之追求所能穷尽性地表达的,毋宁说它既涵摄又超越于此一考虑。冲突法发展至今在不同的价值目标之间有与时俱变的交替、犹豫、徘徊与挣扎,但每一种取舍都只是对"较好法"的时代理解,为一时之风尚。因之,判决一致作为冲突法的古典抱负在追求案件合理处理之现时代有着时过境迁之后的伦理衰减,在它身上见证的只是时代所追忆的一种怀旧的美德。

客观而论,一个案件因诉讼地的不同而可能存在不同的解决结论,这本来是冲突法世界必须承认和接受的现实,其根由在于:"没有任何民族能够生存,倘若这民族不先估定价值,这民族如要保存本体,则其估价不敢和邻族一样。许多这一民族以为善者,在另一民族中却以为是可笑与可鄙……许多凡这里以为恶的,在另一地却加以紫金色的荣光。"④但是跨民族的交往却又要求一体裁断背负不同伦理观念中的人们之间的纠纷,于是,冲突的伦理观念与规则在个案之中凸显出来,不同民族和当事人却又苟望获得一种只有在普世伦理、世界公民法的背景下才能获得的一致判决;或者退而求其次,即在法律体系冲突的格局下追求判决一致。判决一致于是登上冲突法世界舞台的中心,成为垄断一切的价值追求,冲突法的世界逐渐遗忘了自身的实体伦理之责任。正如罗森伯格所言,冲突法

---

① Martin Wolff, *Private International Law*, Oxford University Press, 1945, pp. 202~203.

② Martin Wolff, *Private International Law*, Oxford University Press, 1945, p. 22.

③ "天问"表示四个意思:一是从时间角度来看,属历史第一问;二是从问题角度来看,属逻辑第一问;三是从内容角度来看,属终极之问;四是从方法角度来看,属终结之问。

④ [德]尼采:《苏鲁支语录》,徐梵澄译,商务印书馆1997年版,第54页。

"并不是为了学者们展示其法理肌肉而娱乐的游戏,而应致力于通过法律来改善人类的生活状况"①。荣格也申言:"与多边主义不同,单边主义方法不会为了达到判决一致性的目标而牺牲公正性,它只能保证冲突法案件的判决至少能够符合法院地的正当性标准。"②这也是迄今一切法院地主义理直气壮的论据。不过,作为以追求判决一致为最高目标的最成功的大师,同时也是最激情的拥护者萨维尼的态度可能更能说明问题:"我们必须记住,法律规则都是为当事人所制定的,当事人的现实利益就是法律的公正目标的体现。因而当事人的利益不应该屈从于法律规则的统一性和一致性。"③

双重反致的天命就是服务于判决的精确一致和绝对一致。判决一致本身的伦理危机也就连带着拷问了包括双重反致在内的一切以之为奋斗目标的规则、技法与制度的生存根据。一旦判决一致表现出伦理的衰颓,传统反致还可以赢得司法任务简化等辩护,但双重反致就显得一无是处。于是,莫里斯如此这般地给双重反致下了一个简短的结论:"作为一个纯粹的实践问题,要法院努力去确定外国法院将如何裁决案件,看起来法院不应该担负这一艰苦卓绝的任务,除非情况特殊,且明显地利大于弊。在绝大多数情况下,出于方便的权衡确实应该用于解释对外国法的指引也就是指定其当地法。尽管反致理论得到韦斯雷克和戴西的支持,更多的英国和外国作者都对之表示反对。"④双重反致的生命力量与伦理深度端赖于判决一致之正当性程度,一旦断定判决一致的无伦理或伦理弱化,这无疑对双重反致而言乃是最致命的釜底抽薪。完全否定判决一致之伦理性,自然缺乏说服力,但判决一致的伦理退化却是怎么也无法消解掉的一个问题,双重反致因此身陷伦理困境。

其二,判决一致的相对性。甚至在判决一致这个双重反致所承诺的使命上,它也并不总是能够实现绝对一致。相比于传统反致,双重反致能够更精确地实现判决的一致,这无须否认,也无法否认,但在外国采取反致的态度模棱两可的情况下,双重反致的实施就将陷入一种赌博式的臆测。换言之,双重反致通过附和外国立场而实现判决一致的做法,在技术实施方面决定于外国立场之明朗程度,外国立场究竟如何,这并不总是明朗的,例如拉塞尔法官在揣摩法国法院是否会采取反致做法时就对学者见解、法国既往司法判例的立场和专家意见进行了广泛的考察,付出了艰巨的努力,力求使自己的判断符合法国司法机关的可能立场。在他审理的案件卷宗中有如下记录:"在本问题(法国是否采取反致——引者注)上专家意见发生了激烈的冲突。两位专家认为不会接受反致……一位专家同样强烈地认为法国法院将会接受反致……。我必须在考虑和权衡了每一方提出来支持各自观点的理由之后尽我所能地对该事实问题作出决断。这只是专家就法国法院应然行为而不是其实际行动发表的意见。……真实的情况是,司法复审法院有充分的自由在

---

① Rosenberg, Comments on Reich v. Purcell, *UCLA L. Rev.*, 1968, Vol. 15, p. 644.

② Friedrich K. Juenger, *Choice of Law and Multistate Justice*, Martinus Nijhoff Publishers, 1993, p. 237.

③ [德]萨维尼:《法律冲突与法律规则的地域和时间范围》,李双元等译,法律出版社1999年版,第64～65页。

④ Morris, *The Conflict of Laws*, Stevens and Sons, 1984, p. 480.

永久和平的冲突法建构——冲突法的政治哲学功能导论

The Construction of Perpetual Peace through Conflict of Laws: An Introduction to the Political Philosophy Function of Conflict of Laws ▶▶▶

将来采取不同的见解……"①拉塞尔还继续考察了法国司法史上具有重要意义的两个有关反致的案件,即 1882 年的福尔果案和 1910 年的苏里案(Soulie)。

但即便所有专家意见、司法判例都采取、支持了反致的做法,这也只是既往经验,却不具有规范未来的绝对如此的确定力量,拉塞尔法官本人也意识到了这一点。就此而言,在单一反致结构下,外国法院究竟会在实际行动上如何行事,这对于内国法院而言都是难以估定的不测事件,内国法院只能获得偶然的幸运。因此,双重反致的精确一致也只是确保在猜中情形下内国法院与内国法院在判决之上的精确一致。

其三,判决一致的不当性。更需要反思的是,双重反致所斩获的微观尺度上(法院地国与其冲突规范所指向的特定外国之间)的判决一致也还是缺乏妥当性的。如果判决不能在宏观的世界范围内,而只能在两个国家之间取得一致,那么就特别需要考虑这两个国家相对于该案件而言的地位问题。冲突法所涉案件至少关联两个或两个以上的国家,如果只有两个国家卷涉其中,而双重反致实现了该两国的判决一致,自然不存在适当与否的问题。但更经常的情况是,案件涉及更多的国家,那么在众多的国家之间,法院地国最需要与哪一个或哪一些国家取得判决的共识,这是必须思考的问题。为回答这一问题,除了需要反思判决一致的适当性之外,还必须考虑现实主义的需要,即判决被外域所认可。判决承认和执行的异域性使法官时刻觉察得到有一种异域之眼如同上帝的目光紧盯着自己,这一注视沉默地改写着法官的行为模式。

隆茨等人曾经将外国法院的判决与承认视为是"至关重要"的问题,②沃尔夫则将其提升到"最重要"的地步③。为了提高内国法院判决的可承认和执行性,内国法院在作出判决时必须注意使之与预期的被请求国所期待的判决相一致。但双重反致很可能搞错了方向,因为它追求的是判决在法院地国与其冲突规范所指向的外国之间的一致,而被请求国≠冲突规范所指向国。由此双重反致在双重意义上具有不当性:一方面,其力求的精确一致在理论上无济于事,因为理论上要求在宏观范围内的一致;另一方面,在现实层面也不会产生积极的效果,因为内国法院顾此失彼,犯了方向性错误。

2.方案危机:为他人的伦理困境

除了在目标定位上有伦理淡漠和近视的问题外,双重反致自身的技法也还具有值得商榷的地方。过于优美的事物往往是与利他主义联系在一起的,但真正具有实践力量的却偏偏体现在唯我主义的激励方面。这就进一步提出了实践中为他人如何可能的问题。

其一,为他人的脆弱性。好的伦理总是展示为对自我的克制,至少是在与他者共赢之中才会谈得上满足,那种利己而不损人之事通常是无所谓伦理与否的,而损人利己则是为伦理所不耻者。然而,所有这些伦理方案的实践力量都是以自我的保存与满足作为程度不同的担保,为他人的伦理却因彻底阉割了自我的欲求而至少于传统伦理的角度来看是不切实际的宗教式的教导。宗教美则美矣,但唯一的缺憾就是它的非现实性。为他人的伦理因此也就如同精雕细琢的玻璃制器,有的只是吹弹得破的脆弱性。有观点这样指陈

---

① Re Annesley; Davidson v. Annesley, [1926] Ch 692, 95 L. J. Ch 404 (Chancery Dvision).

② [前苏联]隆茨等:《国际私法》,吴云琪等译,法律出版社 1986 年版,第 276 页。

③ Martin Wolff, *Private International Law*, Oxford University Press, 1945, p.256.

勒维纳斯的"脆弱之伦理"："透过传统的视角,我们看到伦理的力量源于自律的主体爱己或利他的自由行动。其源泉不是人类天性中的善良、温厚和同情心,就是受之教化的自我牺牲精神。任何伦理行为离开了主体的自主性便令人质疑。然而,勒维纳斯……的伦理宣称责任,却没有任何资源和能力让其付诸实践;没有可在现实中实施的事业或规划,它不顾及经验世界中的周遭。他的伦理把我们淹没在其泛滥的责任中,然而,我们却只能在非行动中去履行它们。它使自我向他者开启,自我与他者却从来没有机会碰面。它创造了一个为着他者的存在,然而,人们只能超越时空与其相遇。"①

双重反致中的为他人的基调也制约着其功效的发挥,正如学者所说："'外国法院说'是著名的同时又是令人遗憾的,它不应成为英国国际私法中的一般规范,因为从理论上讲,它依据的是一个不现实的权力,即英国法官并不受制于外国法院,他怎样设身处地去充当外国法院的法官呢?"②这种观点就是典型的现实主义,没有外在力量的规范,法官怎可能去费力不讨好地实现双重反致,套用他人对勒维纳斯为他人伦理的评价,双重反致的过度理想性也可作如是观："由于勒维纳斯过分强调他者的至上的优越性,他者和自我的不对称性,使得他的利他主义成为一种缺乏基础、不切实际的高调。"③必须要承认,俗世腔调所信奉的往往是缺乏权威的力量,而对缺乏力量的权威通常只是标榜自我的舌上功夫而已。但权威常常是没有力量的,有力量的往往缺乏权威。而在传统反致的运作过程中,法院地法的利己欲求一直都在激励着冲突规范步履阑珊的前进步伐,直到它回归法院地法为止。

其二,为他人的背反性。在法律适用的抉择上,无论外国法院如何做,内国法院都赞同之、追随之,这正是双重反致之所以始终能够协调内外国法律适用及其判决一致的关键,同时也是"为他人"的含义所在。然而,即便撇开为他人背后阴魂不散的"自我",即便假定双重反致中的内国法院终究能够建立自律,只对自身颁定无条件地服从和献身于为他者的命令,也就是说,假定为他人具有坚韧性和真实性,但是为他人并不就此能够真正地消除冲突,最意想不到的结果或许正好相反,为他人将彻底地毁灭自身,从而走向为难他人的尴尬状态。

我们业已比较过传统反致和双重反致在赢得判决一致的目标上的方案差异,并得出结论认为,传统反致在于自我为他者立法:你应当采取单纯指定;双重反致在于自我为自我立法:我应当视你的态度而定。简单地说,二者是他律和自律的差别。但是,深入剖析双重反致的结构就会发现,它本身仍然隐藏着一条对他者的命令,双重反致的风骨依然是他律性,依然是自我对他者的隐秘的立法。这条命令揭示了双重反致的相对性,它就是:只能我采取双重反致,你绝对不能采取双重反致。否则,在外国法院之态度也视内国法院之态度而定的情况下,内国法院由于看不出外国法院的立场,从而出现这种制度普及所导

---

① 兰菲:《真实抑或虚构——论脆弱之伦理》,载杨大春等主编:《勒维纳斯的世纪或他者的命运》,中国人民大学出版社 2008 年版,第 236 页。
② 转引自肖永平:《冲突法专论》,武汉大学出版社 1999 年版,第 107 页。
③ 冯俊:《评勒维纳斯的伦理学》,载杨大春等主编:《勒维纳斯的世纪或他者的命运》,中国人民大学出版社 2008 年版,第 46 页。

致的"瘫痪症"①,那是一个"绝难超脱的轮回":"正如我们业已看见的,双重反致理论的适用效果是端赖于外国法院拒绝反致理论抑或采纳单一或部分反致理论之态度而定。但倘若外国法院也采取双重反致理论,那么在逻辑上就毫无解决的可能,除非英国或者外国法院废弃这一理论,否则将会形成永恒的'绝难超脱的轮回'。"②也就是说,如果外国法院也表现出拉塞尔一般的翩翩君子风度,就会出现非常戏剧的现象,巴蒂福尔谈到了两个双重反致对峙时的"相对性":"这种制度受到极端的相对主义的影响。如果法国法官和意大利法官也接受双重反致,即信赖英国法官的选择,英国法官怎样裁决呢?只有在不普及的情况下,这种制度才可以实行。另一方面,双重反致力图实现各种解决办法之间不必要的和谐。据说英国法官作出的判决应该与法国法官在受理该案时所要作出的判决一致。但是实际上,他并不是这样。在此寻求的和谐向反致所要求的比它所能提供的更多,为此付出的代价是葬送了一切为谋求统一,甚至为解决问题所做的一切实际努力。"③

两个勇夫的遭遇战会是一种不幸,狭路相逢勇者胜,其结果是通过惨烈的冲突和角逐来实现,甚至通常需要付出鲜血或者生命作为代价;但两个君子的遭遇战同样也会是一种让人忍俊不禁的"灾难"。沃尔夫对此种狭路相逢的两君子之形象作了入木三分的刻画:"它的弱点是在于另一个或者几个有关的国家如果采取同一的方法,它就不行了。这时,会发生无穷无尽的反致和再反致,或者在某些转致的情形下,会发生无穷无尽的轮流转致。英格兰审判员和外国审判员将互相谦让,并永远互相说道:'不,先生,您先请。'在科泽毕所写的《德国乡下人》那个古老的德国喜剧中,有几个过分客气的乡下人在敞开的大门前面互相作揖,谦让对方先行进入,直到闭幕,而下一场开幕的时候,他们仍站在原来的地方。"④

此种情况的发生因由指明,双重反致要奏效必须是"秀才遇到兵"的情形,必须要由兵方先拿出立场和态度,表明心迹,才会有秀才的附和赞同,并形成步调一致的秩序。如果两个绅士、两个秀才一定要先看对方的脸色而后行事,其后果就会面面相觑而手足无措。所以,双重反致在这一层面上还是为他者、为外国法院隐秘地下了一道命令,要求外国法院必须拿出一个方案、一种态度、一种身姿,并且不得采取双重反致。更简单地说,双重反致的奏效还在于英格兰绅士为其外的世界预设了一个阴暗的角色即只允许英格兰作为需要考虑他人感受的谦谦君子,而其他国家仅仅作为我行我素的一介小人,让世界的小人姿态成就英格兰的绅士风度。双重反致的有效生命周期就完全取决于世界的良心发现,只要世界没有在道德上得到启蒙,只要世界只是自顾自地采取或者不采取反致,只要世界要强硬地在案件问题上表态,双重反致就具有成功的基础。而一旦他国开始反省自身的朴素做法,并也力图如同英国那般让自身的"野蛮"和"愚昧"得到开化和启蒙,从单一反致走

---

① 巴蒂福尔提到:梅尔希奥尽管接受双重反致,他也考虑到外国法官也主张这种制度的情况。这种制度的普及将会导致瘫痪症(参见[法]巴蒂福尔、拉加德:《国际私法总论》,陈洪武等译,中国对外翻译出版公司 1989 年版,第 428 页下注①)。

② Morris, *The Conflict of Laws*, Stevens and Sons, 1984, p. 480.

③ [法]巴蒂福尔、拉加德:《国际私法总论》,陈洪武等译,中国对外翻译出版公司 1989 年版,第 428 页。

④ Martin Wolff, *Private International Law*, Oxford University Press, 1945, p. 203.

向双重反致,则双重反致就反向毁灭了自己。对这一点,莫里斯和沃尔夫都看得很透彻。莫里斯点破了双重反致的运作支点:"迄今为止,这个困难仍然没有发生,因为英国法院仍然没有机会将它们的反致理论运用于采取同一理论的外国的法律体系之中。然而,可能性是存在的,'绝难超脱的轮回'一定不能被忽视为'一个(可能的)搞笑的诡辩'。国际私法委员会曾经提到:'一如摩汉姆法官在 Re Askew 案件中所说的那般,英国法官和外国法官将会如同在门庭前的官员那样持续不断地彼此鞠躬。'只有在其他国家拒绝它时才能发挥作用,这很难作为双重反致的辩护理由。"①

相比于莫里斯的消极姿态,沃尔夫对双重反致的前途有更为乐观的确信。他不仅看穿了双重反致的结构性缺陷,而且进一步指出了解决双重反致出现对等化后的解决方案:"在英联邦国境以外,不论是在欧、美、亚、非各洲,没有一个国家采取了英格兰的(双重)反致制度,这对于英格兰法院是幸运的,而且我们可以预期——并且希望——这个英格兰规则仍将是严格孤立的规则。……但是,假如英格兰的反致制度成为世界通用的制度,它就将完全无法适用,而得到无穷无尽的兜圈子的结果。在这种情形下,以适用法院自己的(国内)法律为结果的单纯反致将是合理的了。现在,英格兰解决方法还是运用得很好的。"②

沃尔夫的话是两可的,英格兰法院的幸运是以世界的道德沉沦为代价的,英格兰法院在何等程度和时限内保持幸运,世界就将在同等程度和时限内维持自己的未开化状态。当沃尔夫说双重反致在英格兰"还是运用得很好的"时,世界可曾反省到自己的野蛮?

(五)伦理困境的辩证破解

为他人赋予了双重反致以厚重的道德秉性,但为他人很可能产生的为自我却又解构了双重反致的崇高感。在自我—他者的两极结构之间的循环形成一种难以摆脱的劫难,劫难的破解无法通过回避自我与他者的对峙而回应以一种暧昧的姿态,它需要的是在从为他人滑向为自我的堕落之中重新以辩证的目光穿透"我"的最深秘密之后的最后的秘密。一切魔障因"我"而生,一切魔障也当因"我"而解。

"我"意识的产生被认为是对自我问题的辉煌的解决,从最浅显的相对论的角度而言,没有对他者的意识,没有意识到他者的存在,"我"是说不出口的。"我"意识因此被置于他者意识之后,自我不再是"我"的最深秘密,他者才是最深秘密的起源。这一推导不仅倒转了笛卡尔命题,而且还恢复了笛卡尔所撕裂的世界的伦理创伤。我的为他人的生存状态就是对笛卡尔命题的反转与超越。

1. 从"我思故我在"到"我在故我思"

笛卡尔响绝人寰的名言是"我思故我在",即便唯我主义的一切罪孽不能归咎于笛卡尔,但唯我主义的一切罪孽之因果源出笛卡尔则是不可否证之事实。我在被归结为我思,成为支撑世界及其意义中心的基点,我与他人的问题不首先是一种存在关系,而是一种理智关系,理智的风格是思,而思就是"我思","我思"就是唯我的极权主义之起源。我的世

① Morris, *The Conflict of Laws*, Stevens and Sons, 1984, p.480.
② Martin Wolff, *Private International Law*, Oxford University Press, 1945, p.203.

永久和平的冲突法建构——冲突法的政治哲学功能导论

The Construction of Perpetual Peace through Conflict of Laws: An Introduction to the Political Philosophy Function of Conflict of Laws ▶▶▶

界于此退化为没有他者的世界，"当'我'(Je)始终是意识的一种结构时，那意识与其'我'(Je)一起和所有其他存在者的对立就总是可能的。最终，是我创造了世界。这个世界的某些层次因其本质上否必须有一种与他人的关系，这无关紧要。这种关系可能成为我(Moi)创建的世界的一种简单性质，它绝不强制我接受其他'我'(Je)的真实的实存"。① 这个我思是无穷无尽的欲望，它淹没一切、吞噬一切，"我在各方面被我自己的行为超越，被淹没在普遍性之中，然而，我是体验我自己的行为的人，一个难以满足，把一切遇见的东西占为己有的存在始于我的最初知觉"②。但也正是这个占有一切的自我趋于自我否定，当一切都被占为己有，包括一切他人时，自我就勾销掉了自己。因为占有本身乃一种承认的要求，需要有他人的存在并认同。当他人也被自我占为己有之时，自我作为绝对的自我开始溶解，孤岛上的笛福、瓦尔登湖畔的梭罗③已经不再需要"自我"，也不再拥有"自我"。

然而，笛卡尔式的理解并不曾被视为是现实，自我依然是妄想着的自我，他人仍旧是一块"硬骨头"："他者并不存在，这是理性的信仰，人类理性无可更改的信仰。实在＝同一，就好像万物都必然地、绝对地是同一的。但是，他者拒绝消失，它存在，它固执；它是一块让理性磕破牙的硬骨头。"④他人的拒绝的不服从宣告了我思进路的理解错误，真理就在倒转之中，"我在故我思"。我在并不被归结为我思，我思反倒是应当追溯到我在，"在命题'我思故我在'中，两种肯定是等值的，否则就没有我思。但是，还应该在这种等值的意义上取得一致：不是'我思'完全地包含'我在'，不是我的存在归结为我对我的存在的意识，恰恰相反，而是'我思'被纳入到'我在'的超验性的运动，而是意识被纳入存在"。⑤ 但"我在"依然不是彻底的真理，我在的合法性还必须还原到自我与他者的"共在"，此种共在不应从意识的角度追溯，否则就将面临他人如何可能的意识难题，而必须在生存论的意义上理解共在。

2. 从我在到共在

自我与他人之间的关系因此首先不是一种思维的理智关系，而应是一种存在关系："我通过他人行为的含义与他人沟通，但关键是要通达这种含义的结构，也就是说，在他的话语甚至他的活动下面，通达他的话语和活动得以准备的区域。我们已经看到，他人的行为在意指某种思考方式之前表达某种生存方式。而当这样行为面向着我（就像在对话中发生的那样），并且捕捉我的各种思想以便回应它们时，或者更为简单的情形，当一些落在我的目光中的'文化对象'忽然与我的各种能力相一致，唤醒了我的意向并且使它们自己被我'理解'时，我就被带到了一种共在中。"⑥

从意识的角度来理解自我与他人，他人只是自我的意识构造物，因此永远都耻辱地屈

① [法]萨特：《自我的超越性》，杜小真译，商务印书馆2005年版，第45页。
② [法]莫里斯·梅洛—庞蒂：《知觉现象学》，姜志辉译，商务印书馆2005年版，第450页。
③ 《瓦尔登湖》是梭罗独居瓦尔登湖的生活经历的记载，在瓦尔登湖的世界中，梭罗只是唯一的自我，"自我"对他来说已经失去意义。
④ 转引自孙向晨：《面对他者：莱维纳斯哲学思想研究》，三联书店出版社2008年版，扉页语录。
⑤ [法]莫里斯·梅洛—庞蒂：《知觉现象学》，姜志辉译，商务印书馆2005年版，第481页。
⑥ [法]莫里斯·梅洛—庞蒂：《行为的结构》，杨大春、张尧均译，商务印书馆2010年版，第322页。

从于自我,他人无法逃避被奴役的状态,即便他人有可能在精神状态上凌驾于自我之上,自我对他人表示一种无限的尊崇,但首先这种尊崇的背后是自我的狼一般的伏击,其次此种尊崇如果还算得上是真正的尊崇的话,那么它就并非还是一种理智关系,自我与他者的关系就从理智转向了一种道德。但是在从理智关系转向道德的旅程之中,首先还得从生存论上确立起共在的结构,海德格尔对此说得决绝:"但对他人来照面的情况的描述却又总是以自己的此在为准。这种描述岂不也是从把'我'高标特立加以绝缘的作法出发,所以才不得不寻找从这个绝缘的主体过渡到他人的道路吗?为了避免这种误解,必须注意,这里是在什么意义下来谈'他人'的。'他人'并不等于说在我之外的全体余数,而这个我则从这全部余数中兀然特立;他人倒是我们本身多半与之无别,我们也在其中的那些人。这个和他人一起的'也在此'没有一种在一个世界之内'共同'现成存在的存在论性质。这个'共同'是一种此在式的共同。……由于这种有共同性的在世之故,世界向来已经总是我和他人共同分有的世界。此在的世界是共同世界。'在之中'就是与他人共同存在。他人的在世界之内的自在存在就是共同此在。"①

3.从共在到为他人的存在

共在的现象瓦解了唯我主义的极点,实体融化为关系,但共在依然笼罩在"光的暴力"之中,可随时重新回降到我思的怀抱。必须要找到一种不可返回的向他人的运动,"向他人的运动不返回到它的起点,而没有超越性的侵吞则返回到自己的起点。超越了机心的运动,比死亡更强大"。②

这种比死亡更强大的为他人的存在不再是传统存在论,而是一种伦理关系,因此它不可以理智地来加以理解和认识,而首先是一种信仰,"自然的'事物'、机体、他人的行为、我的行为只是由于它们的意义才存在,但显示在它们那里的意义并非还是一种康德式对象,构造它们的那种意向性生活并非还是一种表象,通达它们的那种'理解'并非还是一种理智活动"。③对于为他人的绝对命令,在理智主义看来始终是缺乏力量的权威,始终摆脱不了"善的脆弱性",然而这不应当看作是为他人的失败或者乌托邦,因为对为他人的理解已经越出了理智的有效界限,它考验的不是人的智性,它验证的是人的悟性,一种至高的智慧,"一种超越的智性不是存在论的。上帝的超越,既不能用存在的术语——哲学的元素——来言说,也不能用之进行思考。哲学在上帝后面,看见的只是黑暗"。④如果我们无法理解德尔图良的"我之所以相信,是因为其荒谬;正因其荒谬,我才相信"这一含着宗教式的晦涩的教导,那么援用国人的话语或许能够消解掉西方语法表达给我们设置的理解障碍,辜鸿铭用汉语"翻述"了德尔图良的意思。他说:"它不像哲学家和伦理学家的道德律令,是关于正确与谬误的形式或程式之枯燥的、没有生命力的死知识,而是像基督教圣经中的正直一样,是对是非或公正,对称作廉耻的公正之生命与灵魂,对那种无法名状

①　[德]马丁·海德格尔:《存在与时间》,陈嘉映、王庆节译,三联书店2006年版,第137~138页。
②　[法]勒维纳斯:《塔木德四讲》,关宝艳译,商务印书馆2005年版,第66页。
③　[法]莫里斯·梅洛-庞蒂:《行为的结构》,杨大春、张尧均译,商务印书馆2010年版,第325页。
④　转引自杜小真:《圣洁性的哲学:阅读勒维纳斯的几点笔记》,载杨大春等主编:《勒维纳斯的世纪或他者的命运》,中国人民大学出版社2008年版,第29页。

的绝对本质之一种本能的、活生生的洞察与把握。"①这种洞察与把握靠的不是理解力,而是一种澄明清澈并不晦涩的证悟力。

4.双重反致的困境消解

收敛到双重反致的为他人意义,我们无须在探究 Jenner 和拉塞尔法官的内心世界之上过分认真。无论他们是否怀着法院地法的隐秘目的,无论他们是否预设了小人环伺的世界,无论双重反致所致力于实现的判决之一致能否涵摄冲突法的全部追求,……,所有的这一切相对于这一理论所激发的伦理意义、所象征的伦理苏醒而言无伤大雅。冲突法的诞生伴随着自我的阵痛,并在对自我的惩戒之中持续进化,功能上的等同并不能够彰显双重反致与包括传统反致在内的其他一切冲突法技巧之间的差异,只有在冲突法的伦理进程这一尺度之上,双重反致在更高阶段上对自我的规训才能显示出它相比于其他一切技巧的伦理深度,作为在现阶段对自我持续深入的最高批判,双重反致的存在意义远胜于它的功能效果。

当我们吹毛求疵地挖掘双重反致中包含着的唯我主义动机和英格兰的小人预设的阴险时,或许拉塞尔向世界传递的信息正好是勒维纳斯最喜欢援引的陀思妥耶夫斯基在《卡拉马佐夫兄弟》书中的这句话:"我们大家对其他每一个人都有责任,但我比其他所有的人更有责任。"这种责任超越了机心,获得了比死亡更强大的力量,使我们每一个人都服从于一种"懂得献身"的感召:

"我为大家的责任也能在自我约束的同时表现出来:自我凭借着这种无限的责任注定也为自己考虑。每一个他人即我的邻人也是与他人有关的'第三者'的事实,促使我公正,促使我斟酌和思考。而为良心、自我和哲学辩护的无限责任淡忘,就生出了自利主义。但是,自利主义既不在先也不在后。逃脱上帝的不可能性——至少在这方面,不是许多价值中的一种——是'天使的秘密',是'我们去执行和我们去理解'。它作为我在我深处栖居,而我不仅在存在中是死亡可能性,'不可能的可能性',而且已经是牺牲的可能性,在存在的模糊性中产生的一种意义,一种服从于'懂得献身'的'能死'的产生。"②

英格兰已经掌握了"天使的秘密",它将如同普罗米修斯的火种遍及人间。在这项神圣使命的世界执行之先,还得有人识破拉塞尔的密码,因为拉塞尔在如此做时既没有诉诸任何权威,也没有说明任何理由③,"执行先于理解!这里所涉及的是一个天使的秘密而不是幼稚的意识"。④ 谁有如此慧力,竟能破得天使的秘密? 面对拉塞尔的无言,不得不让人仰天抒一感慨,对世吐一牢骚:暗香一袭浮动,风情几许谁解?

第四节　冲突法的外向超越:世界公民法

相比于反致得以成功的他律基础,不可否认以自律为作用根据的双重反致的崇高意

①　辜鸿铭:《中国人的精神》,黄兴涛、送小庆译,广西师范大学出版社 2002 年版,第 56 页。
②　[法]勒维纳斯:《塔木德四讲》,关宝艳译,商务印书馆 2005 年版,第 68 页。
③　Morris, *The Conflict of Laws*, Stevens and Sons, 1984, p.472.
④　[法]勒维纳斯:《塔木德四讲》,关宝艳译,商务印书馆 2005 年版,第 61 页。

义,但就其制度命运来看,反致与双重反致实在地是同病相怜。在冲突法普遍存在的世界,反致的出现接近了冲突法的冲突,但随着反致的普及,反致的背反瓦解了反致的一致性功效。于此背景之中发展出来的双重反致再次解决了反致背反对一致性目标之偏离,然而,意识以其不可遏制的超越性揭示出,双重反致对反致背反的解决只不过是一种饮鸩止渴式的治标不治本的形式救济,它只不过如同反致解决冲突法的背反那般再次推后了冲突的解决,但并没有止住冲突的后移然后根本性地解决冲突。在双重反致也普及化的情形下,对立的双重反致将会使法律适用进入死循环之中。由此看来,冲突法的内向超越的两条道路都陷入了困境:一是对冲突法的无限的自否定,产生冲突规范的无限升级,它通向一条无止境的远途;一是对冲突法适用方式的无穷的自否定,导致法律适用进入死循环。真正有希望的超越是外向超越,即通过法律冲突逐步实现国别冲突规范和实体法的统一。对于未来发展趋势,过去和现在的经验不能提供证明,但能提供启示。上文从哲理和法理的角度对此已有所提示,此处仅以中西冲突法中的两大典型为例,解密其思维范式及其制度设计之中的外向超越迹象。其一是唐帝国的"化外人相犯"条,它所表达的是通过"化外"而至"无外"之天下一体理念;其二是萨维尼的本座学说,它所立足且抱负的是世界公民法的憧憬。

一、"化外"条的启示

(一)法意解析

法律冲突在本真意义上是城邦价值理念下的产物,而与帝国无关。但是中国古代的唐朝帝国却提供了一个反例,盛世唐朝作为一个典型的帝国秩序,按照罗马帝国的解释框架似无产生法律冲突之可能,然而在唐帝国《永徽律·名例》之六"化外人相犯"条款却具有典型的冲突法的色彩与品味,在帝国的躯干上生长出具有反帝国的他者化意识,这不能不说是一个需要得到解释的悖论。在统一的帝国与和谐的城邦两极端之间游走的西方思维显然无法容纳中方文化的真义,中国的问题仍然需要在中国文化的背景下才能得到妥当的阐释,而消解这一悖论的关键便在于中华帝国的"天下"尺度和"王道"理念。

分析"化外人相犯"条,其具有如下几方面的法意:其一,这一条款所涵摄的法律关系究竟是公法关系还是私法关系。首先这是一条刑民合一的立法条款,既调整民事关系也调整刑事关系,尤其考虑到中国立法诸法合体、重公轻私的传统,这一立法条款一方面是调整涉外法律关系的全能立法和最高法律适用原则,另一方面则更加注重涉外公法关系的调整。考虑到该条款在唐律中出现的法条背景,似乎主要是调整涉外刑法关系,因为该条款所在的《名例》几乎都是涉及犯罪与刑罚的规定,而且中国古代立法向来具有"公"的性格,"以刑为核心,围绕着刑发展起来的法必定具有暴力的色彩。古代法自三代至清一概为刑律,古人言法必含有刑罚的意思在内,都是因为整个缘故。……这种作为禁条的法律可以同某种道德体系一拍即合,但它本身最初并非道德体系的一部分,而只是具有暴力

永久和平的冲突法建构——冲突法的政治哲学功能导论

The Construction of Perpetual Peace through Conflict of Laws: An Introduction to the Political Philosophy Function of Conflict of Laws ▶▶▶

特征和'公'的性格"①。在《唐律疏议》中更加明确了这一条款的适用范围,即这一条款的功能在于"论定刑名"。

其二,限定这一条款的法律性质之后还需要进一步限定两个关键词,即"类"和"俗"。"类"之一字首先可指一种身份,或者按照所从事的职业分为"三教九流",或者按照等级地位分为"人分数等",然后在此身份定位上分配权利和义务,不同于当代是以契约定权属②;其次则指一种人类学上的种族概念③,如将人类分为黄色、白色或者其他种族;再次则指一种族籍观念,这一观念不同于国籍,因为在古代唐朝很难有国家的观念,无国家无国籍,而且唐朝的帝国心态不会容忍另外一个独立的政治单元虎视在侧,这一政治单元要么归顺进入唐朝的朝贡体系,从而作为一个隶属于唐朝的次级单元,要么征服唐朝将后者纳入自身的朝贡体系。鉴于唐帝国的世界观是一个典型的立体金字塔,即从正面看它是一个以唐帝国为中心的多层次同心圆,不同层次即代表着不同的相对独立的政治单元,其离圆心之远近决定了它在唐帝国所享有的政治和法律地位之高低;从侧面看唐帝国的世界观则是一个以其为顶点的金字塔,不同的政治单元位于不同的政治和法律梯级。这些政治单元之所以能够维持自身的独立位格乃在于其以朝贡和臣服为象征的卖身契约,但是也正因为这一朝贡机制它换取了相对独立的政治地位,颇为类似意大利诸城邦及其独立化的根据特许状。在此类政治背景之下,"类"应当作"族籍"理解,既表明其人不同于唐朝臣民之族籍,因而彰显出不同程度的法律地位,也表明其人并不异于唐帝国臣民,他不过是在唐帝国的"天下"之内的外族籍之臣民。这可进一步从明朝立法之中得到某些启示,尽管明朝并不等同于唐朝,但是它们的制度风格和文化传统却是一脉相传的,《明律》规定:"凡化外人犯罪者,并依律拟断。"其理由是:"化外人原虽非我族类,归附即是王民,……并依常例拟断。示王者无外也。"该条款明确将"类"规定为"族类",并且认为族类和王民的身份并不冲突反而更大程度上可进一步融合,因此采用"族籍"一词理解"类"便避免了以国籍进行理解所必然导致的意义单面化或丧失。简言之,"国籍"更加强调两国之间的平等关系,两国国民地位平等独立;而"族籍"则可兼容化外人的国籍身份,同时也能表达外国及其国民对唐帝国的臣服,因此族籍概念更契合唐帝国的世界观,是臣民身份与化外人身份的叠加。应当说,在唐帝国缺乏现代国家及其国籍概念,以及唐帝国的无所不包、无远弗届的天下概念之下,族籍显然不能等同于国籍,因为"天下"概念"不言而喻是应该统一在一起的"④,意指"王道":"王者,民之所往。故能使万民往之而得天下之群者,无

---

① 梁治平:《寻求自然秩序中的和谐》,中国政法大学出版社 2002 年版,第 58~59 页。

② 梅因认为,当代法律文明进展的标尺便是法律权利义务的分配范式发生了从身份到契约的转换。梁治平先生似也操持此种立场:"现代文明社会有普遍之公民权。除极少数例外,所有人到了法定年龄都可以获得公民权,并不因为他是父或子、官或民而有不同。不过,这只是最近一二百年的事情,再往前,无论东方、西方都不是这样,那时,一个人在法律上的权利和义务往往取决于他先天和后天具有的身份。"(参见梁治平:《法辨》,中国政法大学出版社 2003 年版,第 19 页)。

③ 人类学被认为是用历史的眼光研究人类及其文化之科学:包含人类的起源,种族的区分,以及物质生活,社会构造,心灵反应等的原始状况之研究(参见林惠祥:《文化人类学》,商务印书馆 2002 年版,第 6 页)。

④ 葛兆光:《中国思想史》第 1 卷,复旦大学出版社 2009 年版,第 8 页。

敌于天下。"①

在"类"的基础上便能确定"俗"的含义。先看《唐律疏议》自身的解释:"化外人,谓蕃夷之国别立君长者,各有风俗,制法不同。其有同类自相犯者,须问本国之制,依其俗法断之。异类相犯者,若高丽之与百济相犯之类,皆以国家法律,论定刑名。"依此条款,"俗"之意义是指"风俗"、"制法"。当代国际私法之中与"本俗法"最相类似者当数"属人法",属人法在英美法系主要表现为当事人的住所地法,而在大陆法系国家则表现为国籍国法。唐律的立法精神倾向于将"本俗法"理解为"国籍国"法,排除"住所地法"的理解,这里的主要原因或许是中国古代的立法精神里面缺乏空间要素,因为对于以天下为家、"普天之下,莫非王土"的唐帝国而言,所谓的住所一说无由成立,住所不能游离于"天下之外",正是住所的绝对无可逃逸性,取消了住所存在的法律意义。因此,中华帝国的文化与立法精神只有关于时间的规定,从来不考虑和探讨"庙堂"和"江湖"之别。在抹平空间差异之后,人存在的标识便只能诉诸特定的身份归属,这就是"类"或族籍。中华法制精神的空间性缺乏产生的深远意义不独在于属人法传统上的价值取向,更重要的或许是导致了整个中华帝国关于法律冲突和国际私法之萎缩。厘定了"本俗法"的性质之后,还需要进一步廓清这里的"俗"究竟是单纯地指其他统治者的制定法,还是同时囊括其所属的地方习惯法,乃至于西方法概念之中的自然理性或自然法。自然法作为西方法制文明之中相对于实在法而言的超验根据对于唐帝国似乎过于遥远和陌生,在缺乏超验倾向的中华土壤上自然法概念未免有点水土不服②,因此这里的本俗法肯定是不可能超越唐帝国立法者所能理解的范畴,因而不具有超验的自然法的意义。对于本俗法是否涵盖当地习惯问题,这取决于理解和解释问题,因为对于古代立法趋于简约的情况下,习惯和传统从来都是重要的法律渊源,在民事角度似应放松理解为包括习惯和制定法,而在刑事角度看似乎应狭义地解释为仅仅包括制定法,当然这并非建立在古人业已存在"罪刑法定"这一当代法治精神的判断之上。至于问及"本俗法"是否还进一步包括外族籍的判例,这一问题或许问得过于现代而不具有多大的探究意义,但是总的来说,关于"本俗法"的范围问题应当以统治者的意志为转移,即包括统治者认定的正式和非正式的行为规则。

其三,除了界定这一法条的关键词之外,要正确理解这一法条还必须进行一项关键的"沉入"和"重构"活动,即沉入该法条的适用语境和重构该法条的应用背景。该法条分两种案件情况指向了两类法律,一是化外人的本俗法,另一类是"法律",即唐朝律法。这一规定看似明晰,然而如果我们构想一个具体的案情便将发现这一法律条款至少在字面上缺少了地域性规定。单从法条本身看,这一法条前后两部分皆是单边冲突规范,前者指向外国法,后者指向内国法,但是联系当代冲突规范的立法内容看,但凡单边冲突规范都将内国作为一个重要的连接要素,作为适用内国法的充要条件,如我国这一单边冲突规范:在中华人民共和国境内缔结并履行的中外合资经营企业合同、中外合作经营企业合同、中

---

① 转引自蒋庆:《政治儒学》,三联书店 2003 年版,第 203 页。

② 有学者认为,中华文明缺乏一种超越性指向:"儒学确立的只有一重世界(现世),而没有两重世界(现世与超世)、三重世界(地狱、人间、天堂)。'天'与人的本体同一,排斥了超验世界得以确立的任何可能。"(参见刘小枫:《拯救与逍遥》,三联书店 2001 年版,第 103 页)。

永久和平的冲突法建构——冲突法的政治哲学功能导论

The Construction of Perpetual Peace through Conflict of Laws: An Introduction to the Political Philosophy Function of Conflict of Laws ▶▶▶

外合作勘探开发自然资源合同必须适用中华人民共和国法律。这一单边冲突规范的合理性及其成立取决于两个条件:一是特殊类型的涉外契约关系,二是在我国缔结并履行。对比唐朝立法,由于中华法制文明自身欠缺的地域性因素,在适用唐朝法律时便只规定了一个身份条件,即诸化外人之间"异类相犯",如果考虑到地域因素便将存在如下几种情况:一是异类在唐帝国境内相犯;二是异类在无关之第三国相犯;三是异类在一方当事人所属族籍国相犯。无论何种情况如果要适用唐朝立法都必须有一个必备的条件,即在唐帝国起诉,此时唐帝国成为法院地,但是即便如此适用唐朝立法也并非总是合理:第一种情况适用唐朝立法具有合理性,此时唐帝国同时成为法院地和行为地;第二种情况适用唐朝立法勉强具有合理性,此时唐帝国仅仅作为法院地;第三种情况适用唐朝立法便不再具有合理性了。

因此,如果我们按照法律适用的合理性来考虑改造这一法条,便将转变成为:诸化外人,同类自相犯者,各依本俗法;异类相犯者,依诉讼地法。如果我们还要进一步加强这一法条的合理性,那么便需要将诉讼地这一连接点改造为行为地:诸化外人,同类自相犯者,各依本俗法;异类相犯者,依行为地法。作出如上改造后,不仅能够容纳唐朝立法的精神和内容,而且更为合理。事实上,如果考虑到唐朝立法的适用情况便可推知在异类相犯情况下之所以适用唐朝立法,要么相犯地在唐朝,要么诉讼地在唐朝,否则唐朝立法者或许本人也会觉得在除此两种情况外强行适用唐朝立法也是十分荒谬的,这种荒谬的案件是怎样一种情况呢,即一个高丽人与一个百济人在高丽或百济相犯之后,向高丽或百济法院起诉,此时唐朝立法要求高丽或百济法院必须适用唐律,如果不适用便将在后续的司法协助环节不予合作。因此,唐朝立法者在制定这一法条时必定已经包含有一个不言而喻的假定,即至少相犯地或诉讼地位于唐朝境内,否则唐朝立法便不可能合理地要求一切两个非唐帝国族籍的异类相犯必须适用唐朝立法。考虑到唐朝国力强盛,更多的案件发生地和诉讼地是在唐朝帝国境内完成的,因此对唐朝立法的语境预设作出如上推测便具有一定程度的合理性,因此或许基于以上考虑,有学者在翻译这一法条时便加入了行为地在唐帝国的要素:"具有同一国籍的外国人在中国境内发生相互侵犯的案件,适用当事人的本国法;不同国籍的外国人之间在中国发生相互侵犯的案件,按照唐朝的法律处理。"[①]当然,唐朝立法是否暗设了某些其他未曾言明的预设已无从查考,作出此种改造至少与纯粹的字面规定有所冲突,现代化了唐朝立法,人为地提高了唐朝立法的技术水平和国际本位的精神,但是它至少有这种思考的可能,而且如此动态展开和比较之后从这里也可以看出唐朝立法的历史局限。

澄清或作出上述假定之后,唐律的这一条款便可以在字面框架内作出狭义的翻译:具有共同族籍的外族人相互侵犯至罪,适用其共同族籍法;不同族籍的外族人相互侵犯至罪,适用本法。

如果放宽界定该条的调整范围,不仅涉及涉外公法关系同时涉及涉外私法关系,那么该条便可翻译为:具有共同族籍的外族人相互争讼,适用其共同族籍法;不同族籍的外族

---

① 蒋新苗:《国际私法本体论》,法律出版社 2005 年版,第 2 页;李双元等:《中国国际私法通论》,法律出版社 2003 年版,第 80～81 页。

人相互争讼,适用本法。

如果再次放宽对"类"、"俗"的规定,采用现代化的国际私法术语,那么该法条便可翻译为:对于同一国家的外国当事人之间的讼争,依当事人本国法处理;对于不同国家的外国当事人之间的讼争,适用法律(唐律)的规定予以处理①。

如果进行现代化和合理化的引申,便可将该条翻译为:两个外国人相讼争,适用共同属人法;没有共同属人法的,适用行为地或法院地法。

无论如何,唐律"化外人"条款总是设定了一个没有必要的累赘条件,即关于"化外人"的条件设定,从逻辑上可将该条件假定直接抹去而不损伤该法条之丝毫,反而同时将纯粹的国内案件也涵括在内。论证如下:在唐帝国看来,一切人可分为化外人和化内人(如果可以这样称呼的话,化内人指与化外人相对立的唐帝国臣民),那么所有的案件都可归结为三种情况,一是两个化内人相犯,二是两个化外人相犯,三是化外人和化内人相犯,唐律仅仅规定了第二种情况,没有规定第一种和第三种情况,对于第一种情况来说属于纯粹的国内案件肯定适应适用唐律,对于第三种情况唐律则没有规定。事实上唐律区分这几种情况完全没有必要,反而使第三种情况即内外国人相犯的情况出现无法可依的状况,而抹去这一区分,直接规定:同类相犯,各依本俗法;异类相犯,以法律论。反而能够同时兼容此三种情况而不损伤立法原意。依照本条之规定结合第一种情况可得如下结论:两个化内人相犯,属于同类,应适用本俗法,本俗法此时为唐帝国法,不存在异类相犯的情况。依照本条之规定结合第二种情况可得如下结论:两个化外人相犯,同类相犯适用本俗法;异类相犯,以法律论。此种情况正好是唐朝立法的原文规定。依照本条之规定结合第三种情况可得如下结论:化外人与化内人相犯,不存在同类相犯的情况,属异类相犯,以法律论,此时即适用唐帝国法律。可见,"诸化外人"这一条件完全是画蛇添足。

唐帝国立法的先进性和前瞻性似乎还可作进一步的引申。从该条立法的范围看,不仅包括涉外公法关系,而且还包括一切涉外私法关系,因此如果对该条款进行改造便可得出如下形式结构:一切涉外关系适用共同属人法;没有共同属人法,适用法院地/行为地法。以其他国家的冲突规范立法相比较,这一法条的立法技术和精神便具有了高度现代化的意义。首先,相比于巴托鲁斯的法则区别说,唐太宗的立法条款更倾向于萨维尼的法律关系本座说的精神。当巴托鲁斯的法则区别说在 13 世纪晚于 7~10 世纪唐朝的立法提出时却找错了方向,注意力投向了法则的划分。而当萨维尼摆脱法则区别说的羁绊时已经到了 19 世纪的中晚期,萨维尼将国际私法学者们的目光从对法则结构历时六百年的迷恋之中拨转向法律关系,这一拨转被誉为"哥白尼式的革命"。然而唐朝立法却在其端始便从容地面向法律关系,尽管这一面向是粗糙和混沌的,因为一切涉外关系并没有区分具体的法律关系类型。唐朝立法相比于国际私法西欧起源在法则结构"寻章摘句"过程中的拘谨而具有的超迈和从容可能出于如下四种历史机缘:

一是中华文明缺乏形式逻辑及其所必要的语言训练,因而对法则和语言并不痴迷;而西方的精神文明崇尚逻辑和修辞,具有"到实为名"的传统,从赫拉克利特的逻各斯直到海德格尔的"语言是存在的家"都以语言为中心。

---

① 刘想树:《国际私法基本问题研究》,法律出版社 2001 年版,第 34 页。

二是中华文明的语言表达具有诗意,言简意赅、至为凝练,很多时候是不著一言或者说仅著一字便尽得风流,强调顿悟和冥思,语法结构甚为舒展;而西方文明的逻辑推崇语法结构,乃至于一个连接词"是"便成为颠倒西欧众生的关键词,由此形成的理论便是著名的本体论。尤其是西欧经过中世纪的《圣经》阐释学的冶炼,这一传统使得他们形成一个力图在语法结构之中找寻"剩余意义"的思维定势,巴托鲁斯创建法则区别说不但不是一个例外,而且如果时光倒转允许巴托鲁斯再次选择,那么根据他作为后期注释法学派的抗鼎人物的身份和立场也必然义无反顾地再次创建法则区别说,因为他的生存方式已然转变成为"语法生存",要求他放弃语法便等于要求他反对自己,这不导致精神分裂也必然导致他精神自杀。

三是中华帝国的立法技术总是倾向于民刑不分、以刑为主,这种立法方式已经具有了在公法关系和私法关系进行划分的朦胧意识,尽管这种二分法相对于西欧发达的立法技术而言过于原始和素朴,但是它毕竟培养了唐帝国立法者的"关系导向"而非"法则导向"的理念。反之,作为整个欧洲大陆共同体法的罗马法却恰恰在人法与物法之间划下了最早的痕迹,并将人法和物法的传统通过文艺复兴的杠杆传承给了作为意大利人的巴托鲁斯,生活在传统之中的巴托鲁斯不幸被这种二元分析框架圈中,于是便开始在法则的语法结构之中艰难地进行着识别和划分的努力,似乎他也从来没有反思过自身的努力方向是否正确,他只需要确定他在努力着就行。

四是中华文明的天下观念由于缺乏空间思考,因此使立法者很难从地域角度思考法律效力、法律冲突及其消解,即便是唐帝国立法在协调法律的地域效力冲突问题时也如上所述缺省了空间连接点的规定,因此不会被法则所蛊惑。而巴托鲁斯之所以成为空前的国际私法鼻祖恰在于他有幸被法律的地域效力所击中,具有辩证意味的是,巴托鲁斯的不幸也恰是试图从法则的地域效力中解决法律冲突,更不幸的是他从法则自身开始解决法则的地域效力问题。

基于以上数点,唐律表现出与西洋国际私法端始文明截然不同的气势。除此之外,唐太宗的立法言说方式一开始便具有了宽容的国际主义精神,即便采取的立法构造是单边冲突规范,但也是对称地指向内国和外国立法。在系属的设定上也采取了共同属人法的素朴模式,直追当代最前沿的立法例。而且更具有当代意义的是,国际私法的现代发展日益冲击着"公法不冲突"的先验传统,公法领域的法律冲突成为最新发展态势和研究热点,然而这一潮流的主题早已经在唐律的这一立法条款之中得到实践,可以认为,唐律对外国法的宽容和尊重迄今为止仍然是令当代民族国家所汗颜的,当然这在一定层面上折射出唐帝国的国势强盛和唐太宗的王者风范。

(二)超越向度

唐帝国的立法无疑承认了化外法的域内效力,这与其帝国性格格格不入。但是唐帝国的立法其实暗含玄机,其立法条款隐伏着远不止此的目的,整个条款的精神呈现出涌动不息的生命,字里行间折射出的"天下"理念表达出法律冲突作为历史形态的暂时过渡必将被帝国的大一统秩序取而代之。所有这些力透纸背的暗示都来源于这一单词"化外"。

其一,"化外"一词本身作为一个动宾结构,便表达了唐朝气吞山河的帝国梦想,通过化外而至"无外",前者乃是手段和过程,后者则是目的与抱负。中华传统文明向来以容纳和融化异域文明为一身来致达两种目的,一是消除对立,二是发展自身。中华传统文明的消化能力堪称世界之最,在中华文明的历史发展过程中,数以万计的中外文明对话、碰撞、交流和吸收,无一不被中华文明所"化外"。此种能力的形成不仅在于中华文明的源远流长,而且还在于中华文明本身无时无刻不在融化之中,可以说融化已经成为中华文明的基本性格,漫长的历史锤炼使它具有了无坚不摧的吸纳力量,"几千年来,中国人认为大一统的形势是正常的,分裂割据是不正常的,形成了中华民族的共同心理。各民族之间长期合作,频繁交往,给民族文化的融合创造了条件。秦汉以前姑且不说,秦汉以后,中华民族的大融合约有四次,这四次的民族大融合的意义不限于血统上,主要是在文化上。多次融合形成了中华民族的共同意识——文化共同体"①。"化外"的目标直指"无外",致达独善其身、旁无他者的境界。"无外"不同于"内外",此种"无外"原则是"世界制度原则,所说明的是'没有任何他者作为异端'的四海一家观念,而'内外'原则是国际关系原则,说明的是亲疏有别的远近关系"②;"'无外'原则意味着,至少在理论上说,一切事情都有可能被'化'入某个总的框架,在外的总能够化入而成为在内的,于是,不存在什么事物是绝对在外的。这是中国特有的思维框架,而且是百家思想共有的思想方法论"③。唐帝国的强盛力量更是增强了帝国"化外"的物质基础和心理优势,唐太宗威仪八方、四海臣服,定期朝贡机制使外族之内化得到了制度化。因此,"化外"一词表明唐帝国海纳百川的宏伟抱负,内外有别的状态并不是唐帝国的长期目标。

其二,"化外"不仅表达了手段与目的之间的关系,而且还表达了唐帝国实现大一统战略的方法。与西方罗马帝国的残酷征服与血腥屠杀不同,唐帝国消除冲突、收拾河山的手法是怀柔与融会贯通,即"化"外而非"灭"外。西方文明擅长对立并且寻求对立,如果没有对立也要在头脑之中幻想对立,黑格尔的矛盾对立观念似乎已经深入西洋人身心,以至于他们"把自己和他人对立起来,把信徒和异教徒对立起来,把所有并不对立的事情对立起来,这就是西方的基本政治意识","也就是说,西方思想可以思考冲突,但只有中国思想才能够思考和谐"④。冲突可能为双方带来毁灭性结果,当然也可能产生罗马帝国的统一秩序,但其是以生灵涂炭为代价的;而中华文明的"招安"与"化外"手法则能兵不血刃,在征服异己过程中发展和壮大自己,因此中华文明的"化"的能力与化的结果之间便形成一良性循环,几至于中国的基本精神便在于"化",并且关键是"要以己化他而达到化他为己,这当然意味着要接受多样化,但这个'多'却是'一'所容纳的。"⑤因此,化外便不是灭绝异己,而是在一个总体单元之内于互补角度保存异己。这就决定了化外不是一蹴而就的事情,而是一个漫长的交融过程,就如同人的生命一样,生命要持续便必须时刻对异己之能

---

　　①　四次大融合是:第一次晋五胡十六国到南北朝,南北方各民族的大融合;第二次是唐末五代,北方各民族的融合;第三次是宋、西夏、辽、金、元的大融合;第四次是清朝的民族融合(参见任继愈:《汉唐佛教思想论集》,人民出版社 1998 年版,第 2 页)。

　　②　赵汀阳:《天下体系》,江苏教育出版社 2005 年版,第 53 页。

　　③　赵汀阳:《天下体系》,江苏教育出版社 2005 年版,第 14 页。

　　④　赵汀阳:《天下体系》,江苏教育出版社 2005 年版,第 15 页。

　　⑤　赵汀阳:《天下体系》,江苏教育出版社 2005 年版,第 13 页。

量进行同化,"化外"在这一意义上便不再是单向受动的关系,而是一种"摄养"和"互养"关系,恰如江山先生所言:"人之所以为人,不是其为生存在强者的独立特在,而是它得去感觉、发现、觉悟、贯通世界之互养、互助,以致自足、同构、复杂化、和谐的必然性。"①与罗马帝国的霸道不同,唐帝国的精神气质是一种"王道",如果说前者是单方支配与受动的关系的话,那么后者便至少具有了倾听和宽容的互动倾向,在这一意义言,唐帝国的"化外"同时也是一个"化内"的过程,当然"王道"不可能脱去唐朝的帝国气质,唐帝国的化外进程仍然是以自我为主动地位的同化过程。

其三,"化外"所致达的"无外"境界便是中华文明中最具容纳能力和消化能力的"天下体系"。天下概念十足以凝聚整个中华文明的精髓,它具有如下两个内涵层次:

一是天下概念无"天上"的渴念和关切。"天上"是形而上学的范畴,喻指一种超验的生存理据,中华文明与西方文明截然异质的地方有很多,但是对于超验理据之有无却是其中最为巨大的差别,以至于中西人民的生存方式表现出两种极端模式:西方人背负十字架苦行,而东方人真担当着荒诞的欢乐。但是国人是否仅仅憧憬软红万丈的声色世界而掉首不闻天上之事,这在许多学者看来是存在争议的,有观点便指出中华文明同样是关怀天上人间的:"中国先民所信奉的'天'既不是自然意义上的'天',也不是万物的普遍法则意义上的'天',而是有自由意志的神、万物的本源、善恶的根据。'天'创生万物、赏善罚恶、充满仁爱,是人祈福求德的神性依据,甚至有天堂、主宰的意义,具有基督教上帝那样的超自然、超内在(人性)的绝对超验性。"②然而更多的学者认为中华文明并不存在超越现实的生存根据,"在中国文化里,是没有'超越界'与西方的'上帝'这一类符号的,即使是'天',也是'天地人'这个世界系统的一个内在组成部分,而不是超越于这个世界之上的造物主。……由此观之,即使中国人的'天'或'理',也是相当肉体化的"。简言之,中国文化具有"身体化"的倾向。③ 另有观点竭力反对中华文明的"天上"理念,认为那些作出此种论证的观点"都不过是一堆捡起来的片语。中国经书注重人事,而非上帝及其人与上帝的关系,这是经史常识。"④比较中外文明的宏观结构,整个中华文明相对于西方文明的确多了几分人气而输了几分仙气,国人对世俗事务之推崇远甚于对彼岸、来世和灵魂不朽的向往,就此而言中华文明着实具有经验的脾性,这一特点并不总是产生消极意义,至少对于中华文明的同化能力而言这恰恰是不可缺少的必要的缺乏:"承认超越的存在的理论后果就是宗教以及与人为敌的政治理论。这是西方思想的底牌。从个人主义、异教徒到丛林假定以及民族/国家的国际政治理论等陷世界于冲突和混乱的观念都与承认超越者概念有关。中国不承认绝对在外的超越存在,所以开拓了思想的另一天地。中国思想假定的是,对于任何他者,都存在着某种方法能够将它化为和谐的存在,或者说,任何不和的关系都可以化成和谐的关系,任何在外的存在都是可以'化'的对象而绝不是要征服的对

---

① 江山:《法的自然精神导论》,法律出版社 1998 年版,第 20 页。
② 转引自刘小枫:《拯救与逍遥》,三联书店 2001 年版,第 94 页。
③ [美]孙隆基:《中国文化的深层结构》,广西师范大学出版社 2004 年版,第 40 页。
④ 刘小枫:《拯救与逍遥》,三联书店 2001 年版,第 95 页。

象。"①宗教的存在与超越的上帝成为矗立在人类头顶上无可逾越的巅峰,在此世与彼岸的沟壑消除了西方文明的"化外"可能,世俗的东方生存哲学反倒是养成了化约万物的能力,因此,天下一词恰在不经意间表达了中华文明的经验德性及其导致的"化外"功能。

二是天下概念是超越和克服法律冲突的世界尺度和宏观单元。与国家单位不同,天下概念涵纳了天下诸国为一体,它超越了国家的个体视野而成为凌驾于众国之上的独立单元。在西方以国家或者区域为出发点的世界观只能导致笛卡儿式的自我与非我的分裂,从而必然引发身心、人神、敌我之间的冲突及其迁延不断。以国观国是微观视野,而只有超越国家立场才能在众国之上建立天下理念和整体世界观,改变以国观国的传统而为以"天下观天下"或"以天下观国"的俯视立场,在整体之中理解和看待部分。也就是说:"按照中国的天下理论,世界才是思考各种问题的最后尺度,国家只是从属于世界社会这解释框架的次一级别的单位,这意味着:(1)超出国家尺度的问题就需要在天下尺度中去理解。(2)国家不能以国家尺度对自身的合法性进行充分的辩护,而必须在天下尺度中获得合法性。"②将天下作为分析问题、看待问题和解决问题的世界尺度的确弥合了微观世界的多元分裂,在如此整全的分析单元之中,天下之外再无天下,因此以天下观天下便无由产生分裂,进而在根本上消除了产生冲突的可能;同时,以天下观国家便更能在和谐关联之中调整国家的身位和发展姿态,从而在奔赴和谐一统的终极目标之中缓冲、协调直到泯灭诸国之间的摩擦和冲突。在这里我们嗅出了斯宾诺沙系统哲学的味道,斯宾诺沙将整个世界看作一个完整的有机系统,并在这一整体之中反观世界万象,斯宾诺沙将这样的有机系统称作为神。但是唐帝国"化外"所致力于抵达的目标并不是这样的理想世界,而是一个国家的帝国梦魇,"任何帝国主义不是一种世界理念而是国家观念,因为帝国主义仅仅考虑国家自身的利益,它把自己的国家利益当成了世界利益以及判断世界所有事情的价值标准,甚至以自己国家的利益作为判断其他国家合法性的标准"。③ 可见,帝国与天下之不同并不是二者消除冲突的程度,而在于二者消除冲突、实行一统的方式和途径,帝国采取的是"吸收"策略,即通过强势力量吸收他者国格最终保留自己的独立国格,而天下体系采取的是"合并"方法,将不同风格的国家合并为一个整体的世界,形成新生的身位,达致统一的行动规范,实现各主体之间的永久和平。

(三)比较:帝国、城邦与天下

比较罗马帝国、意大利诸城邦与唐帝国三种世界之异同便可见出法律冲突产生的不同土壤及其孕育的解决方法的不同特征。帝国与城邦构成法律冲突的两个端点,帝国的整体观因为消灭了法律冲突得以可能的多元主体格局从而不存在法律的横向冲突问题,对于帝国而言需要协调的是上下位法的纵向关系,纵向之间只有帝国式的服从而无平等者的冲突;另一方面意大利城邦的独立自治与共同体观念为法律冲突的产生提供了得天独厚的主体条件和精神。唐朝作为中华帝国的一个光辉典范并不完全类同于罗马帝国的

---

① 赵汀阳:《天下体系》,江苏教育出版社 2005 年版,第 15 页。
② 赵汀阳:《天下体系》,江苏教育出版社 2005 年版,第 46 页。
③ 赵汀阳:《天下体系》,江苏教育出版社 2005 年版,第 47 页。

永久和平的冲突法建构——冲突法的政治哲学功能导论

The Construction of Perpetual Peace through Conflict of Laws: An Introduction to the Political Philosophy Function of Conflict of Laws ▶▶▶

结构,正是如下差异的存在使唐朝帝国终究绽放出冲突法的法律原则:

一是唐帝国的天下理念作为一种缓和、宽容的力量不但未曾如同罗马帝国的野蛮力量一样泯灭掉异族生命存在,反而由此构成一种类似于流行于意大利诸城邦之间为它们所共享的共同体观念,这一观念虽然不是超验的宗教,但无疑构成了炎黄文明圈和中华帝国法系这两条共同纽带,这一共同心理基础和身份根据有力且有利地促进了这一文化共同体内部各邦之间彼此认同的趋势。

二是唐帝国的王道之治给予了各异族独立生存的宽容空间,各异族主动或被动的臣服与定期朝贡机制的形成使二者之间形成和谐共处的互养、互补关系,从而使各异族能够在一定条件下维持自治地位。

三是中华文明的传统整合方式是"化外",它强调一个双向互动过程,既有中华帝国的主动吸纳,也有异族的主动皈依,因此这一过程既表达了中华帝国的支配力量,同时也表明异族具有相对独立和主动的地位与力量。查阅历史,如果说西方的帝国化过程是一个单质化的生长过程,那么中华帝国的拓展却更像一个彬彬有礼的谦谦君子,帝国化的进程总是伴随着对天子尊严的敬服,对于较远的异邦,一般采取朝贡机制或者缔结和平盟约,一旦对方履行这两项义务,那么中华帝国一般不会大动干戈。中华历史同时告诉我们,中华帝国虽有帝国之名,然而在绝大多数情况下却常常是被迫动武的,这也就是说,中华帝国徒有帝国之躯,但却包裹着一颗王者之心,它强调统一但不唯武力,它推崇秩序但注重节奏。

唐帝国的天下理念建立了文化和法律共同体,唐帝国的王道之治给予了共同体内诸成员独立自治的空间,"化外"的整合方式放松、放缓了唐帝国对诸成员之束缚和帝国化进程。正是在这一与意大利诸城邦类似的张力系统中唐帝国之躯焕发出冲突法的花卉,在唐帝国的王道与中华文明的礼让观念共同浇灌下,这一花卉绽放出西欧冲突法初生成时未曾有过的璀璨光华。这种光华尤其得益于它的超越力量,它以有所偏心的方式[①]昭示着冲突法的超越指向。

二、萨维尼的幢幢

世界公民法的提法并不是萨维尼的独创,也不是他自己的明确用语,不过,在他使用得非常频繁的几个颇具萨维尼风格的术语中却明白无疑地表达了这一理念。在《现代罗马法体系》第八卷的开篇,萨维尼提到了"人类共同的原则":"实在法在世界范围内并非一致,各民族与国家之间有所不同,其原因在于,在任何社会中,实在法部分源于人类共同的原则,而部分源于专门机构的运作。"[②]除此之外,萨维尼还在同一意义上赞同国家之间存在着"跨国性的普通法":"在存在国际交往的国家中存在一个跨国性的普通法;由于这一

---

① 之所以为之有所偏心,是因为唐帝国的天下是以一国为核心的整体观念。这使这个整体观念有失重心,现代性的天下整体观应去除这个重心,在诸国平等的架构之上重建平衡中心。

② [德]萨维尼:《法律冲突与法律规则的地域和时间范围》,李双元等译,法律出版社1999年版,第1页。

观点对我们考虑的所有问题具有真正的便利,而且也必然受到基督教普遍道德教义的影响,因而这一观点随着时间的推移必然会得到广泛的认识。"①在阐述适用外国法导致的利弊时,萨维尼也赞成将这种"国际社会的共同法"提升到"我们整个原则的基础和最高目标"的地位:

"在对位于我们国家的不动产进行继承时,对于外国人,如果适用外国的法律规则来代替内国的法律规则,将可能危害我们同胞的利益。但是在一些特别的案例中,适用外国法也可能会出现相反的结果,而且这一些危害完全可能因为我们所认为存在的互惠而消除。如果对位于本国领域内的财产适用外国法,则可能会被认为这将危害本国的尊严和独立。但是,这种反对意见也被拒绝,他们认为更为一般的观点是应该适用存在于国际社会的共同法,并把它作为我们整个原则的基础和最高目标。"②

在很多方面的综合迹象显示,萨维尼的"野心"不仅仅在于实现冲突规范的统一,即成就世界性的冲突规范,而且还在于瞻望实体性的世界公民法。这一论断并不是妄言。按照一般的观点看来,萨维尼的历史法学派反对这样的整体统一性,但是在格恩里的回忆中萨维尼却的确抱有这样的一种与其说是法律的,不如说是道德的,甚至是宗教的普遍性立场。来自格恩里的下述引言明确地反映了这一点:"他并不属于在其一生中有起有落的重要的哲学派别中的一员。但在他的著作里,经常可以看到崇高的理念。他认为法律在人的道德品质方面是有目的、有目标的——它是道德的现实化或毋宁说是它的奴仆。但由于现在道德与基督教精神密不可分,他发现法律的最高动机在于我们宗教的伦理精神中。"③格恩里还特别提到萨维尼的最具有国际情怀的"世界公民法"之明证,这就是萨维尼的"趋同论"思想:

"在生命的晚期,在他比较了法学家中实在法学派和唯理论派群体,亦即仅将法律视为是独特的、国家性的群体与认为法对人类的本性来说是共同的群体,以及在他认识到双方片面性中存在有正确成分及赞赏了由它们趋同而带来的法学进步之后,他写下了一段著名的话,内容如下:'所有法律共同的职责可以简单地归结为对人类本性的道德确定,如同在基督徒生命观所表现的那样。因为基督教精神不只是被承认是生活的规则,而且实际上,它改变了世界,因此我们所有的思想,不论看起来与之有多么不同甚至敌对,仍然受它支配和影响。通过认可它普遍性的目的,不仅将法律融于更广泛的领域,而且剥夺了它的独立存在性,它更是该普遍性问题持续性外在情况的一个独特因素,它未将自己的影响限制在自身的范围之内,通过与整体的联系它获得更高的真实性。法律承认这一个目的就足够了,它没有必要在其之外再设置一个公共福利名义之下的一个完全不同的目的,在政治经济方面另行确立一个独立于它的道德原则。因为后者试图对我们讨论的领域进行一个超本质的延展,这只能有助于增加、提高达到人类道德目的的手段,但它并未包括

---

① [德]萨维尼:《法律冲突与法律规则的地域和时间范围》,李双元等译,法律出版社 1999 年版,第 15 页。

② [德]萨维尼:《法律冲突与法律规则的地域和时间范围》,李双元等译,法律出版社 1999 年版,第 65 页。

③ [德]格恩里:《弗里德里希·卡尔·冯·萨维尼传略》,载[德]萨维尼:《法律冲突与法律规则的地域和时间范围》,李双元等译,法律出版社 1999 年版,第 314 页。

新的目标。'"①

这段直抒胸臆的陈述绝对算得上萨维尼对自己毕生操劳及其抱负所作的总结。它不仅反映了萨维尼将法律提纯为人类本性的道德确定,强调法律内在精神决定性地归诸于它的道德性,而且还明确地提到了要超越民族法律的局限性,直抵一种普遍性的目的,这种普遍性的目的作为一种"整体的联系"反过来才使民族法律获得了"更高的真实性"。

萨维尼的历史法学的立场是不允许他赞成"世界公民法"的,因为世界公民法乃是唯理论的用语,它强调一种基于理性而产生的具有普遍适用性的法律,无限类比于自然法。相反,萨维尼在反对蒂鲍特试图通过人的完美理性来制定统一民法典时就已经表达了这一立场。世界公民法是理性主义者费希特所明确赞同的观念,在他的《自然法权基础》最后一部分就专门论述了"世界公民法"②,萨维尼作为费希特的同事不可能不知晓这一观念③,但是萨维尼却刻意回避使用这一个可能产生误导性的概念,因为这个概念乃是立足于一种先验的理性。费希特在论述世界公民法时就是以一种先验的人权概念为基础的,他认为,一个人"享有原初的人权,这种权利先于一切法律契约,而且只有这种权利才使一切法律契约成为可能,就是说,这种权利在于所有的人都假定他们能通过契约,与这位陌生人建立起一种合法的关系。惟独这种权利才是人作为人理应享有的真正人权,是可能获得其他各种权利的根据。人人都必须承认这种权利,而且也只有这种权利,是每一个没有由于自己的行动而明确丧失它的人都具有的。"④萨维尼非常反感这种自上而下的"实现绝对完美的能力",反对理性的"自欺",而要求"无论何时,当我们未意识到我们个体与广大世界及其历史的联系的时候,我们必然会在普遍性和独创性的不实之光中看待我们自己的思想,我们要以历史精神来对抗它,然而反戈一击是最困难的事。"⑤

由此看来,萨维尼并不是一般地反对"世界公民法",而只是反对理性主义者获得"世界公民法"的路径和方法。相应地,他也不是一般地反对制定法典,而是反对在当时制定一部法典及对待法典的态度,格恩里敏锐地觉察到了这一点:"他实际上承认立法和法典化的价值,但要求前者应从国家本身的立场出发来进行,并将后者放在正确的位置上,它只是一个便利问题而不是必要性问题。他认为法律科学尚处在摇篮期;认为将一个国家明显不完善的法律确定下来并固定化是愚蠢的。"⑥从这里可以看出,萨维尼赞成一种符

---

① 〔德〕格恩里:《弗里德里希·卡尔·冯·萨维尼传略》,载〔德〕萨维尼:《法律冲突与法律规则的地域和时间范围》,李双元等译,法律出版社1999年版,第315页。

② 〔德〕费希特:《自然法权基础》,谢地坤、程志民译,商务印书馆2006年版,第381页。

③ 据格恩里记载,时任德国国家教育部部长的洪堡与费希特、斯莱尔马赫和布特曼一起联名向皇帝提名萨维尼,认为他是全德国最适于指导整个法学研究的人。而且,费希特还曾经和萨维尼共同竞选过柏林大学的校长,后者仅以一票之差落选(参见〔德〕格恩里:《弗里德里希·卡尔·冯·萨维尼传略》,载〔德〕萨维尼:《法律冲突与法律规则的地域和时间范围》,李双元等译,法律出版社1999年版,第306,308页)。

④ 〔德〕费希特:《自然法权基础》,谢地坤、程志民译,商务印书馆2006年版,第383页。

⑤ 〔德〕格恩里:《弗里德里希·卡尔·冯·萨维尼传略》,载〔德〕萨维尼:《法律冲突与法律规则的地域和时间范围》,李双元等译,法律出版社1999年版,第311页。

⑥ 〔德〕格恩里:《弗里德里希·卡尔·冯·萨维尼传略》,载〔德〕萨维尼:《法律冲突与法律规则的地域和时间范围》,李双元等译,法律出版社1999年版,第310页。

合其一贯宗旨的历史性"趋同"，它既表达了"同"的目标，又强调了一种渐进的"趋"势；而且更重要的是，"趋同"论反对"外在统一"，主张将"趋同"的动力内在化，就如同"人的身体的生长"。他说："人的身体是不可变更的，但它自身是不断成长和发展的，因此，我将每个国家的法律视同它身体上的一个组成部分，而不只是一件用以取悦人们喜好的衣服，可以随意脱下，可与其他衣服交换。"①通过此种方式，萨维尼既指向了"世界公民法"，又按照不同于唯理论的方式，而是以更具有生命力的可持续发展方式来指向"世界公民法"。鲁道夫教授对此作了优美的总结：

"对唯理论的法学家来说，法律历史只是人类理智畸变的一个范畴；而对实在法学家来说，它是过时无用的遗迹的堆积。除了将当代事实并置一起之外，历史学派复兴了法学，有规则地继承了一系列不同的形式，从中我们可以了解一个国家自始至终的精神、统一、个性化、发展等整体的存在与运作。对它来说，法律历史不再是死的东西。它所了解的是内在的而不是顷刻即逝的过去，它的知识并不多余，而是处于最有意义的准备状态。但整个法学与历史一样有规律，它只是将历史发展的自由与各种制度的必要性及其协调的有组织的统一区别开来的另一种处理方式。"②

相对于萨维尼的谨慎的乐观，沃尔夫表达了更加保守的看法，他认为，全世界冲突规则的统一，甚或至于建立一个综合的世界法典，一种法律的世界语，这个目标有可能是永远也无法实现。③但不论如何，沃尔夫还是赞同萨维尼而在反对各种形式的孤立主义方面与他同仇敌忾，沃尔夫在悲观地对待冲突规范和实体规范的统一化进程，甚至即便对于已经统一了的法律也还悲观地认为"法律表面上的统一仍有完全归于失败的危险"时，也不无轻快地说道：统一化进程"在一些个别问题上完成了一定的虽然是很有限的进展，而且试图达成协议这一事实就产生了一种健全的倾向，使主张尽量广泛地适用自己法律的那种孤立主义的观念退到后面去。"④这同晚年萨维尼的立场是一致的，而且由于晚年的萨维尼沐浴在"众多人的爱"和"对众多人的爱"及其带来的"巨大欢乐"中，使得他更加愉悦地保持对通过"热情和爱而劳作，使人类变成为一个更大的更为持久的社会共同体"之期望怀有确信不疑的虔诚。这种因极度满足而感恩的心情使萨维尼怀有一种强烈的反鼓励主义的高贵情绪，以至于他的座右铭反映了他的这一信念，"它不仅意味着对个人情感和愿望的克制，而且是对政治、宗教或科学中一切孤立主义的胜利，是对将一个阶级或种族从一个国家中隔离开来的'及将作为更高级的政治、道德、历史与科学的整体的一个附属部分的区域、职业或年龄段的人从中区分出来'的排他主义或宗派主义的胜利。"⑤

或许萨维尼在阐述作为实在法支配人的两个基础即民族性和属地性的历史性更替

---

① 转引自［德］格恩里：《弗里德里希·卡尔·冯·萨维尼传略》，载［德］萨维尼：《法律冲突与法律规则的地域和时间范围》，李双元等译，法律出版社1999年版，第311页。

② 转引自［德］格恩里：《弗里德里希·卡尔·冯·萨维尼传略》，载［德］萨维尼：《法律冲突与法律规则的地域和时间范围》，李双元等译，法律出版社1999年版，第312页。

③ ［英］马丁·沃尔夫：《国际私法》，李浩培译，北京大学出版社2010年版，第37、75页。

④ ［英］马丁·沃尔夫：《国际私法》，李浩培译，北京大学出版社2010年版，第75～76页。

⑤ ［德］格恩里：《弗里德里希·卡尔·冯·萨维尼传略》，载［德］萨维尼：《法律冲突与法律规则的地域和时间范围》，李双元等译，法律出版社1999年版，第329页。

永久和平的冲突法建构——冲突法的政治哲学功能导论

The Construction of Perpetual Peace through Conflict of Laws: An Introduction to the Political Philosophy Function of Conflict of Laws ▶▶▶

时，就已经以某种"胚芽"的形式向世人展示了世界公民法的趋势，在这种交替过程中，"不同民族之间更加多变、更加主动的交往，是导致这一结果的主要原因，因为通过此类交往，民族性之间的悬殊差异必然为之消除。但是，基督教的影响一定不能忽视，它作为大多数民族精神生活的共同约束，已更多地将各民族的特性差异扫入历史陈迹"。① 历史法学派要求我们对历史发展的未来可能趋势保持一种尊敬，通过取代法律规则的地域基础而趋向一种世界公民法的态势就是这样一种值得尊敬的可能性和自由性。更何况，历史法学还永远对过去保持一种富有生命力的态度，不朽的过去已经昭示并担保着未来的某种可能性，如此一来，从民族性折向地域性就是对从地域性折向世界公民法的预演，而从地域性折向世界公民法就是历史法学的逻辑必然。

冲突法建构永久和平凭借的全部力量是它的超越性思维。超越性思维具有相互关联的两个方面：一是持续否定自我的极化思维，二是持续肯定他者的合法存在。两方面的对接是生成和平与和谐的基础。与意识哲学等纯抽象的、坐而论道式的空谈意识的超越性不同，冲突法的进路是实践性的，也就是生存论的方案。自我意识的超越性不可能在理论推演中风平浪静地、和风细雨地发展出来，否则人类早就通过对话、通过逻辑论证实现了永久和平。自我意识的超越性必须是在冲突、抵触甚至暴烈的战争中得以启蒙并发展起来的，如同赫拉克利特所言，战争是万物之父。冲突法所面对的生存实践正好就是遍布（法律）冲突的世界，（法律）冲突的历史给世人的教训不是以冲突化解冲突，而是通过冲突超越冲突，在超越冲突中走向和谐。黑格尔曾经铁血柔情地点破此种"理性的机巧"②，认为绝对精神——就战争与和平的角度看，此种绝对精神就是关于人人之间形成绝对一致的行为尺度的大全律法，其本质是一种新的万民法，一种世界公民法——的达成是以人类的类本质所担保的终极成就③。其意实指人类永久和平的生存状态之抵达必须以蒙昧时代的战争与文明时代的冲突为磨砺。冲突法以其独特的规范力量约束着冲突在可以容忍的限度得以解决，又以其独特的规范力量引导着冲突推动着自身的持续超越，在这个不懈超越的终端矗立着的正是立足于统一行动规范之上的永久和平之愿景。

---

① ［德］萨维尼：《法律冲突与法律规则的地域和时间范围》，李双元等译，法律出版社 1999 年版，第 9 页。

② "理性是有机巧的，同时也是有威力的。理性的机巧，一般讲来，表现在一种利用工具的活动里。这种理性的活动一方面让事物按照它们自己的本性，彼此互相影响，互相消弱，而它自己并不直接干预其过程，但同时却正好实现了它自己的目的。"（参见［德］黑格尔：《小逻辑》，贺麟译，商务印书馆 1997 年版，第 394 页）

③ 黑格尔如此概括人类历史与绝对精神之关系："被概念式地理解了的历史，就构成绝对精神的回忆和墓地，也构成它的王座的现实性、真理性和确定性，没有这个王座，绝对精神就会是没有生命的、孤寂的东西。"（参见［德］黑格尔：《精神现象学》下卷，贺麟、王玖兴译，商务印书馆 1997 年版，第 275 页）

第六章 >>>

冲突法方略的辩证判衡

通过冲突法之方略约束冲突,并通过冲突法的超越之途实现和平,此种和平的赢得有其有效性,但此种有效性基于冲突法方略及其应用范围的局限而具有有限性,从而使永久和平的冲突法建构只是一种有限的有效性。但是,相比于其他永久和平的建构方案多流于超验的抽象和设定而言,冲突法又因其始终立足于现实且业已现实地发挥着化冲突为和谐的务实态度而有其实践有效性,从而使永久和平的冲突法建构不只是一种奇思妙想,即便其存在着有限性,也是一种有效的有限性。更重要的是,冲突法不止步于此有限性,它要在有限的有效性基础之上突破有效的有限性,推动有限有效性的无限化,迈向无限有效性。永久和平作为无限有效性的指向,其存在的意义或价值不在于它是真理,而在于它是我们信以为真的东西即信仰;真理是冲突法的实践着的有限有效性。信仰与真理既不断裂,也不疏离:信仰引领着真理,真理向往着信仰。真理与信仰,二者分久必合。

第一节 ▌ 有限的有效性

一、适用范围的有限性

冲突法的有限性首在于适用范围的局限。首先,当代冲突法的有效应用范围主要局限于私法问题,即平等主体之间的涉外民商事关系。毋庸否认,涉外民商事关系的确是主体间关系的一个重要方面,但显然不能涵盖所有方面。和平是主体间关系的总体状态,在这种总体关系之中,涉外民商事关系并不占据主导地位,并且与其他关系如政治、经济、文化关系等方面也存在着质的差别。由于这些关系服从于不同的规律和治理规则,这就根本地局限了冲突法效能的发挥。

尽管存在着诸多不尽如人意的地方,冲突法治理涉外民商事关系的有效性也是应予肯认的,但冲突法在两个方面显示出了其在治理主体间其他关系上的无效性:一方面,基于涉外民商事领域与其他领域的异质性,冲突法治理方略在此领域的有效性也就在相对意义层面意味着在其他领域的无效性;另一方面,即便在涉外民商事领域之内,冲突法治理方略的有效性也存在周知的局限。

其次,冲突法的作用范围虽然部分地超越了私法问题,而在观念和实践之中被解放出来同时用以解决公法问题,但公私法问题仍然只是法律问题,和平状态包括但远不限于法律关系之和平调整。在观念上,一些激进的学术主张要求放宽对冲突法的私法设限,他们反对这样一种在公私法关系之上的先验隔离即认为:"冲突规则只是在私法上规定外国法的适用。刑法或公法也要考虑其在空间的适用范围,但是,这个问题与法律冲突问题显然是有区别的,尽管它们是相近的问题。"这种区别在于,"公法和刑法所组织的体系是社会本身所承担的任务(行政管理、镇压)的规则的体系。可以想象,在这些规则适用范围之内的任何行为都应该由这些规则调整,然而,社会委托其适用这些规则的权力机关却无权干涉上述规则适用范围之外的行为。与此相反,私法,既然是由社会颁布的,因而必然与社会利益有关,但是它所涉及的是一些自发建立的关系,这些关系的总体才具有一种普遍意义。……由外国法调整的这种结果是由该法律关系的私法性质所决定的"。① 与之相对,这些学术主张认为,"应当改变对国际私法只是作为涉及私的正义和私的权利的国家主权自治之表达的观念定位,而代之以对国际私法作为服务于公共宪政功能的互构性国际间接规范制度的观念定位"。② 冲突法因此在某种意义上被赋予了国际宪政法的职能,与国际公法一起维持着国际社会的和平秩序。

冲突法超越私法关系和私法问题,对公法关系与公法问题发挥规范作用,这不只是一种学术上的主张,在实践中也的确如是。唐帝国的"化外人相犯"条在功能上便主要是针对涉外公法问题的。该规范不仅是一种具体规则,更是一条用法原则;不只是一种学术主张,更是一种现实立法。冲突法超越公私分界线而表现出对公法问题的有效适用性,此种不争之事实仍然只是在法律框架之内实现了冲突法应用范围的拓展,但并足以证明冲突法的治理方略具有拓展到其他,特别是政治领域之中的普适性。反之,设想一下运用冲突法的具体规则解决国际政治问题的情形,将会直观地证伪作为一种法律解决方案的冲突法在国际政治问题上的可适用性。

二、治理思路的有限性

冲突法解题思路的独特性在于其间接性。这既是冲突法解题方案有效性之所在,也是其有限性之所在。在主体之间无法直接就行动方案达成共识的前提下,执著于共同行动规范的立场将会不可避免地让冲突陷入僵局,从而在可预见的时间范围内无法突出冲突处境。冲突法的间接性从反面出击,在冲突之外达成一种间接的行动共识即间接规范,从而基于此种共识间接地消解冲突。约言之,冲突法的方案是通过共识的策略性后移来积极地谋求直接冲突的解决。事实上,此种方略为诸多政治哲学方案所共有,例如在罗尔斯的正义方案之中,直接的冲突是通过具体化了的作为公平与平等原则之延伸的规范所

---

① [法]巴蒂福尔、拉加德:《国际私法总论》,陈洪武等译,中国对外翻译出版公司1989年版,第343页。

② Alex Mills, *The Confluence of Public and Private International Law: Justice, Pluralism and Subsidiary in the International Constitutional Ordering of Private Law*, Cambridge University Press, 2009, pp.308~309.

解决,但在形成这些具体规范的共识之前,首先要通过无知之幕等方式间接地就正义原则达成共识。

但冲突法治理方略的间接性也直接地成为其解题方案的有限性。首先,冲突法治理方略的有效性也依赖于,且预设了共识之达成,只不过此种共识不是直接的一级共识,而是间接的二级共识,但凡需要共识的地方就始终存在着共识难以成就的可能性,而且此种可能性在实践之中要远比能达成共识的情况还要多。这也就意味着,如同行为主体无法达成直接的一级共识一般,他们也完全可能无法达成间接的二级共识。这在冲突法领域之中表现为统一冲突规范的难产,各国在冲突法的立法上各自为政即是明证。二级共识无法达成,也就凸显了冲突法治理方略的有限性。

其次,冲突法治理方略的间接性只是确保了各行为主体之间的平等,被平等对待是行为主体的第一需要,但并不是全部需要,在行为主体更关心行动之结果而不仅仅是被对待的方式的情况下,唯过程而不重结果的冲突法治理方略就会丧失其有效性,展示出其功效之不足。冲突法治理方略注重的是解决问题的过程公平,但不涉及其结果。按照道义论的逻辑,过程的正义担保了结果的正义,不存在结果的不义来反向要求修正过程的正义。也就是说,只有符合此种治理过程的结果才是正义的,对该结果不存在以另外的正义标准进行矫正的情形。但是,与罗尔斯的正义原则包含了差异原则相类似,"我们无法既把正义当作首要原则,又把差异原则当作正义原则"①,行为主体对冲突法治理结果达到实质正义的要求也就为冲突法的治理方略提出了其力所不及的责任。行为主体不仅考虑过程,更注重结果的现实主义态度意味着,冲突法治理方略尽管在选法过程之中为选法结果设置了"无知之幕"以实现过程平等,但当无知之幕被揭开而显示了花落谁家的结果之后,行为主体很可能据此"反悔",从而再次回复到二级共识达成之前的冲突状态。

三、适用方式的有限性

即使在上述有限性之外的冲突法有效治理限度内,仍然可能因为冲突法适用方式之滥用而抑制乃至完全使其丧失功效。冲突法的适用方式由诸多制度构成,它们本为辅佐冲突法之合理运行而设,但其异化之后则可能操纵冲突法偏离其应然目标。究竟起来,束缚冲突法正常运行的羁绊主要有:

(一)法律适用的"乡土观念"

法院地法主义始终是笼罩在冲突法头上的可怕的梦魇,它已经成为一种世界流行病,深深植入各国司法者的思维本能之中,而且这种植入是如此的根深蒂固以至于它简直就如同地球人所必然受制的"重力"一般。虽然,以萨维尼体系为代表的冲突法及其适用制度的立意首先就在于摆脱法院地法主义的控制,但是这种摆脱在根本上就是一场司法者与自身搏斗的战争,它类似于一个人抓住自身的头皮强行将自我生生地拔起,这因此也是

---

① 〔美〕迈克尔·J.桑德尔:《自由主义与正义的局限》,万俊人等译,译林出版社 2011 年版,第201 页。

一场注定将要失败的悲剧。在很大程度上,萨维尼体系的失败并不是它自身出现了逻辑推理的问题,而是它的反法院地法的假定在终极意义上是不可能的,因此,可以说,萨维尼的失败可谓"出师未捷身先死"。

法院地法主义之不可逃避,首先在于冲突法的这一悖论,即它主要是一种国内立法却试图担纲必须具有"无立场之立场"身位的万法之法、"法中法"之角色。冲突法既然作为一种国内法,那么当国内法与外国法发生冲突时它扬言要以中立者的姿态不偏不倚地选择法律,这在逻辑上就违背了"裁判中立"的正义结构,如果将冲突规范的选法当作是对内外国法之间的冲突的"审判"的话。加之,运用和理解冲突规范的司法者总是带着不可还原、剔除不尽的民族个性和对自身法律体系的"先见之明",这就使他们在选择法律的时候先天地带着一种微妙的"内外有别"、"内国优先"的倾斜心态。不仅心态如此,而且实务操作上的不便也促使法官在法律适用上激赏法院地法带来的便利。正是基于这一点,沃尔夫或许并不赞同康德所谓的"纯洁人性"或"优美人性"的立场,他从法律适用的现实主义角度在一定程度上原谅了法院地法主义的思潮:

"立法机关和法院都喜欢适用它们本国的法律,这个事实常常妨碍了法律的协调。这个倾向在每个国家中都可以找到。如果这个倾向是以国家主义的思想为基础,要想把本国法律势力的自然范围加以不正当的扩张,从公道的观点看来,那是毫无理由的。但是,有时有其他原因存在。如果国际私法的规则准许一个正直的审判员适用他本国的法律,他将是愉快的。他本国的法律体系是他所熟悉的,他在适用这个体系的时候,一定不会忽略新颁布的法律或者法院新作出的判决。如果他必须适用外国法,那么他大半须依靠有专门学问的证人对他陈述证词,而他决不能肯定地知道究竟他们的证词是否正确。即使他懂得外国文,他也决不能断定自己对于(比如说)一个外国法典的解释正确无误,更不能说自己对重要的法律、判决和教科书全都通晓。他的职务是审判员,但是关于外国法,他并不比当地的大学一年级学生知道得更多,而且常常是更少。所以,如果法院和立法机关倾向于适用它们本国的法律,那是不能完全责备它们的。"①

冲突法的本质结构、司法实践的便利需求都推动了当代法律适用的"乡土观念",使冲突法的现代发展走上了一条与一种多愁善感的、挥之不去的"丝丝缕缕的乡愁"纠缠不清的情感化路线。更要命的是,即便在适用外国法的情况下也难免法院地法的精神宰制。

地道地适用一种纯粹的外国法基本上是不可能的,除非由该外国法官在本国法院完全依照外国的程序法和实体法进行审判,但这只是一种幻想。这也就意味着一种真正意义上的纯粹的"外国法适用"已经不再是原汁原味的外国法的适用,而成为了法院地法理解下的外国法的适用,法院地法的精神成为一种有色的附体改变了外国法的本色。这首先表现在法院地程序法对外国实体法的包裹。由于程序法总是适用法院地的法律,只有外国的实体法才具有在内国适用的可能,这就表明外国法运作的"环境"已经发生了改变,这些环境因素究竟在何种程度上对外国法的适用产生影响,这虽然没有得到学者的深入关注,但是它必然更改了对外国法的阅读和领悟,这却是一个不证自明的事实。

其次,外国实体法的应用也是在内国司法者的理解下得以进行的,面对着充满异域情

---

① [英]马丁·沃尔夫:《国际私法》上册,李浩培译,北京大学出版社2010年版,第37~38页。

调的外国法,满身心浸透着法院地法气息的内国司法者永远难以褪尽自身的"前见",从而使外国法被强行纳入内国法的"抽屉"之中得到断章取义、削足适履式的理解。"用梅尔希奥的形象化的语言来说,我们就会'把外国的法律衣料放进本国体系的抽屉里'。……协调也就意味着作用的分配和主动性的存在;而主动性属于法院地法,法院地法将外国制度'翻译'成自己的概念,它力求译得准确,但是翻译总是免不了有歪曲的危险。人们曾经从不同的方面同时达到这样的立场。"①如果考虑到伽达默尔的"不可译性"立场,那么就"或许只还有一个上帝能够拯救我们"了,或更准确地说,或许就只还有一个上帝能够真正地摆脱自身的束缚而实现法律冲突的目的了。

要最纯粹地适用外国法,就意味着必须最彻底地清除残存在司法者身上的法院地法的观念余孽。尽管这是一个一开始就注定失败的危险旅程,世人还是艰难探索着自我克制的路径。在现有的对法院地法主义控制得最彻底的方案中,最成功的还得首推"外国法院说"即上述之双重反致制度。该学说在操作上尽管还是如同"西洋女人穿旗袍"一般,但是毕竟有一点进步的地方在于,是尽量地按照西洋女人的方式来穿内国的旗袍。这就是上文所阐述的双重反致制度,它表达了对法院地法主义的进一步克制,并以此以毒攻毒的方式来实现对外国法精神原貌最本真的展示。然而,这种"外国法院"终究是一种自我意识中的"他者",只不过多了一个反思的环节。

"外国法院说"可谓是反法院地法主义的极限,除非在现实中真正地将案件移送到该外国法院,否则再不可能有更加透彻的做法。但即便如此,法院地法的色彩始终构成外国法适用无法回避的背景,职是之故,诸如艾伦茨威格等学者干脆再对法院地法来了一个否定之否定,即既然彻底摆脱法院地法之立场只不过是一场虚妄,那么还不如直接适用法院地法显得更加洒脱。因此,艾伦茨威格直接将法院地法作为法律适用过程中的一个"暧昧的幽灵"和"潜规则",把它提升到了法律适用的中心,"把他的'法院地法说'视为一个'新的冲突法总论'。他同时把各种传统国际私法学说看成是从世界上存在着普遍的立法管辖权这一虚假前提推演出来的结论,……他认为,只要适用了法院地法,就说明法院是在凭借传统冲突法中的各种制度来努力达到适用法院地法基本规则的目的"。② 这就构成当代法律适用"返家趋势"的理论支撑,这种"自私的乡土观念对在特定的重大意义上起作用的所有冲突法理论都是一种诱惑"③。

(二)选法指向的人为偏转

法院地对冲突法的根深蒂固的影响事实上不仅仅是萨维尼体系自身的成问题性,也不仅仅是任何冲突法学说体系的成问题性,在终极意义上乃是自我意识如何能够跨越自我的界限而与他者发生关系,并对他者的意识进行纯粹他者的意识的成问题性。如果说

---

① [法]巴蒂福尔、拉加德:《国际私法总论》,陈洪武等译,中国对外翻译出版公司1989年版,第405页。

② [美]艾伦茨威格:《法律冲突论》,转引自邓正来:《美国现代国际私法流派》,中国政法大学出版社2006年版,第142页。

③ Arthur T. vonc Mehren, Choice of Law and the Problem of Justice, *Law & Contemp. Probs.*, 1997, Vol.41, p.27.

永久和平的冲突法建构——冲突法的政治哲学功能导论

The Construction of Perpetual Peace through Conflict of Laws: An Introduction to the Political Philosophy Function of Conflict of Laws ▶▶▶

要解决这一难题是萨维尼体系无法承受之重,是它无法逃避的宿命,那么这一难题就必然地会对法律适用的过程产生非正常干扰并体现在制度与实践的方方面面。萨维尼体系在克服这一难题时也并非毫无亮点,至少呈现在世人眼前的、静态的制度规则贯穿了萨维尼式的优雅节制,法院地法被最大限度地放逐。但是,司法实践自有它的潜在规则,法院地法就以这样的形态阴魂不散地、无声无息地更改着冲突规范的指向,导致选法指向发生自觉或不自觉的人为偏转。此种人为偏转透过两种形态表达出来:一是利用法律适用的必要措施进行人为偏转,二是增加不必要的法律适用辅佐措施实施人为偏转。

1.利用必要措施进行人为偏转

冲突法调整涉外民事关系的标准形态,也是最简洁的公式是一个"1+1"模式,即利用法院地的冲突规范加上它所指向的外国法实现涉外民事关系的调整。这一标准形态已经包括了法律适用的全部含义,为使这一功能得到实现还存在着一些必要的辅佐措施,这就是冲突法上的识别。

识别是一个案件定性的过程,它之所以对于法律适用是必需的,是因为在利用冲突规范选择准据法时还需要首先解决一个"先决问题",这就是如何选择冲突规范,选择哪一冲突规范,识别的功能就在于此。由此看来,将识别视为"外国法适用的例外"就不是一个科学的态度,虽然识别具有产生"外国法适用的例外"的效果,但是它对于冲突规范的适用而言却是必须条件。识别使法律适用的进程发生偏转主要是通过两个环节的"解释"来完成的。第一个环节是对案件性质的定性,也就是所谓的一级识别;第二个环节是对外国法的解释,也就是所谓的二级识别。

一级识别包含着一个未经明证的"独断"前提,即未经论证就径直选取法院地法作为识别的标准。识别标准的问题在识别展开之先就已经暗示着将要发生的一切,因此识别标准之争就成为一个焦点。支持将法院地法作为识别标准的理由主要有两个方面,或者是基于司法实务的便利,或者是将识别首先"识别"为程序性的,然后按照公认的"程序性规范适用法院地法"的规则肯定法院地法作为识别标准的正当性。司法实务的便利是无法证伪的,但是司法实务本身就不是一个逻辑合理性的问题,因此似乎也就根本不存在要去证伪的问题。至于第二个理由,即将识别定性为程序问题看起来多少有些"讲道理"的姿态,而且照沃尔夫看来,这还是"正义"的题中应有之义:"正义时常要求适用外国法,借以保护根据外国法已经取得的某些权利或者其他应该受到保护的法律地位,但是正义并不要求完全按照外国法院给予保护的方法来给予这种保护。相反,不论诉讼标的适用外国法还是适用法院地法,一个国家的一些法院都遵循它们自己的一般程序规则,倒是正义的一个要件。"①然而,这个正义的要件确实需要进一步的"正义"的证据,这个证据就是,必须承认"程序性问题适用法院地法"乃是一种先验的真理,而且还必须论证识别问题就是一个程序性问题。博学而权威的沃尔夫也证明不了这个问题,还是艾伦茨威格来得诚实,他直接武断地将识别问题"视为是程序性的问题,因为程序性问题是由法院地法规定的。"②可见,他与沃尔夫一样,将程序性问题适用法院地法这一规则当作是各国通行的

---

① [英]马丁·沃尔夫:《国际私法》,李浩培译,北京大学出版社 2010 年版,第 339 页。
② 转引自邓正来:《美国现代国际私法流派》,中国政法大学出版社 2006 年版,第 142 页。

"一般法律原则"。但是,即便承认这个规则是一个先验的透明的规则,也还并没有解决识别本身的悖论问题。这个悖论的结构很清楚,即冲突规范的运用需要识别,但是如何运用识别则还需要对识别这一行为本身的性质进行"识别",那么对于这个识别的"识别"又该如何运用,也还依赖于对这个"识别"的再次"识别",……如此一来就形成一个无限的"恶循环"。所以,除非在无穷后退的"识别"循环中首先进行武断的终结,否则便无法实现法律适用的"第一推动"。而要实现这样的终结,对法律适用过程开始一个第一推动,那么就必须未经明证地确定一个识别的依据问题,法院地法正是在这样的背景下无奈地,通常也是我们未经明察地进入我们的视域,并成为宰制识别,并通过对识别的宰制来左右法律选择方向。

艾伦茨威格尖锐地进行了总结,认为识别"成为适用法院地实体法规范,反对适用外国法的一个抗衡的砝码",只是达到适用法院地法这一"公开的秘密"的"迷人的智力操练":"只有到传统国际私法种种规范本身被视为是法院地法基本规则的例外时才能结束这种没有办法的办法,也只有到那时,'识别技术才会失去其功效及其产生的威胁,也会失去其所拥有的那种'迷人的智力操练'的主要价值。"[1]荣格教授也将识别看作为是一种"规避机巧"(escape device),认为依赖它进行法律适用乃是一个"时代错误":"识别的过程神秘诡谲,其唯一诱人之处在于对变戏似的伎俩有纵容、鼓励的倾向。识别向来有'逃避工具'之称,这一称谓为美国法院的司法实践所证实。美国法院将许多问题——从损害赔偿到遗留诉讼——识别为'程序',并将侵权识别为合同,从而避免适用有害的外国法。"[2]当然,仍须强调的是,识别作为法律适用过程必需的手段,它的滥用乃是它的一种异化,依靠这种异化才使冲突法发生了"不诚实"的方向性转折,然而这种异化通常又是以"常态"的现象并按照所谓"正义"的规则发生着的,所以这种异化反倒成为了世人的"识别印象",以至于包括艾伦茨威格等人在内的冲突法学者直接将识别问题看作是扭曲法律适用的非常措施,而不是法律适用的必要措施。

除了一级识别之外,二级识别对外国法的排斥和对法院地法的青睐更是赤裸裸的。二级识别的对象直接针对将要适用的外国法本身,通过将外国法识别为公法和程序法的方式,外国法就被无情地剥夺了在法院地国适用的"准入资格"。然后,将法院地法作为"无法可依"时的兜底救济规则予以适用。照此种种曲线救国的方式,法院地法就真正地成为了冲突法上的"总论",成为法律适用场中的绝对重心和引力。

2. 利用不必要措施进行的人为偏转

与识别在法律适用过程中不可或缺的地位不同,反致、法律规避和公共秩序保留就成为标准选法过程中"多余的举措"。这些多余举措被学者正确地认为是"法院地国内法对冲突规则作用的干扰"[3],尤以反致与法律规避为典型。

---

① 转引自邓正来:《美国现代国际私法流派》,中国政法大学出版社 2006 年版,第 143 页。
② [美]荣格:《法律选择与涉外司法》,霍政欣、徐妮娜译,北京大学出版社 2007 年版,第 96 页。
③ [法]巴蒂福尔、拉加德:《国际私法总论》,陈洪武等译,中国对外翻译出版公司 1989 年版,第 477 页。

反致是法律适用过程中的"镜面效应",卡恩将它比喻为"四周全是镜子的屋子"①。从标准形态来说,法院地根据自己的冲突规范指向外国法律体系时,这一选法过程即告结束,但是反致的做法却将外国法当作了一个跳板,通过适用外国的冲突规范而不是实体规范,第三国,更为经常的情况是法院地国的法律规范就被得到再次指定。以此方式,法院地国冲突规范的指向就发生了根本性变更。由此看来,反致制度的设立对于选法过程来说是严重违背"奥卡姆剃刀"的经济规则的,它是完全不必要的制度选择。然而,对于怀揣着"复兴"法院地法主义的法官来说,反致制度就是完全必要的,它的必要性恰恰就在于它对法院地冲突规范指向的必然干涉,从而使这一指向射中法官意志所向的靶标。

反致被某些学者美化为是"一种优美的道德上的姿态",或者被说成是外国法的"自愿放弃"②。但是所有这些观点在艾伦茨威格看来都只是一种掩饰法院地法得到实现的遁词,他对此通过阐述消除反致制度存在基础的方式反证了反致制度的法院地情结。他认为:取消反致制度的唯一实际可行的方法,就是制定出在一开始就能导致适用法院实体法规范的法律选择规范;同样,通过制定选择法院地实体法规范还能够取消反致制度。"可见,根据艾伦茨威格教授的理论,反致制度与转致制度都是非必需的制度,它们的存在在很大程度上是荒诞的。"③另有学者也间接意识到,只要导致反致得以可能的冲突规范的系属部分不能实现世界性的协调,也就是说,只要萨维尼的体系学说不能得到世界性的立法接受,那么萨维尼体系所承诺的那一系列瑰丽的抱负就根本无法实现,反致制度就始终是作为一种干扰冲突法正常指向的"逃避工具"。荣格就这样指出:"显而易见,只要在连接因素上达不成普适性的协议,统一与可预见性对经典方法而言,就永远是一种奢望。……任何一种理论都无法跨越这道鸿沟;最全世界实现法制统一的期望注定无果而殇。对于冲突规则的冲突,反致可以掩饰之,但无法消除之;反致充其量是另一种逃避工具,如果灵活适用之,可以使法院应付一种原本无法运作的方法。"④所以,按照艾伦茨威格的理路进行思考,反致制度以及下述的法律规避制度完全就是一场冲突法上的"闹剧",它们就是生长在冲突规范上的"寄生"制度,一切问题因适用法院地法之外的外国法而生,一切问题也应当因重新回归法院地法而灭。更简单的概括就是,只要冲突规范指向了非法院地法,反致制度就有义务和责任去修正这一指向。

法律规避与反致制度并不完全相同,因为反致制度对冲突规范指向的修正主要是导致了一种光学般的"反射现象",即法院地国冲突规范指向了外国法,外国冲突规范又指向了法院地法;而法律规避则主要是产生一种"折射现象",即冲突规范的指向在"本然"与"实然"之间发生了偏转,当事人通过自己的行为在冲突规范的本然指向中途就将之转移到了第三国的法。法律规避之所以可能的基础在于,各国之间实体性法律的差异之存在,

---

① [法]巴蒂福尔、拉加德:《国际私法总论》,陈洪武等译,中国对外翻译出版公司1989年版,第417页。拉贝尔则比喻为"四壁镶镜的逻辑橱柜"。转引自[美]荣格:《法律选择与涉外司法》,霍政欣、徐妮娜译,北京大学出版社2007年版,第101页。
② 转引自[英]马丁·沃尔夫:《国际私法》,李浩培译,北京大学出版社2010年版,第291~292页。
③ 邓正来:《美国现代国际私法流派》,中国政法大学出版社2006年版,第146页。
④ [美]荣格:《法律选择与涉外司法》,霍政欣、徐妮娜译,北京大学出版社2007年版,第102页。

以及当事人妙用冲突规范连接点事实因素的综合效果,它实在算得上是"智者的舞蹈"。依据"欺诈毁灭一切"这一"古老而含糊的格言","任何用造成涉外接触点的方法来'诈欺地'排除一个法律规则的适用",这已经成为支持对法律规避进行制裁的主要理由。对欺诈行为进行惩罚,或许这是任何国家都赞同的立场,但关键的问题是,我们应当如何真诚地判断,一个涉外行为就是法律规避行为。这尤其涉及一个对他人的主观意图进行涉入的难题,"在个人主义的影响下,学者们认为对意图的探索是对人的内心意识的侵入。象康德在托马斯之后所教导的那样,法律只涉及外部行为,而人的意图属于道德范畴;关于意图是不能得到可靠的结论的,这样就会使法官做出不可接受的专断结论"。① 对他人主观意志的判断在很大程度上是一个解释问题,解释的张力和可能导致的缺乏原则性的纵容,恰是使法律规避沦落为贯彻法官选法意志而偏离冲突规范诚实指向的根源。②

这里存在一个微妙的双重法律规避之间的制衡结构,一方面是当事人通过改变或者制造连接点事实因素的方式进行的法律规避,使本然该当指向的法律发生了事实层面的偏转;另一方面是法官通过"欺诈强加"的方式来解释当事人的行为具有法律规避之意图,从而使并非法律规避的正当行为被不诚实地更改成为一个法律规避,以此方式,法官就实现了规避冲突规范本然指向的外国法之目的,通过法官的"法律规避"完成了冲突规范指向的修改。于是乎,法官凭借解释就使法律规避真正成为了一种"运用之妙、存乎一心"的逃法举措。法国法院通过举世闻名的"鲍福莱蒙案"和"佛莱案"确证了法律规避制度的"反外国法"性:在前一个案件中,法国法院判决规避法院地法是无效的;但在后一个案件中,法国法院却判决规避外国法是有效的。也就是说,法律规避是否成立,不在于它的行为本身,而在于它导致的法律选择结果;法律规避不是一个"行为犯"的问题,而是一个"结果犯"的问题。毋怪乎,艾伦茨威格透过法律规避看到的是彻头彻尾的法院地法的"狰狞"面目。

(三)法律适用的例外规则

冲突法的治理方略之有限性还在于它自身就包含着一些允许偏离选法指向的例外规则。更为关键的是,这些例外规则名为例外,实则上升成为真正的一般原则,从而瓦解了冲突法达成行动共识的有限有效性。

萨维尼早就注意到,各国法律体系的差异处总是有着不能协调的"死角"③,这些死角的存在如同刺猬的尖针,远远地欣赏或许还能保持宽容,但是随着距离的拉近,尤其是因为冲突规范的"吸纳"而使两个国家的法律个性之接触如同相互靠近的刺猬时,这些抖擞起来的尖针就足以造成彼此的"伤害"。因此,如同其先辈巴托鲁斯一般,萨维尼也还是接受了排除外国法适用的必要,但是这种排除应当是限制并定位在"例外规则"的地步上的,

---

① [法]巴蒂福尔、拉加德:《国际私法总论》,陈洪武等译,中国对外翻译出版公司1989年版,第512页。

② 在这一意义上,禁止当事人的法律规避很可能只是实现法官的法律规避之障眼法(参见张春良:《国际私法中反法律规避制度的功能评析》,载《法制与社会发展》2010年第6期)。

③ 沈涓:《冲突法及其价值导向》,中国政法大学出版社2002年版,第188页。

永久和平的冲突法建构——冲突法的政治哲学功能导论

The Construction of Perpetual Peace through Conflict of Laws: An Introduction to the Political Philosophy Function of Conflict of Laws ▶▶▶

并且为了避免它的"反常"效应,萨维尼还再次善意地为它加上了一个"诅咒",希望借此能够避免"例外规则"对"一般规则"的僭越与篡位。这个"诅咒"是:这些例外规则"都避开了我们所指出的对于解决冲突的所有国家的共同法。在这一点上,它们是完全相同的。我们希望随着各国法律的发展,这种例外情况能逐渐减少。"①然而,世界各国自我意识的苏醒及其个性棱角的张扬在相应程度上转化为法律适用中对法院地法的不当维护,在这一过程中,"例外规则"成为了实现这一目的的爪牙。

从现代的观点来看,萨维尼体系中的两个例外规则还不仅仅就是公共秩序保留的问题,被真正称作当代意义上的公共秩序保留的思想还只是萨维尼的两个例外规则之一部分。萨维尼的两个例外规则,一个是强行法,另一个是内国没有认识到的法律制度。其中,关于强行法的部分才是有关公共秩序保留的内容,萨维尼认为它们"具有超出我们所理解的纯粹法律范围之外的抽象的目标,即它的实施不仅仅是为了保护所有者的利益,它还具有自己的道德基础。……这样的法律也可能与政治、治安和政治的经济有关,从而建立在公共利益的理由之上。"②但即便就是其中的这一个例外规则也在"消化"或"腐蚀"着萨维尼的帝国基础,它"暴露了多边主义的另一个结构性缺陷","经典方法一方面声称严格遵循固定规则,另一方面却创制出这个适用范围无法定义的例外来损害固定规则的根基。公共政策可以被泛用,外国法律规则只要与法院地法有所不同,即可被拒绝适用。如此,'例外'便吞噬规则。公共政策的范围也可以被限制在仅为实现判决一致的范围内,但仅以出现意外的结果为代价"。③ 如此一来,就根本反转了公共秩序保留制度在萨维尼体系和以之为摹本的当代主要国家的冲突法体系中的地位,萨维尼承诺的抱负也就相应地从"宗旨"沦落到"意外"的境地,怪不得罗伦岑就此指出:"公共政策理论……应当业已成为一种警告,告诫以其为例外的规则据以建立的推理存在严重问题。"④

这是一种莫大的反讽,也是对萨维尼体系的根本倒置,然而这却不是萨维尼闭上眼睛就能否定的铁的现实。这一现实无情地鞭笞着萨维尼渴望一统的高贵心灵,却反证了被认为只是"浮夸华丽的言论"的孟西尼理论,后者强力主张公共秩序保留永远是构成法律适用体系的三大原则之一。沃尔夫为此特指出:"意大利学派对于英格兰法和美国法毫无影响。这并不奇怪,它的浮夸华丽的言论——在'国籍、主权、自由'这些高唱入云的名词中显而易见——是很难感动冷静而头脑清醒的思想家的。"⑤孟西尼虽然感动不了冷静而

---

① 〔德〕萨维尼:《法律冲突与法律规则的地域和时间范围》,李双元等译,法律出版社 1999 年版,第 20 页。

② 〔德〕萨维尼:《法律冲突与法律规则的地域和时间范围》,李双元等译,法律出版社 1999 年版,第 19 页。

③ 荣格还指出:多边规则与公共秩序保留之间"何者将会制胜,显然无法预先确定。这又一次印证,经典方法论无法实现其承诺。……然而,在特定情形中,要预言哪一方会取得胜利,需要的是占卜士,而非法学家。"(参见〔美〕荣格:《法律选择与涉外司法》,霍政欣、徐妮娜译,北京大学出版社 2007 年版,第 103~104 页)

④ 转引自〔美〕荣格:《法律选择与涉外司法》,霍政欣、徐妮娜译,北京大学出版社 2007 年版,第 104 页。

⑤ 〔英〕马丁·沃尔夫:《国际私法》上册,李浩培译,北京大学出版社 2010 年版,第 63 页。

清醒的思想家,但是却能感动现实;而萨维尼虽然"他的冷静的分析,他在每一个见解中所表现出的务实的智慧,他毫无空论,他的平稳而流畅的论辩——所有这一切不能不使英格兰的法律家和法院感动。"①但他就是感动不了现实。

不仅如此,多多少少与萨维尼的"强行法"概念有着丝丝缕缕牵挂的当代"直接适用法"的规则和思潮也在盘剥着萨维尼的地基。荣格对这一规则产生的效应所作的评价相当典型地代表着萨维尼帝国的日暮气息。他说:"现代福利国家的出现击碎了萨维尼的期望。……即便是最坚定的传统主义学者也承认,冲突法永远实现不了代代追求的统一梦想。……经典冲突法理论一直缺乏令人满意的标准,这就使之在面对单边主义持续不断的侵城掠地时,显得软弱无力。……可能反映出一种现实,即多边主义关于法律选择应排除一切价值导向的假想已渐失吸引力。"②

第二节　有效的有限性

冲突法方略的功效存在诸多有限性,这决定性地源于它出于有限者之手,并针对有限性的实践。但这种有限性是相对于无限有效性而言的,对于人世间的实践而言真理不是无限有效性而是有限有效性。或换言之,人与人之间、国与国之间所追求的不是纯粹的绝对之真,而是彼此之间所承认、接受和认可的主体间的有效性。冲突法方略在实现这一追求方面的有限性因此也就转变成为了有效的有限性。世人通过冲突法方略所到手的东西不只是共识,还有立足于共识之上的共同行动。共识只是共同行动的一个可能前提,在人类实践之中还可能存在立足于非共识基础之上的共同行动。国家间的法律冲突导致共识的不可能,但冲突法的方略在非共识的基础之上却现实地引导各国走向共同行动。冲突法方略的有效性渐次表现为如下三方面:首先通过自我规训造就主观美德;其次通过逆向思维最大限度地促进二级共识及以之为据的共同行动的成就;最后通过某些约束实践的、具有操作性的客观规范实证地支持了冲突法方略建构和平的力量。

一、自我规训

和平必须建立在自律的基础之上,自律就是主体对自我的规训和节制。自律可以体现为两层次:第一层次是在行动主体之间缺乏行为规范的前提下保持克己复礼之风度;第二层次则是在存在行为规范的前提下严格依照该行为规范行事。自律程度的高低直接决定着和平的实现程度及其稳定水平,在这一原点上不存在公、私法关系,法律关系与非法律关系的区分。尽管冲突法方略适用范围存在有限性,从而限制了它在超越法律关系之外的其他领域建构和平的有效性,但冲突法方略在抽象的一般层面对行为主体发挥着反

---

①　[英]马丁·沃尔夫:《国际私法》上册,李浩培译,北京大学出版社 2010 年版,第 60 页。
②　[美]荣格:《法律选择与涉外司法》,霍政欣、徐妮娜译,北京大学出版社 2007 年版,第 106～107 页。

永久和平的冲突法建构——冲突法的政治哲学功能导论

The Construction of Perpetual Peace through Conflict of Laws: An Introduction to the Political Philosophy Function of Conflict of Laws ▶▶▶

思与规训的作用,辅助行为主体逐步提升自律能力,在此意义上冲突法方略就超越了其有限性,通过直接作用于永久和平得以建构的基点而展示出了其指向无限有效性的可能。

与一般法律规范对行为主体的自我规训不同,冲突法对行为主体的自我规训是双层次的。一般法律规范的作用起点是在既存的行动规范之上对行为主体发挥其约束效果,它对主体自律能力的建构是第二层次的,而且此种自律能力的培养也只是低效的,因为这些法律规范的施行还依赖大量的外在力量作担保。不仅如此,在缺乏既有规范的前提下,它还失去了培养主体自律性的能力。冲突法对主体的自我规训首先和首要地体现在第一层次即克己复礼的层面,因为冲突法所直面的问题处境乃是欠缺共同行动准则的失范的准自然状态。在这种准自然状态之中,各行为主体基于各自的情欲有着充分的行为恣意,表现出各自最丑陋的方面,这些恣意行为发展出冲突与战争。然而,也只有在恣意的自然状态之中才可能真正内在地建立起自律能力,和谐与和平才能得到担保。冲突法的生成与发展过程完全可以还原成为自律能力的建构与提升的历史进程。

首先,冲突法在准自然状态的现实世界中的诞生,就是自律能力得以生成的标志,缺乏行为主体的自律,冲突法就不可能出现并发挥其作用。冲突法的问题本质可还原为内外国法律空间效力的冲突,在缺乏自律的时代,外国法的域内、外效力被无条件地否定,内国法的域内、外效力被无条件肯定,冲突法问题不发生,冲突法也就无存在的基础。在内国开始自我抑制,渐次承认外国法的域内、外效力之后,针对内外国法的空间效力之冲突问题才锤炼出了冲突法的治理方案。对于冲突法的诞生,它本身就是自我从律他向自律发生转折的标志,也是自我能够自发地进行自我否定的奇迹。

对于冲突法得以诞生的根据,有观点不从自律的角度来看待,而认为这是得益于国家间的"合作互利"。合作互利说以利益为导向,其实现路径虽然可归于自律,但它的根本发力点则是自利。着眼于当下之利益可谓聪明,用意于长远之利益则可谓智慧。在合作互利说看来,冲突法方案就是此种用意于长远之利益而对当下之利益进行自我克制的智慧策略。即便自利只是作为一种手段为冲突法的生成与生效创造了空间,但这里面闪耀着黑格尔的辩证法精神,即"理性是有机巧的,同时也是有威力的。理性的机巧,一般讲来,表现在一种利用工具的活动里。这种理性的活动一方面让事物按照它们自己的本性,彼此互相影响,互相消弱,而它自己并不直接干预其过程,但同时却正好实现了它自己的目的。在这种意义下,天意对于世界和世界过程可以说是具有绝对的机巧。上帝放任人们纵其特殊情欲,谋其个别利益,但所达到的结果,不是完成他们的意图,而是完成他的目的。"①易言之,行为主体为着自身之利益而克制本国法律适用的情欲,看似他们追求着自身的利益,但在对自身利益的追求过程之中却辩证地以行为主体所不觉察的方式体现出了克己复礼之仁性,在法律冲突的自然状态之中生生开辟出自律的因而是利他的道路,永久和平只是这条道路无限延伸之逻辑结果。

其次,在冲突法的作用过程之中,也显示出了自律能力的逐步强化。从判决一致的冲突法目标之实现来看,冲突法为精确致达这一目标次第发展出了反致、双重反致及先决问题等法律适用制度。反致与双重反致是内国通过持续深入地自我抑制而就本诉中的问题

---

① 〔德〕黑格尔:《小逻辑》,贺麟译,商务印书馆 1997 年版,第 394~395 页。

寻求共同行动准则的结果。由于各国冲突法的冲突,导致冲突法得以发展起来的判决一致之目标被摧毁,法律适用之结论再次出现因地而异的紊乱现象。为有针对性地解决这个问题,内国通过反致制度的创设和引入在新的层次上再次促成了判决之一致;在反致继之发生背反的情形下,内国再次通过双重反致在更新的层次上又一次地确保判决之一致。这一进程既然是自我意识持续的自我否定、内向超越的过程,也就是自律能力不断强化和提升的过程。

如果说反致、双重反致只是实现本诉问题的判决一致,因此可以名之为一阶的判决一致,那么先决问题在冲突法中被发掘出来并为其存在之目的而适用法律,则是为了追求作为本诉问题的逻辑前提的先决问题得到一致的判决,此即为二阶的判决一致。从一阶判决一致走向二阶判决一致,既是在处理本诉问题上的逻辑深化,也是冲突法的自律能力得以强化的又一次明证。

需要指出的是,冲突法的形成与发展昭示着的是自律能力的生成与强化,但这一过程充满着曲折与反复。自律能力作为一种次生的反抑能力,它有悖于行为主体的放任本能,因此在冲突法的运行过程之中就始终潜伏着行为主体放任回转的危险与可能。作为此种放任本性的显性流露在冲突法的进程之中最重要的表达即是离弃冲突法的革命,而对法院地法的明确回归。但历史在经历这次革命的反复之后业已开始显示出对规则的重新皈依,因此,冲突法革命最终所强化的不是作为放任本性之表达的法院地法,而是革命所直接针对的作为自律能力之表征的冲突法。另一方面,作为放任本性的隐性流露则是各种假托冲突法之名而行法院地法之实的各种技法,艾伦茨威格就认为冲突法中各种导致法院地法得以适用的规则都是虚假规则,"这些虚假规则都是法院借助传统冲突法体系来实现适用法院地法的举措"。① 在这些虚假规则之上,艾伦茨威格的简单思维只看出了冲突法的"虚伪",从而根本没有意识到这种"虚伪"的积极效应。更有意义的问题是,为什么现代国家没有无条件地重返法院地法,而一定要在法院地法得以适用的结果之上饰以"冲突法"之名?原因很简单,冲突法被用作为正当化法院地法的证据。这就从反面提示了,冲突法之途在各国看来是正义之途,某些国家为不当之目的而借用冲突法之权杖只是一种遮羞的手法。一个知遮羞之人也就是一个明羞耻之人,而"羞恶之心,义之端也"。情欲为利己之目的完全可能偏离正义之途,但这种偏离只是一种阴影下的伎俩,对该正义之途的回归才是正道。因之,冲突法上诸多"虚假规则"之存在并不是抛弃冲突法的理由,相反,应予批判和割舍的是致使这些规则"虚假"的放任本性。苏格拉底早就说过,知识就是美德。知善而不行善,并不是善之无能,而只是知之欠缺;在真正地知善之后,就会导致无条件地行善。作为自律之表达的冲突法之途之所以常为行为主体之放任情欲所偏离,不在于冲突法之虚假或伪善,而在于行为主体的蒙昧不察。经由行为主体持续的修身养性不断提升自律能力,自觉回归冲突法之途才是真正的善道。这一善道也就是通往和平之道。

要言之,尽管冲突法适用之中存在种种具体局限,但冲突法在终极层面通过对自我放任本性之规训就能超越这些具体有限性,而直接致达天下太平之目的。也就是说,作为直

---

① 转引自[德]格哈德·克格尔:《冲突法的危机》,萧凯、邹国勇译,武汉大学出版社 2008 年版,第 133 页。

永久和平的冲突法建构——冲突法的政治哲学功能导论

The Construction of Perpetual Peace through Conflict of Laws: An Introduction to the Political Philosophy Function of Conflict of Laws ▶▶▶

接、具体的技术规则,冲突法只是一个法律部门,在建构永久和平时只具有非常有限的有效性;但作为间接、抽象的自我规训,冲突法就是一种自律动机,在建构永久和平时就从作为有限的法律部门之地位摆脱出来而上升成为永久和平得以可能的条件。这种自律动机比康德的道德律令还要原始,它是成就道德律令并激活道德律令的原动力,依照康德看来,凭借这种道德律令"展示了一种不依赖于动物性,甚至不依赖于整个感性世界的生活",它所指向的合目的性的使命"不受此生的条件和界限的局限,而是进向无限的。"①

二、逆向思维

冲突法治理方略的有效性还在于它独特的逆向思维。在直接谋求问题之解决难以成行的前提下,通过逆向思考可以防止分歧的恶性发展,在此基础之上积极谋求次级的或间接的行动共识。这种以退为进的迂回智慧正是冲突法所操持的治理方略。

对冲突法的功效有两种理解:一种是直接的、具体的、直观的、形而下的理解,认为冲突法只能够解决法律关系产生的问题,而不能解决政治问题,例如南海争端、利比亚、叙利亚问题、朝韩争端的解决,如果通过冲突法的本座、法则性质、政府利益来解决,这是不可能的;如果强行按照这种方式进行解决,得出的结果也是荒谬而为冲突双方难以接受的。另一种是间接的、抽象的、反思的、形而上的理解,即将冲突法理解为间接思维的一种表达方式,它在难以直接解决的问题上通过迂回的方式寻求边缘合意,再谋取更积极的核心合意,即便在核心合意难以有所进展的情况下,至少在边缘处维持住冲突,不求有功,但求无过,让冲突双方即便不是向着共同的方向前进,但至少要防止双方背道而驰。不求最好,但求排除最差。将冲突法的解题思路形而上地理解为逆向的或间接的思维,它的有效性及其他表达变式也就可以理解了。

冲突法的逆向思维主要表现为两个层面:第一层面是冲突法的选择方略;第二层面是冲突法的无知之幕。就冲突法的选择方略而言,它不奢求一步到位地确定为冲突各方所接受的直接行动方案,这在准自然状态之下是很难成功的。相反,冲突法的思路是搁置争议,在争议背后退求各国的共识点,通过降低共识水准来促成最低限度的共识之达成。共识依照其程度和内容可形成一个序列,为冲突各方所共同接受的统一行动准则无疑是最完善的共识,其成果在冲突法领域之表现即为统一实体规范或国际实体公约。在当最完善的共识无法达成之时,寻求局部实体共识则是次之的方案。在根本缺乏实体共识的情形之下,与其毫无共识准则,不如在实体准则之外谋求一种解决问题的过程或方式之共识,此种共识虽然不能形成各方所满意的方案,但相比于无共识而言则无疑是一种值得肯定的进步。冲突法作为一种解纷方略就是在实体共识之外所形成的过程或方式之共识。它通过选择行动准则的方式为冲突各方颁定行动准则,不直接评价各候选准则之优劣高下,而依各方所达成的过程共识确保所选择之行动准则成为各方解决冲突之共识,最终消融了冲突各方无共识之僵局。毫无疑问,如果冲突法不是从冲突各方的反面进行思考,通过选择因而间接的方式谋求突破,而是执著于在各方冲突之间强求一种完善的实体性共

---

① [德]康德:《实践理性批判》,邓晓芒等译,人民出版社 2003 年版,第 221 页。

识,那么冲突很可能无从化解。

冲突法的逆向思维之第二层面即是它作为一种间接调整方法所产生的无知之幕的功效。与罗尔斯的无知之幕相同,罗尔斯设定"无知"之前提是为得出"无人不知"的统一准则,即两条正义原则,冲突法设定"无法"之前提也是为了能够确保"无所不法"这种开放性,从而确定为各国无所不法之"法"。实体准则之上承载着各冲突方的价值立场、政策利益等内容,因此在实体准则发生冲突的层面是一种狭路相逢的格斗局面,任何一方的礼让放弃就意味着对立法的违背,从而很难为冲突各方所采取;反之,在此种冲突情境下,冲突各方将会坚定地维持各自实体准则所宣示的价值立场,否定他者。冲突法的逆向性就表现在它颠倒了此种思维进路,它不是在实体准则层面思考和解决冲突,而是首先退隐在实体准则之后,此种退隐产生了两方面的积极效应:

一是从实体准则的立场后退形成了巨大的包容空间,避开了在内外格局之中看待相互冲突的实体准则的角度,从而可能以第三者的立场而非第一、二者的立场来理解冲突的问题。第三者的立场将会对相互冲突的实体准则持等而观之的态度,在均承认其有效的基础之上寻求冲突的解决。冲突法的退隐不仅实现了从直接冲突的各方之隐退,从而能够包容直接冲突方;而且也实现了从所有可能产生冲突的各方之隐退,从而能够包容所有各方。这种隐退就是一种逆向思维,恰如萨维尼所言:"法律规则的功用在于支配法律关系。……实在法的这种多样性决定了有必要严格划分它的支配范围,以确定不同实在法各自的界限。惟有通过这种划分才有可能确定产生于有关特定案件裁决的不同实在法体系冲突之中的所有问题。为了解决上述问题,也可运用相反的思维程式。当一项法律关系提交裁决时,我们就寻找支配它的法律规则,并依据该法律规则对它加以判断,由于必须在归属于不同实在法体系的多种规则之间加以选择,我们又回复到对实在法各自支配范围的划分,以及由于这种划分造成的冲突。这两种思维程式的不同之处在于它们的出发点不同。问题本身是一致的,在两种情况下解决问题的方式也必定是一致的。"①简单地说,巴托鲁斯的法则区别说就是在法律规则的直接冲突之中解决问题,而萨维尼的法律关系本座说则通过回避内外国法律规则的直接冲突,转而以中立的法律关系角度出发探讨冲突的解决。

冲突法的隐退造就了"无法而无所不法"的魔幻效果,这可从哲人对"无意而无所不意"所作的精妙阐述之中得以瞻仰:无意的意思是"不持有任何观念,不为任何观念所局囿。……提出一个观念,等于从一开始就丧失了你原曾想阐述的东西,不管你在这样做的时候是多么谨慎,多么有条理。你注定了只能有一种特别的视角,不管你做出多大的努力想重新征服整体。从今往后,你再也摆脱不了这个偏见,你会永远遭受最初的观念产生的偏见的影响。你还会不断地回到这个观念上来,想抹掉它;为了抹掉它,你会不断地以其他的方式把思想的整个领域揉皱。但是,你将永远地丧失思想的平平整整、无褶无皱"②。冲突法的退隐以"无执固无失"的辩证法回避掉了对任何实体准则之偏执,在各实体准则

---

① [德]萨维尼:《法律冲突与法律规则的地域和时间范围》,李双元等译,法律出版社1999年版,第1~2页。
② [法]弗朗索瓦·于连:《圣人无意》,闫素伟译,商务印书馆2006年版,第8~9页。

之间保持一种不偏不倚的立场。这种巨大的包容空间既无所亏欠地完整囊括了各冲突的实体准则，又能确保对它们提供平等的关注，这就为冲突法的治理方略奠定了民主与公平的地基，提升了达成共识的可能性和处理方案的可接受度。

二是从实体准则的立场后退为在实体之外的异度空间达成共识赢得了新的可能。由于实体准则之间的冲突已经逻辑在先地排除了任何通往共识得以达成的可能空间，因此只有在实体准则之外才有重新达成共识的可能。在实体准则之外可以理解为两个意思：一方面，在实体准则之上由冲突各方达成实体性的共识，形成所谓的公约，但此种共识的达成是非常有限的；另一方面，则是在实体准则之后由冲突各方不是就实体内容，而是就解题方式达成共识，冲突法就生成于此一不同于实体准则向度的异度空间之中。冲突法的生成及其作用机理可以化约为：如果不能就实体准则达成一致，那么可就确定实体准则的方式达成一致。冲突法作为一种被达成的共识，它不是实体准则，而是实体准则的"寻法"之法。在这一意义上，冲突法分享着罗尔斯的无知之幕的精神。同样地，罗尔斯的无知之幕也并不是所要寻找的正义原则，而只是发现正义原则的方法，世人在无法就正义原则直接达成共识的前提下可以先退而求其次地就正义原则得以产生的方式即无知之幕达成共识，继而对无知之幕所助产的正义原则达成共识。此一过程与冲突法的作用原理是一致的：在当冲突各方无法就冲突问题达成行动共识之时，首先就助产行动共识的方式即冲突法的选法方略达成一致，然后接受通过冲突法的选择方略所确定的行动准则。先从结论共识前移到过程共识，再从过程共识抵达结论共识，作为此一迂回策略的核心中介和制度表达即是冲突法的治理方略，它是逆向思维的典型运用。

三、实践生发

冲突法治理方略的有效性还决定性地得益于其立足实践，于实践中生发的先天品质。和平问题是人生问题，人生问题终究归根于生活世界之实践，因此，一种有效的和平实现方案必须具有实践的可操作性而不应是浮于实践之上的纯粹逻辑之玄思妙想。逻辑有效的方案通常是最完善的方案，但其指引意义大于实践意义。冲突法的选择方略尽管不是最优方略，但在无更优方略的情境下它就成为逻辑上次优、实践中最优的方略。它作为没有办法的办法，在没有更好办法的情况下就是最好的办法。这里对峙着的仍然是逻辑与实践之背反与紧张关系：逻辑上最优的可能并不具有实践性；实践最优的也通常是逻辑上次优的。但问题恰在于，我们真正所需要的不是逻辑最优，而是实践有效。在排除掉逻辑最优的幻觉之后，实践有效性才是最优解决方案的评判标准。冲突法方略无疑是具有实践有效性的方案，在当代世界及至可预见的将来，冲突法方略如果不是世界上唯一的，也必然是主要的解决涉外法律冲突的方略。就其服务于永久和平之目的而言，冲突法方略要比其他政治哲学方案更具实践优势。

首先，冲突法方案已经是规范实践的现实方案，而不只是一种理论想象。如果从"化外人相犯"条款的生效实施即公元7世纪开始计算，冲突法方案已经持续作用于中外人类实践长达14世纪之久。即便是从欧洲最早在国内立法中出现冲突规则的《巴伐利亚法典》和《普鲁士法典》生效实施即公元18世纪开始计算，冲突法规范实践的生命力也历经了 3 个世纪的磨砺而在现时代仍然稳健发展。其他的政治哲学方案则多流于一种基于理想预设而展开的逻辑方案,例如霍布斯的"社会契约论"只是立足于一种纯粹想象的自然社会,根据人人寻求自保之预设而拟制出来的假说;罗尔斯的"无知之幕"和"无知之人"与其说是一种客观事实,不如说是一种反思推定,只是为了得出罗尔斯所认定的正义原则而倒果为因地反思推论出来的逻辑前提和操作程式;康德为永久和平所提出的民族国家的国际会盟看起来是自足地支持了永久和平的建构,但问题恰在于,永久和平得以立足的国际会盟如何可能? 相比于这些政治哲学方案的"高远"立意,冲突法方案则是立足当下,面向实践。冲突法通过务实地逐案解决冲突问题来消解冲突各方的现实纷争,尽管在解决这些纷争过程之中时常招致来自各方的不满,但它在有瑕疵地解决问题的同时毕竟还是维持住了大体上的和平。相反,这些冲突如果按照社会契约论、无知之人的无知之幕或者国际会盟的设想是不会得到现实的回应的。

其次,在技术操作方案上,冲突法也有自己的无知之幕,但它要更胜罗尔斯的无知之幕一筹,原因就在于冲突法的无知之幕是经验的,罗尔斯的无知之幕则是超验的。经验的方案具有经验有效性;超验的方案则不具有经验有效性。具体而言,冲突法所设定的"无知"是选择主体对选择对象的无知,而非罗尔斯的选择主体的无知。罗尔斯将无知之幕前置在选择之前,是对选择主体"行为能力"的一种限制,这种限制将选择主体淡化为非常的超验之人。冲突法则将无知之幕后移,放宽而不是去干涉和限制选择主体的经验性条件,使选择主体成为正常的经验之人,然后将无知之幕后置到选择对象之上,确保所选择的行为准则能为各现实之人所接受,提高了方案的可接受性和现实性。也就是说,在承认并尊重既有经验现实的基础之上,要在乱世之中建构和平,根本的思路不是完全让实践去迎合理论的需要,并根据纯粹理论之预设修正实践;反之,实践有效的思路应当是让理论立足实践,对实践施加规范性范导,引导实践逐步走向有序状态。冲突法的无知之幕遮蔽的只是选择对象,但并不限制选择主体,这种作用基础不再是罗尔斯式的反思设定,相反,它就是活生生的事实。

不仅如此,尽管都有无知之幕,但冲突法的无知之幕不是在理想环境之中运行,而是在现实世界之中生效。冲突法的"××关系适用××法"之结构在经验上是可以而且也的确在立法中是如此制定和发挥作用的,"××法"的无化使具体的行动准则被掩去,行动主体对于最终作为准据法的实体规则处于一种现实的"无知"状态。这种现实的无知就是在选择对象上的不知,但在选择过程之中各行为主体对于自身的经验条件是既知的,此种既知状态极大地降低了选择主体反对或拒绝接受通过无知之幕而选择出来的结果之风险。相反,罗尔斯的无知之幕只是一种理论游戏,他事先假定行为主体对自身之经验条件一无所知,然而在实践之中各行为主体不可能不知晓自身的经验条件,这种假设使有知之人很难对无知之人所选择出来的所谓正义的结果保持高度的认同。由此观之,冲突法方案的无知之幕在选择主体及选择方案的实施之上由于严格地立足于实践,诚实地直面他们身上所束缚的经验条件,置身于生活世界之中而非游离于生活世界之外来设计解题方案,因而更合乎现实从而更具有实践生命力。

再次,冲突法不回避实践的不确定性和残缺性,相反是以实践为磨砺来逐步提升并巩固对实践的规范力量。大多数政治哲学方案为了满足理论推演之需要而抛弃实践,在实

永久和平的冲突法建构——冲突法的政治哲学功能导论

The Construction of Perpetual Peace through Conflict of Laws: An Introduction to the Political Philosophy Function of Conflict of Laws ▶▶▶

践之上或之外为其理论方案预设一些稳定的、完善的前提。这本来无可厚非,因为实践本身充满了太多的变数、偶然和意外,这些不稳定因素由于是不可预计因而是不可能进行理论推演的。换言之,如果要进行符合逻辑的理论推演,其产生和运行就必须具有稳定的规律;如果缺乏此种稳定性,则一切推演都是不可能的。出于理论推演之必要考虑,对行为主体进行理性预设因此就成为不可避免的绝对起点;霍布斯的狼人之所以最终成为了社会契约之人,在于其理性;柏拉图的理想国之所以能够井然有序,在于哲学王及其率领之下的城邦公民之理性;康德的道德律令如何可能,则更是在于理性;罗尔斯的正义原则之所以能够被选择出来,也在于无知之人的理性。理性是压倒一切的,因为我们无法言说不理性。不理性意味着反复无常,要言说、思考、推论"无常"之"常",这显然只会是一种无常之举。实践本身的确伴有大量的无常性,行为主体在进行决策和选择之时也并不总是依理性行事,在很多情况之下反倒是依一己之情欲而意气行事。这就意味着,一种具有实践生命力的和平治理方案应当具有足够的直面并吸纳实践之反复无常性的适应能力,并在这些无常因素的干扰之下仍然能够大体维持和平状态。这种要求证伪了一些政治哲学方案:如果霍布斯的狼人只是有限理性之人,他如何能够始终将自己置于社会契约之庞大责任链条之中? 如果柏拉图的哲学王只是充满情欲因而不会是始终按理性行事之人,这如何保证城邦能够理想运行? 如果康德的行为主体并不都是如同康德那般具有纯粹的理性,相反倒是为着感性之外在诱惑而追名逐利之人,则道德律令又会位居何处? 如果罗尔斯的选择主体之理性深受本人身位之特殊局限,又如何能够担保其正义选择能够达成共识? 这些问题在这些政治哲学方案之中不是问题,因为它们已经在预设之中被达成,但它们在预设之中被达成并不等于在现实之中也被达成。事与愿违,这些被预设所否定的消极经验才是真正现实的条件,冲突法的治理方案不仅不排除这些经验条件,相反,其治理方案的有效性及其强度正好就依赖于这些经验条件。

冲突法方案并不要求其规范之主体应是理性之主体,它允许其规范的行为主体掺有各种利益、价值的复杂考虑,在此经验基础之上迫使冲突各方为得一共同行动而不得不接受冲突法的治理方略,甚至对于冲突法的治理方略还容许各行为主体进行背反或离弃。但这些并不减损冲突法的有效性,背反或离弃冲突法之后的无秩序将会给这些经验的行为主体造成沉重的代价以作为经验教训,正如康德所指出的那般:"任何人在国家灾难这个问题上想要否定人类的健康及其朝着改善的前进,我都不会责怪他。不过我却信赖休谟开出的那份可以起迅速治疗作用的英雄处方,他说:'当我看到目前各个国家互相进行作战时,我就仿佛是看见了两个醉汉在一家瓷器店里用棍棒互相殴打。因为他们必须慢慢地治疗他们相互造成的创伤,这还不够,而且事后他们还必须赔偿他们所酿成的全部损失。'……当前战争的惨痛后果却可以迫使政治预言家承认,人类走向改善的转折点即将到来,它现在是已经在望了。"[①] 无序的实践所导致的彼此重创是对行为主体最佳的外在刺激,这刺激一方面通过主观反省复苏并提升行为主体的理性意识,另一方面则在客观上诱导着行为主体重归规范治理下的有序状态。格劳秀斯的教导无疑是对此的最佳注解:

----

① ［德］康德:《重提这个问题:人类是在不断朝着改善前进吗?》,载［德］康德:《永久和平论》,何兆武译,上海世纪出版集团 2005 年版,第 84~85 页。

"战争是为和平而发动的,……战争本身就会把我们引向和平。这才是战争的真正目的。"①冲突法治理方案的容纳力足够强大,它允许行为主体以试错的实践探索服从其规则治理的道路,而且这种试错程度越大,其招致的损失越大,并反向形成与之同等强度的激励力量辅助行为主体重归冲突法的治理框架。在这个反复甚至漫长的经验刺激与激励过程之中,行为主体的情欲与恣意成为辅助他们培养和发展出越来越稳健的理性之滋养,理性日增则自律愈强,相应地伴随着冲突的逐步衰减与和平的日益递增。冲突法的这种辩证机理使其具有于无常之中建构常律,于无序之中整理秩序的能力,而这也正是冲突法治理方案具有无穷的实践适应与改造能力之根据。

第三节   有限有效性的无限化:迈向无限有效性

一、有限有效性:作为真理

冲突法的治理方略的有效性是一种有限的有效性,这意味着冲突法的治理方略建构和平的过程及其所建构的和平状态是有瑕疵的。此种瑕疵并不构成否定冲突法治理方略的证据,毋宁说,这种有限的有效性才是现实生活本身,因为现实生活以残缺性为特征。

冲突法的治理方略以经验主体为起点,这在根本上就决定了其有限性。经验主体与理性主体的重大差别在于,理性主体被设定为按照一贯的逻辑行事,不存在偶然与反常之现象;经验主体则只被认为大体上合乎理性规律,但在日常实践之中常受种种偶然因素的干扰而使其行为表现出不稳定性。规范存在的意义就在于预防并排除这些偶然因素的干扰,使行为主体的行为及由此体现出来的社会状态合乎一贯的秩序安排。然而,正如规范的存在并不是因为有了规范的秩序,相反恰在于时时有着反秩序的因素之存在,主流的规范秩序与非主流但始终存在着的反规范秩序之间的冲突始终存在,这也就表明了,冲突法的治理过程将伴随着理性与野性、规范与失范、秩序与失序之间的紧张。这是个紧张着的过程,而不是紧张之后的纯然和平状态才是现实常态。

当然,冲突法的治理方略也不是没有理性人假设,关于选择对象的无知之幕及对选择结果的接受方面,冲突法也作了超现实的假定。冲突法的规范虽然在选择对象之上并不明示其国别属性,而是通过诸如"行为地法"、"国籍国法"等方式进行了国别属性的信息屏蔽,但在具体案件的审理之时,行为地、国籍国等信息将会被客观披露,无知之幕的功效将会被抵消。特别是在选择结论的接受问题之上,我们不得不承认,一个理性的行为主体将会按照一贯的承诺履行义务、承担行为责任、接受行为结果,但这种逻辑有效性并不等同于实践有效性,在实践之中逻辑有效性时常被证伪。在冲突法的治理过程之中,法院地国通过种种规避措施实质性地修改所选择的结果,或者不诚实地直接援引公共秩序保留来排除所选择的结果,这即便不是一种主流做法,但也是一种常见的实践。对于法院地国的

---

① 〔荷〕格劳秀斯:《战争与和平法》,何勤华等译,上海人民出版社 2005 年版,第 27～28 页。

此种反理性的实践,一种有实践解释力的和平治理方案不应简单地以非理性为由而予以忽略不顾,否则反理性的实践就永远得不到严肃的对待和有效的补救;合理的做法应是承认非纯粹理性的实践,并在此基础之上承认冲突法治理方略的局限性,或换言之,有限有效性才是实践的真理。

承认有限有效性为真理,这不是说应当保守冲突法的治理方略及其所规范实践的瑕疵,更不意味着宣布逻辑有效性在实践中的无意义,从而教导世人放弃对无限有效性的追求,满足于一种大体和平,时有冲突乃至战争的秩序。毋宁说,承认有限有效性是一种直面问题的勇敢担当与坦诚面对,逃避接受现实的不完善不可能真正地发现问题之所在,继而有效地解决问题;相反,逃避现实的态度只是一种自我麻醉,它甚至不敢于去面对不完善的客观现实,更别奢求去解决这些现实的瑕疵。更消极的是,这种自我麻醉的态度在最终发现无法逃避现实的不完善的时候,很可能走向另外一种轻狂的极端即基于有限有效性之现实而绝对否定有效有限性,拒绝接受任何超越现实的无限有效性之意义或价值。因此,为了直面问题,且在冰冷的现实之中不丧失超现实的希望,操持一种冷静而理性的希望主义,就有必要承认有瑕疵的实践与冲突法治理方略的瑕疵为实践之真。这种承认不在于妥协和保守,而在于积蓄和保存超越现实的能量,恰如上引黑格尔所言:"精神的生活不是害怕死亡而幸免于蹂躏的生活,而是敢于承担死亡并在死亡中得以自存的生活。精神只当它在绝对的支离破碎中能保全其自身时才赢得它的真实性。"①

二、无限有效性:作为信仰

有限有效性是实践的真理,这种真理虽然必须被承认,但更应该被超越。对有效的有限性进行超越也就是迈向无限有效性。有效性的无限化不可能是实践的本质,只是实践的憧憬,它作为绝对完满只能是一种信仰,引领实践实现超越和提升。

任何一种服务于永久和平之目的的方案,它要在功效上成为无限有效的,也就意味着它本身除了作为一种完善的方案之外,它所要求的各种预设和条件都得到了满足。一个在逻辑上完善的方案要远比它所设定的各种前提与条件之实践成就要简单得多,决定性的困难还在于这些前提与条件的实践有效性。以冲突法治理方案为例,冲突法的治理方案就方案本身的设计而言是完善的,萨维尼在拟定一个体系化了的冲突规范体系的时候就赋予了其体系以简洁优雅的特征,并被认为"逻辑对称,视角宽广,处理问题的方式优雅得当",萨维尼本人也深信他的体系能够为各国所采用,从而在"各国均能得到完全一致的适用"。② 然而,冲突法的实践却与萨维尼的确信背道而驰。

脱胎于萨维尼法律关系本座说的现代冲突法体系,之所以在实践之中仍然只能发挥其有限的有效性,就在于它提出了诸多乌托邦式的假定,这些假定的非现实性是制约其功效发挥的根由。就方案设计而言,冲突法体系构造了一个在逻辑上数学般精准的观念世

---

① [德]黑格尔:《精神现象学》上卷,贺麟、王玖兴译,商务印书馆1997年版,第21页。
② [美]荣格:《法律选择与涉外司法》,霍政欣、徐妮娜译,北京大学出版社2007年版,第51、90页。

界,通过将产生冲突的关系按照性质不同进行不同类型的区分,然后配置以各自对应的本座,本座所导向的实体准则即为各国所共同接受和遵守的行动规范。以此各得其所的方式,各种冲突就可以得到一致的解决,从而实现天下太平。这种逻辑的观念世界服从于绝对的理性规律,从而能够实现精确的预置、安排和预测。胡塞尔曾经这样描述过这样的观念世界:"带有一种系统地占统治地位的理性科学的一个理性的、无限的存在大全的观念的构想,是前所未闻的新的东西。一个无限的世界,在这里是指一个观念性的世界,被设想为这样一个世界,它的客体并不是单个地、不完全地、偶然地被我们认识的,而是通过一种理性的、系统统一的方法被我们认识的——在这种无限的进展中,每一个客体按照其完全的自在存在,最终都会被认识。"①冲突法体系所建构的观念世界就是这样一种通过理性的、系统统一的方法和规则进行合规律、有秩序地予以安排,因而是绝对和平的世界。

但这个精准地导向永久和平的冲突法之途始终难以完全有效,就在于它的各种前提和假定的"假设性"而非实践性。冲突法治理方略提出了一些超现实的理性假定,例如无知之幕的运作及行为主体对选择结论的接受等问题,事实上除了这些假想之外,冲突法治理方案实现和平的最关键条件,即各国均采用相同的冲突规范,才是最大的幻想。和平的首要条件是各行为主体能够遵循共同的行为规范,冲突法治理方案所承诺的就是这样一个使命:只要有冲突产生,就要确保采取同一个行动准则,从而实现一致的共同行动。但这一承诺的决定性条件即是冲突规范的统一,正是在这一点上,世界背离了萨维尼的伟大指导,如同在实体准则上的普遍不一致一般,各国在间接的冲突规范之上也存在着广泛的分歧。因之,冲突法治理方略实现和平使命之成效决定性地受制于各国对统一冲突规范的接受程度。沃尔夫曾经冷静但不乏冷酷地断言:"最终的目标——全世界冲突规则的统一——距离还很遥远,而且在独立国家存在的时期以内可能是永远不能达到的。"这一断言宣布了冲突法治理方略在建构永久和平的目标之上注定是难以圆满的。然而,冲突法的世界统一及其导向的完满的永久和平,虽然不是实践之真理,但却可以成为实践之信仰。这种信仰是实践着的,因为在现实世界之中存在着冲突法部分统一的证据;这种实践也是有信仰的,因为实践在意识之能动超越的推动下期待着自我补善。

三、真理与信仰:分久必合

流俗观点通常采取二分法的方式来处理真理与信仰之间的关系,他们认为二者之间是一种不相干的关系,"比起一个无知无识的人,自命在自己所想象的实践之中理论是不必要的和多余的,更加不可容忍的却是一个承认理论及其教学价值(仅仅是为了什么训练脑筋)的聪明人,但同时却又认为:那在实践上说来完全是另一回事,……凡是在理论上好听的东西,在实践上都是没有有效性的"。②此种立场的片面性在于它只是坚执于纯理论在实践中被证伪的方面,但却并没有认真对待纯理论的另外那些被实践所证实的方面。如果它还尝试进行两方面的比较研究,那么它必将为比较所得出的结论惊讶:实践所体现

---

① [德]胡塞尔:《生活世界现象学》,倪梁康、张廷国译,上海译文出版社 2005 年版,第 212 页。
② [德]康德:《历史理性批判文集》,何兆武译,商务印书馆 1990 年版,第 177 页。

永久和平的冲突法建构——冲突法的政治哲学功能导论

The Construction of Perpetual Peace through Conflict of Laws: An Introduction to the Political Philosophy Function of Conflict of Laws ▶▶▶

出的理性要远比它内在的野性要强盛得多。

真理与信仰之间存在着关联,这种关联按照康德的说法虽然时常被"打断",但不会决不会"中断":"既然人类在文化方面,作为其本身的自然目的而言,是在不断前进的,所以也就可以想象他们在自身存在的道德目的方面也在朝着改善前进,而且这一点尽管时而被打断,但却绝不会中断。"①信仰作为纯粹理性产物并不离弃实践,相反,它只不过是对实践进行升华和提纯。因此,实践之真理与超验之信仰二者的关系实可看视为一体:真理是待完成的信仰;信仰是已完成的真理。

冲突法治理方案的有效性之有限性源于其诸前提或设定的有限性,但以超越的角度来看,此种有限性只不过是未完成,但必将完成的无限性。这就意味着,在当代有限的实践之中,尽管冲突规范并未取得世界之一致,统一冲突规范在现阶段和可以预见的将来不可能形成;尽管行为主体之理性于实践之中并不纯粹,在现阶段和可以预见的将来不可能抵达纯粹理性,从而不可能真诚地接受冲突法之规范与引导,甚或至于在情欲与利益之诱惑下反复无常,但从人类历史发展至今的实践进取方向来看,通过冲突走向战争、通过战争走向毁灭之途要远比通过战争走向冲突、通过冲突走向和平之途更不可能。一个尽管充满野性但逐步开化的世界更有理由相信康德的如下点化:"……争论永远都要这样来进行,以致由此可以导向这样的一个普遍国际国家,而且承认因此在实践上它既是可能的,还是可以实现的。同时作为补充我还要信赖事物的本性,它强迫我们到我们不愿意去的地方去。这后一点就仍然要把人性计算在内:既然人性之中对于权利和义务的尊敬总是活生生的,所以我就不能,也不愿把人性认为是那么地沦于罪恶,以至于道德—实践理性在经过许多次失败的尝试之后,竟然不会终究取得胜利并将表明她还是可爱的。因此,从世界主义的角度来看,下述的论断也就始终是可爱的:凡是根据理性的理由对于理论是有效的,对于实践也就是有效的。"②以完善着的理性为担保,我们足可对此信以为真:

真理与信仰,分久必合!

---

① [德]康德:《历史理性批判文集》,何兆武译,商务印书馆1990年版,第217页。
② [德]康德:《历史理性批判文集》,何兆武译,商务印书馆1990年版,第223页。

参考文献

一、外文专著

Friedrich K. Juenger,*Choice of Law and Multistate Justice*, Martinus Nijhoff Publishers, 1993.

Friedrich K. Juenger,*Choice of Law and Multistate Justice*, Transnational Publisher, Inc., 2005.

Alex Mills,*The Confluence of Public and Private International Law: Justice, Pluralism and Subsidiary in the International Constitutional Ordering of Private Law*, Cambridge University Press, 2009.

Michael J. Whincop, Mary Keyes,*Policy and Pragmatism in the Conflict of Laws*, Dartmouth Publishing Company, 2001.

Arthur Nussbaum,*Principles of Private International Law*, Oxford University Press, 1943.

L. v. Bar,*The Theory and Practice of Private International Law*, translated by G. R. Gillespie, Edinburgh William Green & Sons Law Publishers, 1892.

Martin Wolff,*Private International Law*, Oxford University Press, 1945.

J. J. Fawcett, J. M. Carruthers,*Cheshire, North & Fawcett Private International Law*, Oxford University Press, 2008.

Gehard Kegel, *The Crisis of Conflict of Laws*, Recueil des Cours, 1964-II.

Robter Jennings, Arthur Watts(eds.),*Oppenheim's International Law*, Vol. 1, London and New York, 1992.

Jurgen Basedow, Issak Meier, Anton K. Schnyder, etc.,*Private Law in the International Arena: From Naitonal Cconflict Rules towards Harmonization and Unification*, T. M. C Asser Press, 2000.

Alan Watson, *Joseph Story and the Comity of Errors: A Case Study in Conflict of Laws*, The University of Georgia Press, 1992.

Symeon C. Symeonides, *The American Choice-of-Law Revolution: Past, Present and Future*, Martinus Nijhoff Publishers, 2006.

Symeon C. Symeonides, *Private International Law at the End of the 20th Century: Progress or Regress?*, Kluwer Law International, 2000.

Brainerd Currie,*Selected Essays on the Conflict of Laws*, Duke University Press, 1963.

Peter North, J. J. Fawcett,*Cheshire and North's Private International Law*, 1999.

J. H. C. Morris, *The Conflict of Laws*, McClean and Beevers, 2005.

J. H. C. Morris,*The Conflict of Laws*, Stevens and Sons, 1984.

Walter Wheeler Cook,*The Logical and Legal Bases of the Conflict of Laws*, Harvard University Press, 1942.

Harbermas, Struggles for Recognition in the Democratic Constitutional State, in Gutmann, A. (ed),*Multiculturalism: Examining the Politics of Recognition*, Princeton University Press, 1994.

Richard A. Posner,*How Judge Think*, Harvard University Press, 2008.

Samantha Besson,*The Morality of Conflict: Reasonable Disagreement and the Law*, Hart Publish-

永久和平的冲突法建构——冲突法的政治哲学功能导论

The Construction of Perpetual Peace through Conflict of Laws: An Introduction to the Political Philosophy Function of Conflict of Laws ▶▶▶

ing，2005.

J. N. Singh, *International Justice：Jurisprudence of the World Courts*（*PCIJ & ICJ*），Harnam Publications，1991.

E. A. Hoebel, *The Law of Primitive Man*，Harvard University Press，1954.

Richard Fentiman, *International Commercial Litigation*，Oxford University Press，2010.

Jurgen Habermas, *The Theory of Communicative Action*，Vol. II，Beacon Press，1987.

John Rawls, *A Theory of Justice*，The Belknap Press of Harvard University Press，1999.

二、外文论文

Brainerd Currie，Notes on Methods and Objectives in the Conflict of Laws, *Duke L. J.* 1959.

Austen L. Parrish，Storm in a Teacup：The U. S. Supreme Court's Use of Foreign Law, *Illinois Law Review*，2007.

Robert A. Leflar，Choice-Influencing Considerations in Conflicts Law, *N. Y. U. L. Rev.* 1966.

David F. Cavers，A Critique of the Choice of Law Problem, *Harv. L. Rev.* 1933.

Arthur T. von Mehren，Choice of Law and the Problem of Justice, *Law & Contemp. Probs.*，1977.

Nadelmann，Marginal Remarks on the New Trends in American Conflicts Laws, *Law & Contemp. Probs.*，1963.

Gene R. Shreve，Choice of Law and the Forgiving Constitution, *Ind. L. J.*，1996.

Juenger，The Conflicts Statute of the German Democratic Republic：An Introduction and Translation, *Am. J. Comp. L.*，1977.

W. Reese，The Second Restatement of Conflict of Laws Revisited, *Mercer L. Rev.*，1983.

Cheatham & Reese，Choice of the Applicable Law, *Colum. L. Rev.*，1952.

Ehrenzweig，Choice of Law：Current Doctrine and"True Rules", *Cal. L. Rev.*，1961.

Rosenberg，Comments on Reich v. Purcell, *UCLA L. Rev.*，1968.

三、中文专著

［德］萨维尼：《法律冲突与法律规则的地域和时间范围》，李双元等译，法律出版社 1999 年版。

［德］康德：《实践理性批判》，邓晓芒等译，人民出版社 2003 年版。

［德］康德：《纯粹理性批判》，邓晓芒译，人民出版社 2004 年版。

［德］康德：《法的形而上学原理——权利的科学》，沈叔平译，林荣远校，商务印书馆 2005 年版。

［德］康德：《永久和平论》，何兆武译，上海世纪出版集团 2005 年版。

［德］康德：《实用人类学》，邓晓芒译，上海人民出版社 2005 年版。

［德］康德：《论优美感和崇高感》，何兆武译，商务印书馆 2003 年版。

［德］康德：《历史理性批判文集》，何兆武译，商务印书馆 1990 年版。

［德］马克斯·舍勒：《伦理学中的形式主义与质料的价值伦理学》，倪梁康译，三联书店 2004 年版。

［德］黑格尔：《法哲学原理》，范扬、张企泰译，商务印书馆 2007 年版。

［德］黑格尔：《哲学史讲演录》第 1、4 卷，贺麟、王太庆译，商务印书馆 1997 年版。

［德］黑格尔：《历史哲学》，王造时译，上海书店出版社 2001 年版。

［德］黑格尔：《小逻辑》，贺麟译，商务印书馆 1997 年版。

［德］黑格尔：《精神现象学》上、下卷，贺麟、王玖兴译，商务印书馆 1997 年版。

［德］费希特：《自然法权基础》，谢地坤、程志民译，商务印书馆 2006 年版。

［德］胡塞尔：《欧洲科学的危机与超越论的现象学》，王炳文译，商务印书馆 2001 年版。

［德］胡塞尔:《笛卡尔式的沉思》,张廷国译,中国城市出版社 2002 年版。

［德］胡塞尔:《经验与判断》,邓晓芒、张廷国译,三联书店 1999 年版。

［德］胡塞尔:《生活世界现象学》,倪梁康、张廷国译,上海译文出版社 2005 年版。

［德］文德尔班:《哲学史教程》上、下卷,罗达仁译,商务印书馆 1997 年版。

［德］莱布尼茨:《神义论》,朱雁冰译,三联书店 2007 年版。

［德］普芬道夫:《人和公民的自然法义务》,鞠成伟译,商务印书馆 2009 年版。

［德］尼采:《苏鲁支语录》,徐梵澄译,商务印书馆 1997 年版。

［德］尤尔根·哈贝马斯:《交往行为理论:行为合理性与社会合理化》,曹卫东译,上海人民出版社 2004 年版。

［德］格哈德·克格尔:《冲突法的危机》,萧凯、邹国勇译,武汉大学出版社 2008 年版。

［德］E·策勒尔:《古希腊哲学史纲》,翁绍军译,山东人民出版社 2007 年版。

［德］马丁·海德格尔:《存在与时间》,陈嘉映、王庆节译,三联书店 2006 年版。

［法］笛卡尔:《第一哲学沉思集》,庞景仁译,商务印书馆 2007 年版。

［法］菲斯泰尔·德·古朗士:《古代城市——希腊宗教、法律及制度研究》,吴晓群译,上海人民从出版社 2006 年版。

［法］卢梭:《社会契约论》,何兆武译,商务印书馆 1997 年版。

［法］卢梭:《爱弥儿——论教育》,李平沤译,商务印书馆 2003 年版。

［法］孟德斯鸠:《论法的精神》上、下卷,张雁深译,商务印书馆 1997 年版。

［法］巴蒂福尔、拉加德:《国际私法总论》,陈洪武等译,中国对外翻译出版公司 1989 年版。

［法］莫里斯·梅洛—庞蒂:《知觉现象学》,姜志辉译,商务印书馆 2005 年版。

［法］莫里斯·梅洛—庞蒂:《可见的与不可见的》,罗国祥译,商务印书馆 2008 年版

［法］莫里斯·梅洛—庞蒂:《行为的结构》,杨大春、张尧均译,商务印书馆 2010 年版。

［法］萨特:《存在与虚无》,陈宣良等译,三联书店 1987 年版。

［法］萨特:《自我的超越性——一种现象学描述初探》,杜小真译,商务印书馆 2005 年版。

［法］萨特:《他人就是地狱——萨特自由选择论集》,关群德等译,天津人民出版社 2007 年版。

［法］布罗代尔:《15 至 18 世纪的物质文明、经济和资本主义》第 1 卷,顾良、施康强译,三联书店 2002 年版。

［法］弗朗索瓦·于连:《圣人无意——或哲学的他者》,闫素伟译,商务印书馆 2006 年版。

［法］弗朗索瓦·于连:《迂回与进入》,杜小真译,三联书店 2003 年版。

［法］勒维纳斯:《塔木德四讲》,关宝艳译,商务印书馆 2005 年版。

［法］斯特劳斯:《种族与历史 种族与文化》,于秀英译,中国人民大学出版社 2006 年版。

［美］哈特:《法律的概念》,张文显等译,中国大百科全书出版社 1996 年版。

［美］A·麦金太尔:《谁之正义? 何种合理性?》,万俊人等译,当代中国出版社 1996 年版。

［美］A. 麦金太尔:《追寻美德》,宋继杰译,译林出版社 2003 年版。

［美］伯尔曼:《法律与宗教》,梁治平译,中国政法大学出版社 2003 年版。

［美］伯尔曼:《法律与革命——西方法律传统的形成》,贺卫方等译,中国大百科全书出版社 1993 年版。

［美］摩尔根:《古代社会》上、下册,杨东莼等译,商务印书馆 1997 年版。

［美］塞缪尔·亨廷顿:《文明的冲突与世界秩序的重建》,周琪等译,新华出版社 2002 年版。

［美］列奥·施特劳斯:《霍布斯》,申彤译,译林出版社 2001 年版。

［美］列奥·施特劳斯:《自然权利与历史》,彭刚译,三联书店 2006 年版。

［美］列奥·施特劳斯、约瑟夫·克罗波西:《政治哲学史》上、下册,法律出版社 2009 年版。

永久和平的冲突法建构——冲突法的政治哲学功能导论

The Construction of Perpetual Peace through Conflict of Laws: An Introduction to the Political Philosophy Function of Conflict of Laws ▶▶▶

[美]多尔迈:《主体性的黄昏》,上海人民出版社 1992 年版。

[美]亨利·梭罗:《瓦尔登湖》,张知遥译,天津教育出版社 2005 年版。

[美]荣格:《法律选择与涉外司法》,霍政欣、徐妮娜译,北京大学出版社 2007 年版。

[美]孙隆基:《中国文化的深层结构》,广西师范大学出版社 2004 年版。

[美]罗尔斯:《正义论》,何怀宏、何包钢、廖申白译,中国社会科学出版社 1988 年版。

[美]罗尔斯:《万民法——公共理性观念新论》,张晓辉、李仁良、邵红丽等译,吉林人民出版社 2011 年版。

[美]涛慕思·博格:《康德、罗尔斯与全球正义》,刘莘、徐向东等译,上海译文出版社 2010 年版。

[美]汉娜·阿伦特:《人的境况》,王寅丽译,上海人民出版社 2009 年版。

[美]迈克尔·J.桑德尔:《自由主义与正义的局限》,万俊人等译,译林出版社 2011 年版。

[美]乔治·萨拜因:《政治学说史》上卷,托马斯·索尔森修订,邓正来译,上海人民出版社 2008 年版。

[美]托马斯·科恩:《科学革命的结构》,金吾伦、胡新和译,北京大学出版社 2003 年版。

[英]马丁·沃尔夫:《国际私法》上册,李浩培译,北京大学出版社 2010 年版。

[英]霍布斯:《利维坦》,黎思复、黎廷弼译,商务印书馆 1997 年版。

[英]梅因:《古代法》,沈景一译,商务印书馆 1997 年版。

[日]新渡户稻造:《武士道》,张俊彦译,商务印书馆 2005 年版。

[前苏联]隆茨等:《国际私法》,吴云琪等译,法律出版社 1986 年版。

[荷]格劳秀斯:《战争与和平法》,何勤华等译,上海人民出版社 2005 年版。

[意]但丁:《论世界帝国》,朱虹译,商务印书馆 2001 年版。

[奥]维特根斯坦:《逻辑哲学论》,贺绍甲译,商务印书馆 2005 年版。

[希]柏拉图:《法律篇》,张智仁、何勤华译,上海人民出版社 2001 年版。

[希]柏拉图:《柏拉图全集》第 2 集,王晓朝译,人民出版社 2005 年版。

[意]尼科洛·马基雅维里:《君主论》,商务印书馆 2005 年版。

[丹]扎哈维:《主体性和自身性:对第一人称视角的探究》,蔡文菁译,上海译文出版社 2008 年版。

[罗马]查士丁尼:《法学总论——法学阶梯》,张企泰译,商务印书馆 1997 年版。

[加]查尔斯·泰勒:《黑格尔》,张国清、朱进东译,译林出版社 2006 年版。

[加]查尔斯·泰勒:《自我的根源:现代认同的形成》,戴震等译,译林出版社 2001 年版。

[比]亨利·皮雷纳:《中世纪城市》,陈国樑译,商务印书馆 2006 年版。

马克思:《1844 年经济学哲学手稿》,《马克思恩格斯全集》第 3 卷,人民出版社 2002 年版。

马克思:《黑格尔法哲学批判》,《马克思恩格斯全集》第 3 卷,人民出版社 2002 年版。

卢峻:《冲突法之理论与实践》,中国政法大学出版社 1998 年版。

邓正来:《美国现代国际私法流派》,中国政法大学出版社 2006 年版。

柯泽东:《国际私法》,中国政法大学出版社 2003 年版。

杜涛:《德国国际私法:理论、方法和立法的变迁》,法律出版社 2006 年版。

薛允生:《唐明律合编》,怀效锋、李鸣校点,法律出版社 1999 年版。

高秉江:《胡塞尔与西方主体主义哲学》,武汉大学出版社 2005 年版。

张廷国:《重建经验世界——胡塞尔晚期思想研究》,华中科技大学出版社 2003 年版。

倪梁康:《自识与反思》,商务印书馆 2006 年版。

傅有德:《巴克莱哲学研究》,人民出版社 1999 年版。

叶秀山:《前苏格拉底哲学研究》,人民出版社 1997 年版。

叶秀山:《思·史·诗——现象学和存在哲学研究》,人民出版社 1999 年版。

邓晓芒:《思辨的张力——黑格尔辩证法新探》,商务印书馆 2008 年版。

邓晓芒:《黑格尔辩证法讲演录》,北京大学出版社 2005 年版。

邓晓芒:《文学与文化三论》,湖北人民出版社 2005 年版。

张世英:《自我实现的历程》,山东人民出版社 2001 年版。

韩德培:《国际私法》,高等教育出版社 2007 年版。

刘俊文校点:《唐律疏议》,法律出版社 1999 年版。

沈涓:《冲突法及其价值导向》,中国政法大学出版社 2002 年版。

沈福伟:《中西文化交流史》,上海人民出版社 2006 年版。

柏杨:《中国人史纲》(下册),中国友谊出版公司 1998 年版。

瞿同祖:《中国法律与中国社会》,中华书局 2003 年版。

刘长林:《中国系统思维——文化基因探视》,社会科学文献出版社 2008 年版。

张君劢:《新儒家思想史》,中国人民大学出版社 2006 年版。

辜鸿铭:《中国人的精神》,黄兴涛、宋小庆译,广西师范大学出版社 2002 年版。

姚大志:《何谓正义:当代西方政治哲学研究》,人民出版社 2007 年版。

汪子嵩等:《希腊哲学史》第 1 卷,人民出版社 1987 年版。

江畅:《自主与和谐——莱布尼茨形而上学研究》,武汉大学出版社 2005 年版。

赵汀阳:《天下体系——世界制度哲学导论》,江苏教育出版社 2005 年版。

赵汀阳:《坏世界研究:作为第一哲学的政治哲学》,中国人民大学出版社 2009 年版。

周桂钿等:《中国传统政治哲学》,河北人民出版社 2007 年版。

蒋庆:《政治儒学:当代儒学的转向、特质与发展》,三联书店 2003 年版。

张祥龙:《马丁·海德格尔思想与中国天道——终极视域的开启与交融》,三联书店 2007 年版。

张祥龙:《思想避难:全球化中的中国古代哲理》,北京大学出版社 2007 年版。

张祥龙:《中华古学与现象学》,山东友谊出版社 2008 年版。

张祥龙:《孔子的现象学阐释九讲——礼乐人生与哲理》,华东师范大学出版社 2009 年版。

艾四林、王贵贤、马超:《民主、正义与全球化——哈贝马斯政治哲学研究》,北京大学出版社 2010 年版。

刘想树:《国际私法基本问题研究》,法律出版社 2001 年版。

洪汉鼎:《诠释学——它的历史和当代发展》,人民出版社 2005 年版。

周敦颐:《周子通书》,上海古籍出版社 2000 年版。

程颢、程颐:《二程集》,王孝鱼点校,中华书局 1981 年版。

朱熹:《近思录》,吕祖谦编,查洪德注译,中州古籍出版社 2008 年版。

梅仲协:《冲突法新论》,台北三民书局股份有限公司 1990 年版。

刘甲一:《冲突法》,台北三民书局股份有限公司 1995 年版。

马汉宝:《冲突法总论》,台北古丰印制有限公司 1990 年版。

李双元:《冲突法(冲突法篇)》,武汉大学出版社 1987 年版。

李双元:《中国国际私法通论》,法律出版社 2003 年版。

宋晓:《当代冲突法的实体取向》,武汉大学出版社 2004 年版。

赵生祥:《国际私法学》,法律出版社 2005 年版。

肖永平:《冲突法专论》,武汉大学出版社 1999 年版。

杨大春等:《勒维纳斯的世纪或他者的命运》,中国人民大学出版社 2008 年版。

孙向晨:《面对他者:莱维纳斯哲学思想研究》,三联书店出版社 2008 年版。

梁治平:《寻求自然秩序中的和谐》,中国政法大学出版社 2002 年版。

梁治平:《法辨》,中国政法大学出版社 2003 年版。

林惠祥:《文化人类学》,商务印书馆 2002 年版。

葛兆光:《中国思想史》第 1 卷,复旦大学出版社 2009 年版。

刘小枫:《拯救与逍遥》,三联书店 2001 年版。

蒋新苗:《国际私法本体论》,法律出版社 2005 年版。

任继愈:《汉唐佛教思想论集》,人民出版社 1998 年版。

江山:《法的自然精神导论》,法律出版社 1998 年版。

张春良:《冲突法的历史逻辑》,法律出版社 2010 年版。

四、中文论文

庞朴:《中国文化的人文主义精神》,载《光明日报》1986 年 1 月 6 日。

邓晓芒:《"人格"辨义》,载《江海学刊》1989 年第 3 期。

邓晓芒:《再辨"人格"之义——答徐少锦先生》,载《江海学刊》1995 年第 3 期。

徐少锦:《"人格"有道德涵义——与〈人格辨义〉一文商榷》,载《江海学刊》1990 年第 6 期。

周江:《"冲突法理论"论纲》,载《法律科学》2010 年第 2 期。

吕岩峰:《和谐世界视阈中的国际私法观照——以现代国际私法体系的构建为焦点》,载《中国国际私法学会 2007 年会论文集》,武汉,2007 年 9 月。

张春良:《论萨维尼冲突法思想的情调——萨维尼本座学说的抱负、梦幻及其历史宿命》,载肖厚国主编:《民法哲学研究》第 1 辑,法律出版社 2009 年版。

张春良:《冲突法的范式进化论》,载《法律科学》2010 年第 4 期。

张春良:《国际私法中反法律规避制度的功能评析》,载《法制与社会发展》2010 年第 6 期。

张春良:《帝国的气功与城邦的血性——中西冲突法端始文明之比较》,载《中国国际私法学会 2008 年会论文集》,2008 年 9 月,北京香山。

张春良:《法则区别说之光与历史之镜——我与巴托鲁斯七百年》,载《北航法律评论》第 1 辑。

张春良:《重估一切价值的尝试——萨维尼冲突法革命发生学之究竟》,载《贵州大学学报(社会科学版)》2009 年第 6 期。

张春良:《中国心,外国心,心心相印——〈我的中国心〉的冲突法批判》,载《中国国际私法学会 2009 年会论文集》,浙江杭州,2009 年 9 月。

张春良:《暗香浮动:双重反致的伦理密码》,载《法制与社会发展》2012 年第 1 期。

五、古籍

《道德经》

《诗经》

《尚书》

《礼记》

《论语》

《孟子》

《春秋繁露》

《资治通鉴》

图书在版编目(CIP)数据

永久和平的冲突法建构:冲突法的政治哲学功能导论/张春良著.—厦门:厦门大学出版社,
2013.12
(西南国际法学术文库)
ISBN 978-7-5615-4894-3

Ⅰ.①永…　Ⅱ.①张…　Ⅲ.①冲突法-研究　②政治哲学-研究　Ⅳ.①D997　②D0

中国版本图书馆 CIP 数据核字(2013)第 300208 号

厦门大学出版社出版发行
(地址:厦门市软件园二期望海路 39 号　邮编:361008)
http://www.xmupress.com
xmup xmupress.com
沙县方圆印刷有限公司印刷
2013 年 12 月第 1 版　2013 年 12 月第 1 次印刷
开本:787×1092　1/16　印张:17　插页:2
字数:388 千字　印数:1~1 200 册
定价:42.00 元
本书如有印装质量问题请直接寄承印厂调换